S NEUEN BAYERN

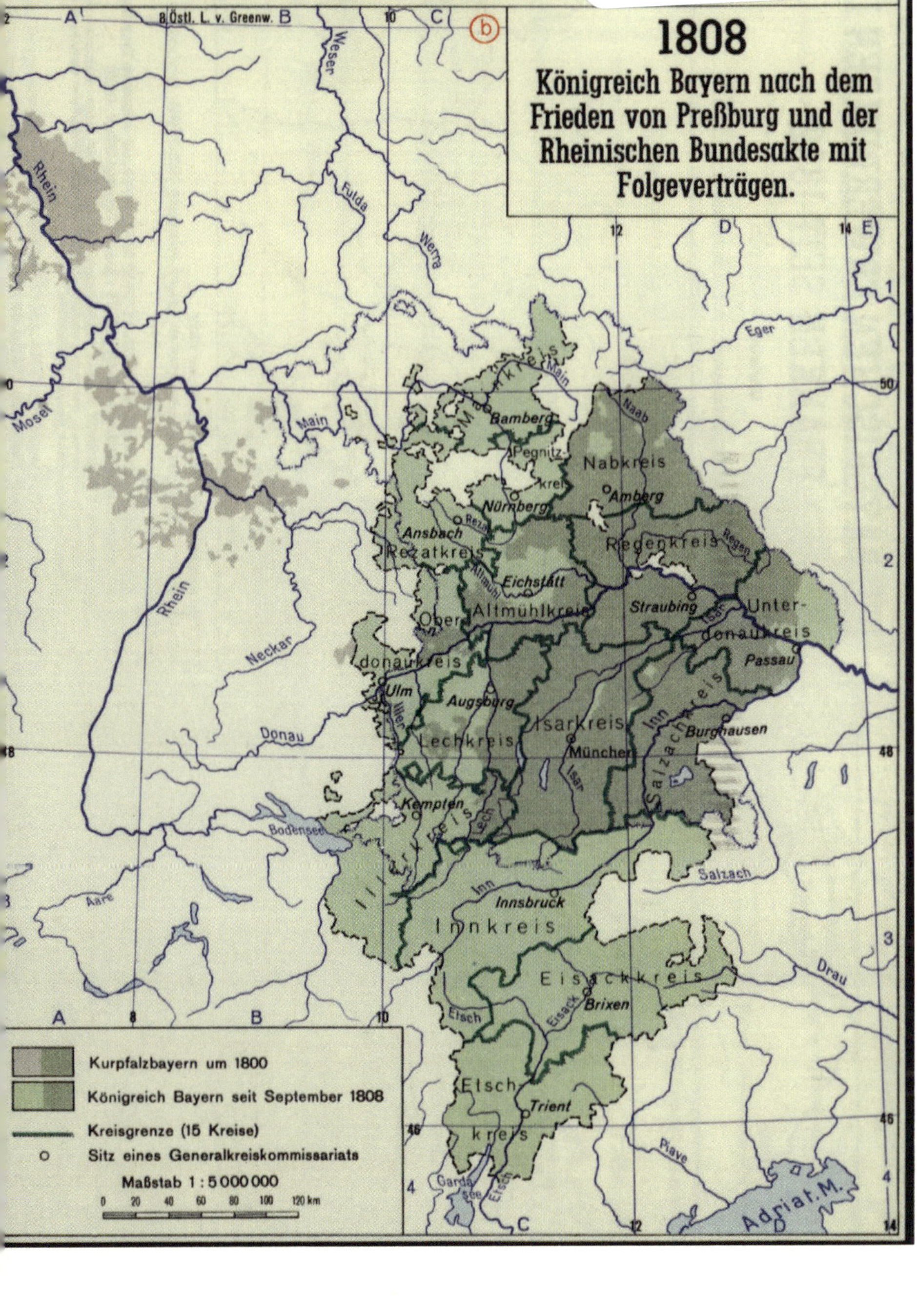

Bernhard Löffler

Das Land der Bayern

Bernhard Löffler

Das Land der Bayern

Geschichte und Geschichten
von 1800 bis heute

C.H.Beck

Mit 16 Abbildungen und einem farbigen Vorsatz

Vorderer und hinterer Vorsatz: Etappen der territorialen Entwicklung: Das Werden des neuen Staatsbayern von 1803 bis 1819

www.chbeck.de
Umschlaggestaltung: Kunst oder Reklame, München
Umschlagabbildung: Archiv Kunst oder Reklame, München
Satz: Janß GmbH, Pfungstadt
Druck und Bindung: Pustet, Regensburg
Gedruckt auf säurefreiem und alterungsbeständigem Papier
Printed in Germany
ISBN 978 3 406 82155 4

myclimate shape our future

MIX
Papier | Fördert gute Waldnutzung
FSC® C014889

verantwortungsbewusst produziert
www.chbeck.de/nachhaltig

Inhalt

Einleitung:
Land, Landschaft, Räume – oder: Die Ungerechtigkeit der Welt beginnt mit der Verteilung der Berge

Jeder kennt Neuschwanstein. Die Ansicht des königlichen Märchenschlosses vor alpiner Landschaft mit Wald, Bergen und See ist eine bavaristische Ikone, millionenfach photographiert, auf unzähligen Souvenirs zu finden, ein globaler Werbeträger Bayerns, eine Art «Weltidyll». Eine ganz ähnliche ikonische Wirkung entfaltet das Bild der Ramsauer Kirche St. Sebastian bei Berchtesgaden mit rauschendem Flüsschen und der mächtigen Reiteralpe im Hintergrund. Auch das ist in allen Abreißkalendern zu finden und wurde 1960 unter dem Titel «Church in Bavaria» sogar von einem leibhaftigen US-Präsidenten, Dwight D. Eisenhower, aquarelliert, als Weihnachtsgeschenk für die Mitarbeiter im Weißen Haus reproduziert und in der Soldatenzeitschrift «Stars and Stripes» abgedruckt.

Die Motive unterscheiden sich allerdings in einem Punkt. Um das zu erkennen, muss man die Urteile des Europäischen Gerichtshofs konsultieren. Dort hat sich der Freistaat Bayern nämlich bestätigen lassen, dass Neuschwanstein kein Ort ist, sondern vor allem eine Kopfgeburt. Das Verfahren zog sich seit 2005 durch mehrere Instanzen, zunächst auf deutscher, dann auf europäischer Ebene. Ziel des Freistaats war es, das Schloss als Bild-Marke eintragen zu lassen, um für ein entsprechendes Warensortiment von der Edelmetallgabel bis zum Strumpfhalter exklusiv Lizenzgebühren erheben zu können. Dagegen hatte der «Bundesverband Souvenir Geschenke Ehrenpreise» geklagt und noch 2011 vor dem

Bundesgerichtshof Recht bekommen: Neuschwanstein sei zuallererst eine konkret lokalisierbare Attraktion. Der EuGH kassierte dieses Urteil 2018. Für die europäischen Richter *liegt* Neuschwanstein zwar an einem «geografischen Ort», aber es *ist* keiner. Es könne «nicht als geografischer Ort angesehen werden». Neuschwanstein sei vielmehr eine Marke, weil das Wortzeichen so bekannt sei, dass es vom Verbraucher sofort als Produkt erkannt werde. Die Ansicht des Ramsauer Kirchleins hingegen wurde nicht als Wort-Bild-Marke eingetragen; sie ist Allgemeingut und vor allem ein physischer Ort. Dafür ziert sie den Wikipedia-Artikel «Bayern».[1]

Die Beispiele zeigen, dass sich Raum, Ort oder Landschaft keineswegs in ihren topographischen Realitäten erschöpfen. Um diese Vielschichtigkeit geht es in diesem Buch. Es nähert sich der bayerischen Geschichte des 19. und 20. Jahrhunderts im Spiegel der räumlichen Zusammenhänge an und möchte daran strukturelle Entwicklungsstränge erfassen. Im Mittelpunkt stehen Fragen nach der Erfassung, Gliederung und Ordnung wie nach den Wahrnehmungen, Wirkungen und Verflechtungen des Raumes. Was ist gemeint oder kann gemeint sein, wenn von Bayern die Rede ist? Wie und mit welchen Medien werden Raum, Landschaft, Region in Bayern vermessen, eingeteilt, kartographiert, visualisiert, verstanden und erzählt? Nach welchen Kriterien und Deutungsmustern, mit welchen Strategien und Instrumenten, Semantiken und Bildrepertoires geschieht das? Von welchen politischen, ökonomischen, technischen, kulturellen, sozialen Rahmenbedingungen und Perspektiven hängt es ab? Von welchen Akteuren, Agenten und Agenturen werden Räume mit ihren Zentren und Peripherien, Grenzen und Differenzen, Nachbarschaften und Überlappungen gegliedert, wie die diversen Raumbilder produziert, verteilt, instrumentalisiert? Wie wird aus einem Ort eine Marke, aus einer Region eine Geschichtslandschaft, aus einer lokalen Zugehörigkeit eine «raumbezogene Identität», aus einer Raumvorstellung ein Faktor politischer Loyalität? Wann und wo sind Natur und Landschaft physische Materialitäten, wann und wie werden sie zu metaphysischen Images, Ikonen und Identifikationsgrößen? Wie ist das Verhältnis zwischen einerseits den Wirkungen und Prägungen des natürlichen Raumes *auf* die Menschen und andererseits den Zuschreibungen und Veränderungen des natürlichen Raumes *durch* die Menschen? Wie verlaufen die Wechselwirkungen zwischen Topographie/Geographie und ideellen «Gedächtnislandschaften»/«mental maps», «sozialer Geographie», «Metageographie», «imaginativer Geographie»? Welche Stereotype, Ästhetisierungen, «kulturellen Spannungen, Phobien, Idiosynkrasien, Überlegenheits- oder Minderwertigkeitskomplexe» werden mit Begriffen und Kategorien wie «Landschaft», «Umwelt», «Natur», «Region» oder «Heimat» verhandelt?[2]

Das moderne, um 1800 entstandene Staatsbayern als Bezugsrahmen und Untersuchungsgegenstand eignet sich für dergleichen Fragen in beinahe exemplarischer Weise. Es war eine staatliche Neubildung, entstanden in einer Phase territorialer Revolution, gekennzeichnet durch viele interne Brüche und unterschiedliches historisches Herkommen, mit einigem regionalistischen Eigensinn und mehreren binnenräumlichen Loyalitätsoptionen. Zugleich zeigte es, zumal im innerdeutschen Vergleich, eine erstaunliche territoriale Konstanz. Es bot räumliche Referenzmuster, das «Eigene» zu definieren, vom «Fremden» abzuheben und bayerische Eigenständigkeit zu markieren, und war doch stets größeren politisch-räumlichen Einheiten (Nation, Reich, Europa) zu- und untergeordnet, in übergreifende wirtschaftliche, politische oder kulturelle Beziehungen integriert, unter Umständen sogar Teil weltumspannender Verflechtungen und Transfers. Nicht zuletzt wurden und werden Selbst- wie Fremdbild Bayerns entscheidend von naturräumlichen Bezügen und Wahrnehmungsmustern geprägt. Wie wenige andere Regionen erscheint das Land der Bayern verwoben mit einem ganz bestimmten Bild von Landschaft, das uns bereits in den Ikonen Neuschwanstein und Ramsau begegnet ist: Es ist ländlich und bergig und luftig-blau, niemals urban und flach und stickig-grau. Hohe Berge, blaue Seen, grüne Wiesen und sanfte Fluren, dazwischen manche Schlösser und Kapellen, so sieht das etablierte Image eines «der Herrgottswinkel unserer deutschen Heimat schlechthin» aus.[3]

Wohl gibt es die Berge, Seen und Wiesen in der materiellen Realität. Aber es ist offensichtlich, dass es sich dabei um ein sehr selektives Klischee handelt, um bewusste Konstruktionen, Ausschnitte und Versatzstücke von «realen» Landschaften. Diese Selektionen und Projektionen prägen jedoch weithin das Gesamtbild und schaffen sich so ihre eigene Realität: Kaum jemand assoziiert mit Bayern das Land in seiner geographischen, topographischen oder politischen Differenziertheit. Niemand denkt in erster Linie an Schweinfurt und Fürth, an Wunsiedel oder die Rhön, an Ludwigshafen oder die Pfalz und auch nicht unbedingt an Nürnberg, seine Kaiserburg und Butzenscheiben. Das wird anderen Gedächtnislandschaften zugeschlagen: der städtisch geprägten Industriegesellschaft mit ihren rauchenden Schloten, ihren Chancen und Problemen (von der sich die Entwicklung Bayerns so signifikant zu unterscheiden scheint und auch unterscheiden will[4]) oder den Traditionen des Alten Reiches (die Bayern eher zwangsweise integriert hat), der deutschen Kaiser- und nicht der bayerischen Königsherrlichkeit. Selbst die einzige Metropole, München, wird gekapert vom Klischee, wenn Wilhelm Hausenstein schreibt, die hochhauslose Stadt ziehe «die ethnographischen Eigentümlichkeiten des Oberlandes» in sich hinein, oder Lion Feuchtwanger sarkastisch kommentiert, die Stadt der «bayerischen Hochebene» besitze einen «dörflichen», «stark bäuerlichen Einschlag». Noch bei der heutigen Hauptstadt sprechen manche vom «Millionendorf» mit «quasi-ländlicher Biergartenidylle», wird ihre Attraktivität vornehmlich auf ihre Biere, Bierfeste und Biertempel bezogen. Die «‹mental-map› des Freistaats» kommt weitgehend «ohne die Assoziation des Urbanen» aus.[5]

Auf dem ökonomischen Feld werden die Zusammenhänge noch handfester. So sind die Berge etwa im Tourismus ein Standortfaktor ersten Ranges, der sich in Euro und Cent auszahlt. Schon 1953 wusste das die Landesplanungsstelle und postulierte, «Bayern lebt in einem gewissen Umfang von seiner Landschaft». Aktuelle Statistiken bestätigen, dass sich die Position Bayerns als deutsches Urlaubsland Nummer eins – neben und zusammen mit München und dem Oktoberfest – vor allem den Landschaften der Alpen- und Voralpengebiete verdankt. Der Kabarettist Helmut Qualtinger brachte das einmal lakonisch auf den Punkt, die Ungerechtigkeit der Welt beginne bereits mit der ungleichen Höhe und Verteilung der Berge. Aber auch dafür gilt: Die Berge wirken nicht einfach für sich und aus ihrer Natur heraus, sondern nur als Teil sich wiederholender Images und als Resultat aktiven Produktmarketings.

Außerdem wurden sie erst geschätzt, seitdem sich die ältere, bis ins 18. Jahrhundert hinein gängige Wahrnehmung von den gefährlichen, unnützen Bergen gewandelt hatte und diese von «Orten des Schreckens» zu solchen «der Sehnsucht» geworden waren.[6]

Bemerkenswerterweise unterscheidet sich das Tourismusbild in vielem kaum von der idealisierten Binnensicht der Bayern. Das verdeutlichen repräsentative Generationenstudien von 2003 und 2009, in denen unter anderem das «Heimatgefühl» in Bayern erhoben wurde. Bei Fragen zu «Spontanassoziationen zum ‹Leben in Bayern›» bzw. zu «Vorteilen des ‹Lebens in Bayern›» und zu bayerntypischen Eigenheiten erzielten dort die Kategorien «Landschaft und Natur» bzw. deren «Freizeitwert», «Berge und Seen», «Wälder und Alpen» und daneben «Brauchtum/Trachten» oder «Gemütlichkeit/Biergarten/Essen» durchweg die höchste Zustimmung – vor der «CSU», den «BMW» und dem «FC Bayern München» (mögliche Alternativen wie der Nürnberger «Club» oder die Münchner «Löwen» kamen gar nicht vor). Befragt nach den Gründen für ihren Heimatstolz, zeigten sich die Bayern zu 91 Prozent «sehr stolz» oder «stolz» auf die «schönen Landschaften». Offenbar kann man auch stolz sein auf einen geologischen Zufall wie Berge und deren Auffaltung als Leistung Bayerns verstehen.[7]

Es wundert daher nicht, dass dieses landschaftsbezogene Bayernbild seinen Niederschlag auch in der politischen Werbung findet und entsprechend instrumentalisiert wird. Zahlreiche Kampagnen der CSU stellten bewusst Landschaft und Regionalität in den Mittelpunkt. Die bayerische Staatspartei reklamierte für sich stets auch die typische bayerische Landschaft und präsentierte sich als Wahrer von deren Harmonie mit Kultur, Technik und Moderne. Zur Ikone verdichtet sich das in einem Klassiker der Wahlpropaganda: Ein CSU-Plakat von 1970 zeigt eine Photographie der im oberbayerischen Raisting stehenden riesigen Satellitenantenne neben Zwiebelturmkapelle und vor Alpenpanorama. Und als Franz Josef Strauß in einer Rede um die Mitte der 1980er Jahre die Identität von bayerischer Heimat und CSU betonen wollte, griff er zu der pointierten Formulierung, wer heute Bayern, den weiß-blauen Himmel und die bayerische Landschaft vor Augen habe, «in Natur oder in seiner Phantasie», der denke «automatisch, sozusagen als Impulsivreaktion» an die CSU und nie an die SPD; das erscheine «ja fast widernatürlich». Dass freilich auch bayerische Sozialdemokraten die Berge für ihre Argumentation in Anspruch nehmen konnten, zeigte Wilhelm Hoegner. Als 1968 über die Finanzreform des Bundes und die Gefahren einer Zentralisierung beraten wurde, reagierte Hoegner pathetisch: «Solange unsere Berge stehen, werden wir für das Recht Bayerns auf Staatlichkeit kämpfen.» Mittlerweile stockt die Impulsivreaktion ohnehin, das Wahlvolk denkt vermehrt auch an andere Parteien.[8]

Entscheidend ist bei alldem, dass der spezifische Blick auf die bayerische Landschaft über einen längeren Zeitraum aufgebaut wurde, dass damit aktiv eine Wirklichkeit geschaffen und kanonisiert wurde und dass dieser Bildkanon flächendeckend und auf verschiedenen Feldern angewandt wird: Das, was John Urry als den affirmativen «tourist gaze» charakterisiert, findet sich in der touristischen oder politischen Werbung und in den Medien ebenso wie in Literatur und Malerei oder in der musealen Geschichtsvermittlung und der Landesgeschichtsschreibung. Erst die damit verbundenen gegenseitigen Referenzoptionen machen die Wirksamkeit und Dynamik des Bild- und Vorstellungsensembles aus.[9]

Trotz der Bedeutung von Raum, Landschaft, Natur und ihrer Wahrnehmung ist die Thematisierung raumhistorischer Fragen forschungsgeschichtlich höchst umstritten und begründungspflichtig. Üblicherweise verfährt Geschichtswissenschaft chronologisch. Die Zeit sei die entscheidende Variable, Chronologie die historische Methode par excellence. Zumal in Deutschland hat sich diese Präferenz mit der Tradition des Historismus seit dem 19. Jahrhundert etabliert; dem Wesen eines historischen Phänomens komme man nur auf die Spur, wenn man die Dinge auf ihre Genese zurückführe, auf die «Entfaltung des menschlichen Wollens in der Zeit». Auch wenn dabei selbstverständlich Raumbezüge eine gewisse Rolle spielten – den Raum als generelle, hauptsächliche Zugriffskategorie zu nutzen, kam dieser Schule kaum in den Sinn. Ja mehr noch: Eine «Naturalisierung» von geschichtlichen Prozessen, ihre Herleitung aus räumlichen Faktoren, wurde strikt abgelehnt. Noch tiefergehend diskreditiert wurde Raumgeschichte dann im 20. Jahrhundert: mit der Kompromittierung der Geopolitik durch die rassistisch-eliminatorische Raumexpansion der Nationalsozialisten, ihre Argumen-

Technische Moderne vor bayerischer Bilderbuchlandschaft – Plakat der CSU zur Landtagswahl 1970 mit einer Photographie der Erdfunkstelle Raisting und der Wallfahrtskirche St. Johann im Landkreis Weilheim-Schongau

tation vom «Volk ohne Raum», ihre Bindung menschlichen Charakters an «Blut und Boden». Jede Form von geopolitischem Determinismus und alle ethnogeographischen Ansätze waren für längere Zeit politisch wie diskursiv geächtet, wobei anachronistisch alle möglichen Kulturgeographen und -anthropologen des 19. Jahrhunderts (Riehl, Ritter, Ratzel) als geistige Wegbereiter des Nationalsozialismus (im Weiteren: NS) gebrandmarkt wurden.[10]

Unter diesen Vorzeichen konnten sich dezidiert raumbezogene Herangehensweisen eher in kleineren Neben- oder Nachbarfächern der Nationalgeschichtsschreibung halten. Sie sind zu finden neben der Volkskunde, Kulturgeographie und Politischen Geographie in der Wirtschafts-, Sozial- und Agrargeschichte, Kulturraumforschung oder Geschichtlichen Landeskunde, wo sie sich unter anderem mit den Namen Karl Lamprecht, Hermann Aubin, Werner Conze oder Rudolf Kötzschke verbinden. Zu nennen sind teilweise auch die Siedlungs- und Wirtschaftsgeographie mit ihren Modellen von Regionalität/Lokalität/

Zentrum-Peripherie (Johann Heinrich von Thünen, Walter Christaller), ferner die frühe Raumsoziologie (Georg Simmel), mitunter auch noch die Militärgeschichte mit ihren Karten. Und selbstverständlich gab es durchgehend mit der Landes- und Regionalgeschichte eine weitere Subdisziplin, für die der Raum eine zentrale Kategorie war und ist. Sie definiert sich ja durch die Konzentration auf umgrenzte Räume oder Territorien mittlerer oder kleinerer Größe unterhalb der Nationalstaaten, um da zeitlich möglichst weite Perspektiven und thematisch möglichst tiefe Sondierungen anzusetzen.[11]

Viele dieser Teil- oder Nebenfächer gerieten nach 1945 unter ideologischen Rechtfertigungsdruck. Das Fach Politische Geographie etwa musste in Deutschland jahrzehntelang «gegen den Schatten der Geopolitik» ankämpfen. Eine Disziplin wie die Volkskunde war gezwungen, sich praktisch neu zu erfinden (als Kulturwissenschaft, Ethnologie oder Kultursoziologie). Wirtschafts- und Sozialgeschichte wie Kulturraumforschung, die vor 1945 nicht selten unter dem Signum der Volkstumsgeschichte forschten, gaben sich ein neues Gesicht, indem sie sich als moderne Struktur- und Sozialgeschichte definierten. Für die Landesgeschichte als klassische Territorial- und Einzelstaatsgeschichte war dieser Rechtfertigungsdruck noch am wenigsten vorhanden. Zumal die bayerische Landesgeschichte agierte nach 1945 geradezu als Legitimationswissenschaft der neuen Ordnung und verstand es, sich als Wahrer der «guten» historischen Tradition zu etablieren. Mit dem Föderalismus wurde gleichsam auch die Landesgeschichte zum NS-Opfer erklärt und beider Revitalisierung nach 1945 als antitotalitäre, freiheitssichernde Präventionsmaßnahme verstanden.[12]

Zudem muss man immer festhalten, dass das politische Verdikt der Raumgeschichte vornehmlich Deutschland betraf. So repräsentierte beispielsweise in Frankreich die Schule der «Annales» einen methodisch ausgesprochen einflussreichen Hauptast strukturhistorischer Forschung. Sie griff intensiv soziogeographische Ansätze auf und thematisierte Fragen nach der «besonderen Art» der «géographie humaine», einer «Geographie, die vor allem menschliche Faktoren berücksichtigt» (F. Braudel). Lucien Febvres Studie zum Rhein und seine Geschichte interpretierte den Naturraum eines Flusses als politische Projektionsfläche und analysierte den Milieutypus des binationalen «Rheinländers». Fernand Braudels berühmtes Werk «Das Mittelmeer und die mediterrane Welt in der Epoche Philipps II.» begann bewusst mit Landschaften, Küstenverläufen, Bodenbeschaffenheit, Klima, Zentrum-Peripherie-Verhältnissen und deren prägenden Wirkungen auf das soziale Leben, Denken und Fühlen. Auch die zeitgleiche französische soziologische Forschung beschäftigte sich eingehend mit räumlichen Zusammenhängen und betonte in erster Linie Aspekte sozialer Konstruktivität von Räumlichkeit. Vor allem Henri Lefebvre mit seiner Definition dreier räumlicher Ebenen ist zu erwähnen: des «espace perçu», des erfahrenen, wahrgenommenen Raumes, also der durch das Alltagshandeln bestimmten räumlichen Praxis; des «espace conçu» als gedachte, vorgestellte oder geplante «Repräsentationen des Raumes»; und des «espace vécu», des erlebten Raumes oder «Raumes der Repräsentation», der Bilder, Symbole und künstlerischen Darstellungen.[13]

Nicht zuletzt erwuchs den französischen Denktraditionen das wirkungsvolle Konzept der «lieux de mémoire», der «Erinnerungsorte». Der Mentalitätshistoriker Pierre Nora hat es 1980 geprägt, geleitet von der Frage nach räumlichen Referenzfeldern, auf die sich die nationalen Identifikationsprozesse bezogen haben, und nach «Orten», «in denen sich das Gedächtnis der Nation Frankreich in besonderem Maße kondensiert, verkörpert oder kristallisiert hat». Als «Erinnerungsorte» können sowohl konkrete materielle Relikte und Orte («Panthéon», «Eiffelturm», «Verdun») fungieren wie überörtliche Symbolträger und imaginäre Erinnerungsspeicher, in denen sich nationale Bräuche oder Mythen bündeln und Räume «als Metaphern» wirken («Marseillaise», «La forêt», «La terre»). Das Konzept wurde breit rezipiert und in andere nationale Kontexte übertragen, inklusive eines mehrbändigen deutschen Parallelwerks. Es ließ sich in den Diskussionen überdies gut kombinieren mit den Überlegungen von Jan und Aleida Assmann zum «kulturellen und kommunikativen Gedächtnis» und zur «Konstruktion kultureller Erinnerungsräume». Und auch die landeshistorische Forschung hat sich inspirieren lassen, nach den «Erinnerungsorten eines Landes» gefragt und die Einflüsse von «regionalen Geschichtsagenten» (Geschichtsvereine, Denkmalschutz, Tourismuszentralen) damit in Beziehung gesetzt.[14]

In den letzten 25 Jahren wurde der Raum dann beinahe allgegenwärtig und die Rede von unterschiedlichen Raumkonfigurationen – von den «territorial-politischen» und «sozialen» über die «gedanklichen» und «körperlichen» bis zu den «hybriden» und «postkolonialen» – nachgerade inflationär. Liest man dazu vier oder fünf soziologische, kulturwissenschaftliche oder historische Untersuchungen, so kommt man zu sechs oder sieben Kategorisierungsvorschlägen. Unter dem Schlagwort vom «spatial turn» wird all das subsumiert – einem internationalen Trend, zunächst angestoßen vom amerikanischen Kulturgeographen Edward Soja und in Deutschland besonders eindringlich und früh vertreten vom Osteuropahistoriker Karl Schlögel. Die spatialen Forschungen geben manche Anregungen und eröffnen einige Erkenntnisse im Detail. Sie beweisen in der Tat die Komplexität von Räumlichkeit oder Grenzziehungen, betonen deren Konstruktivität und Brechungen sowie ihre symbolisch-metaphorischen Ebenen, machen konkret auf die große Aussagekraft und Bedeutung von Karten und Plänen als Deutungs- und Herrschaftsinstrumente aufmerksam. Auch dieses Buch profitiert davon.[15]

Wie bei jedem der modischen «turns» der letzten Jahrzehnte schwirrt einem allerdings auch etwas der Kopf angesichts der zahlreichen Redundanzen und irgendwie auch Selbstverständlichkeiten, die in diesem Kontext im Gefolge der großen Meister mit enormem Getöse und abnehmendem Grenznutzen produziert werden. Nicht weniges an Aufschlüssen zur Vielgestaltigkeit von Räumen wird da als Weltrevolution verkauft oder bis ins Artifizielle hinein gesteigert, was doch so neu eigentlich auch nicht ist und in manchen älteren Studien durchaus bereits zur Kenntnis genommen wurde: Raum bedeutet immer mehreres gleichzeitig. Es gibt nicht den *einen*, vorstrukturierten Raum als a-priori-Entität oder unhinterfragte materiell-objektive Realität. Es gibt keinen eindeutigen «Containerraum», in dem sich Staat, Gesellschaft oder Kultur vollziehen, der «modellhaft schon vor den Geschichtsforschenden gegeben» ist und in dessen festem Rahmen «die Landeshistoriker [oder alle anderen Historiker] dann arbeiten».[16] Raum besitzt neben Fläche, natürlichen Grundlagen, Territorium und politischen Grenzen stets symbolische und imaginäre Dimensionen. Seine Wirkung leitet sich nie nur aus «Fakten» her, sondern immer auch aus den Köpfen und Emotionen. Zugehörigkeitsgefühle, Verbundenheiten, Identifikationen oder Loyalitäten zu Räumen – gleich ob lokaler, regionaler, nationaler oder übernationaler Natur – sind immer variabel, dynamisch und hängen von den jeweiligen Situationen und Kontexten, Perspektiven und Projektionen ab. Man kann da vieles gleichzeitig sein – Schwabinger, Münchner, Oberbayer, Staatsbayer, Deutscher und Europäer – und fühlt sich während einer Urlaubsreise anderen Raumbezügen verpflichtet als während eines Spiels der «eigenen» Fußballnationalmannschaft. Einmal abgesehen davon, dass selbst dann räumliche Zusammenhänge immer nur *eine* Bezugsgröße individueller oder sozialer Selbstverortung sind und es daneben oft wichtigere Faktoren gibt, die soziale Stellung, die ökonomische Lage, das Geschlecht oder die Konfession. Es wäre daher unangemessen und ziemlich borniert, die räumlichen Bewusstseinsgrößen zu superiorisieren oder zu romantisieren, aus den Räumen eine naturwüchsig-typische «identitäre Essenz» oder «ethnische Substanz» mit Homogenitätsansprüchen zu folgern. Wenn und wo es solche Vorstellungen und Klassifikationen gibt, dann und dort sind sie aktiv «gemacht» und werden aus politischen Gründen propagiert – an erster Stelle und am einflussreichsten, aber nicht nur und allein, vom modernen Staat mit seiner «Macht zu benennen, zu identifizieren, zu kategorisieren, zu erklären, was was und wer wer ist».[17]

Begeben wir uns im Folgenden auf eine historische Raumreise durch das 19. und 20. Jahrhundert, auf die Suche nach den verschiedenen Formen und den maßgeblichen Protagonisten der Raumordnung, Raumbezüge und Raumaneignung in Bayern. Schauen wir auf das Land der Bayern mit seinen vielen unterschiedlichen Räumen, Territorien und Landschaften und mit seiner gänzlich ungerechten Verteilung der Berge.

«Räume sind nicht, Räume werden gemacht.»
Hans-Dietrich Schultz[1]

I
«Allen Untertanen ein gemeinsames Vaterland»: Bayern 1800–2000

Am Anfang des modernen Staatsbayern stand eine territorialpolitische Revolution, so könnte man Thomas Nipperdeys berühmtes Diktum «Am Anfang war Napoleon» variieren. Staat und Gesellschaft gingen zu Beginn des 19. Jahrhunderts hierzulande wie in ganz Mitteleuropa durch einen gleichermaßen gewaltigen wie gewaltsamen Prozess der Veränderungen, wurden in mehreren Etappen räumlich wie politisch neu geschaffen. Daraus resultierten Probleme und Herausforderungen, sich angesichts unterschiedlicher historisch-staatlicher Traditionen, vitaler Binnenregionalismen und einer topographisch anspruchsvollen Flächigkeit zu ordnen und zu einem Staatsganzen zu integrieren. Es musste zusammenwachsen, was nicht von vorneherein zusammenpasste. Vor dieser Ausgangslage beschäftige ich mich in diesem Kapitel zunächst mit den Entwicklungen des territorialen Bestands Bayerns und danach auf einer ersten, grundlegenden politisch-infrastrukturellen Ebene mit drei spezifischen Aspekten der Erfassung, Wahrnehmung und Handhabung dieses Raumes. Mit ihnen werden Strategien und Instrumente zu seiner Neukonstituierung sichtbar, ebenso manche Verschiebungen von Raumgewichten. Konkret wird es gehen um die kartographisch-statistische Vermessung, um die Kommunikations- und Verkehrsströme sowie um die staatliche Landesplanung.

1. Revolution und Beständigkeit: Territorium und Grenzen seit 1800

Die neue bayerische Staatsnation war das Produkt eines Wechselspiels von äußerem, kriegerischem Druck und innerer, reformerischer Anpassung – revolutionäre Gewalt und die Reaktionen darauf bedingten sich gegenseitig und führten in einem längeren katalysatorischen Prozess von gut 20 Jahren zu tiefgreifenden territorialpolitischen Umwälzungen. Den allgemeinen äußeren Entstehungshintergrund bildeten anfangs die atemberaubend erfolgreichen Revolutionskriege und die Expansion des imperialen Frankreichs unter Napoleons Führung, danach dessen ebenfalls gewaltsame Zurückdrängung und Niederlage und damit immer parallellaufend die Beendigung und Abwicklung des Alten Reiches. Daraus resultierte der erwähnte Außendruck, das war gewissermaßen die offensive Komponente. Hinzu kam ein eher reaktiv-defensiver Part, der jedoch seinerseits stets auf kreative Lösungen und flexible Wendungen baute. Das meint die Konzepte und Aktionen der reformbereiten bayerischen Bürokratie, an deren Spitze Maximilian von Montgelas (1799–1817 Minister des Äußeren) stand, und des von ihm geleiteten Wittelsbacher Herrschers Max IV./I. Joseph. Sie versuchten, den Staat in der Phase der großen territorialen «Flurbereinigung» Mitteleuropas zu sichern, zugleich zu arrondieren und zu reformieren, zuerst in aufgeklärter Sympathie mit Frankreich, später in Kooperation mit der Koalition seiner Gegner und des mächtigen Nachbarn Österreich.

Die zeitlichen Eckdaten der Vorgänge kann man mit den Jahreszahlen 1801 und 1814/16 markieren. Am 9. Februar 1801 traten im Frieden von Lunéville Kaiser und Reich das linke Rheinufer an Frankreich ab und vereinbarten die Grundprinzipien der künftigen territorialen Verschiebungsmechanismen. Zwischen 1814 und 1816 wurde in den Pariser Friedensschlüssen, auf dem Wiener Kongress und in verschiedenen bayerisch-österreichischen Abkommen die Neuordnung der nachnapoleonischen Epoche besiegelt. In der ersten Phase profitierte Bayern von einer im August 1801 geschlossenen und im Vertrag von Brünn im Dezember 1805 gefestigten Allianz mit Frankreich. Im Windschatten der napoleonischen Erfolge und seit 1806 unter dem hegemonialen Schutz des französisch dominierten Rheinbundes wurde es nicht nur am 1. Januar 1806 zum Königreich erhoben, es dehnte auch seine Grenzen erheblich aus. Ebenso entscheidend war dann freilich, dass Bayern gerade noch rechtzeitig, mit dem bayerisch-österreichischen Vertrag von Ried am 8. Oktober 1813, den abermaligen Bündniswechsel schaffte, um seine Gebietsgewinne auch nach Napoleons Niederlage noch in erklecklichem Umfang bewahren zu können. Insgesamt bildeten also der Aufbau und die Abwicklung des napoleonischen Hegemonialsystems die Basis.

Seine größte Ausdehnung und auch prekäre Überdehnung erreichte der Staat Bayern zwischen 1805/06 und 1810. Bis dahin waren ihm in mehreren Schüben – 1802/03 (fixiert im Reichsdeputationshauptschluss vom 25. Februar 1803), 1805/06 (fixiert im erwähnten Vertrag von Brünn, im Frieden von Preßburg vom 26. Dezember 1805 und in der Rheinbundakte vom 25. Juli 1806) sowie 1810 (fixiert im Pariser Vertrag vom 28. Februar 1810) – zahlreiche «neubayerische» Territorien zugewachsen. Man erfasst diesen Vorgang mit den Begriffen der Mediatisierung und Säkularisation, die formell der Entschädigung der mittleren und größeren Reichsfürsten für die erlittenen linksrheinischen Verluste an Frankreich dienten. Für Bayern bedeutete das vor allem Entschädigung für den Großteil der Kurpfalz (auch der rechtsrheinischen Teile mit Heidelberg und Mannheim), die Herzogtümer Simmern und Jülich, die Fürstentümer Lautern und Veldenz, ferner für einige Herrschaften in den Niederlanden und in Belgien sowie für das Herzogtum Berg. Die territoriale Verfügungsmasse dafür boten die kleineren und im aufgeklärten Zeitgeist als unnütz erachteten, obendrein wehrlosen weltlichen und geistlichen Reichsstände.

Konkret handelte es sich bei «Neubayern» – erstens – um säkularisierte vormals geistliche Herrschaften, genauer um die Gebiete bzw. Teilgebiete der ehemaligen Erz- bzw. Hochstifte Augsburg, Bamberg, Eichstätt, Freising, Passau, Regensburg (dieses erst 1810 als Fürstentum Regensburg von Erzprimas Dalberg gekauft) und Würzburg (Letzteres nach 1805 zeitweise dem habsburgischen Großherzog von Toskana übergeben und erst 1814 in Bayern integriert), darüber hinaus um die Enklave Mühldorf (die man vom Erzstift Salzburg übernommen hatte) sowie um die Territorien nicht weniger Reichsabteien (unter anderem des Fürststifts Kempten, der Reichsabteien Ottobeuren und Waldsassen oder, 1810, der Reichsstifte Obermünster, Niedermünster und St. Emmeram in Regensburg). Hinzu kamen – zweitens – mediatisierte weltliche Herrschaftsgebiete, als da waren: die vormaligen Reichsstädte (unter anderem Augsburg, Nürnberg, Lindau und ab 1810 Regensburg) sowie die Territorien der diversen kleineren Reichsfürsten, Reichsgrafen und Reichsritter (vornehmlich in Franken und Schwaben), schließlich diejenigen der ehemals preußischen Markgrafentümer Ansbach und Bayreuth (das letzte 1810 gekauft). Eine dritte Gruppe waren die nur vorübergehend gewonnenen Territorien: In den Jahren 1805 und 1810 hatte das Kurfürstentum bzw. Königreich große österreichische bzw. ehedem salzburgische Gebiete zugeschlagen bekommen, 1805 unter anderem Tirol, Brixen, Meran und Vinschgau, Trient und Vorarlberg, 1810 dann Salzburg und die Fürstprobstei Berchtesgaden, das Innviertel und Teile des Hausruckviertels im Salzkammergut. Damit erstreckte sich Bayern im Süden zeitweise bis an den Gardasee (mit dem Salzach-, Inn-, Eisack- und Etschkreis).

In erster Linie die letzte Gebietsgruppe markiert die besagte räumliche Überdehnung, denn mit diesen Territorialgewinnen hatte sich das neue Königreich erhebliche Probleme eingehandelt. Der verlustreiche Volksaufstand in Tirol gehörte dazu, aber auch die Tatsache, dass etwa die Gebietsgewinne von 1810 recht teuer erkauft wurden (allein für die Bayreuther Domänen beispielsweise mit 11,2 Millionen Gulden) oder nur durch Gebietstausch gesichert werden konnten. So musste Bayern recht bald das südliche Tirol unterhalb von Klausen an das napoleonische Königreich Italien, Osttirol an die französischen Illyrischen Provinzen wieder abtreten. Zu einer Stabilisierung der politischen Verhältnisse hat dieses Wechselspiel nicht beigetragen. Und nach dem Bündniswechsel von Frankreich zu Österreich (mit den beiden bayerisch-österreichischen Vertragswerken von Paris und München vom Juni 1814 bzw. April 1816) war Bayern bei eingeengten Verhandlungsspielräumen ohnehin gezwungen, das im Südosten gewonnene Gebiet zurückzugeben. Die Grenzen wurden «restauriert» und «bereinigt», ein endgültiger «Schlußstein der territorialen Neuordnung […] nach 24 Jahren der Kriege und

Veränderungen» gezogen. Tirol, Vorarlberg, das Inn- und Hausruckviertel sowie Salzburg fielen – mit Ausnahme der ehemaligen Fürstprobstei Berchtesgaden und der Gerichte links von Saalach und Salzach – an Österreich zurück. Jedoch konnte Bayern andernorts auch in dieser Phase noch Erfolge verbuchen. Es bekam das Großherzogtum (ehemalige Hochstift) Würzburg samt Aschaffenburg, das davor unter Mainzer Landeshoheit gestanden war. Für seine Abtretungen an Österreich wurde es überdies rechts des Rheins mit einigen fuldaischen, böhmischen und hessischen Ämtern (Hammelburg, Brückenau, Teile von Bieberstein, Redwitz, Alzenau, Miltenberg, Amorbach und Heubach) entschädigt. Außerdem erhielt es nach der französischen Niederlage einen Teil seiner linksrheinischen Gebiete zurück, nämlich den Rheinkreis, den späteren Regierungsbezirk Pfalz inklusive der Saarpfalz. Ansprüche auf die rechtsrheinischen, ehedem kurpfälzischen Besitzungen um Heidelberg und Mannheim konnten dagegen nicht durchgesetzt werden. Diese wurden dem Großherzogtum Baden zugeschlagen.[2]

Es ist auf den ersten Blick erkennbar, dass in diesem Prozess über einen längeren Zeitraum hinweg Territorien ganz unterschiedlichen landschaftlichen Charakters und verschiedener staatspolitischer Wurzeln recht beliebig getauscht, geteilt und neu zusammengewürfelt wurden – und mit ihnen die Menschen, die darin lebten; rund 1,6 Millionen wechselten so in gut 20 Jahren mehrmals den Landesherren. Ebenso deutlich dürfte sein, dass die Vorgänge der Mediatisierung und Säkularisation sowie die mit dem ganzen territorialpolitischen Komplex verbundenen legitimatorischen Argumentationsfiguren der «Entschädigung», «Restitution» oder «Modernisierung» nur einen (kleinen) Teil der räumlichen Verschiebungen abbilden: In vielem handelte es sich schlicht um außenpolitischen Länderschacher, der ganz in der Tradition der alten Kabinettspolitik stand und in der Folge auch erhebliche Loyalitätsprobleme schuf und entsprechende alternative Legitimationsstrategien nötig machte.

Entstanden sind Grenzen nach mechanischer diplomatischer Länderarithmetik und willkürlicher politischer Natur, kaum solche von historischer Tradition oder längerer kultureller Zusammengehörigkeit. Sie umfassten 1816 ein Gesamtstaatsgebiet von rund 76 000 Quadratkilometern mit ungefähr 3,7 Millionen Einwohnern, das aus zwei, durch die Großherzogtümer Baden und Hessen getrennten Teilgebieten bestand: Das weitaus größere des rechtsrheinischen Bayern aus Altbayern, Franken und Schwaben (mit rund 70 000 Quadratkilometern und über 3,2 Millionen Einwohnern) umschrieb ein «in nordwestlicher Richtung langgestrecktes, nach den Seiten vorspringendes Viereck». Es reichte vom Nordrand der Alpen und dem Bodensee im Süden bis zu den waldgebirgigen und kargen Gebieten von Fichtelgebirge, Frankenwald, Haßberge und Rhön im Norden. Im Osten wurde es durch den Verlauf von Salzach und Inn sowie dem Kamm des Böhmerwaldes begrenzt, im Westen durch die Iller, das nördliche Donauries und die Mittelgebirgszüge von Frankenhöhe, Odenwald und Spessart, die freilich in der unterfränkischen Mainsenke gegen Aschaffenburg um einiges bis an die hessische Grenze durchbrochen wurden. Im Süden und Osten wurde dieses Territorium vollständig vom größten Nachbarn Österreich umfasst, nach 1918 im Nordosten zudem von der Tschechoslowakei bzw. der Tschechischen Republik. Angrenzer im Westen waren Württemberg, Baden und Hessen. Die nördliche Nachbarschaft reichte von Hessen-Nassau (seit 1866 preußische Provinz) über die thüringisch-sächsische Kleinstaatenwelt bis zum Königreich Sachsen. Der viel kleinere Teil des Königreichs Bayern (mit knapp 6000 Quadratkilometern und fast 450 000 Einwohnern) lag weiter im Westen und wurde eingegrenzt von Elsaß-Lothringen, der preußischen Rheinprovinz, dem Großherzogtum Hessen und dem Verlauf des Rheins gegen Baden hin: die vorübergehend französisch annektierte Rheinpfalz, das eigentliche Stammland der regierenden Pfälzer Linie der Wittelsbacher.[3]

Dieses etwas diffuse Territorium provozierte manche Nachfragen und Arrondierungswünsche, erwies sich auf lange Sicht aber als erstaunlich stabil. Zunächst wurde die Lage von Zeitgenossen als räumlich zersplittert und als wenig günstig empfunden. Vor allem die fehlende Landverbindung zwischen rechts- und linksrheinischem Bayern galt vielen als problematisch. Der Rheinkreis, abgetrennt vom «Mutterlande» und eingeengt «durch die fremden Mauthlinien», sei ein «wahres Exarchat von Baiern», und man dürfe die «Besorgniß nicht bergen, daß der erste politische Windstoß denselben leicht gefährde», so monierte es der liberale Kammerabgeordnete, Reformbeamte (Regierungspräsident des Unterdonaukreises 1832–36) und Statistiker Ignaz von Rudhart 1825. Er fuhr dann jedoch andererseits fort: «In politischer und commerzieller Beziehung» sei diese Verbindung zugleich von einem unschätzbaren Wert, könne der Rheinkreis doch dank seiner französischen Prägungen und der Stärke des politischen Liberalismus den Bayern «stets die geläuterten Grundsätze der Einrichtung und Verwaltung der bürgerlichen Gesellschaft» vorhalten und diese auch, gleich einer «wirksamen Impfanstalt», dem erfolgreichen Praxistest unterziehen. Davon, dass die Pfalz mit den Regionen um Ludwigshafen (ein Zentrum der chemischen Industrie) und Sankt Ingbert (Schwerindustrie) überdies zu einem Zugpferd der Industrialisierung und Modernisierung Bayerns wurde, konnte Rudhart noch nichts ahnen; es hätte seine Einschätzung sicher untermauert. Aber auch so kam er zu dem letztlich versöhnlichen Fazit, Bayern sei eben angesichts seiner komplizierten territorialen Lage, der verwickelten Grenzverläufe und zahlreicher wirtschaftlicher Verflechtungen (vor allem mit Österreich und Preußen) auf «andere physische und moralische Mittel der Unabhängigkeit als auf seine [konfrontative] Ausdehnung und Gränzen» verwiesen – nämlich auf die Verbindung und Kooperation mit den Nachbarstaaten. Von dem Begründungsmuster, die territoriale Zersplitterung prädisponiere einen Staat zum Schließen von fremden Landkorridoren durch gewaltsame Expansion oder genealogische Herrschaftssukzession, wie es uns aus der preußischen Geschichte geläufig ist, finden wir bei Rudhart jedenfalls nichts.[4]

Die expansive Option gewann auch später kaum wirkliche Relevanz. Argumentationen in diese Richtung waren in der bayerischen Politik zwar nicht gänzlich unbekannt, aber es blieb doch bei eher zarten Ansätzen und wenig durchschlagskräftigen Gedankenspielen. Ein erster Versuch wurde bereits 1819 mit Nachdruck unterbunden. In diesem Jahr widerriefen die europäischen Großmächte im Frankfurter Generalrezess sehr deutlich jede Möglichkeit einer bayerischen Anwartschaft auf das badische Erbe (beim Aussterben der dort regierenden Linie) und damit auf die rechtsrheinische Pfalz um Heidelberg und Mannheim. Damit sollte von vorneherein eine bayerische Dominanz in Süddeutschland verhindert werden – zum ausgesprochenen Ärger des späteren Königs Ludwig I.[5]

Ein letztes Mal und abermals vergeblich aufgewärmt wurde die Vorstellung einer Gebietserweiterung nach Westen, als König Ludwig II. im Zuge der Reichsgründungsverhandlungen von 1870 eine Landbrücke von Unterfranken über den Odenwald zur Rheinpfalz hin als Ersatz für die 1866 an Preußen abgetretenen Rhöngebiete forderte. Bismarck lehnte das rundweg ab, und damit war die Sache auch erledigt. Auf die noch weiter gehenden phantastischen Kolonialspinnereien Ludwigs II., sein Königreich auf die Kanarischen Inseln, Zypern, die Ägäis, die Krim, den Hindukusch oder manche noch fernere Überseeinseln (von Fidschi und La Réunion bis Tahiti und Tonga) auszudehnen oder entsprechende Territorien um- und einzutauschen, um dort prächtige Schlösser errichten zu können, brauchen wir an dieser Stelle nicht ernsthaft einzugehen. Zwar wurde für die Suche nach dergleichen «Zukunftsreichen» der Direktor des bayerischen allgemeinen Reichsarchivs, der renommierte Rechtshistoriker Franz von Löher, eingespannt, sogar erste Verfassungsentwürfe hat man erarbeitet. Aber mehr als spöttische Sottisen, da lasse jemand einen Professor als «Privat-Kolumbus weiland Seiner Majestät» (Johann Baptist Sigl) sondieren, brachte das dem König nicht ein. Die Pläne können als ein Ausweis für spezifische Wahrnehmungsformen fremder Räume und Welten und die dahinter stehenden subjektiven Projektionen gelten, tatsächliche territorialpolitische Wirkungen hatten sie nicht.[6]

Durchweg politisch problematischer, wenngleich letztlich ebenfalls utopisch, waren die Forderungen König Ludwigs III. im Laufe des Ersten Weltkriegs, die zeitweise, bis 1916, auch von Kronprinz Rupprecht oder Graf Hertling vertreten und in manchen Intellektuellenkreisen in München ventiliert wurden. Kern war die Überlegung, das bisherige Reichsland Elsaß-Lothringen Bayern zuzuschlagen, womöglich als Ausgleich für eine Annexion Belgiens oder baltischer Gebiete durch Preußen. Vor allem von Ludwig III. wurde ein solcher Annexionismus mit einigem Starrsinn bis Kriegsende vorgetragen. Er war bei ihm in erster Linie wirtschaftspolitisch begründet. Teilweise (bei Rupprecht oder Hertling) entsprang er auch förderalismuspolitischen Erwägungen, Bayern als ein möglichst starkes Gegengewicht zu Preußen zu festigen. Erfolgsaussichten hatte dergleichen kaum, zu stark war von Beginn an der Widerspruch anderer süddeutscher Staaten und auch Preußens. Der stockende Kriegsverlauf und die deutsche Niederlage machten die Pläne ohnehin obsolet. Eine friedensfördernde Maßnahme waren sie indes zu keiner Zeit.[7]

Aufs Ganze gesehen ist freilich ein anderes territoriales Moment noch einmal viel deutlicher hervorzuheben: Es ist die – mit einer größeren Ausnahme – bemerkenswerte Konstanz der politischen Außengrenzen Staatsbayerns im 19. und 20. Jahrhundert – trotz ihrer verwickelten, kriegerischen Ursprünge und der vielen binnenbayerischen Pluralitäten und Brüche. Im rechtsrheinischen Hauptgebiet umschreiben die 1815 etablierten Grenzen im Grunde noch den heutigen Freistaat Bayern. Dort gab es nur marginale Verschiebungen oder Grenzberichtigungen, allesamt als mittel- oder unmittelbare Folgen von Kriegen: Nach dem sogenannten deutsch-deutschen Krieg von 1866 mussten die Bezirksämter Gersfeld (in der Rhön) und Bad Orb (im Spessart) an Preußen abgetreten werden. Das war der bayerischen Kriegsniederlage geschuldet, die damit sehr glimpflich abgegolten wurde. 1920 trat das ehemalige Herzogtum Sachsen-Coburg bzw. der Freistaat Coburg durch Volksabstimmung und anschließenden Staatsvertrag dem Freistaat Bayern bei. Es lag vornehmlich an den praktischen ökonomischen Hoffnungen, im großen Agrarland noch halbwegs gefüllte Fleischtöpfe vorzufinden, dass die Coburger Bayern gegen die Alternative eines Anschlusses an Thüringen den Vorzug gegeben hatten. Nach dem Kriegsende von 1945 schließlich bekam Bayern noch die Thüringer Exklave Ostheim vor der Rhön. Einen vorübergehenden verfassungsrechtlichen Sonderstatus besaßen zwischen 1945 und 1955 außerdem Stadt und Kreis Lindau. Sie waren nicht der amerikanischen, sondern der französischen Besatzungszone zugeschlagen worden und gehörten vorübergehend weder Württemberg noch Bayern an, sondern wurden von einem «Kreispräsidium» in gemeinsamer Abstimmung mit Württemberg-Hohenzollern selbst verwaltet. Formal zum 1. September 1955, faktisch zum 27. März 1956 wurde Lindau dann nach Bayern rückgegliedert. Trotz dieses Einzelfalls einer «territorialen Sonderstellung», die auch nie die prinzipielle Zugehörigkeit zum bayerischen Staatsgebiet in Frage gestellt hatte, gilt aber: Die enorme territoriale Stabilität, die sich doch einigermaßen markant von der Geschichte der allermeisten anderen deutschen Einzelstaaten unterschied, ist als bewusstseinsbildendes Faktum nicht zu vernachlässigen und gewann, eingebettet in die historiographische Meistererzählung der langen Dauer beinahe immerwährender bayerischer Existenz, durchaus staatspolitisches Gewicht.[8]

Die erwähnte größere Ausnahme stellt die bayerische Rheinpfalz dar. Diese wurde in mehreren Etappen von Bayern abgetrennt. Bereits das 19. Jahrhundert hindurch hatten die pfälzischen Gebiete strukturelle Eigenheiten aufgewiesen. Die Pfalz besaß bis 1900 ein eigenes Rechtssystem nach «bürgerlichen» Prinzipien des französischen Code civil. Justiz und Verwaltung waren früh getrennt. Überdies hatte sich eine eigene evangelische Kirchenorganisation, eine spezielle Gewerbestruktur oder eine spezifische Parteienstruktur mit stärkerer Gewichtung des Liberalismus ausgebildet. Nach dem Ende des Ersten Weltkriegs verschärfte sich der Trend zur Separation. In drei Etappen kam es zur Loslösung der Pfalz.[9]

Der erste Schub erfolgte in der Weimarer Zeit – im Zuge der Kriegsniederlage und besatzungspolitischer Vorgaben. Wohl blieb die Pfalz zunächst staatsrechtlich weiterhin bei Bayern. Aber sie war nun als Teil einer der rheinländischen Besatzungszonen bis 1930 französisch besetzt, außerdem seit 1920 verkleinert um Stadt und Bezirksamt Sankt Ingbert sowie Teile der Bezirksämter Homburg und Zweibrücken; die Gebiete wurden dem Saargebiet unter Treuhänderschaft des Völkerbunds unterstellt und kehrten auch nach der Saar-Volksabstimmung 1935 nicht mehr zu Bayern zurück. Unter diesen Rahmenbedingungen kam es bis 1924 immer wieder auch zu Initiativen eines pfälzischen Separatismus. Sie waren zwar in breiten Bevölkerungskreisen kaum wirklich dauerhaft durchsetzungsfähig, aber ein wichtiges Stimmungsbild für die prekäre Position der Pfalz im bayerischen Staatsverbund gaben sie schon damals ab: etwa in den Debatten um die Wiederherstellung einer selbständigen Kurpfalz, um die Gründung einer autonomen «Pfälzischen Republik im Reichsverband» oder um die Eingliederung der Pfalz in eine größere «Rheinische Republik». Zeit- und teilweise wurden dergleichen Separierungsmodelle im Jahr 1923 auch mit französischer Unterstützung verfolgt. Sie fanden aber bereits im Februar 1924 auf britischen Druck hin wieder ihr Ende.

Erfolgreicher waren, das ist die zweite Etappe, die Aktivitäten nach 1933, nunmehr unter den Maßgaben des NS-Regimes und seiner spezifischen Überlappungen zwischen traditionell staatlicher Ordnung und parteilicher Gaugliederung. Sie sind für das westdeutsche Gebiet vornehmlich mit dem Namen des Gauleiters Josef Bürckel verbunden, der im größeren Maßstab eine eigene frankophobe Grenzlandpolitik verfolgte und dafür auch den Zugriff auf die Pfalz reklamierte. Die «Geißel des Bavarianismus» galt ihm hingegen nur noch als administratives Relikt der alten Zeiten. Tatsächlich gelang es Bürckel, 1935 die Reichsgaue Pfalz und Saar zur «Saarpfalz» zu vereinigen und die Pfalz sukzessive von der bayerischen Verwaltung zu trennen. Mit Neustadt wurde eine eigene Gauhauptstadt gegen den alten Regierungssitz Speyer etabliert. 1940 wurden die von Bürckel bekleideten staatlichen Ämter des Reichskommissars für das Saarland und des pfälzischen Regierungspräsidenten zusammengelegt und obendrein mit der Zivilverwaltung im besetzten Lothringen verbunden. Das Konglomerat verschmolz letztlich zur neuen Institution des «Reichsstatthalters in der Westmark». Die Pfalz war damit nicht de jure, aber faktisch aus Bayern herausgelöst. Die pfälzische Regierung firmierte nach 1941 auch nur noch als «Dienststelle Speyer des Reichskommissars für die Saarpfalz».

Der letzte Abschnitt der Entwicklung folgte nach dem Zweiten Weltkrieg, als das Saarland eine extraterritoriale Sonderstellung bekam und die größten Teile der alten bayerischen Rheinpfalz im August 1946 formal in das neu gebildete Land Rheinland-Pfalz integriert wurden. Einer Rückgliederung nach Bayern, für die etwa Ministerpräsident Hoegner unter dem Motto «Bayern ruft die Pfalz» ebenso wie der 1950 eingerichtete «Pfalzausschuss» des bayerischen Landtags geworben oder die Politlobbyisten des «Bundes Bayern und Pfalz» unter dem Schlachtruf «Freiheit für den Pfälzer Löwen» gestritten hatten, scheiterte 1956 am Votum der Pfälzer. Lediglich 7,6 Prozent der Wahlberechtigten stimmten in einem Volksbegehren über eine Neugliederung des Landes für einen Volksentscheid über den Anschluss an Bayern. Die 10-Prozent-Marke war damit verfehlt, das Volksbegehren gescheitert. Als letzte

Reminiszenzen Pfälzer Existenz im bayerischen Staatsverbund blieben Pfälzer Wein, die Pfälzer Weinstube an der Münchner Residenz und der (semantisch transformierte) Pfälzer Löwe im bayerischen Staatswappen.

Was sich mit dem Jahr 1945 überdies änderte und dann bis 1989/90 eine politische Konstante bayerischer Territorialität blieb, war die Wandlung des Charakters der Nord- und Ostgrenze Bayerns. Sie mutierte in ihrem Verlauf zur DDR (mit 419 Kilometern) und zur CSSR (mit 356 Kilometern) zu einem – bei allen Formen eingeschränkten Kontakts und lebensweltlichen Mit- und Nebeneinanders – nur schwer durchlässigen, mitunter lebensgefährlichen «Eisernen Vorhang». Er ließ den Freistaat schlagartig zum Grenzland des Kalten Krieges werden, zum «Zonenrandgebiet», das behördlich auf eine Tiefe von 40 Kilometern festgelegt wurde. Bezogen auf ganz Westdeutschland machte das fast 20 Prozent des Territoriums aus, in dem knapp 12 Prozent der Bevölkerung lebten. Damit verbanden sich enorme Strukturprobleme einer «unterentwickelten» Peripherie, «wo alle Straßen enden», die ehedem Bestandteil eines lange gewachsenen, sehr vitalen Zusammenhangs mitteldeutscher Zentralität oder bayerisch-böhmischen Austauschs gewesen war. Wir werden noch näher zu erörtern haben, wie sich dort die Verschiebungen der territorial-, sozial- und wirtschaftspolitischen Raumachsen, die Veränderungen im Verhältnis von Zentrum und Peripherie, das gewaltsame Ende alter kultur- und wirtschaftsräumlicher Verflechtungen auswirkten und zu welchen landesplanerischen Konsequenzen sie führten. Seinerzeit wurden neue Strukturen und Rahmenbedingungen geschaffen, die ihrerseits langfristige Folgen hatten. Sie wirkten auch über die nächste Zäsur hinweg, mit der sich die Raumparameter ein weiteres Mal grundlegend änderten. 1989/90 öffnete sich der «Eiserne Vorhang» unerwartet wieder. Das schuf neue Verbindungen und politische, ökonomische, soziale und ökologische Kooperationsmöglichkeiten. Allerdings lebten auch manche überkommene Raumrelikte fort: Gedenkstätten des Kalten Krieges, langfristige Spuren und Symbole von «Entfremdungen», erinnerungskulturelle Manifestationen von Brüchen und «verlorenen Heimaten». Der «Eiserne Vorhang» selbst mutierte zum «Grünen Band», in dem sich gleichermaßen (neue oder revitalisierte) Zusammengehörigkeiten wie der europaweite «ökologische Fußabdruck» eines (alten) Grenzregimes spiegelten.[10]

2. Vermessung und Vermessenheit: Die kartographisch-statistische Erfindung des Raumes Bayern

Im Jahr 2005 stand ein Roman von Daniel Kehlmann auf den Bestsellerlisten: «Die Vermessung der Welt». Es handelt sich um eine Art von belletristischer Doppelbiographie des Naturforschers Alexander von Humboldt und des Mathematikers Carl Friedrich Gauß. Beide stehen in dem Buch auf je eigene Weise für eine Denkströmung ihrer Zeit: für den Versuch einer aufgeklärt-rationalen Erfassung und möglichst exakten Berechnung der Welt durch den Menschen. «Ein Hügel», so lässt der Autor seine Helden sagen, «von dem man nicht wisse, wie hoch er sei, beleidige die Vernunft». Nur wer exakte Atlanten besitze, könne sich zum wirklichen Herrn über Land und Leute aufschwingen, «die Besiedlung einer Kolonie fördern, die Unterwerfung der Natur beschleunigen, das Geschick des Landes in eine günstige Richtung lenken». Manchmal sei ihm (dem fiktiven Gauß) gewesen, «als hätte er den Landstrich nicht bloß vermessen, sondern erfunden, als wäre er erst durch ihn Wirklichkeit geworden. Wo nur Bäume, Moos, Steine und Graskuppen gewesen waren, spannte sich jetzt ein Netz aus Geraden, Winkeln und Zahlen.»[11]

Nicht bloß vermessen und ordnen, sondern erfinden und beherrschen – damit ist das doppelte Wesen von Kartographie umschrieben, der es nicht nur um das Abbilden naturgegebener topographischer, geographischer, geologischer oder hydrologischer Zustände geht. Zwar ist diese «Wirklichkeit» ein wichtiger Referenzpunkt; Augenscheinkarten versuchten sie vor Ort zu ergründen, indem deren Zeichner die Landschaft unmittelbar abschritten; in Notariatsakten dienten Karten nach direkten Vorortschauen der Objektivierung und Dokumentation von Recht und Eigentum. Auch bedeutete die moderne kartographische Vermessung, wie sie sich seit dem 18. Jahrhundert etablierte, eine enorme empirische Leistung und einen «kolossalen Gewinn an präzisem Wissen über die Welt».[12]

Zugleich aber handeln Karten immer von weit mehr: vom anthropologischen Grundbedürfnis nach räumlicher Orientierung und Ordnung; vom Ziel, die dreidimensionalen Naturgegebenheiten in eine zweidimensionale Form mit Linien zu bannen, also das komplexe geographische Neben- und Übereinander zumindest auf dem Papier mit klaren Strukturen zu versehen; nicht zuletzt vom Bestreben, sich diese Räume kreativ anzueignen und sie überhaupt erst zu erschaffen. Territorien, Räume, Grenzlinien und ihre Darstellungen sind also immer auch Kopfgeburten und Projektionen, abhängig von den Intentionen und Erwartungen, Maßgaben und Perspektiven der Kartographen oder ihrer Auftraggeber. In diesem Sinne hat der Soziologe Georg Simmel formuliert, kartographische Grenzen seien weniger «räumliche Tatsache» denn «die Kristallisierung oder Verräumlichung der allein wirklichen *seelischen* Begrenzungsprozesse». Und die moderne Definition von «Karte», wie sie durch die Internationale Kartographische Vereinigung vorgenommen wird, liest sich ähnlich: eine «*versinnbildlichte* Repräsentation geographischer Realität, die auf der *Kreativität* und den *Entscheidungen* eines Kartographen beruht und *bestimmte* Aspekte und Charakteristika darstellt, um räumliche Beziehungen abzubilden». Karten und Pläne besitzen folglich von Anfang an die Funktion, Ansprüche auf Territorien zu erheben, sie nach außen abzugrenzen und nach innen eine homogene eigene Herrschaft zu organisieren, Zugehörigkeitsgefühl zu wecken und zu stabilisieren gegenüber alternativen oder konkurrierenden Herrschaftsansprüchen und Loyalitätsoptionen. Karten sind gleichzeitig Dokumentationen sozio-politischer Macht und Werkzeuge ihrer Durchsetzung – je komplizierter die territorialen Verhältnisse, desto mehr.[13]

Nicht von ungefähr untersuchte man diese Funktionen von Karten daher besonders intensiv für die Gründung der europäischen Kolonialimperien des 19. Jahrhunderts, die fast ausnahmslos zunächst am grünen Kartentisch entstanden. Grundlagen waren zumeist «paper partitions» – Schreibtischelaborate – völlig unabhängig von gewachsenen räumlichen oder politischen Strukturen vor Ort, in die Welt gesetzt von den Staatskanzleien, Kolonial- und Außenministerien und exerziert von deren Kartographen. Sie haben entsprechende Kartensprachen, Symbole und Ikonographien entwickelt, die seit dem 19. Jahrhundert durch internationale Normierungen Verbindlichkeit gewannen: die Fixierung vereinheitlichter Maßstäbe, Entfernungsrelationen und eines Hauptmeridians als Referenzpunkt; die visuellen Techniken von Höhenlinienzeichnungen oder Geländebeschreibungen mittels unterschiedlicher Schraffurstärken; die bewusste Ausrichtung und Hierarchisierung mit einer Nord-Süd-Perspektive oder der Stellung Europas in der Kartenmitte; die monochromen Färbungen oder Schraffuren von Flächen, um Einheitlichkeit und «Regierbarkeit» zu demonstrieren (auch wenn die Herrschaftsgebiete zersplittert waren); die Markierung angeblich klarer linearer Grenzen (auch wenn in der Realität lange Zeit oft eher hybride Grenzräume existierten); die unterschiedliche typographische Signifikanz, Größe, Dicke von Städtemarkierungen (und damit die Klassifikation von Stärke/Zentralität/Gewichtigkeit und Schwäche/Peripherie/Marginalität) oder von Grenzen; die Zeichnung von Bewegungspfeilen, mit denen Migrationsströme oder militärische Aktionen betont, relativiert oder marginalisiert werden können.[14]

Was für die große Welt thematisiert wurde, gilt auch für das kleine Bayern. Ja mehr noch: An diesem regionalen Beispiel lassen sich die Fragestellungen in sehr verdichteter Weise analysieren. Auch dort lagen administrative räumliche Schöpfungen am Grünen Tisch vor, und auch in diesem Zusammenhang wiesen Kartographie, Statistik und bürokratische Landesplanung einen zentralen Weg zur dauerhaften staatlichen Konsolidierung. Das setzte bereits ein in der zweiten Hälfte des 18. Jahrhunderts unter den Bedingungen der komplexen territorialen Realität des Alten Reichs wie unter den Auspizien aufgeklärter Fürsten. Einerseits sträubte sich diese Welt gegen einfache Vermessung, Linienzeichnung und Flächenfärbung, andererseits provozierte sie ebendies als Ausfluss modernen Denkens und machtvoller Staatsbildungspolitik. Und mit der territorialen Revolution um 1800 dynamisierte sich das Geschehen noch weiter: wegen der Herausforderungen durch enormen außenpolitischen Druck und starke interne Zentrifugalkräfte in einem großflächiger werdenden, aber recht künstlich zusammengewürfelten Staat, sowie wegen spezieller ideengeschichtlicher Einflüsse insbesondere französischer Herkunft. Geometer, Geodäten, Kartographen und ihre Vermessungsprodukte haben in dieser Phase das Land des modernen Staatsbayern und dessen räumlich-politische Wirklichkeit recht eigentlich erst konstituiert. Sie haben es getan in engem Verbund mit Statistikern, Volkszählern, Landesbeschreibern und -planern, den Sachverständigen fürs Sammeln, Beschaffen und Gewichten von differenzierten Raum- und Sozialdaten im großen Maßstab, mit fiskalischen Haushältern, Wirtschafts- und Verkehrsexperten und deren neuartigen Ansprüchen der möglichst exakten Bürgererfassung und infrastrukturellen Staatsordnung. Sie alle agierten als Teil eines größeren Ideen-, Denk- und Handlungsverbundes, der sich als Träger und Wahrer der «raison d'être», der Daseinsberechtigung, des neuen Staatsganzen begriff: einer frankophilen Reformbürokratie unter Führung des allgegenwärtigen Staatsministers Montgelas, die sich den Maßgaben von Aufklärung und Empirismus verpflichtet sah, kombiniert teilweise noch mit spätabsolutistischem Merkantilismus und orientiert an Sehnsüchten nach einem geometrisierten Raum, «aus dem alle dunklen Stellen getilgt sind».[15]

Die Start- und Inkubationsphase moderner Kartographie lag wie erwähnt in der zweiten Hälfte des 18. Jahrhunderts, und die unbestrittene Vorreiterrolle spielte das aufgeklärte, etatistische Frankreich. Dort wurde gezielt und systematisch damit begonnen, Länder zu vermessen und Räume zu beschreiben. Entsprechend früh wurden die modernen technischen Grundlagen des Vermessungswesens erprobt und etabliert. In Großprojekten wie der «Carte géometrique de la France» (1750–93), die als groß inszenierte «Haupt- und Staatsaktion» erarbeitet wurde, setzte man die ersten Standards für eine geometrisch exakte Methodik und für die Normen der kartographischen Darstellungen. So perfektionierte man die trigonometrische Landaufnahme und Triangulationsmethode mit der Konstruktion umfassender Dreiecksnetzsysteme, wie sie von der Gelehrtenfamilie Cassini de Thury entwickelt worden war, vereinheitlichte den metrischen Maßstab, verfeinerte die Geländebeschreibung mittels einer eigenen Symbolsprache.[16]

Die Motive und Ziele dieser Vorhaben entsprangen zunächst und erstens den Forderungen des Militärs nach genauem Kartenmaterial. Dazu trat, zweitens, recht bald das administrative Streben nach flächendeckender fiskalischer Erfassung der Grundstücke und Gemarkungen für die Grund- und Gebäudesteuererhebung. Schließlich verbanden sich die Vorhaben, drittens, mit Initiativen einer statistischen Erfassung als genereller Grundlage für eine planvolle Gesellschaftspolitik, eine intensivierte staatliche Wirtschaftsförderung, Landeskultivierung und Verkehrs-, Zoll- und Mautpolitik. Auch für Bayern sind diese drei großen Entwicklungsstränge auszumachen.

Dass Bayern von Frankreich dabei besonders stark beeinflusst war, ist angesichts der engen politischen Verbindung der beiden Staaten zwischen 1800 und 1813 nicht überraschend. Was den größeren Rahmen betrifft, ist dabei auf die Wirkungen des Rheinbundes als beinahe hegemoniales Kontroll- und Transfersystem zu verweisen, konkret auf die Einflussnahme der Ingenieurgeographen der französischen Rheinarmee. Fundiert wurde die Rezeptionsbereitschaft aber sicherlich auch durch die geistige Nähe des Montgelas'schen Reformbeamtentums zu Frankreich und dessen aufgeklärten Methoden. Diese sind zumal auf dem kartographischen Feld oder dem Gebiet des Mautkartenwesens in Umrissen schon vor 1800 zu erkennen, etwa in manchen Forschungsprojekten der Bayerischen Akademie der Wissenschaften (in Kooperation mit Cassini und Henry de Saint Michel) oder in den regen Aktivitäten des Straßen- und Wasserbauingenieurs Adrian von Riedl seit den 1780er Jahren (unter anderem mit der Erstellung des «Riedlschen Reise- und Straßenatlanten» sowie eines eigenen «Stromatlanten»). Riedl war später auch einer der Protagonisten bei der Gründung des «Topographischen Bureaus», das er 1808/09 selbst leitete. Da erscheinen die ideellen Übergänge also fließender, als das der nachrevolutionäre Innovationsgestus postulieren mochte. Und dennoch, entscheidend forciert und institutionalisiert wurde die topographische Landesaufnahme Bayerns um 1800 dann doch erst auf bewusste Anregung der französischen Heeresleitung: zuerst mit einer bayerisch-französisch besetzten «Commission des Routes» in München (unter anderem mit bayerischen Fachleuten wie Joseph von Utzschneider, Joseph von Hazzi oder Georg von Grünberger) und 1801 mit der Gründung des besagten «Topographischen Bureaus» in Entsprechung des «Bureau topographique militaire» der Rheinarmee. Bayern wurde zunächst nach den Methoden Cassinis und bis 1807 unter direkter französischer Anleitung mit einem flächendeckenden Triangulationsnetz überzogen und in ein grobmaschiges, aber präzises Raster aus Dreiecken aufgeteilt. Als zentrale altbayerische Basislinie, auf die hin die Vermessungsdreiecke abgezirkelt wurden, bestimmte man die sogenannte «Base de la Goldach». Sie verlief von München-Oberföhring nach Aufhausen, fixierte als Nullpunkt den nördlichen Turm des Münchner Frauendoms und wurde unter Leitung des französischen Ingenieurgeographen Oberst Charles Rigobert Bonne vermessen. Von dort ausgehend arbeitete man sich zur topographischen Detailaufnahme vor und verband sukzessive das altbayerische Dreieckssystem auch mit anderen regionalen Dreiecksnetzen, dem fränkischen (mit der Basis bei Nürnberg), dem rheinpfälzischen (mit der Basis Speyer-Oggersheim) und dem badischen sowie württembergischen.[17]

Das mit alldem bezweckte Anliegen, eine umfassende Kriegskarte «Carte de la Bavière commencée» im Maßstab 1:100 000 zu erstellen, wurde zwar letztlich 1818 unvollendet aufgegeben. Dennoch bildeten diese Ansätze die technische Grundlage für alles Weitere und markierten auch den frühen und ersten Hauptstrang der bayerischen Kartographie, den man den französisch inspirierten militärtopographischen nennen könnte. Sein vornehmstes Resultat war der 1867 abgeschlossene Topographische Atlas mit 112 Blättern im Maßstab 1:50 000, bis Mitte des 20. Jahrhunderts das Hauptkartenwerk Bayerns. Hinzu kamen Kartenblätter im Maßstab 1:100 000, die zwischen 1871 und 1901 als Teile einer großen, einheitlichen «Karte des Deutschen Reiches» hergestellt wurden, ferner die Topographischen Positionsblätter im Maßstab 1:25 000, erarbeitet von 1872 bis 1960. Das waren auch über Bayern hinaus rezipierte große technische Leistungen. Anlässlich der Weltausstellungen 1862 (London) und 1873 (Wien) bekam das Topographische Bureau dafür die Goldmedaille bzw. die Große Fortschrittsmedaille verliehen. In der Folge kam es zu weiteren technischen Modernisierungsschüben, zunächst mit der Verbesserung der Schraffen- und Höhenliniensysteme (plastische Geländeerfassung), später mit der 1961 begonnenen Installierung von Großrechneranlagen zur Digitalisierung der Vermessungs- und Darstellungstechniken und seit 1975 mit der Einrichtung einer Luftbilderfassungsstelle und der Nutzung satellitengestützter Vermessungssysteme wie GPS.

Dass am Beginn dieses Weges der Kartierung militärische Zwecke standen, mag nicht nur die Initiierung durch die französische Armee verdeutlichen, sondern auch die Tatsache, dass das Topographische Bureau von 1820 bis 1919 durchgehend dem bayerischen Generalstab angegliedert war. Nach einer kurzen Phase der Unterstellung unter das Reichsinnenministerium gingen die Kompetenzen 1922 wieder an Bayern über und ressortieren seitdem beim Finanzministerium. 1930/37 wurden die zentralen Zuständigkeiten im Landesvermessungsamt konzentriert, das sich seinerseits aus der Steuerverwaltung herausgebildet hat.

Das führt schon zum zweiten größeren Entwicklungsstrang des bayerischen Kartenwesens. Er entsprang inneren fiskalischen Interessen des Staates. Auf Anregung des Finanzreferendärs und Vorstands der Staatsschuldentilgungskommission Joseph von Utzschneider beschäftigte sich ein Teil der Ingenieurgeographen des Topographischen Bureaus in einem eigenen «Bureau de catastre» mit den technischen Problemen einer detaillierten Grundstücksvermessung. Ziel war damals, exakte Flurkarten und Katasterpläne als verlässliche Basis einer möglichst vollständigen Grund- und Haussteuererhebung zu erstellen. Diese Steuern bildeten das finanzielle Rückgrat des Staates. Dementsprechend wurden diese Aufgaben auch 1808 verselbständigt und gingen im Rahmen der bayerischen Finanzverwaltung an eine eigene Steuervermessungskommission über.

Förmlich sanktioniert mit dem Grundsteuergesetz von 1828, das als Basis der Grundsteuer den «für jeden einzelnen vermessenen und in Plan gelegten Grundbesitz» fixierte, wurden peu à peu die Ur-Katasterpläne lückenlos und in einheitlichem Maßstab von 1:5000 übers Land gezogen. 1868 war diese erste Grundstücksvermessung abgeschlossen. Auch dieses Werk wurde weithin international beachtet und in London oder Paris gerühmt als «vorzüglichstes» aller «Katastral-Messungs-Systeme», «probably the most perfect ever attempted». 1872 wurde dann ein eigenes, neues Katasterbüro gegründet, um die Pläne aktuell zu halten, nötige Neuvermessungen und Präzisierungen (etwa in späteren Flurkarten im Maßstab 1:2500) vorzunehmen, die Ausbildung der Geometer sicherzustellen und seit 1900 auch für die Anlage des Grundbuches zu sorgen. Seit 1915 führte das Katasterbüro die Bezeichnung «Landesvermessungsamt», das seit Anfang der 1930er Jahre auch für die Herstellung der topographischen Karten zuständig war. Darin flossen also die beiden skizzierten Entwicklungsstränge institutionell zusammen. Nach einer kurzen Phase der Reichszentralisierung des Vermessungswesens (seit 1934/38) fiel es 1945 wieder unter ausschließliche Länderhoheit. Das Landesvermessungsamt existiert unter der derzeitigen amtlichen Bezeichnung «Bayerisches Landesamt für Digitalisierung, Breitband und Vermessung» bis heute.[18]

Die Aktivitäten dieses staatlichen Vermessungswesens standen schließlich im engen zeitlichen und sachlichen Konnex mit der parallel verlaufenden und nicht selten vom selben Personal getragenen Herausbildung der Amtlichen Statistik, Volksbeschreibung und Prognostik – der dritte, eher ökonomisch-landesplanerisch akzentuierte Komplex. Auch was dies betrifft, gab es frühe Formen im Reformabsolutismus und Kameralismus des späteren 18. Jahrhunderts, etwa die großen «Landes- und Volksbeschreibungen» bzw. «Volkszählungen» der Jahre 1770/71 (Johann von Dachsberg) und 1794 (Joseph von Hazzis «Statistische Aufschlüsse über das Herzogthum Baiern»). Dieser Trend setzte sich fort bei den fortschrittsgläubigen Staatsreformern der Jahre nach 1800. Ebenfalls zuerst den praktischen Bedürfnissen der Militär- und Finanzverwaltung entsprungen, meinte «Statistik» in der kameralistischen Tradition dabei durchgehend mehr als bloß numerische Tabellen, zielte vielmehr immer auf die möglichst enzyklopädische, auch mit viel Text und Beobachtungsmaterial versehene Beschreibung sozialer «Tatsachen».

Von der Sache her ging es vornehmlich darum, eine möglichst verlässliche empirische Datenbasis für steuer- bzw. wirtschaftspolitische Prognosen und Maßnahmen rationaler Sozialplanung, beispielsweise gegen Hungerkrisen, zu gewinnen. Die grundsätzlichen Intentionen reichten aber noch weiter und zielten dezidiert auf eine staatsintegrative Wirkung. Indem man Gesellschaft beschrieb und Daten zusammenband, schuf man Einheit. Dementsprechend fanden auch die Initiativen zur statistischen Volksbeschreibung im Laufe des 19. Jahrhunderts ihre festen staatlichen Institutionalisierungen: 1803 wurde eine Verordnung zur Ermittlung der Bevölkerungszahl auf Grundlage der systematischen

Auswertung vereinheitlichter Pfarrmatrikel erlassen und 1808 ein separates Statistisch-topographisches Bureau unter dem Dach von Montgelas' Außenministerium gegründet. Dieses publizierte 1809 eine erste umfassende Datenerhebung, die sogenannte «Montgelas-Statistik», und ergänzte sie jeweils im Zuge der territorialen Neuerwerbungen Bayerns. Ebenfalls seit 1808 bildeten sich eigene statistische Sektionen im Innenministerium und im Finanzministerium heraus. Sie wurden 1832 in einem Statistischen Bureau beim Innenministerium gebündelt, das vor allem regelmäßige Volkszählungen in Bayern vorzunehmen hatte. Diese wiederum waren nicht zuletzt durch einen Anstoß von außen befördert worden, durch die Gründung des Deutschen Zollvereins von 1833, der vorsah, dass «der Ertrag der in die Gemeinschaft fallenden Abgaben [...] unter den vereinten Staaten nach dem Verhältnisse der Bevölkerung [...] vertheilt» werden soll. Diese eher wirtschaftspolitische Ausrichtung zeigte sich auch daran, dass die Statistik in den Jahren 1848 bis 1871 vorübergehend dem Handelsministerium zugeordnet wurde. In den ausgehenden 1850er und den 1860er Jahren gewannen die Ansätze zur statistischen Erhebung und Volkserfassung überdies Dynamik, und es wurde ihnen zusätzliches empirisches Material zugeführt von zwei weiteren staatlich veranlassten und von einem ähnlichen Modernisierungsgeist getragenen Maßnahmen: Die flächendeckenden amtsärztlichen Physikatsberichte nach vorgefertigten Fragebögen umschrieben nicht nur eine «medizinische Topographie», sondern verfolgten den universelleren Anspruch, über Datenerhebung die Grundlagen für Gesellschaftsordnung zu schaffen und einen Staatsraum zu verwalten. Und das ethnographisch landeskundliche Werk der «Bavaria» umfasste gleichfalls einen eigenen statistischen Teil, auf den die Administration fortan zurückgreifen konnte. Auch institutionell verfestigte sich das Anliegen: 1908 wurde ein dem Innenministerium unterstelltes, seit 1946 als selbständige Zentralstelle agierendes und bis heute existierendes Statistisches Landesamt etabliert. 1982 erfolgte dann die Verschmelzung mit dem 1970 gegründeten Bayerischen Landesamt für Datenverarbeitung (seit 2015 Bayerisches Landesamt für Statistik).[19]

Überblickt man die drei Entwicklungslinien – die militärtopographische Vermessung und Kartographie, die fiskalisch begründete Landeserfassung und die statistische Beschreibung von Land und Volk –, so schält sich dreierlei heraus: erstens die Bedeutung einer besonders katalysatorischen Zeitspanne, zweitens das dynamische Wirken einer typischen Trägerschicht und drittens die Wirkung einer spezifischen Handlungslogik, die weit in die Zukunft weist und dem modernen Bayern insgesamt Struktur verleiht. Zeitlich ist es vornehmlich die durch die französische Aufklärung geprägte Sattelzeit um 1800; personell sind es die frühen Exponenten oder zumindest Vorläufer modernen bürokratischen Experten- und Spezialistentums und die dahinterstehenden rationalistisch-aufgeklärten Denkströmungen; und methodisch oder praxeologisch sind es die eigendynamischen Prägekräfte planvoll-systematischer Expertise zum sozialen «monitoring», der zunehmende Anspruch von Verwissenschaftlichung, Institutionalisierung und exakter Erfassung von Daten mit verbindlicher Normierung, transparenter Systematik und standardisierten Herangehensweisen.[20]

Man kann darin durchaus einen modernen statistisch-kartographisch-planifikatorischen Thinktank am Werk sehen, wie er uns auch heute in vielen Zusammenhängen in zahlreichen Expertengremien mit dem entsprechenden politischen Legitimationspotential begegnet: Protagonisten wie die Beamten Ignaz von Rudhart, Joseph von Utzschneider oder Joseph von Hazzi gehörten dazu, daneben Leute wie der Geologe, Mineraloge und Direktor des Bergwerks-, Salinen- und Münzwesens Mathias von Flurl oder die Astronomen, Geometer, Kartographen und Forsttaxatoren Ulrich Schiegg, Johann Georg von Soldner, Georg von Grünberger, Mathias von Schilcher und Johann von Rheinwald oder die Ingenieure und Erfinder optischer Präzisionsmessgeräte wie Georg von Reichenbach und Joseph von Fraunhofer. Sie etablierten ein Wissensregime von großer Wirkung und eigener Dynamik. Ihre Denkschriften, Instruktionen, Forschungen, Datensammlungen sind allesamt durchtränkt von einem rationalistischen, äußerst selbstbewussten, durchgehend etatistischen und bürokratisch anmutenden, auch ziemlich technokratischen und stets auf Nützlichkeit getrimmten und meist frankophil grundierten Reformgeist. Sie zeigen den fortschrittsoptimistischen Anspruch der empirischen Totalerfassung, verbunden mit den Annahmen eigener Objektivität, Bedeutung und Zukunftsfähigkeit und der Voraussetzung staats-, wirtschafts- und sozialplanerischer Machbarkeit.

Das beginnt schon mit der politischen Vision des Patrons Maximilian von Montgelas. Diesem waren statistische, kartographische oder rechtliche Erhebungen in erster Linie Mittel, um die organische «Arrondierung», Konzentrierung, Verschmelzung des Staatsgebietes zu dokumentieren, «allen unseren Untertanen anschaulich ein gemeinsames Vaterland und ein einziges Interesse» vor Augen zu führen und damit im neuen Bayern mit der Diversität seiner Territorien aufzuräumen. Stattdessen sollte ein gemeinsames Staatsbewusstsein gefestigt und mit dem geschlossenen erfassten Staatswesen zugleich seine «souveraineté pleine et entière», seine volle und uneingeschränkte Souveränität, wie der Erfolg des eigenen Reformwerks bewiesen werden. Montgelas personifizierte den eingangs skizzierten Ideenkosmos, durch Dokumentation und Visualisierung der scheinbar objektiven Gegebenheiten in Statistiken, Tabellen, Grafiken oder Kartenbildern selbst erst staatsräumliche oder gesellschaftspolitische Einheitlichkeit zu erschaffen und darauf aufbauende neue Regeln des Zusammenlebens zu definieren. In der historischen Analyse hat man das Vorgehen unterschiedlich bezeichnet: als «Herrschaftsintensivierung», «Homogenisierung», «Integration», «Disziplinierung», «Normierung» und «autoritäre Großgruppenbildung» des modernen Staatsbayern, im größeren Kontext auch als Vorgang der «Territorialisierung», mit der der politische Entscheidungsraum und der gesellschaftliche Identitätsraum zur Deckung gebracht wurden. Was in diesen Formeln freilich grundsätzlich mitschwang, war die typische «Dialektik der Aufklärung»: Mit der Systematisierung und Rationalisierung im Geist des Fortschritts waren immer gleichzeitig die Optionen zu Besserung, Transparenz und Kritik wie zu Zwang, Kontrolle und Uniformierung verbunden.[21]

Wir können das in beinahe unendlichen Variationen in den Selbstvergewisserungen unserer Protagonisten greifen – hier nur einige Beispiele: In einer Denkschrift an das bayerische Innenministerium umschrieb der Direktionskommissär und spätere Direktor des Statistisch-topographischen Büros Johann von Rheinwald am 20. Juni 1807 emphatisch Genese und Ziel der Kartographie Bayerns und ordnete sie in den Gesamtrahmen der statistischen Professionen ein. Um seine Kräfte möglichst rational zu bündeln und zielgerichtet für das Gesamtwohl einsetzen zu können, müsse sich der Staat umfassende Kenntnis verschaffen, «worunter die geometrische Vermessung und Mappirung des Landes die erste und vorzüglichste ist, ohne welche die anderen hieher gehörigen Hilfsmittel der Volkszählung, Taxation des Vermögens, Erhebung und Kontrolle der Einkünfte usw. nie eine hinreichende Zuverlässigkeit, nicht richtiger Benutzung gewähren können». Im selben Zusammenhang forderte der Ottobeurer Benediktiner, Mathematiker und Landvermesser Ulrich Schiegg, der die wegweisende «Instruktion für die bey der Steuer-Messung im Königreiche Baiern arbeitenden Geometer und Geodäten» verfasst und am 12. April 1808 König Max I. Joseph übermittelt hatte, die zu erarbeitenden Karten müssten zu «allen Zwecken der Staatswirthschaft tauglich» sein, von der Grundsteuererhebung über die Eröffnung von Arrondierungsmöglichkeiten bis hin zur Einschätzung und Verbesserung des «wahren Zustandes der Kultur des Landes». Selbstsicher fügte er hinzu: «Ist die Detail-Messung vollendet, so besitzt der Staat einen Schatz, dessen Werth nicht mehr taxirt werden kann.» Und schon knapp zehn Jahre früher, Anfang November 1799, hatte Finanzreferendär Utzschneider auf die Vorbildfunktion des «übermächtigen französischen Gemeingeists» verwiesen und eine «Steuer-Rectifikation» auf exakter Erfassungsgrundlage mit dem Ziel der Abschaffung ständischer Privilegien nicht nur als praktische Notwendigkeit der Staatssanierung, sondern auch als prinzipielle Voraussetzung für soziale Gerechtigkeit und möglichst breite Partizipationsbereitschaft der Staatsbürger am Neuaufbau des Gemeinwesens charakterisiert.[22]

Von Joseph von Hazzi, Agrarexperte und Statistiker, vor und nach 1800 abwechselnd als Verwaltungsjurist im bayerischen und französischen Staatsdienst, war schon mehrmals die Rede, auch davon, dass er zwischen 1801 und 1808 vier dicke Bände unter dem Titel «Statistische Aufschlüsse über das Herzogthum Baiern, aus ächten Quellen geschöpft», publizierte, die auf den Ergebnissen der Volkszählung von 1794 basierten. Wie seine Zeitgenossen verband auch Hazzi die Zahlenwerke mit umfassenden Landesbeschreibungen, größtenteils nach eigenem Augenschein und dabei bis ins kleine Detail von Wind und Wetter gehend (mit Tabellen zu jahreszeitlicher Temperatur, Obstblüte, Erntezeiten, Bodenbeschaffenheit, Mineralvorkommen oder Viehbestand einzelner Orte und Kreise). Obgleich insgesamt ziemlich kompilatorisch verfahrend und ohne rechte analytische Systematik, transportierte Hazzi mit seinem Werk die Wertungen des aufgeklärten Reformers. Das begann mit dem bezeichnenden Motto «La vérité – rien que la vérité – toute la vérité» (die Wahrheit, nichts als die Wahrheit, die ganze Wahrheit) und endete mit dem Bewusstsein, die Statistik sei für das Regierungsgeschäft das, «was im Reiche der Heilkunde die Anatomie ist», der Weg, die «Gebrechen und Krankheiten des Staates» kenntlich zu machen, das Mittel, Licht ins dunkle Labyrinth der Gesellschaft zu bringen – und entsprechend heilend zu wirken und Wege ins Glück zu finden.[23]

Ein letzter Gewährsmann für den aufgeklärten Objektivitätsanspruch (einschließlich der Lichtmetapher) kann uns Ignaz von Rudhart sein, der Anfang der 1820er Jahre die Statistikabteilung im bayerischen Finanzministerium geleitet hat. Nach Ausscheiden aus dem Amt dokumentierte er seine Leistungen für den bayerischen Staat in einem ebenfalls äußerst materialreichen dreibändigen Werk «Ueber den Zustand des Königreichs Baiern nach den amtlichen Quellen» (1825–27), was nicht zuletzt hieß: nach den in seinem Büro erarbeiteten Statistiken. «Gleichsam aus einem Gusse» wollte er darin ein detailliertes, empirisch fundiertes und «vollständiges Bild» Bayerns vermitteln, damit der «Staat als [bürgerliches] Gemeinwesen» und die «göttliche Ordnung» von Natur und Gesellschaft klar erkennbar werde. Überdies sollten Staat und Gemeinden durch verlässliche Kenntnis der «Thatsachen von Land und Menschen», der Bevölkerungsentwicklung, «von dem Wesen und der Art der Industrie […], von den einzelnen Gewerbsarten, ihren Leistungen, ihren Mängeln und Vorzügen» usw. Mittel an die Hand gegeben werden, «das immer größere Wachsthum menschlicher Veredelung zu gewährleisten» und ein «Herumtappen in der Finsterniß oder im Zwielichte ohne bestimmten Zweck oder doch ohne Sicherheit» zu verhindern. «O Natur! Schaffe Licht! damit zum rechten Wege – den Weg zu dir zurück wir finden!»[24]

Die Zitate verdeutlichen bis in Diktion und Metaphorik hinein durchgehend den Geist des am französischen Vorbild geschulten Etatismus und Empirismus mit seiner zentralplanerischen Professionalität und den angeblichen Notwendigkeiten, alles zählen und messen, klassifizieren und ordnen, bewerten und selektieren zu müssen. Sie erweisen Bedeutung und Einfluss einer neuen diskursprägenden Expertenschicht, der zunehmend Prestige und legitimatorisches Potential zuerkannt wurde. Nicht zuletzt zeigen sie die Ambivalenzen der Moderne: das Problem der technokratischen Überhöhung, des rationalen Missionarismus und der illiberalen Anmaßung einer «Entwicklungs-‹Diktatur›» (W. Blessing), deren Bürokraten den einzig «rechten Weg» vorgeben zu wissen und so über Wirklichkeit und Fortschritt zu verfügen. Ihre Verfasser stehen da nur am Anfang einer langen Entwicklung, die enorme Modernisierungschancen eröffnete, aber auch manche Kosten und Pathologien kannte. Von der Vermessung zur Vermessenheit war (und ist) es scheinbar immer nur ein kleiner Schritt.[25]

Wie sehr mit der «technischen» Vermessung von Räumen immer selbst eine bewusste Staatsbildung und -normierung einhergeht, zeigt auch die Zunft der (bayerischen) Landeshistoriker. Diese postulieren zwar mit ihren Modellen von «Land» oder «Territorium» nicht selten die Existenz *vorgegebener* «Containerräume». Letztlich aber erschaffen auch sie diese Räume selbst erst mit, modellieren sie nach ihren Perspektiven, konstruieren sie aus einem speziellen staatsbildenden Geist heraus. Und sie tun es gleichfalls oft in einer spezifischen (in ihrem Fall einer historiographischen) Form der Kartierung des bayerischen Staates.

So ist der «Historische Atlas von Bayern» nicht von ungefähr eines der Hauptprojekte, das nach 1945 von der tonangebenden Münchner Spindler-Schule ins Werk gesetzt wurde. Es versteht sich als rechts-, verwaltungs- und siedlungsgeschichtliche Landesaufnahme und historisch-statistische Landesbeschreibung, orientiert an den Landgerichten älterer Ordnung bis 1862 und flächendeckend bezogen auf Alt- und Neubayern nach dem Gebietsstand von 1818 bzw. 1945. Das Vorhaben hat als Grundlagenwerk die Forschung erheblich befruchtet und mit Blick auf die kleinteiligen Raumstrukturen zu vielen differenzierenden Aufschlüssen (Ausprägungen von Herrschaft, Gerichtsbarkeit oder Stadt-

Land-Beziehungen) geführt. Als Gesamtwerk beschränkt sich der Atlas aber eben nicht auf reine Deskription, sondern zielt – in konzeptioneller Zusammenschau mit dem Handbuch der bayerischen Geschichte, dem Historischen Ortsnamenbuch oder dem Bayerischen Geschichtsatlas sowie ergänzt um manche Schulbücher – auf eine bewusste Form retrospektiver Raumkonstruktion des modernen Staatsbayern. Letztlich handelt es sich um einen programmatischen Akt staatsräumlicher Integration an sich disparater historisch-politischer Traditionen, um eine Erfindung räumlicher Geschlossenheit, historischer Kohärenz und territorialer Integrität.

Der Raum Bayern manifestiert sich in dem Atlaswerk in «reglementierten Herrschafts- und Rechtsbeziehungen» (M. Ott), die bis ins Frühmittelalter zurückreichen und einen stringenten «Aufbau des Staates von unten her» suggerieren. Mit den Worten Spindlers: Ziel sei es, «ein endgültiges, durchgezeichnetes Bild der Territorialbildung in Bayern» zu bieten und den «sich formenden Staatskörper durchsichtig» zu machen. Gegenüber Ministerpräsident Hans Ehard betonte er mehrfach, im Historischen Atlas wie im Handbuch der bayerischen Geschichte oder im Bayerischen Ortsnamenbuch gehe es stets um die Demonstration von Wirkung und Zusammenhalt des bayerischen Staates und darum, «durch Bearbeitung gesamtbayerischer geschichtswissenschaftlicher Aufgaben [...] den Zusammenhang zwischen den einzelnen Landesteilen enger zu gestalten». In diesem Sinne verfolge die «wissenschaftliche Erforschung von Landesgeschichte» zuvörderst ein «wichtiges staatspolitisches Interesse», nämlich den «Neubau des bayerischen Staates» (nach der Katastrophe des Zweiten Weltkriegs) historisch zu legitimieren. Es waren und sind also nicht nur die Statistiker, Kartographen und Ingenieure, die den Raum erfassen und vermessen, einteilen und integrieren, ordnen und erfinden. Auch die Historiker kartographieren auf ihre Weise und betätigen sich damit als Produzenten geschichtspolitisch wirksamer Raumbilder.[26]

3. Von der Postkutsche zum Transrapid: Der Wandel von Mobilität, Kommunikation und Raumroutinen

Räume sind keine statischen Größen, sondern werden erst konstituiert durch Bewegung und Beziehung. Michel de Certeau hat in diesem Sinn formuliert, der Raum entstehe, «wenn man Richtungsvektoren, Geschwindigkeitsgrößen und die Variabilität der Zeit in Verbindung bringt». Er sei ein «Geflecht von beweglichen Elementen». Dieses «Geflecht» hat unterschiedliche Dimensionen. Die Basis sind die Techniken und Instrumente, Distanzen zu überwinden und Kommunikation herzustellen – von der Kutschfahrt zur E-Mail. Aus diesen Wandlungen resultieren sodann unterschiedliche Wahrnehmungen und Empfindungen von Geschwindigkeit, Entfernung und Zusammengehörigkeit; «Raumwissen» und «Lebenstempo» sind bei Nomaden anders als bei Bauern, bei Berufspendlern anders als bei Flaneuren. Damit zusammenhängend haben die Art und Weise der Kommunikation und Mobilität schließlich tiefgreifende soziale, ökonomische, kulturelle und politische Wirkungen und Folgen; sie definieren verschiedene gesellschaftliche «Raumroutinen», je eigene Zuordnungen von Peripherie und Zentrum, differierende Zeitregime und Arbeitshaltungen, nicht zuletzt auch unterschiedliche Formen und Möglichkeiten politischer Territorialität.[27]

Es ist eine Binsenweisheit, dass sich in diesem Kontext innerhalb weniger Generationen vom ausgehenden 18. bis zum beginnenden 21. Jahrhundert die Raum-Zeit-Relationen tiefgreifend gewandelt haben. Brauchte man von der Ost- zur Westküste der USA zunächst zu Fuß zwei Jahre, mit dem Pferd acht und mit der Postkutsche vier Monate, dann 1910 mit der Eisenbahn vier Tage, so geht es heute mit dem Auto in zweieinhalb Tagen, mit dem Linienflieger in fünf Stunden und via Internet in einer Sekunde. Das Problem beginnt indes mit der Konkretion und Differenzierung. Wie lange brauchte man denn genau, um im lokal-regionalen Rahmen von A nach B zu kommen? Was bedeutete das für den Reisealltag? Welche Empfindungen von Distanz und Raumüberwindung gab es bei den Passagieren? Um diese Fragen soll es in der

Folge mit Blick auf das moderne Staatsbayern gehen. Als Flächenland mit einer relativ langen Nord-Süd- wie Ost-West-Erstreckung, einigen Flussläufen, Gebirgszonen und zeitweise einem exterritorialen Gebiet (der Pfalz) stellte es erhebliche Ansprüche an die Infra- und Kommunikationsstrukturen. Außerdem veränderten sich mehrmals die verkehrspolitischen Rahmenbedingungen, einmal mit der Abtrennung der Pfalz, dann aber vor allem mit der Errichtung des «Eisernen Vorhangs» 1945 und dessen Fall 1989/90.

Technische Grundlagen und Verkehrsmittel

Zunächst zur Frage nach den primären Verkehrsträgern und -techniken: Man kann dabei drei große Phasen unterscheiden. Am Anfang stand das traditionelle Zeitalter von Pferd und Kutsche, in den 1840er Jahren begann die Ära der Eisenbahn, zuletzt wurde seit den 1950er/60er Jahren der Individualverkehr mit Automobilen dominant. Parallel zu diesen Prozessen haben wir Veränderungen im Austausch der Gedanken, der sich vom traditionellen Briefverkehr über das Telefon bis zur digitalen Übermittlung entwickelte.

Seit dem 17. Jahrhundert professionalisierte sich das Verkehrswesen durch Etablierung der Post, getragen in erster Linie durch die Thurn und Taxis'sche Reichspost mit berittenen Boten und Kutschendiensten. Auch Bayern partizipierte daran, nicht zuletzt wegen der Initiativen der Kurfürsten, die mit dem Generalpostmeister einen förmlichen Vertrag schlossen und ihm die Übermittlung ihrer Korrespondenz anvertrauten. 1679 gab es in Kurbayern 20 Posthaltereien, 1784 im Gebiet des heutigen Bayern bereits 283 Poststationen. Im Jahr 1808 wurde das Postwesen verstaatlicht und setzte sein Wachstum fort; 1851 finden sich schon 489, 1878 1585 Poststationen. Auch der Brief- und Paketverkehr wuchs entsprechend an, zwischen 1850 und 1913 von 14,2 Millionen bzw. 2,5 Millionen Brief- bzw. Paketsendungen auf 798,4 Millionen bzw. 38,4 Millionen. Gleichzeitig wurde das Streckennetz erweitert auf immerhin 6621 Kilometer Hauptstraßen (1825), die allermeisten mit für Eilwagen (die sogenannte «Diligence») gut befahrbarem Belag und vernünftiger Breite (davon knapp 1200 Kilometer neuer Kunststraßen/Chausseen).[28]

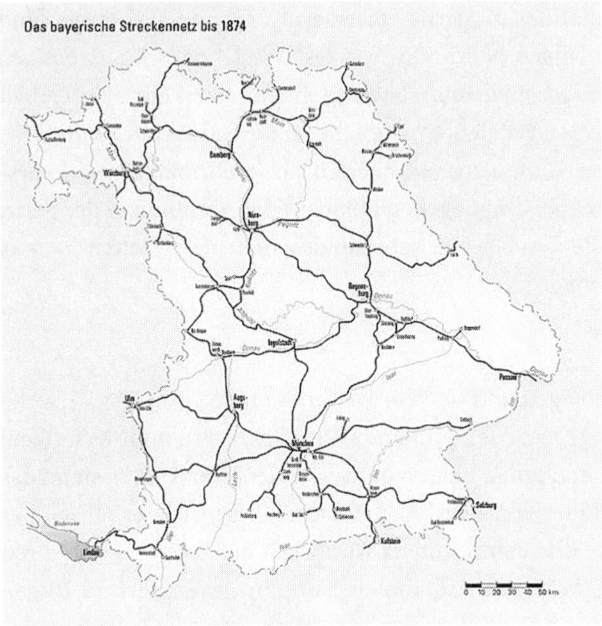

Das noch recht überschaubare Streckennetz der bayerischen Eisenbahnen bis 1874

Anfangs war der Verkehr dabei vielen Hemmnissen unterworfen, belastet von der territorialen Zersplitterung und den zahlreichen Zollschranken in Deutschland. Entsprechend langsam wurden die Distanzen überwunden. Die Geschwindigkeitsvorstellungen blieben orientiert am «menschlichen Maß» von Raum und Zeit. Ein Streckenbuch von 1795 notierte für die Postkutsche eine Tagesstrecke von etwa 30 bis 40 Kilometern. Von München nach Innsbruck oder Nürnberg reisend, erreichte man sein Ziel etwa am vierten bzw. dritten Tag nach Abreise; in Hof kam man von Regensburg aus ebenfalls am dritten Tag an; für die Strecke München-Berlin war man ungefähr neun bis zehn Tage unterwegs; Paris erreichte man von München aus am 15. oder 16. Tag, und für die Fahrt von Regensburg nach Wien musste man etwa fünf Tage veranschlagen.

Dennoch kam es schon seit der zweiten Hälfte des 18. Jahrhunderts zu einer Veränderung von Tempo und Frequenzen. Das geschah dank verbesserter Straßen zuerst mit der Einrichtung von Schnellpost und Eil-

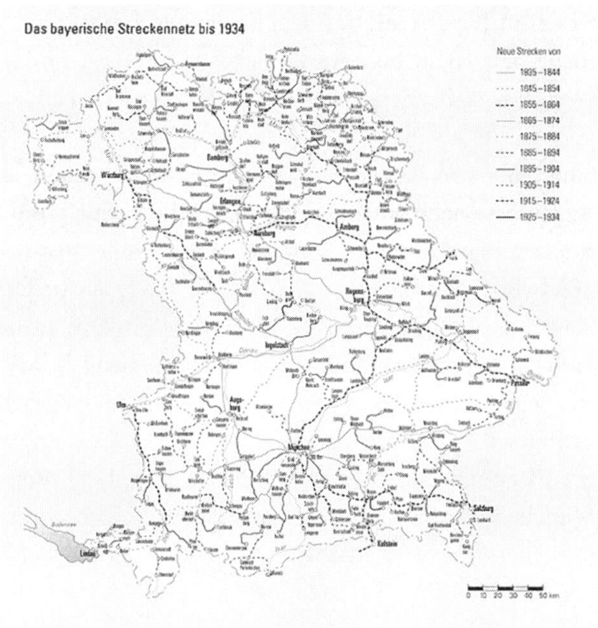

Zunehmend enger verwoben: das Streckennetz der bayerischen Eisenbahnen bis 1934

kutsche sowie auf den wichtigen Routen täglich verkehrender sogenannter «Journalière-Posten». So konnte man zum Beispiel seit 1822 die Passage Frankfurt-Stuttgart im Eilwagen in nur 25 Stunden zurücklegen, davor hatte es 40 Stunden gedauert; jedoch blieben deutliche Unterschiede zwischen den regulären Fahrposten und den teureren Schnellposten. Zugleich etablierten sich mit dem Ausbau der Thurn-und-Taxis-Post regelmäßige Fahrpläne und Kursbücher. Die Verbindungen wurden mehr und mehr in einem Linienbetrieb durchgeführt, mit fixen Routen und fest kalkulierten Abfahrts-/Ankunftszeiten. Wolfgang Behringer spricht von einer neuen «postalischen Raumportionierung», die zur Veränderung der Erwartungshaltung der Kunden geführt habe; künftig erwartete man Pünktlichkeit und freute sich gespannt auf das Ankommen der täglichen Post in den Städten.[29]

Noch grundlegender beschleunigten sich Reise und Transport mit dem Eisenbahnbau, der im Jahr 1835 mit der Eröffnung der Strecke Nürnberg-Fürth einsetzte. Seit den 1840er Jahren wurde das Eisenbahnwesen in Bayern auf den Hauptstrecken weitgehend unter staatlicher Regie betrieben, bis 1918 freilich stets ergänzt um viele private oder kommunale Pacht-, Vizinal- und Lokalbahnen auf den Nebenlinien. 1853 wurde als erstes staatliches Prestigeprojekt die «Ludwigs-Nord-Südbahn» von Hof an den Bodensee fertiggestellt, die bis 1855 auch Anschlüsse nach Nürnberg und München erhielt und mit den Transiträumen Frankfurt und Stuttgart verklammert wurde. 1854 folgten die «Ludwigs-Westbahn» von Bamberg nach Aschaffenburg sowie die Staatsbahn Augsburg-Ulm, 1865 die «Maximiliansbahn» München-Freilassing. Die Erschließung weiterer Gebiete Nord- und Ostbayerns wurde seit Mitte der 1850er Jahre in einer Aktiengesellschaft (der Ostbahngesellschaft) organisiert, die nach Fertigstellung mehrerer wichtiger Eisenbahnlinien (unter anderem Nürnberg–Regensburg–Passau, München–Landshut–Regensburg/Plattling, Schwandorf–Weiden–Eger) 1875 ebenfalls verstaatlicht wurde. Hinzu kam zwischen 1885 und 1905 der Bau von über 150 kleineren Strecken der erwähnten Pacht- und Lokalbahnen. Sie machten immerhin 40 Prozent des gesamten Schienennetzes aus, am Ende rund 3600 Kilometer. Die Bahn in der Pfalz blieb zunächst ebenfalls privat, ehe sie 1909 von Bayern angekauft wurde. Als die bayerische Bahn 1920 in der Reichsbahn aufging, umfasste ihr Streckennetz einschließlich der pfälzischen Bahnen eine Länge von 8526 Kilometern (1855 waren es 976 Kilometer und 1885 4454 Kilometer gewesen).[30]

Parallel zum Wachstum der Streckenlänge dynamisierten sich die Fahrtzeiten. Die folgende Tabelle nimmt die für die Postkutsche genannten Beispiele zu den Verbindungen auf und weist die Angaben jeweils für die schnellste und für die «normale» Zugverbindung (Schnell-/D-Zug/ICE – Personenzug) aus:[31]

Verbindung/Jahr	1889	1914	1956/57	2018
München–Innsbruck	4:02 h/6:29 h	3:21 h/5 h	2:45 h/4:35 h	1:44 h/2:32 h
München–Nürnberg	2:30 h/6:18 h	2:15 h/6:18 h	2:17 h/ca. 3 h	1:05 h/1:45 h
Regensburg–Hof	3:50 h/6:55 h	2:45 h/6:15 h	2:55 h/5:30 h	2:00 h/2:28 h

München-Berlin	15:40 h/31:20 h	8:19 h/11:50 h	11:55 h/12:30 h	3:37 h/4:34 h
München-Paris	21–22 h (1893)	15–16 h	13:23 h/16:50 h	5:30 h/6:40 h
Regensburg-Wien	15:20 h/19 h	7:40 h Express	6:02 h/7 h	3:18 h/7 h

Die Aufstellung zeigt neben der tendenziell abnehmenden Fahrtzeit einige bemerkenswerte Teilaspekte: Im längerfristigen Vergleich hat man rückläufige Beschleunigungsfaktoren, d. h., die eingesparte Zeit wird kürzer. Für die Strecke München-Paris lag die gewonnene Zeit zwischen 1795 und 1889 bei 14 oder 15 Tagen, zwischen 1889 und 1956 dagegen bei gut 11 Stunden. Unter bestimmten Umständen waren sogar Rückschritte möglich, etwa wenn sich belastende politische Faktoren wie der «Eiserne Vorhang» und damit neue Randlagen ergaben. Auf den Strecken Regensburg-Hof oder München-Berlin brauchte man 1956 länger als 1914. Andersherum haben wir auch überdurchschnittliche (technische oder politische) Dynamisierungselemente, etwa in jüngster Zeit den Streckenausbau vor Wien oder das Prestigeprojekt einer neuen Schnelltrasse via Erfurt nach Berlin.

Ebenfalls teilweise politische Dimensionen besaßen besonders umständliche Verbindungen. Für Bayern galt das vor allem für Reisen in die linksrheinische Pfalz, bei denen stets mehrere Grenzen und einige einzelstaatliche Bahnsysteme (Baden, Württemberg, Hessen) zu überqueren und die daher entsprechend kostenintensiv waren. Selbst mit dem stärkeren Ausbau der Eisenbahn in der zweiten Hälfte des 19. Jahrhunderts hatte man noch oft umzusteigen und konnte mitunter nur kleine Stichbahnen für die letzten Wegstrecken nutzen (z. B. von Schifferstadt nach Speyer). Nicht von ungefähr hatte der Speyerer Regierungsdirektor Joseph von Armansperg moniert, die Pfalz stehe zu Bayern «nicht im Verhältnisse des Teils zum Ganzen, sondern des Nebenstaats zum Hauptstaat». So war man von München nach Speyer 1889, je nach Bahnverbindung (über Stuttgart/Karlsruhe/Bruchsal oder Heidelberg/Frankfurt/Mannheim), mit diversen Zwischenaufenthalten zwischen neun und 16 Stunden unterwegs; 1914 waren es zwischen siebeneinhalb und zehn Stunden, 1956 zwischen knapp sechs und gut sieben Stunden, und heute braucht man immer noch rund vier Stunden. Das war zwar alles deutlich schneller als zur Kutschenzeit (mit knapp sechs Tagen via Heidelberg). Für die administrativen Abläufe im Austausch zwischen Hauptstadt und Kreisregierungssitz oder gar noch weiter abgelegenen Gebieten der pfälzischen Provinz blieben die Zustände aber durchgehend problematisch. Und für die ökonomische Orientierung (Güterverkehr) bedeutete es, dass sich die Pfalz weit mehr hin zum südwestdeutschen Raum, zum Saarrevier und Rhein-Neckar-Gebiet ausrichtete, weniger nach Altbayern.[32]

Schließlich müssen wir durchgehend zwischen schnellen und langsamen Verbindungen differenzieren, denn das hieß stets zwischen teuren und billigen Verbindungen. 1889 kostete beispielsweise der Schnellzug München-Berlin zwischen 49,70 und 66,20 Mark (je nach Klasse), der Personenzug dagegen zwischen 29,50 und 41,60 Mark; auf der Strecke München-Lindau reichte die Spanne von 7,60 bis 20,20 Mark, auf derjenigen von München nach Speyer zwischen 12,80 und 37,90 Mark. Wie das bereits für die Kutschposten angedeutet wurde, so galt auch hier: Wer mehr zahlte, fuhr nicht nur bequemer, sondern auch schneller; Tempo kostete etwas. Die Eisenbahn war auch ein Spiegel und Mittel sozialer Distinktion, das zu unterschiedlichen individuellen Raum-Zeit-Regimen beitrug. Denn man muss sich vor Augen halten, dass für den Alltag der meisten Bahnreisenden vornehmlich die kleinen Lokalbahnen mit ihren etwa 20 bis 25 Stundenkilometern und zahlreichen Haltestationen der Normalfall waren. Sie bestimmten weithin die Reisewirklichkeiten und Raumwahrnehmungen – und weit weniger die prestigeträchtigen Schnellverbindungen von 60 bis 80 (1900) oder 100 Stundenkilometern (1920). Im Jahr 1922 legten die «normalen» Personenzüge in Bayern insgesamt über 665 Millionen Wagenachskilometer zurück («normale» Güterzüge 1,72 Mrd.), Schnell- und Eilzüge dagegen nur etwa 260 Millionen (Eilgüterzüge 45 Mio.).[33]

Im Vergleich zur raumstrukturierenden Bedeutung des Eisenbahnwesens waren Kanalbau und Binnenschifffahrt deutlich unwichtiger, obwohl sie in Ludwig I. lange Zeit einen prominenten Unterstützer hatten und gerade in fortschrittlichen Wirtschaftsnationen wie England und

Frankreich eine große Rolle spielten. In Bayern war es nach Gewinn der neubayerischen Gebiete nach 1800 vor allem das Projekt des Main-Donau-Kanals, das sich freilich nach erster Inbetriebnahme von 173 Wasserkilometern im Jahr 1845 schon recht bald als kaum rentabel und letztlich auch zu klein dimensioniert erwies. Räumliche Vernetzungen und zumindest langfristige Optionen von Mobilität waren damit dennoch verbunden. Die Länge der schiffbaren Flüsse in Bayern betrug 1922 immerhin knapp 1300 Kilometer. Die Gründung von Donau- bzw. Main-Dampfschifffahrts-Gesellschaften in Wien (1829), Regensburg (1835) oder Würzburg (1841) bildete ein wichtiges Rückgrat für den Transithandel von West- nach Südosteuropa und bis ins Schwarze Meer. Seit 1921 wurden überdies die Kanalpläne wieder aktiv aufgenommen und forciert, nunmehr in Hand der Rhein-Main-Donau-Aktiengesellschaft unter Beteiligung des Reichs bzw. Bundes, Bayerns und zeitweise Badens. Allerdings blieb die Kosten-/Nutzenbilanz durchgehend umstritten, auch als schließlich 1992 nach langer Zeit der RMD-Kanal in Betrieb genommen wurde.[34]

In einem dritten großen Entwicklungsschub erfolgten der Ausbau des Straßennetzes und der seit den 1960er Jahren rasante Aufstieg der Individualmotorisierung mit entsprechenden Verschiebungen der Verkehrstopographie und Raummobilitätsstrukturen. Für ein Flächenland wie Bayern mit bedeutenden Standorten in Maschinenbau und Fahrzeugindustrie besaß dieses Verkehrssegment außerdem eine hohe Wirtschafts- wie Symbolkraft. Im Jahr 1922 umfasste das Straßennetz in Bayern 6744 Kilometer Staatsstraßen und 19 127 Kilometer Bezirksstraßen; 1950 waren es, die sogenannten klassifizierten Straßen mit Autobahnen, Bundes-, Staats- und Kreisstraßen zusammengenommen, insgesamt rund 26 500 Kilometer, 1965 bereits über 33 000 Kilometer und 1989 über 41 000 Kilometer. Nimmt man die nicht-klassifizierten Gemeindestraßen hinzu, beliefen sich die Straßenstrecken um die Mitte der 1960er Jahre sogar auf gut 100 000 Kilometer und 1989 auf knapp 135 000 Kilometer. Zugleich erhöhte sich der Kraftfahrzeugbestand in Bayern zwischen 1950 und 1970 von rund 440 000 auf 3,13 Millionen.

In manchen Gebirgsregionen stellte der Straßenbau dabei enorme technische Anforderungen, eröffnete aber auch ein regionseigenes Nutzungs- und Marketingfeld: In den Passstraßen verwoben sich Technik und Landschaft, wurden attraktive Fremdenverkehrsregionen erschlossen. So besaß etwa die Kesselbergstraße zwischen Walchen- und Kochelsee seit jeher Bedeutung für die Überquerung der Alpen in Richtung Inntal. Die Autotrasse, die die seit 1664 existierende Postroute von 3 auf 6 Kilometer verlängerte und die größte Steigung von 25 auf 5 Prozent senkte, entstand dann zwischen 1893 und 1897. Sie wurde schnell eine beliebte Ausflugsroute, deren Renommee noch durch die Kesselberg-Autorennen gesteigert wurde. Ähnliches erkennen wir für die Roßfeldstraße im Berchtesgadener Land (gebaut 1953–55) oder für die Straßen von Murnau nach Mittenwald und Lenggries.[35]

Zur kommunikativen Überwindung von Räumen gehören schließlich auch Entwicklungen im Nachrichtenverkehr. Der Weg vom Briefkurier über Telegramm, Telegraphie und Telefonie bis hin zur digitalen Datenübermittlung revolutionierte die Geschwindigkeitsvorstellungen. Seit 1803 konnte man zwischen Paris und Straßburg telegraphisch kommunizieren und brauchte für den Dialog hin und zurück 5 Stunden. 1834 schaffte es die Zeigertelegraphenlinie Berlin-Köln, ein Signal in knapp 8 Minuten zu übermitteln. Peu à peu wurde daraus eine Telekommunikation mit nur geringer oder gar keiner Zeitverzögerung und tendenziell globaler Verflechtung; seit 1851 existierte ein erstes funktionierendes Kabel durch den Ärmelkanal, 1866 dann eine transatlantische Verbindung zwischen Europa und Amerika. In Bayern verlief das erste Telegraphenkabel von München nach Hof und umfasste um 1850 mit einigen Abzweigungen rund 750 Kilometer. Bis 1910 erhöhte sich die Reichweite auf knapp 95 000 Kilometer, die Zahl der versandten Depeschen wuchs von 11 000 (1852) auf 5,35 Millionen (1908). Diese Entwicklungen eröffneten ganz neue «‹Zeitportale› im Raum» bis hin zur Simultaneität. Bereits 1838 hatte der Physiker Carl August Steinheil vor der Bayerischen Akademie der Wissenschaften in diesem Sinne über die Telegraphie räsoniert: «Denn so wie die Schrift den Lauf des Moments fesselt und der flüchtigen Zeit entzieht, so soll auch die größte Entfernung vernichtet werden, und der Gedanke im Moment den Fernen treffen können.»[36]

Raumwahrnehmungen und Distanzempfinden

Diese Äußerung führt bereits von den technischen Grundlagen von Kommunikation und Verkehr zu den «subjektiven» Distanzempfindungen und Raumwahrnehmungen. Sie spiegeln sich seit dem 19. Jahrhundert in zahlreichen Reisebeschreibungen, autobiographischen Quellen oder in der belletristischen Literatur. Manche Protagonisten zeigten sich ganz berauscht von den neuen Möglichkeiten, «in einem Tag ohne große Mühe 15 bis 18 teutsche Meilen [112 bis 135 Kilometer] zu machen». Andere verwiesen allgemeiner auf die Erfahrungen des permanenten Unterwegsseins. So schrieb Jean Paul 1825, eine Völkerwanderung begegne jetzt der anderen, während zuhause nur noch wenige säßen. Sein Dichterkollege Eichendorff beobachtete, die Welt bestehe «eigentlich nur noch aus Bahnhöfen». Nicht wenige hatten dabei das Gefühl, der Raum reduziere sich. Besonders bekannt ist die Äußerung Heinrich Heines von 1843, mit der Eisenbahn seien «die Elementarbegriffe von Zeit und Raum [...] schwankend geworden»; der Raum würde «getötet», die Länder schrumpften «zur Größe einer einzigen Metropole». Und der bayerische König Ludwig I. dichtete: «Jetzo lösen sich die Verhältnisse alle, / Und die Sterblichen treibt jetzo des Dampfes Gewalt, / Allgemeiner Gleichheit rastloser Beförd'rer. Vernichtet / wird alle Liebe des Volk's nun zum Land der Geburt. / Überall und nirgends daheim, streift über die Erde / Unstät, so wie der Dampf, unstät das Menschengeschlecht.»[37]

Erkennbar wird an den allermeisten Zitaten das Changieren zwischen Faszination und Verunsicherung. Sie verdeutlichen einerseits die neuen Chancen der gewonnenen Mobilität und zeigen die stete Ausdehnung des Kommunikationsraumes als Grundlage für ökonomisches Wachstum wie für die Weitung der individuellen Horizonte. Die schönen Berge oder Seen schienen plötzlich vor der Haustür zu liegen, weil man zunehmend schneller von der Stadt aufs Land gelangen konnte, mit dem Bahnhof als Zugang zur weiten Welt und «Eingangsvestibül in diese Landschaften». Zugleich freilich veränderten sich durch die neuen Verkehrsformen auch die Landschaften selbst. Der Eisenbahnbau erforderte landschaftsverändernde Rampen, Dämme, Brücken, Tunnels, brachte mit seinen Streckenführungen fortschrittliche «Geometrie in die Landschaft» oder zerstörte Natur. Die Seilbahnen technisierten die Bergwelten und erschlossen oder verursachten Touristenströme; das immer dichter werdende Straßennetz versiegelte Flächen, autogerechte Infrastrukturen modernisierten oder verschandelten Stadtbilder und ließen die Bäume der bisherigen Straßenalleen fallen (allein zwischen 1960 und 1971 waren das in Bayern rund 175 000 Bäume).

Die Verkehrsrevolutionen verursachten also stets Kosten. Neben den ökologischen Gefahren beklagten daher bald nicht wenige den Rückgang der persönlich-sinnlichen Raumerfahrungen. Das «innige Verhältnis zwischen Reisendem und durchreistem Raum» würde zerstört, wenn man sich «wie ein Projektil» bewege, «vorüberjagende» Landschaften allein «aus den Abteilfenstern» wahrnehme und Bewegung nur noch «*durch* die Landschaft, nicht mehr *in* der Landschaft» stattfinde. Georg Simmel meinte gar die Grenzen «räumlicher Spannungskapazität» und psychologische Unverträglichkeiten zu erkennen, die höchst verunsichernd wirkten und in einem «Gewirr von Fäden mit absoluten oder partiellen Zentren» endeten. Verstärkt wurden diese Irritationen durch Umwälzungen der Stadt-Land-Beziehungen (Suburbanisierung, Städtewachstum), verbunden mit dem Gefühl, dass entweder ganze Landstriche von den Entwicklungen marginalisiert bzw. funktionalisiert wurden oder ein Verlust von vertrauter Nähe, Nachbarschaft, familiärer und dörflicher Lebenswelt drohte.[38]

Bezeichnenderweise galt denn auch die langsame Lokalbahn nur einem Teil der Fahrgäste als umständlich und ärgerlich. In Erinnerungen und Erzählungen wird diese Bewertung meist einem bestimmten Menschenschlag zugeschrieben, den Amtspersonen, Unternehmern, vor allem aber den nervösen Norddeutschen und kaum den bayerischen Bauern. Berühmt ist die Szene in Ludwig Thomas «Erster Klasse», in der sich der preußische Handelsvertreter Stüve über die bayerischen «Bummelzüge» beschwert, die «bei jedem Hühnerstall» halten, «und wenn'n Wirtshaus daneben steht, is es'n Kreuzungspunkt. [...] Wir fahren von Berlin nach Zossen zweihundert km per Stunde, von Berlin nach Hamburg 110 km [...]. Das is'n Tempo? Ja?» Aber die Lokalbahn konnte auch ganz anders gesehen werden. Sie wurde durchaus positiv geschildert, wenn der Doktrin vom Tempo das Lob der Langsamkeit und Gelassenheit entgegengehalten wurde. Der Heimatschriftsteller Wilhelm Diess etwa notierte: «In den achtziger Jahren des vorigen Jahrhunderts kam die Eisenbahn ins Rottal, gemächlich und bescheiden. Schnelligkeit war weder ihr Ehrgeiz noch ihre Aufgabe und war auch keineswegs der größte Anreiz für die Rottaler, sich ihrer zu bedienen – vielmehr waren es die von ihr gebotenen Bequemlichkeiten, die jedermann neugierig und dankbar genoß. Schutz gegen Wind und Wetter, Unterhaltung mit den Fahrtgenossen, spannende Möglichkeiten, Bekannte in den Zug einsteigen zu sehen, und vor allem ausruhen zu können, ohne aufgescheucht zu werden, das waren die sinnfälligen Vorzüge [...].» Ähnlich erinnerte sich Hermann Heimpel an die Lokalbahnfahrten, die er jährlich als Junge mit seiner Familie an den Sommersitz bei Garmisch gemacht hatte: an die «Partie» ohne Eile, mit zahlreichen Zwischenstationen und vielen «‹Ah› und ‹Wunder›» wegen des «blitzsauberen Landschaftsbildes [...]».[39]

Wie sehr demgegenüber moderne Geschwindigkeit und flüchtige Räume die Orientierung tatsächlich durcheinanderbringen können, mag die berüchtigte Rede Edmund Stoibers zum Transrapid-Projekt im Jahr 2002 verdeutlichen: «Wenn Sie vom Hauptbahnhof in München mit zehn Minuten, ohne dass Sie am Flughafen noch einchecken müssen, dann starten Sie im Grunde genommen am Flughafen, am Hauptbahnhof in München starten Sie Ihren Flug. [...] Sie steigen in den Hauptbahnhof ein, Sie fahren mit dem Transrapid in zehn Minuten an den Flughafen Franz Josef Strauß. Dann starten Sie praktisch hier am Hauptbahnhof in München. Das bedeutet natürlich, dass der Hauptbahnhof im Grunde genommen näher an Bayern, an die bayerischen Städte heranwächst, weil das ja klar ist, weil auf dem Hauptbahnhof viele Linien aus Bayern zusammenlaufen.»[40] Die kryptischen Sätze mag man einerseits als Ausweis entwicklungsfähiger Rhetorik, andererseits aber vielleicht auch als Ausdruck semantischer Verwirrung und Verirrung im modernen Raum-Zeit-Komplex lesen. Irgendwo zwischen Hauptbahnhof und Flughafen wird die Zeit so schnell, dass mit dem Raum auch der Sinn abhandenkommt.

Wirkungen und Folgen der Verkehrsrevolutionen

Die Wirkungen und Folgen der Raumentwicklungen und Verkehrsrevolutionen waren also vielfältig und sind auf verschiedenen sozialen, kulturellen und politischen Feldern zu greifen. Zunächst einmal gingen die modernen Verkehrs- und Kommunikationsformen einher mit einem langfristigen Trend zu Rationalisierung und Effizienz, einer «Regulierung des ‹wilden› Denkens» (C. Lévi-Strauss). Das begann schon beim Postverkehr unter den Thurn und Taxis mit der Verbreitung vereinheitlichender Kursbücher und ständig aktualisierter Post-Tabellen, und es steigerte sich weiter mit dem Eisenbahnbetrieb. Die Fahrpläne waren gleichermaßen Ausdruck wie Katalysatoren einer immer strengeren Zeitdisziplinierung und Standardisierung von räumlicher Mobilität. Korrektheit, Vollständigkeit und Verlässlichkeit wurden zum selbstgesteckten Ziel und Prinzip, auf dem die aufgeklärte und zunehmend kapitalistisch ausgerichtete Welt fußte. Das führte zu Planbarkeit und Zeitersparnis, eröffnete aber auch völlig neue Möglichkeiten von Kontrolle und Zwang – von Seiten der Wirtschaft oder des Staates wie durch innere Selbstdisziplinierung des Individuums und seine persönliche Unterwerfung unter das Zeitdiktat. Nicht von ungefähr hängt der erwähnte eilige Handelsvertreter in der «Ersten Klasse» beinahe sklavisch an seinen Kursbüchern und wird ganz unruhig, wenn eine Verspätung die getakteten Reisepläne durcheinanderzubringen droht: «Stüve (im Kursbuch lesend, sehr nervös): Um 7 Uhr 31 ab nach Frankfurt; Billett lösen, Gepäck aufgeben, n' Telegramm abschicken! 7 Uhr 31! Wenn ich den Zug nicht erwische, is der Auftrag futsch!»[41]

Sodann resultierten aus den neuen Verkehrsformen neue soziale Differenzierungen. Auf Schusters Rappen, also zu Fuß, war im Grunde jeder halbwegs gleich schnell, das verlief gleichsam kostenneutral. Schon mit der Post und zumal mit der Eisenbahn änderte sich das und unterschied sich je nach Beförderungsmittel und -typ (schnell/langsam), nach Fahrpreis und Zahlungskraft; Reisegeschwindigkeit kostete etwas. Überdies wurden mit der Veränderung der Verkehrsmittel bis ins Kleinräumig-Dörfliche hinein Teilhabe und Nicht-Teilhabe, Zentralität oder Marginalität neu definiert. Einen maßgeblichen Faktor bildete dabei der

Bahnanschluss. Entsprechend kontrovers waren die politischen Debatten und Petitionen der Bürgermeister, umkämpft die Auseinandersetzungen im Finanzausschuss des Landtags, intensiv die Lobbyarbeiten bei Abgeordneten oder Ministern. In den Korrespondenzen und Sitzungsprotokollen spiegelt sich das ebenso wie in der satirischen Belletristik, etwa in Ludwig Thomas kurzem Essay «Auf bayerischen Bahnen», in dem die Haltestationen in «Haching, Glaching, Moching, Daglfing, Kraglfing, Gescheerthausen, Woadling und Haar» mit den politischen Verbindungen örtlicher Honoratioren, Abgeordneter oder zufälliger Vorlieben des Prinzregenten erklärt werden, oder in seinem Stück «Die Lokalbahn», das das Engagement eines Bürgermeisters persifliert, dessen Frau irgendwann stöhnt: «Man hört nichts anderes mehr seit einem Jahr. Die Bahn und die Bahn.»[42]

Die Entscheidungen über Bahnhof und Streckenführung konnten drastische Verschiebungen zur Folge haben, bestimmten handfest, wie die Verkehrsströme ausgerichtet waren und ob oder wie rasch man von A nach B kam. So entstanden etwa in der Eisenbahnzeit einige ganz neue Knotenpunkte, beispielsweise Plattling, Freilassing oder Rosenheim (an den Bahnlinien Frankfurt–Wien und München–Salzburg liegend), teilweise auch Garching, Altötting oder Burghausen. Andere Orte dagegen wurden abgehängt, weil sie keinen Bahnhof besaßen; oder alte traditionelle Verbindungslinien wurden gekappt und umgepolt (durch Kopfbahnhöfe). Wasserburg etwa verlor seine Bedeutung, weil seit 1871 die Bahnlinie München–Rosenheim den Hauptverkehr abzog. Es gab also Gewinner und Verlierer. So klagte schon 1855 Wilhelm Heinrich Riehl: «Während die Eisenbahnen die großen Städte verbinden und in ihnen, wie man so sagt, ‹die Welt aufschließen›, schließen die Landstädte und Dörfer ihre Gemarkungen zu. Auf den neuen Hauptstraßen stürmen wir vorwärts in eine neue Zeit, und auf den Nebenstraßen gehen wir zurück in die alte. Das ist die Wahrheit von der Phrase des ‹allgemeinen› Aufschwunges des Verkehrs. Dort ein Übermaß rastlos drängenden Lebens, hier Totenstille und Verödung.» In mancher Hinsicht zeigten die Entwicklungen allerdings auch erstaunliche Beharrungskräfte – aller Mobilitätsrevolution zum Trotz. Die alten Zentralorte, die schon als Sitze der Oberpostmeister fungierten, so Augsburg, Nürnberg, Regensburg, München, Würzburg oder Bamberg, wurden meistens bestätigt und gefestigt, die Etablierung neuer war eher die Ausnahme. Die «blinden» Flecken auf den Netzkarten etwa Ost- und Niederbayerns oder mancher Regionen im «pfälzischen Sibirien» um Pirmasens und Kirchheimbolanden blieben weitgehend bestehen.[43]

Mit der Forcierung des automobilen Individualverkehrs erfolgte dann eine abermalige Neujustierung der sozialen Raumverhältnisse. Auf lange Sicht beinhaltete dieser Technikwechsel durchaus egalisierende Tendenzen, weil er die Menschen unabhängig(er) machte vom öffentlichen Verkehr und dieser Mobilitätsgewinn zunehmend auch in breite Schichten ausgriff. Außerdem rückten mit ihm Stadt und Land enger zusammen. Jedoch finden wir auch unter dem Regime des Autos manche alten Diskurselemente, so in den Debatten um Umgehungsstraßen oder Autobahnanschlüsse. Auch da gab es Formen der Distinktion, Unterschiede zuerst bei der Anschaffung des Autos, dann beim Autotyp. Und wie schon im 19. Jahrhundert verursachten auch in diesem Zusammenhang Entscheidungen über die Ausrichtung der Verkehrsführungen, über die Trasse einer Autobahn oder die Stilllegung einer Bahnlinie erhebliche Folgen für die großen Raumstrukturen. Für den Autoverkehr in Ost- und Nordbayern beispielsweise ist der Bau der A 3 (von Passau über Regensburg/Nürnberg nach Frankfurt) gar nicht hoch genug einzuschätzen, weil sie die traditionellen Raumgewichtungen des 19. Jahrhunderts mit ihrer Nord-Süd-Verbindung zwischen Nordbayern und dem thüringisch-sächsischen Gebiet revidierte, die zentrale Verkehrsachse um 90 Grad von Nordosten nach Nordwesten (Rhein-Main-Gebiet) drehte bzw. den Vorgaben des Kalten Krieges anpasste. Regensburg oder Passau profitierten davon, manche nord- und nordostbayerischen Städte dagegen gerieten noch stärker in eine Randlage. Auch wenn nun der Straßenbau gedieh, war man von Freyung aus nach wie vor lange unterwegs, um überhaupt erst an eine Autobahn zu gelangen – einmal abgesehen davon, dass sich Qualität und Zustand der Straßen zwischen den Haupttrassen und den kleinen Provinzstraßen («unbeschreibliche Sturzäcker», «Staubwüsten», «Schlamm-Meere») erheblich unterschieden. Bei allen Initiativen einer gezielten Landesplanungspolitik seit den 1960er Jahren und deren (punktuellen) Erfolgen, die «Fläche zu erschließen», glichen sich die Lebensverhältnisse von Stadt und Land nicht immer wirklich an. In vielem wurden die alten Zentren sogar noch zentraler, manche der Peripherien noch weiter abgehängt.[44]

Eine ganz eigene migrationsgeschichtliche Facette ist in diesem Kontext der Aufschwung des individualmotorisierten Pendlerwesens. Wohl gab es Formen von Arbeitsbinnenmigration schon im 19. Jahrhundert. Auch da zog es die Menschen bereits von strukturschwachen Regionen in die Gewerbestädte, wo sie Beschäftigung als Knechte, Dienstboten, Handwerker oder Fabrikarbeiter fanden oder selbst ein Geschäft gründeten. Die Wanderungsströme gingen beispielsweise von der Rhön, aus Oberfranken und dem Oberpfälzer Wald in die fränkischen Industriezonen um Schweinfurt und Nürnberg-Fürth-Erlangen oder auch ins Mainhessische hinein, ferner aus dem Pfälzer Wald in das Rheintal, den Neckarraum und nach Ludwigshafen oder aus der niederbayerischen und schwäbischen Provinz nach München und Augsburg. Die Oberpfalz etwa verlor zwischen 1855 und 1905 rund 100 000 Menschen durch Binnenmigration, bei einer Gesamtbevölkerung von knapp 600 000 (1910). Für Niederbayern sah es ähnlich aus, und dieser Grundtrend setzte sich auch nach 1945 fort.[45]

Aber diese Entwicklungen unterschieden sich von der autogetragenen Arbeitsmigration doch erheblich: zum einen dadurch, dass das neue Pendeln oft täglich erfolgte und damit strukturell Wohn- und Arbeitsort getrennt sowie traditionelle Siedlungskonzepte revidiert wurden, und zum anderen durch die Quantitäten. Erst in der zweiten Hälfte des 20. Jahrhunderts entstand massenhaft die moderne Nomadenexistenz der Berufspendler. So nahm die Zahl der (täglichen) Auspendler in Bayern zwischen 1950 und 1987 von ca. 456 000 auf deutlich über 2 Millionen zu. Der Anteil der Berufspendler an den Erwerbstätigen in Bayern stieg von 10 Prozent (1950) auf 40,6 Prozent (1987) und lag damit über dem Bundesdurchschnitt von 36,8 Prozent. Über 50 Prozent davon waren sogenannte «ländliche Pendler», rund 45 Prozent sogenannte «Agglomerationspendler» (Fahrtradius von ca. 15–20 Kilometern). Mehr als 55 Prozent pendelten mit dem Pkw, 24 Prozent mit dem Omnibus und 11 Prozent mit der Bahn (1970). Die Wanderungsströme gingen aber teilweise auch in die andere Richtung, von der Stadt aufs Land: in Form der Suburbanisierung, die ihrerseits tief in die Physiognomie der ländlichen Siedlungen eingriff. Diese waren zunehmend besser erreichbar und boten billigeren Baugrund. Landgemeinden wurden damit nicht selten zu Vor- und Schlaforten der Städte oder, in der touristischen Version vor allem im alpinen und voralpinen Raum, zum Aufmarschgebiet städtischen Regenerations-, Freizeit- und Sportbetriebs.[46]

Wenn wir genauer auf die Mobilitätsgewohnheiten blicken, so erkennen wir allerdings immer wieder auch Phasenverschiebungen und unzeitgemäß erscheinende Überlappungen. In der beginnenden Eisenbahnepoche waren Postkutschen und Fuhrwerke als Zulieferer für Bahnhöfe vorübergehend im Aufwind; zumal im bäuerlichen Umfeld war das Pferdefuhrwerk für die Erledigung von Geschäften länger noch sehr gebräuchlich; am Anfang fuhren die Eilpostwägen oft schneller als Eisenbahnen. Daher kam es, so bedeutsam der Bahnanschluss infrastrukturell oder politisch sein mochte, in nicht wenigen Fällen auch nur sehr langsam zur Veränderung der Lokaltopographien vor Ort. Wilhelm Diess beschreibt anschaulich, wie in den 1880er Jahren am Nordrand seiner Rottaler Gemeinde ein kleiner Bahnhof mit Güterschuppen, Sackrampe und Bahnhofsrestauration errichtet wurde, ohne dass dies in der Folge allzu große Auswirkungen auf den Alltag gehabt hätte. Gearbeitet hätten dort nur als «Stationsvorsteher mit Dienstmütze ein Schreinergehilfe aus dem Dorf», ferner ein «Expediteur» aus Mittelfranken und ein Adjunkt aus der Nordoberpfalz, beide ein «anderer Menschenschlag» und «in gemessenem Abstand» zur Dorfbevölkerung. Nur zwei Mal am Tag sei Betrieb gewesen, sonst habe der Komplex den «Eindruck feierlicher Abgeschiedenheit» verbreitet: «Fremd standen die [Bahnhofsgebäude] in der Landschaft, abweisend gegen ihre Umgebung, voll kalten Beamtenstolzes» – «man merkte davon nichts im Dorf», der Bahnhof «blieb ein Gebiet ganz für sich und wuchs mit dem Dorf nicht zusammen».[47] Wir haben also markante Beharrungskräfte langfristig gespeicherten «Raumwissens». Bei aller neuen Beweglichkeit waren eben, anders als es die Aussage Jean Pauls nahelegt, nicht alle unterwegs. Viele blieben zuhause sitzen, ihre räumlichen Lebenswelten blieben begrenzt. Darauf können auch langlebige Richtungsangaben hinweisen, wie sie sich in Orts- und Richtungsadverbien ausdrücken, die nicht nur geographisch oder topographisch verstanden werden, sondern soziomental unterfüttert sind. Ob man nach München oder Regensburg hinein-, hinauf- oder hinunterfuhr oder in den Wald hinein oder «hinter» oder in eine Ortschaft hinüber – darin spiegelten sich «Richtungsbilder», die durchaus wertend gemeint und lokal tief verankert waren und sind, den Einheimischen eine Selbstverständlichkeit und für Fremde zumeist unverständlich.[48]

Daneben konnten sich im Modernisierungsprozess unter Umständen sogar Verschlechterungen der Verkehrsverbindungen ergeben: Die Umstellung von der Kutsche auf die Eisenbahn führte zur Erstarrung der Streckenstrukturen. Während Postkutschen gleichsam «endlos» verliefen (bzw. nur in Gebirgstälern endeten), erwiesen sich Schienen mitunter als Sackgassen mit Kopfbahnhöfen oder waren auf vielen Nebenstrecken als umständliche «Stichbahnen» organisiert (z. B. in Eichstätt oder Speyer). Das machte manche Verbindungen schneller, andere aber langsamer. Es wurde bereits angedeutet, dass etwa Erding oder Wasserburg von den Hauptbahnlinien abgetrennt, dafür Freising und Rosenheim aufgewertet wurden. Von Ebrach ging die Bahn (anders als die Postkutsche) nicht mehr nach Würzburg, dafür nach Bamberg. Hollfeld war via Eisenbahn nur noch mit Bayreuth, aber nicht mehr mit Bamberg verbunden. Wollte man zu den ehedem leicht erreichbaren Orten gelangen, musste man nun lange Umwege in Kauf nehmen.[49]

Auch politische Beeinträchtigungen oder ökonomische Neuausrichtungen konnten zu Regressionen führen. Das war der Fall, wenn Grenzübergänge geschlossen oder eingeschränkt wurden. Auch da reduzierten sich mit der Eisenbahn im Vergleich zum Kutschverkehr die Möglichkeiten. Nach Österreich gab es statt vier nur noch zwei Grenzstationen (Passau und Freilassing, nicht mehr Schärding und Braunau). Dinkelsbühl und Rothenburg wurden im Bahnbetrieb lange Zeit von ihren traditionellen württembergischen Bezugspunkten Ellwangen, Schwäbisch Hall und Heilbronn abgeschnitten. Die Errichtung des «Eisernen Vorhangs» unterbrach dann nach 1945 künstlich die alten Nord-Süd-Verbindungen, etwa den in den 1840er Jahren erfolgreich etablierten grenzüberschreitenden bayerisch-sächsischen Bahnverbund. Die mit der Individualmotorisierung einhergehende Stilllegung von Bahnneben-

Land trifft auf Stadt und andersherum: Bauern in Tracht auf dem Oktoberfest (Photographie um 1910), enthusiasmierte Bürger in den Bergen (Illustration von René Reinicke in den «Fliegenden Blättern» von 1907)

strecken seit Ende der 1950er Jahre führte gleichfalls zu einer Einschränkung von öffentlichen Mobilitätsangeboten.

Mit den veränderten Verkehrsbedingungen erhöhten sich fraglos die Möglichkeiten zur Begegnung von Menschen unterschiedlicher lokaler, regionaler oder nationaler Herkunft. Nicht zuletzt der Aufschwung von Fremdenverkehr und Tourismus wurzelte in der ausgebauten Infrastruktur und schuf für viele den Ereignisrahmen und Erfahrungsraum für neue Begegnungen. Das ging freilich oftmals auch einher mit Formen sozialer Stereotypisierungen und Klischeebildung, mit denen räumliche Herkunft und Mentalitätsmuster kombiniert wurden, oftmals in überzeichneter Form, aber doch mit prägender Wirkung. Die Gegenüberstellung des nervösen norddeutschen Bahnfahrers und des gemütlichen bayerischen Bauern in der Lokalbahn wurde schon erwähnt. Daneben wäre etwa an das Bild des im Dialekt gefangenen Bauerntölpels in der Stadt oder umgekehrt das des verkünstelten Städters auf dem Land zu denken. Literatur und Autobiographien, Ludwig Thomas oder Oskar

Maria Grafs Geschichten, sind voll davon. Zumeist stellen sie die Eisenbahn als Verbindungsmotor und die Eisenbahnfahrt als erstes soziales Kontaktabenteuer dar. Für die Landbewohner erschien die «große Stadt» als Hort der «Wunderdinge», gleichermaßen faszinierend wie gefahrvoll, aufregendes Ziel des Ausbruchs aus der Provinz wie Ort von Verunsicherung und Unwohlsein. Meist kamen sie aufgeputzt im Sonntagsstaat (mit «in zwei Zöpfen aufgemachtem Haar») in der unbekannten Stadt an und standen zunächst unsicher am Bahnhof herum, ehe sie sich zu ihren Besorgungen aufmachten oder eine Stelle als Hausmädchen oder Kellner antraten, schon auf der Zugfahrt mit Angst vor den vielen fremden Menschen, unbehaglich ob der dauernden Sorge sich zu blamieren, und in der Folge nicht selten geplagt von Heimweh und sprachlicher Unbeholfenheit. Oder die bäuerlichen Scharen aus dem bayerischen Oberland fielen mit der Bahn aufs Oktoberfest ein. Ein amerikanischer Beobachter erkannte im Festgetümmel den kräftigen Menschenschlag des unverdorbenen bayerischen Landvolks, der «mountaineers» und «brawny men and women». Allerdings war es da auch möglich, mit der eigenen Herkunftsexotik in städtischer Umgebung zu spielen. Oskar Maria Graf etwa gab mitunter ganz bewusst den «höchst originellen Bauernbayern» mit der Krachledernen, wenn er in den Berliner Salons herumgereicht wurde, und nutzte es «redlich aus», dass ihm deshalb «jede tölpelhafte Rüpelei lachend verziehen» wurde, selbst wenn sie Gastgeber «in größte Verlegenheit» brachte.[50]

Andersherum erscheint der Besuch der Städter auf dem Land entweder als «überspannte» Verherrlichung, mit der verzückt die angeblich unberührte Natur und der dazugehörige urige, binnenexotische Menschenschlag gepriesen werden: «Endlich aus der Stadt in die Natur geflohen! Himmlisch! [...] Wie ein Märchen!» (L. Thoma). Oder der Kontakt wird als Einbruch einer fremden Welt beschrieben, etwa wenn sich die «verwitwete Frau Rechtsrätin» nebst Töchterlein zur Sommerfrische auf dem Bauernhof oder die Tante aus der Hauptstadt zum Sonntagsbesuch ansagte und sie alles durcheinanderbrachten: «Wir lebten im Dorf. Der Begriff Stadt war uns nur vom Hörensagen bekannt, in Verbindung mit Passau. Das lag jenseits des [Neuburger] Waldes, und den sahen wir von unserem Hügel aus, seit wir mit den Augen Verbindung zur Welt aufgenommen haben. [...] München lag unvorstellbar weit weg von uns.» Und auch da finden wir oft klischeehafte Pointierungen und karikierende Persiflagen wie in den vielen Satiren Ludwig Thomas, in denen sich «vornehme Knaben» aus Norddeutschland, die Arthur heißen, blasse, dünne Beine haben und Matrosenanzüge tragen, als einigermaßen lebensunfähig im Umgang mit der robusten dörflichen Jugend erweisen.[51]

Noch auf eine letzte wichtige Folge des Mobilisierungsprozesses ist hinzuweisen: auf den mehrfachen Wandel in der Rolle des Staates. Einerseits stiegen die Anforderungen an den Staat und damit seine Finanzierungskosten enorm an. Moderne Chausseen und Schnelltrassen für den Posteilverkehr mussten gebaut, verlässlich instand gehalten und kontrolliert werden. Der Eisenbahnbau überstieg rasch die Kapazitäten privater Gesellschaften, wurde großteils verstaatlicht und musste über das Steuerbudget finanziert werden. Dasselbe galt für den Straßenbau des 20. Jahrhunderts. Auf der anderen Seite aber ermöglichte dies dem

Staat eine aktive Infrastrukturpolitik, die nicht nur zu Modernisierungen führte, sondern auch hierarchische und zentralistische Zugriffs- und Kontrolloptionen eröffnete. Verkehrspolitik wurde zu einem Instrument gesellschaftlicher Planungs- und Integrationspolitik par excellence und diente überdies der staatlichen Wirtschaftsförderung. Schon seit den 1840er Jahren wurde das Eisenbahn-Engagement damit begründet, die «Haupteisenbahnen» seien «die großen Pulsadern des Länderverkehrs» und daher aus «rein staatswirthschaftlichem Standpunkt» zu kontrollieren. Und für die Landesplanungspolitik der 1950er/60er Jahre war der Straßenbau neben der Energiepolitik der hauptsächliche Pfeiler, auf dem die Politik einer Erschließung des Landes in der Fläche ruhte.[52]

Jedoch war auch diese Entwicklung dialektisch und verkehrte sich zuletzt in mancherlei Hinsicht ins Gegenteil, jedenfalls was die Hoheit der klassischen Territorial- und Nationalstaaten angeht. Aus der verkehrs- und kommunikationstechnischen Globalisierung der Raumbeziehungen, wie sie seit dem ausgehenden 19. Jahrhundert mit Telegraphie und Ozeankabel einsetzte und in den heutigen weltumspannenden Digitalisierungsströmen wohl keineswegs endet, resultierte zunächst zwar kein globales Zusammenwachsen der Welt, eher verstärkten sich zeitweise der Zugriff der Nationalstaaten, ihr imperialer Ausgriff, die Hierarchisierung von Herrschaftsräumen. Auf längere Sicht aber kam es seit den 1970er Jahren zu einer tendenziellen Entterritorialisierung der Staatlichkeit, zur sukzessiven Auflösung der von starken Staaten geprägten Strukturen von Raum und Territorialität, zu Privatisierungstendenzen angesichts veränderter wirtschaftlicher und technologischer Rahmenbedingungen. Der traditionelle Industriekapitalismus war räumlich gebunden an physische Ressourcen, an ein staatsräumlich definiertes Produktions- und Arbeitsregime, und er war damit von gewisser Trägheit und Materialität. Der moderne digitale Finanzmarktkapitalismus und seine raumungebundene Globalität sind das nicht mehr. Da spielen national- oder gar bayerisch-einzelstaatliche Grenzen keine oder kaum eine Rolle. Der Raum wird vielmehr zunehmend von entmaterialisierten, simultanen Kommunikationsflüssen bestimmt, mit denen Distanzen und Grenzen aufgehoben werden.[53]

4. Wie ordnet man den Raum? Eine komplizierte Geschichte der (ökonomischen) Landesplanung

Dass es zwischen Raumstrukturen und Wirtschaftsstrukturen Zusammenhänge gibt, liegt auf der Hand. Jede Form von Ökonomie besitzt eine spezifisch räumliche Dimension. Bodenbeschaffenheit oder Bodenschätze haben unmittelbaren Einfluss auf die Produktion in der Landwirtschaft wie im industriellen Gewerbe. Die räumliche Nähe oder Ferne zu Marktzentren und deren Erschließung bestimmen den Ablauf des Handels, die Gewinnmargen der Händler und das Angebot für die Konsumenten. Das Hinterland bietet das Arbeitskräftereservoir für die Gewerbegebiete. Die Industriezonen besitzen raumstrukturierende Kraft für das direkte Umland wie für das Staatsganze.

Dementsprechend wurden von Seiten der Wirtschaftswissenschaften seit dem 19. Jahrhundert unterschiedliche Überlegungen zur Raumordnung, zu den räumlich-regionalen Bedingtheiten des Wirtschaftens, zu den Voraussetzungen und Wirkungen regionaler gewerblicher Agglomerationen oder den Einflüssen staatlicher Landesplanung angestellt. Verbunden ist das vornehmlich mit den Forschungen Johann Heinrich von Thünens, Wilhelm Roschers, Alfred Webers, Hans Ritschls, August Löschs, Walter Christallers und Edwin von Böventers. Bei allen ging es um Standorttheorien, um die Zuordnung von Produktionsorten und Absatzmärkten, um die Verhältnisse von ökonomischen Zentren und Peripherien, um Fragen, wie sich Verkehrsinfrastrukturen und Pendlerbewegungen entwickeln, Bevölkerungskonzentrationen zu erklären sind, Industrie- oder Agrarräume entstehen und wirken. Besonders einflussreich war in diesem Kontext das Modell der «Zentralen Orte» von Walter Christaller (1932/33). Auch wenn dieses große Inkonsistenzen aufweist und zumal mit seinen Ansprüchen der «Gesetzmäßigkeit» entsprechende Kritik erfuhr, ist es für uns besonders interessant. Es wurde mit Blick gerade auf süddeutsche Zentralorte, darunter München und Nürnberg, entwickelt und prägte über lange Zeit hinweg die operative Planungspolitik, avancierte beinahe zum «Leitbild für raumwirtschaftliche Effizienz», gerade in krisenhaften Konstellationen (K. Kegler). Zunächst wurde es für die NS-Raumplanungen in den besetzten Gebieten adaptiert, dann aber ziemlich bruchlos auch im Zuge der landesplanerischen Initiativen in den 1950er/60er Jahren genutzt und weiterentwickelt (unter anderem von Böventer). Christaller umschrieb eine ideale Konfiguration eines dezentral organisierten, aber streng hierarchisch gestuften Systems von «Orten» und ihrer wirtschaftlichen Beziehungen untereinander. Im Mittelpunkt standen die Zentralorte (oder Landeszentralen) wie München oder Nürnberg, die wegen ihrer «Lokalisation», Bevölkerungszahl, Güterproduktion und Dienstleistungsdichte durch einen relativen «Bedeutungsüberschuss» charakterisiert seien. Zugleich entfalteten sie strukturierende Kraft ins agrarische Umland hinein und dienten als «Vermittler des Lokalverkehrs». Darunter entwickele sich dann in verschiedenen Stufungen, «Richtungen» und Abhängigkeitsgraden zu den jeweiligen «Zentralen» ein aufeinander bezogenes systemisches «Netzwerk» kleinerer Orte, von den Provinzialhaupt- und Gaubezirksorten (wie Regensburg, Augsburg und Würzburg bzw. Ingolstadt, Landshut und Schweinfurt) bis hin zu den Amtsstädtchen und Marktorten. Im Hintergrund stand ein ausgesprochen technokratisches Denken modellier- und quantifizierbarer Stadt-Land-Beziehungen, immer geleitet von der Vorstellung quasi-gesetzmäßiger Hierarchien und einer «zentralistischen Anordnung einer Masse um einen Kern» zum Wohle eines ausgeglichenen ökonomischen Gemeinschaftslebens. Teilweise wurden dergleichen Ansätze ergänzt und erweitert um den Hinweis, es seien gerade die regionalen Polarisierungen und natürlichen Raumgefälle zwischen «Zentralen Orten» und dem provinziellen «Hinterland», aus denen die wesentlichen produktiven Antriebskräfte für soziale oder wirtschaftliche Entwicklung entsprängen. Sie müssten nur durch industrie- und standortpolitische Intervention des Staates moderiert werden.[54]

Seit geraumer Zeit hat sich um das Themenfeld wirtschaftlicher Raumstrukturen außerdem ein einflussreiches wirtschaftshistorisches Interpretament etabliert, das nach den Bedingtheiten der europäischen Industrialisierungsgeschichte seit der zweiten Hälfte des 18. Jahrhunderts fragt und mit Namen wie Sidney Pollard, Wolfgang Köllmann oder Hubert Kiesewetter verbunden ist. Das mittlerweile weithin akzeptierte Ergebnis ihrer Forschungen betont die enorme Eigengewichtigkeit und Erklärungskraft regional-lokaler Rahmenbedingungen. Überall in Europa sei der Industrialisierungsprozess geprägt von solchen «teilräumlichen» Einheiten unterhalb oder jenseits der nationalstaatlichen, aber auch unterhalb und jenseits der partikularstaatlichen Ebene. Vielmehr seien Regionalität und Lokalität die entscheidenden konstitutiven wie operativen territorialen Größen für Industrialisierung. Nirgendwo habe sich diese in der Fläche oder als übergreifendes nationales oder einzelstaatliches Phänomen durchgesetzt. Überall habe man es stattdessen mit örtlichen Industrieinseln zu tun, die sich zumeist aus den jeweiligen Rohstoffvorkommen ergeben hätten. Ökonomische Prosperität habe allerorten aus begrenzten regionalen Wachstumspotentialen resultiert, die dann strukturbildend ins Umfeld ausstrahlten.[55]

Auch in Bayern war und ist das so. Auch hier war und ist die ökonomische Entwicklung der Industrialisierung kein übergreifendes Ereignis, das zeitgleich und homogen das gesamte Land ergriffen hätte. Im überregionalen Vergleich gilt Bayern gemeinhin als besonders verschlafener «Nachzügler» mit einer, so hat es Karl Bosl formuliert, «geminderten Industrialisierung», fern der großen Montanreviere und der zentralen Absatzmärkte, in der Fläche rückständig und agrarisch strukturiert, allenfalls mit einigen wenigen industriellen Zellen. Zu nennen sind da vor allem der urbane Ballungsraum Nürnberg/Fürth/Erlangen/Schwabach, ferner die Stadt Augsburg, Teile Oberfrankens (z. B. mit der Porzellanindustrie um Selb oder der Kugellagerindustrie um Schweinfurt) und später mehr und mehr München. Sie alle sind gekennzeichnet von einer längeren, mitunter reichsstädtischen Gewerbetradition, mit einigem Kapital vor Ort, mit risikofreudigen Unternehmern, mit zunehmend hohen Standards in der industriell-technischen Ausbildung, auch mit der nötigen Offenheit für Anregungen von außen, kurzum: mit der für die Industrialisierung unabdingbaren Wirtschafts-, Technik- und Wissenskultur. Aber Bayern repräsentierte mit dieser Grundstruktur eben nicht grundsätzlich einen wirtschaftshistorischen Sondertypus, sondern eher eine kleine Variante industriegesellschaftlicher Normalität.

Diskutiert werden in der Forschung indes das Verhältnis von Dauerhaftigkeit und Wandlungsfähigkeit räumlicher Wirtschaftsstrukturen – und damit mittelbar Gewicht und Bedeutung wirtschaftspolitischer

Landesplanung. In manchen Konzepten wird in dieser Hinsicht vor allem abgehoben auf die langfristigen Präge- und Beharrungskräfte historisch gewachsener regionalspezifischer «Gewerbetraditionen», «Wirtschaftskulturen» oder «Wirtschaftslandschaften». Zwar gab es vom ausgehenden 19. zum ausgehenden 20. Jahrhundert einen «säkularen Prozess», in dem sich in der *Makro*perspektive «regionale industrielle bzw. erwerbsstrukturelle Disparitäten in Deutschland» abschwächten und an dem auch Bayern in seinem Wandel vom Agrar- zum Industrie- und Dienstleistungsstaat teilhatte. Dennoch finden sich unmittelbar vor Ort durchgehend und recht stabil enorme Ungleichgewichtigkeiten. Sie bestimmen bis heute die ökonomische Signatur des Landes. Keiner der zahlreichen Landesentwicklungspläne, von denen wir gleich hören werden, hat verhindert, dass auch in unseren Tagen Wirtschaftsprofil und Lebensqualität je Region erheblich differieren, dass es nach wie vor strukturstarke und strukturschwache Regionen gibt und dass übers 19. und 20. Jahrhundert hinweg an sich unverändert die große Bedeutung der früh etablierten gewerblichen Kernzonen bleibt.[56]

Allerdings gab es auch einige regionale Standortverschiebungen und wirtschaftsräumliche Wandlungen – teilweise schon beginnend in den 1920er Jahren, zumal aber nach 1945. Zunächst war das bedingt durch die Zäsur des Kalten Krieges mit der Errichtung des «Eisernen Vorhangs» und der Verfestigung der deutsch-deutschen Teilung, überdies durch die Zuwanderung zahlreicher Flüchtlinge und Vertriebenen. Seit den ausgehenden 1950er Jahren standen die Entwicklungen dann unter den Vorzeichen eines dynamischen Wirtschaftswachstums. All das betraf Bayern in durchaus exponierter Weise: mit seiner langen Grenze zur Tschechoslowakei und zu Thüringen, mit knapp 2 Millionen Flüchtlingen, mit dem Rückgang der ökonomischen Potentiale Nordbayerns, dem parallelen Aufstieg des südlichen Bayern, vor allem Münchens, und insgesamt einem deutlichen «Nord-Süd-Gefälle», teilweise auch mit der Etablierung punktuell neuer städtischer Kraftzonen (z. B. «Vertriebenenstädte») oder spezifischer regionaler Wirtschaftszentren (Raffinerie- und Automobilbauindustrie in Ingolstadt/Neustadt an der Donau, Ansiedlung von Hightech-, Automobil- und Maschinenbaufirmen in Regensburg und Ostbayern).[57]

In jedem Fall erschienen ökonomische Raumstrukturen durchgehend von Bedeutung, blieb ihre mögliche Verbesserung durch staatliche Stellen eine permanente Aufgabe. Wir blicken daher im Folgenden etwas näher auf die lange Geschichte der ökonomischen Landesplanungen in Bayern, mit denen immer auch Ideen von gesellschaftlicher Ordnung verhandelt wurden. Die Intensität entsprechender staatlicher Eingriffe zeigte dabei unterschiedliche Konjunkturen. Wie so oft kann man auch da wieder ausgehen von den Vorhaben der aufgeklärten Staats- und Gebietsordner um 1800. Sie umfassten auch Maßnahmen einer merkantilen Wirtschafts- und Landesplanung, die im Laufe des 19. Jahrhunderts weitergeführt wurden, allerdings für längere Zeit noch einen vergleichsweise rudimentären und kaum institutionalisierten Charakter trugen.

Landesplanung avant la lettre

So gab es Fortführungen der alten Peuplierungsprojekte, einer Bevölkerungspolitik mit der gezielten Besiedlung etwa in fränkischen Dörfern (im Bereich ehemaliger Reichsritterschaften, im Steigerwald oder im Coburger Land) und in hochgelegenen Gebieten des Bayerischen Waldes, mit der Moorkolonisation in Südbayern oder mit einigen Aktionen zur Flusskolonisation. Mangels interessanter größerer Ödflächen und auch angesichts fehlender Planungskonstanz verlief das freilich in recht bescheidenem Umfang und ohne systematischen Anspruch. Zumeist war es beschränkt auf das Engagement Einzelner im kommunalen Rahmen, zeigte oft auch nur geringe oder zweifelhafte Wirkungen. Die Effekte von Meliorationen (Verbesserungen) oder Flurbereinigungen waren begrenzt. Die Moorkolonisation war ökologisch bedenklich, langfristig im Hinblick auf die CO_2-Bilanz verheerend und wenig wirtschaftlich. Flusskorrektionen führten und führen bis auf den heutigen Tag nicht selten zu Hochwässern in den Unterläufen der Flüsse oder zu Grundwasserabsenkungen. In den höheren Mittelgebirgsregionen erwiesen sich Klima und Verkehrslage als viel zu ungünstig, um dauerhaft Siedlungen etablieren zu können. Lange Zeit haben wir im Bayern des 19. Jahrhunderts mehr Kulturlandschaftsschwund und Erscheinungen der Extensivierung in landwirtschaftlichen Notstandsgebieten zu verzeichnen, nicht solche der Kultivierung. Einzig Aufforstungen waren phasenweise in den vielen Waldzonen Bayerns – Spessart, Bayerischer Wald, Alpen – ein regional wichtiger Faktor, vornehmlich durch Umwandlung von Heide- und Niederwaldflächen in Hochwald zur Bauholzgewinnung.[58]

Was die Raumstrukturen in der Fläche hauptsächlich verändert hat, war der schon skizzierte Auf- und Ausbau des Eisenbahnnetzes. Das war seit Mitte des 19. Jahrhunderts nicht nur die Grundlage für das langsame Ausgreifen der gewerblichen Kernzonen. Es entfaltete à la longue auch enorme soziokulturelle Wirkungen, wachsende individuelle Mobilität und soziale Kontakte, ermöglichte die Erschließung von Tourismusregionen oder die Trennung von Wohnen und Arbeiten. Zugleich veränderten seit dem frühen 19. Jahrhundert die ländlichen Siedlungen ihr Gesicht: durch Änderung der Bausubstanzen aufgrund feuerpolizeilicher Regelungen (Steinbauten und Ziegeldächer statt Fachwerk und Strohdächer) oder durch zahlreiche Neu- und Umbauten wegen gewandelter Wirtschaftsstrukturen (Zunahme des ländlichen Gewerbes und Handwerks für Nebenerwerbslandwirte). Außerdem setzten Mitte der 1880er Jahre die ersten Entwicklungen zur Flurbereinigung ein. Sie profilierten das flache Land ebenso neu wie der sukzessive Wegfall der Dreifelderwirtschaft, die Aufteilung der Allmende oder die Etablierung neuer Pflanzen und Feldfrüchte (Futterpflanzen, Kartoffel). Seit dem ausgehenden 19. Jahrhundert und noch einmal intensiviert in der Weimarer Zeit traten dann vermehrt die infrastrukturellen Modernisierungsmaßnahmen einer «gebietlich erweiterten Städteplanung» in den Vordergrund. Vor allem im Nürnberger und Münchner Raum ist das zu sehen, aber auch im Umfeld von mittelgroßen Städten wie Regensburg oder Augsburg. Kanalisierung und Nahverkehrserschließung schritten voran und griffen ins Umland aus. Seit den 1880er Jahren kam es zu mehreren Wellen von gezielten Eingemeindungen, am Ende zu bis heute sichtbaren Prozessen der Suburbanisierung ländlicher Räume mit der Entstehung vieler Vorort-, Wohn- und Schlafsiedlungen in stadtnahen Neubaugebieten. Schließlich hatten relativ früh auch schon Debatten und Initiativen begonnen, neue Energiequellen aufzutun und vor allem die Wasserkraftnutzung auszubauen. Diese Entwicklung setzte in den 1870er Jahren mit kommunalen Wasserkraftwerken ein; 1894 gingen die Isarwerke in Höllriegelskreuth bei München als erste elektrische Überlandzentrale des Reiches in Betrieb, Werke an Lech oder Amper folgten. Seit 1910 intensivierten sich auch die Diskussionen um das 1924 in Betrieb genommene Walchenseekraftwerk, übrigens früh schon verbunden mit Kontroversen um Natur- und Fremdenverkehrsverträglichkeit.[59]

Dennoch handelte es sich bei alldem eher um bescheidene Vorläufer von Landesplanung. Als Vorgänge einer wirklich systematischen und institutionalisierten Strukturpolitik jenseits daseinsvorsorgender Einzelmaßnahmen und befristeter Notstandsplanung lagen die Höhepunkte landesplanerischer Raumordnung erst im 20. Jahrhundert, und sie wurden da vornehmlich in zwei katalysatorischen Phasen manifest: in der Zeit des Nationalsozialismus sowie in den 1960er/70er Jahren.

Landesplanerische Hochkonjunktur (I): die Zeit des Nationalsozialismus

Die Hochkonjunktur umfassender Raum- und Landesplanung in der NS-Zeit kann angesichts des totalitären Ordnungsanspruchs und der ideologischen Referenzfelder von Rasse, Volk und Raum, Blut und Boden kaum verwundern. Entsprechend rasch wurden – mit gewissen Vorläufern in der Weimarer Zeit, aber doch nach 1933 noch einmal entscheidend intensiviert – die Raumordnung, Raumforschung und Siedlungspolitik im großen Maßstab staatlich wie wissenschaftlich formalisiert. «Planung» wurde zu einer ausgesprochenen «Machtressource» (K. Kegler) und einem Herrschaftsinstrument, mit dem man versuchte, die radikalen ideologischen Leitbilder großformatig Wirklichkeit werden zu lassen. Sichtbar ist das zum einen in der Einrichtung einer «Reichsstelle für Raumordnung» (RfR) per Führererlass vom 26. Juni 1935, die zur Koordinierung aller reichsweiten Vorhaben direkt Hitler unterstellt und mit breitem Unterbau von 22 Landesplanungsgemeinschaften und 53 Bezirksstellen versehen wurde. Zum anderen ist die Gründung der «Reichsarbeitsgemeinschaft für Raumforschung» (RAG) zu nennen. Sie sollte durch «Zusammenschluss aller sich mit Raumforschung beschäftigenden wissenschaftlichen Kräfte» in zahlreichen Hochschularbeitsgemeinschaften sicherstellen, dass die Wissenschaft «für die Aufgaben der Raumordnung planvoll» eingesetzt und in ihren statistischen Erhebungen, Berechnungen und Prognosen «im Dienst des Volkes» auf die Ziele des NS verpflichtet wurde. Sie sahen eine Landes- und Siedlungspflege vor, die sich die Gestaltung einer «artgemäßen deutschen Kulturlandschaft» für den «deutschen Menschen» auf die Fahnen schrieb. Die Schlagworte lauteten: «Steigerung der biologischen Volkskraft», «bestmögliche Ausnutzung des Bodens und seiner Kräfte», «Gesundung der Ballungsräume», «arteigene Zuordnung von Volk und Landschaft» sowie «Steigerung der Abwehrbereitschaft des deutschen Lebensraumes». Zur Umsetzung wurden unterschiedliche räumliche «Siedlungstypen der neuen Ordnung» klassifiziert, die in ihrer Differenzierung zwischen Zentrum und Peripherie langfristige Wirkung hatten: «die bäuerliche Landschaft», die «gemischt-industrielle Landschaft», die «Industrielandschaft» und die «Großstadt ohne Industrie». Diese Ortstypen sollten sich in einem «räumlichen Gleichgewicht» möglichst ergänzen, strukturschwache Regionen speziell gefördert werden.[60]

Unschwer ist zu erkennen, dass bei der Modellierung der eingangs erwähnte Walter Christaller mit seiner aus süddeutschen/bayerischen Beispielen gewonnenen Kategorie der «Zentralen Orte» eine große Rolle spielte; manchen gilt er als «Geometer» der neuen totalitären Ordnung. Christaller hatte sich an mehreren Stellen an der NS-Raumplanung im besetzten Osten, zuletzt gebündelt im «Generalplan Ost», beteiligt: 1935 bis 1937 als Mitarbeiter am von Norbert Krebs veröffentlichten Atlas des deutschen Lebensraumes in Mitteleuropa, danach als Assistent am Freiburger Kommunalwissenschaftlichen Institut, 1939 als Bearbeiter des Teilgebiets «Zentrale Orte» im kriegswichtigen Forschungsprogramm «Der Osten» der RAG, seit 1940 schließlich als enger Mitarbeiter von deren Erstem Obmann, Konrad Meyer, und unter dem Dach des Reichskommissariats für die Festigung des deutschen Volkstums. Das Zentrale-Orte-Modell, das ursprünglich von der Effizienz einer dezentralen Wirtschaftsstruktur ausging, wurde dabei mehr und mehr nach dem «Führerprinzip» und den Ideen einer hierarchischen und expansiven «Volksgemeinschaft» ausgerichtet. In zunehmend technokratischer Manier wurden Zentren, Peripherien und «Raumhierarchien» definiert und daraus die Notwendigkeit von Bevölkerungsverschiebungen gefolgert. So galten Christaller 1944 insgesamt 23 Millionen Deutsche als «verfügbar» für Umsiedlungsmaßnahmen, vornehmlich für «Verpflanzungen» in germanisierte Ostgebiete. Für den bayerischen Kontext interessant war neben Christallers Aktivitäten die agile RAG-Hochschularbeitsgruppe der Universität Erlangen, an der die Raumforschung dem 1933 gegründeten «Institut für fränkische Landesforschung» unter Leitung des Germanisten Friedrich Maurer zugeordnet wurde. Themen waren dort vor allem «Landflucht» und «Strukturschwäche der Bayrischen Ostmark».[61]

In der konkreten Umsetzung hat man dazu innerhalb Deutschlands rund 80 Großprojekte auf den Weg gebracht, vornehmlich Landeserschließungsarbeiten in sogenannten «Notstands- und Rückstandsgebieten» – sei es unter der Hoheit von Reichsorganen und getragen vom Reichsarbeitsdienst, sei es in Form landeseigener oder gaubezogener Förderprogramme. Für Bayern relevant waren unter anderem Kultivierungsarbeiten im niederbayerischen Donaubecken, der Flussausbau an der Salzach sowie Aktionen zur Verbesserung der Lebens- und Anbaubedingungen im Donaumoos, in der Fränkischen Alb, in Teilen des ländlichen Mittelfranken und der Rhön sowie in den Grenzgebirgszonen des Bayerischen und Oberpfälzer Waldes (eben der «Bayerischen Ostmark»).

Für die Rhön wurden die Maßnahmen gebündelt im ambitionierten «Dr. Hellmuth-Plan», benannt nach dem Gauleiter von Mainfranken, und koordiniert von der sogenannten «Rhön-Spessart-Werbestelle». Der Plan bezweckte nichts weniger als eine «völlige Änderung der Wirtschaftsstruktur» durch Gewerbeansiedlung (z. B. Verlagerung eines Siemens-Schuckert-Werkes nach Bad Neustadt, Bau von Arbeiterheimen, Werbung für Handwerksberufe), Verbesserung der Verkehrsinfrastruktur (fast 1000 Kilometer Straßenbau, Entwässerungskanäle) und Sanierung der Landwirtschaft (Beseitigung des «undeutschen unseligen fränkischen Erbrechts» und damit Auflassung unrentabler Kleinstbetriebe, Flurbereinigung, Kultivierung von Ödland, Aufforstungen in der Hochrhön). Damit sollte nicht zuletzt das «Erbgut der Bevölkerung» gestärkt werden, die in der Rhön zum «rassisch wertvollsten Teil des ganzen deutschen Volkes» gehöre. Im Gau «Bayerische Ostmark» war zunächst vor allem Gauleiter Hans Schemm die treibende Kraft. Unter seiner Führung wurden dort ebenfalls – anfangs in Kontinuität zu den Osthilfeprogrammen der Weimarer Zeit – Gewerbeförderungsprogramme aufgelegt und Maßnahmen zum Kanal- und Straßenbau (unter anderem der Bau der 1938 fertiggestellten «Ostmarkstraße» zwischen Hof und Passau, der heutigen B 85) wie zur Errichtung von Schulen forciert. Darüber hinaus wurde die Vermarktung lokalspezifischer «Ostmarkwaren» (Holzprodukte, Tonwaren, Glaserzeugnisse, Agrarprodukte etc.) unterstützt und gezielt der Fremdenverkehr ausgebaut. Es wurde sogar ein eigener Landesfremdenverkehrsverband «Bayerische Ostmark» begründet, der entsprechende Werbemaßnahmen organisierte und den Ostlandtourismus auch in die KdF-Programme integrierte. Weniger ausgreifend erscheinen die infrastrukturpolitischen Aktionen im Gau Schwaben. Aber auch da wurden von Gauleiter Karl Wahl Siedlungsprogramme, vornehmlich im Donaumoos, initiiert, um der Landflucht entgegenzusteuern (Karl-Wahl-Spende, Karl-Wahl-Siedlung). Landesübergreifend angelegt war zudem das sogenannte «Ludwig-Siebert-Programm» zur Erhaltung bayerischer Baudenkmale. Finanziert wurde damit die Restaurierung örtlicher Burganlagen, Schlösser und Altstadtensembles nach dem Konzept der «schöpferischen Denkmalpflege», beispielsweise in Nürnberg, Rothenburg, Würzburg oder Kastl – um symbolträchtige Orte völkischer «Revitalisierung» zu schaffen, aber auch konkret strukturpolitisch den Fremdenverkehr anzukurbeln.[62]

Landesplanerische Hochkonjunktur (II): die 1960er/70er Jahre

Mit dem Einschnitt 1945 hatten sich die politischen Bedingungen und ideologischen Referenzgrößen natürlich grundlegend gewandelt, aber es gab auch starke Kontinuitäten. So blieben viele Grundlagen bestehen, etwa die Flächigkeit eines über weite Gebiete recht dünn besiedelten, strukturschwachen, rohstoffarmen und klein-/mittelbäuerlich geprägten Landes, dessen Bewohner auch eine deutliche mentale Distanz zum industriell-großstädtischen Dasein hielten («Revierferne»). Verschärfend hinzugekommen war, wie erwähnt, der «Eiserne Vorhang» zu Ostdeutschland und zur Tschechoslowakei. Er durchtrennte gewachsene Beziehungsgeflechte Bayerns zum thüringisch-sächsischen Vogtland oder zu Böhmen und brachte das Land in eine ausgeprägte regionale Randlage. In der Rede vom «Zonenrandgebiet» spiegelte sich diese Peripherie-Konstellation und unterlegte sie mit entsprechenden Zuschreibungen und Images (Abgehängtsein, Armut, Kalter Krieg). Teilweise kompensiert – und im gesamtbayerischen Maßstab sogar mehr als aufgefangen – wurden diese Nachteile allerdings durch den Zuzug großer Industrie- und Dienstleistungsunternehmen aus Berlin bzw. der Sowjetischen Besatzungszone nach München oder Erlangen (AEG, Siemens, Allianz). Vor dieser Ausgangsfolie vollzog sich die bayerische Landesplanungspolitik nach 1945 in mehreren Etappen und mit unterschiedlichen Akzentuierungen.[63]

In den 1950er Jahren standen neben der Notstands- und Wiederaufbauhilfe vornehmlich Initiativen der Grenzlandförderung im Mittelpunkt, um die Lebensbedingungen im «Zonenrandgebiet» zu verbessern und die dortige soziale Erosion zu bremsen. Seit 1951 wurden dafür Bundesmittel bereitgestellt. 1953 passierte ein erstes Programm für die «Ostrandhilfe» den Bundestag. Ein Jahr darauf legte Bayern ein eigenes Grenzlandprogramm auf. Außerdem wurde die Nutzung der bayerischen Wasserkraft intensiviert und mit dem Ausbau der Lechwerke, der Errichtung des Sylvensteinspeichers an der oberen Isar und dem Bau des Flusskraftwerks Jochenstein an der Donau die Energieversorgung verbreitert.

Ein Element von eigener raumstrukturierender Qualität und Kraft stellte sicherlich der gewaltige Zustrom von Flüchtlingen und Vertriebenen dar. Er bedeutete schlagartig einen Aufwuchs um knapp ein Viertel der bayerischen Bevölkerung. 1945/46 standen etwa 6,5 Millionen «einheimische» Bayern je nach Zählung und Zeitpunkt 1,7 bis 1,9 Millionen Flüchtlinge und Vertriebene gegenüber. Daraus resultierten enorme kurzfristige Alltags- und Anpassungsprobleme: Herausforderungen für den Wohnungs- und Arbeitsmarkt ebenso wie Friktionen und Konflikte im persönlichen Umgang in vielen ländlichen Teilräumen Bayerns, wo unterschiedliche Traditionen und Kulturen, Konfessionen, Sozialformen und politische Einstellungen zwischen Bauern, Dörflern und Einquartierten aufeinanderprallten. Das wirkte aber auch langfristig und modifizierte Siedlungsstrukturen wie Stadt-Land-Verhältnisse – mit neuen Arbeitspendelbewegungen, dem Entstehen neuer Stadtviertel (und entsprechenden Auswirkungen für binnenstädtische Ordnungen) oder spezieller lokaler «Vertriebenengewerbe» (etwa in der Glasherstellung oder im Instrumentenbau) sowie der Gründung ganzer Vertriebenenstädte wie Neutraubling, Geretsried oder Waldkraiburg. In der Nachkriegszeit bis weit in die 1950er Jahre hinein versuchte man die Situation durch eine ausdifferenzierte staatliche Flüchtlingsverwaltung in den Griff zu bekommen (auch das eine Form von Notstandsplanung) und war dabei durchaus erfolgreich. Letztlich wurde aus dem Belastungsfaktor «Flüchtlinge und Vertriebene» freilich eine positive Variable mit hohem ökonomischen Entwicklungspotential. Die Vertriebenen gelten als eine der Bedingungen für das «Wirtschaftswunder». Sie bildeten ein wichtiges Reservoir gut ausgebildeter Arbeitskräfte, ohne deren Leistung der Boom gar nicht zu nähren gewesen wäre. Mit der Förderung und Vereinnahmung der Sudetendeutschen als «viertem Stamm» Bayerns wurden die Vertriebenen sogar Teil der staatspolitischen Meistererzählung.[64]

Schon in der ersten landesplanerischen Periode wurden die konzeptionellen Grundlinien für eine methodische «Erschließung des Landes» in der Fläche gelegt. Ausdruck gefunden hat das in dem zweibändigen, von der Landesplanungsstelle im bayerischen Wirtschafts- und Verkehrsministerium herausgegebenen Kompendium «Die bayerische Landesplanung» von 1954, ferner in einem Landesplanungsgesetz von 1957 sowie in einer Denkschrift des bayerischen Wirtschaftsministeriums zu «Grundlagen und Zielen der Raumordnung in Bayern» im Jahr 1962. Darin spiegelten sich zum einen die längeren Traditionen des bayerischen Etatismus, des Gestaltungsanspruchs einer Staatsverwaltung, wider, die die aktive Mittellenkung und Planungspolitik primär als zentralstaatliche Hoheits- und weniger als subsidiäre gemeindliche oder städtische Selbstverwaltungsaufgabe definierte. Zugleich zeigten die Initiativen ein zeittypisches erweitertes Planungsdenken, das Konzepte der 1920er bis 1940er Jahre aufnahm, weiterentwickelte, neu akzentuierte und den veränderten Handlungsbedingungen anpasste. Nach der Aufbauphase der 1950er Jahre, in der es zuvörderst um die Bewältigung der Kriegsfolgen ging, und fundiert durch die besagten Denkschriften können vor allem die ausgehenden 1960er und die 1970er Jahre als eigentliche (zweite) Hochzeit der Landesplanung gelten – weit über Bayern hinaus, das in dieser Hinsicht ganz im allgemeinen Trend lag. Überall in Deutschland und Europa begeisterte man sich für Landesplanung, Raumordnung und Infrastrukturpolitik. «Planung» wurde zeitweise zum generellen «Reformprinzip» mit umfassendem Modernitätsanspruch, in vielerlei Hinsicht befördert von transnationalen Einflüssen, von den Traditionen des amerikanischen New Deal und Initiativen der Europäischen Kommission. In Bayern fand dies Ausdruck im Erlass eines neuen, avancierten Landesplanungsgesetzes im Jahr 1969, ferner in diversen Raumordnungs- und Gesamtverkehrsplänen sowie Landesentwicklungsprogrammen (1966/67, 1970, 1976, 1984, 1994, 2003) und nicht zuletzt auch in der Gründung eines eigenen Staatsministeriums für Landesentwicklung und Umweltfragen (1970).[65]

Der Zielkatalog blieb dabei im Kern durchgehend gleich; stets ging es um umfassende «Gesellschaftspolitik». Die leitende Idee, die 1990 bzw. 2014 sogar verfassungsrechtlichen Rang bekommen sollte, war es, in allen Teilen Bayerns die Gleichwertigkeit der Lebens- und Arbeitsverhältnisse sicherzustellen. Daraus resultierte vornehmlich die Herausforderung, «regionale Leistungsgefälle [...] auszugleichen», d. h., die Nachteile des ländlichen Raums zu verringern, Lebensqualität und Bevölkerungsverteilung halbwegs ausgewogen zu gestalten und das Land «in der Fläche» durch Gewerbeansiedlung und infrastrukturelle Erschließung zu entwickeln. Ministerpräsident Alfons Goppel hatte in seinen Regierungserklärungen von 1964 und 1967 programmatisch die «Verbesserung der Lebensverhältnisse auf dem Lande» postuliert und entsprechende Maßnahmen angekündigt. Die Überlegungen gingen aus von dem Konzept der «dezentralen Verdichtung». Als Mittel der Wahl sah man die gezielte Förderung von Klein- und Mittelstädten und des dort ansässigen Mittelstands. Dadurch sollte ein «eng verflochtenes» Netz von wirtschaftlichen «Kristallisationskernen» entstehen, die eine krisenfeste, «agrar-industriell-gewerbliche Mischstruktur» und verträgliche Stadt-Land-Beziehungen verbürgten. Auf diese Weise sollten Landflucht und Höfesterben verhindert sowie energiepolitisch die «Revierferne» und verkehrstechnisch die «Totwinkellagen» kompensiert werden, ohne die Attraktivität der identitätsstiftenden und tourismusfördernden Landschaft mit reiner Luft und sauberem Wasser zu gefährden.[66]

Wie schon vor 1945 unterteilte man zur besseren Steuerung der raumordnenden Maßnahmen das Land in verschiedene «siedlungskulturelle» Gebietskategorien: in «urbane Verdichtungsräume», «äußere Verdichtungszonen», «Stadt- und Umlandbereiche», «allgemeine ländliche Räume» oder strukturschwache, besonders zu stärkende «ländliche Teilräume». Auch von den «Zentralen Orten» war wieder die Rede, darüber hinaus von «Siedlungs- und Entwicklungsachsen» oder «Vorrang- und Vorbehaltsgebieten», von «Sicherungsräumen» (die industriellen «Aktivzonen»), «Gestaltungsräumen» (unter anderem Naherholungsgebiete) sowie «Entwicklungsräumen» (strukturschwache Gebiete). Als entscheidende Referenz der Raumplanung diente abermals das bekannte Modell von Walter Christaller. Offenbar billigte man ihm systemübergreifend eine besondere Effizienz zu. Mitunter scheint es aber auch gerade wegen seiner inhaltlichen «Unschärfe» als eine Art «Kompromissformel» attraktiv gewesen zu sein. 1965 fand es jedenfalls mit der flächendeckenden Ausweisung von «Gemeinden mit zentralörtlicher Bedeutung» Eingang in das Raumordnungsgesetz des Bundes, und auch die bayerischen Landesentwicklungsprogramme bezogen sich darauf. Die Programme von 1976 und 2003 beispielsweise fußten in ihren einführenden Passagen auf der Analyse «raumstruktureller Gliederung» von «zentralen Orten und Entwicklungsachsen» und folgerten daraus die Einteilung ganz Bayerns in 18 Planungsregionen als Körperschaften des öffentlichen Rechts mit je eigenen Organen und Ortsplanungsrichtlinien.[67]

Auf dieser landesplanerischen Basis entwickelte sich seit den ausgehenden 1960er Jahren ein breites Tableau an Aktionsfeldern und Instrumenten. Es reichte von den großen Gebietsreformen 1972 bis 1978, auf die in einem eigenen Kapitel noch näher eingegangen wird, über den Hochwasser- und Naturschutz, die Flächenvorsorge, die Intensivierung der Flurbereinigung sowie den Ausbau einer leistungsfähigen Verkehrsinfrastruktur und Energieversorgung bis hin zum Erlass spezieller Entwicklungspläne für besonders strukturschwache Räume. Diese wurden, wie schon in den 1930er Jahren, vornehmlich in der «Bayerischen Rhön», dem «Östlichen Oberpfälzer Wald» und dem «Mittleren Bayerischen Wald» gesehen, daneben z. B. in Frankenalb, Westmittelfranken oder Steigerwald. Über das Land hinweg wurde ein neues Netz an Strom-, Mineralöl- und Erdgasleitungen sowie Straßen, Kanälen und elektrifizierten Schienen gespannt, außerdem die Nutzung der Kernenergie forciert. Zu nennen sind hier die Planungen der Kernkraftwerke Gundremmingen bei Günzburg (in Betrieb 1966), Isar/Ohu bei Landshut (1977) und Grafenrheinfeld bei Schweinfurt (1981), der Bau der zentralen Erdöl-/Erdgaspipelines von Triest und Genua nach Ingolstadt bzw. Burghausen sowie der Bau der wichtigen Bahnstrecke nach Frankfurt am Main, der Autobahn A 3 Passau-Würzburg und die Anbindung Ostbayerns an München (Autobahn Regensburg-München, B 12 Passau-München), nicht zuletzt die signifikante Zunahme von Länge und Qualität der Gemeindestraßen, dies freilich auf Kosten der Stilllegung vieler kleinerer Bahnstrecken. Mittelbar führte das zur bereits erwähnten wirtschaftsgeographischen Neuausrichtung Bayerns: Die Verkehrsachse Bayerns wurde von Nordosten um gut 90 Grad nach Nordwesten, in Richtung Rhein und Main, gedreht. Daneben verstärkte sich vor allem die ökonomische Zentralität Münchens, tendenziell zuungunsten des Nürnberger und nordbayerischen Raumes, der noch im 19. Jahrhundert der eigentliche Gewerbemotor Bayerns gewesen war. Der Straßenbau bildete das Fundament der Individualmotorisierung und besaß gerade in einem Flächenland wie Bayern starke raumverändernde Kraft. Da genügen Hinweise auf neue suburbane Siedlungsstrukturen oder die modernen Berufspendlerexistenzen als Massenphänomen. Die gezielte Erschließung ehedem abgelegener Regionen Ostbayerns durch das moderne Verkehrs- und Energienetz oder sogenannter «Verdichtungsräume» durch industriewirtschaftliche Großprojekte ermöglichte ökonomische Aufholbewegungen bzw. trug dazu bei, dass sich tatsächlich punktuell neue Industrie- und Gewerbekerne mit Modernisierungseffekten für das Umland ausbilden konnten. Beispiele wären das Raffinerie- und Automobilzentrum Ingolstadt oder die Standorte Dingolfing und Regensburg.[68]

Grenzen und Ambivalenzen der Planung

Allerdings waren diesen Erfolgen von Landesplanungspolitik immer auch manche Grenzen gesetzt. Es wurde schon eingangs des Kapitels betont, dass bei allen wirtschaftsräumlichen Verschiebungen die Unterschiede zwischen den Boomregionen und den strukturschwachen Gebieten Bayerns nicht unbedingt kleiner geworden sind und die tatsächlichen Lebensverhältnisse nicht gleicher. Mitunter gewinnt man den Eindruck, in Bayern sei nach 1945 «nicht so sehr eine neue ‹industrielle› Siedlungs- und Raumstruktur entstanden als vielmehr die alte ‹industrialisiert› worden». Oft waren die strukturellen Langzeitfaktoren und Beharrungskräfte deutlich wichtiger als kurzfristige Strukturpolitik. Allenfalls im Rahmen von «Selbstverstärkungsprozessen» in Regionen mit ohnehin günstigem Umfeld (Gewerbestruktur, flexible Nachfragereaktion, weiche Attraktivitätsfaktoren) und «im aufsteigenden Ast ihres Lebenszyklus» zeigten sich Erfolge mit Nachhaltigkeit. Der «Beitrag von regionaler Wirtschaftspolitik zur *Neubestimmung* von Standorten» erscheint demgegenüber auf lange Sicht «eher marginal».[69]

Seit Ende der 1970er Jahre und im Laufe der 1980er Jahre veränderten sich außerdem Profil und Ansprüche der Landesplanungspolitik, setzte grundsätzlich eine neue Entwicklungsphase ein. Der etwas naiven technokratischen Planungseuphorie ging zunehmend die Luft aus, dem «Jahrzehnt der Utopie 1965–1975» (M. Ruck) folgte eine gründliche Ernüchterung. Nach den Ölkrisen 1973/79 und weiteren einschneidenden Krisenerfahrungen (Arbeitslosigkeit, Inflation, Terrorismus) zeigte sich die Gesellschaft zunehmend planungsskeptischer. Überdies traten zu den lange vornehmlich ökonomisch akzentuierten Planungsvorstellungen vermehrt Aspekte des Umwelt- und Denkmalschutzes, kritische Fragen nach der Erhaltung der natürlichen Ökosysteme und auch die Erholungsansprüche einer wachsenden Freizeitgesellschaft. Ein tiefgreifender Paradigmenwechsel war in Gang gekommen. Die «Grenzen des Wachstums» (so der Titel der berühmten Mahnschrift des Club of Rome von 1972) wurden sichtbar, auch in Bayern: mit zerstörerischen Natureingriffen beim Ausbau der Wasserkraft, mit Gesundheitsproblemen rund um die neuen Raffineriezentren, mit Flächenverbrauch, Bodenversiegelung und Zersiedlungsprozessen durch den Straßenbau und Suburbanisierung oder mit der kritischen Debatte um Atomkraft, Wasserverschmutzung und Waldsterben. Die Industrialisierungspolitik hatte Kosten, die lange Zeit hintanstanden, nun aber mehr und mehr thematisiert wurden. Als Gegenreaktion wurde seit den 1970er Jahren der Natur- und Umweltschutz stärker institutionalisiert. Der Bund Naturschutz in Bayern bekam größere Resonanz. Naturparks, Nationalparks und UNESCO-Biosphärenreservate wurden eingerichtet. 1984 wurde das Naturschutzgebot sogar in der bayerischen Verfassung verankert (mit entsprechenden Ergänzungen in Artikel 3 und 141). Parallel dazu änderte sich auch die Haltung zur Städteplanung. Anstelle der «autogerechten Stadt» wurde nun die Altstadtsanierung mit immer stärker elaborierten Konzepten und Techniken forciert. Bezeichnenderweise verschoben sich auch im 1970 gegründeten bayerischen Staatsministerium für Landesplanung und Umweltfragen die Akzente. Hatte da anfangs die Landesplanung eindeutig den Vorrang, so wurde jetzt der Umweltschutz als eigenständiger Faktor immer wichtiger. Seit den 1990er Jahren ressortierte die Infrastrukturpolitik im Wirtschaftsministerium. Seit 2003 lautet die Benennung «Staatsministerium für Umwelt, Gesundheit und Verbraucherschutz» (2014 Gesundheit ausgegliedert).[70]

Vielleicht kann man den Trend insgesamt so umschreiben: Die erste Intention, den Strukturwandel von einem überwiegend agrarischen zu einem industriellen Land zu forcieren, wurde mehr und mehr abgelöst durch die Folgeintention, den Übergang zu sichern hin zu einer «urbanisierten Zivilisationslandschaft». Sie zeichnet sich aus durch einen hohen Dienstleistungsanteil und veränderte Vorstellungen von «Lebensqualität», neuartige Hightech-Branchen und ein Zentrum-Peripherie-System, das um einige städtische Verdichtungs- und Arbeitszonen gruppiert ist und das Land weitgehend zu deren Erholungs-, Freizeit- und Wohnreservat macht. Wirtschaftsminister Anton Jaumann sprach bereits Mitte der 1970er Jahre von einem Wendepunkt der Regionalpolitik, die sich vom «Leitbild einer reinen Industriegesellschaft» distanziere und sich den Bedürfnissen einer «postindustriellen Dienstleistungsgesellschaft» anzupassen habe. Der Raumordnungsansatz wurde dadurch ganzheitlicher, komplexer und komplizierter. Begrifflich manifestierte sich das auch im verstärkten Gebrauch einer neuen Leitvokabel: derjenigen von Pflege und Schutz der «Kulturlandschaft». Mit dieser Formulierung bündelte das bayerische Landesentwicklungsprogramm von 2003 die beiden zentralen Aspekte «Wahrung der historischen Kulturlandschaft» (Denkmalschutz) und «ökologische Nachhaltigkeit» (Umweltschutz). Darin spiegelt sich ein Raumordnungsverständnis, das die gesamte menschlich beeinflusste Landschaft in all ihren Facetten und gerade jenseits einer «Erschließung des Landes» mit primärem «Industrialisierungsparadigma» umfasst. In diesem Zusammenhang bekamen auch kleinere Orte, Flusslandschaften oder aufgelassene Tagebaugebiete mit ökologischen «Vorhalteaufgaben» eine stärkere Relevanz.[71]

Wenn wir die Hochphasen der Landesplanung im 20. Jahrhundert resümierend überblicken, so fallen zunächst die bemerkenswerten Kontinuitäten über alle politischen Systeme hinweg ins Auge. Sie betreffen das Personal wie die raumplanerischen Ideengeber: Von Walter Christaller war als «man for all seasons» mehrfach die Rede. Man könnte daneben aber auch Konrad Meyer nennen, vor 1945 SS-Oberführer und Erster Obmann der «Reichsarbeitsgemeinschaft für Raumforschung», nach dem Krieg Professor an der TH Hannover und Protagonist der dortigen «Akademie für Raumforschung und Landesplanung», oder Erich Dittrich, vor 1945 führendes Mitglied der RAG-Hochschularbeitsgemeinschaft der Universität Leipzig und danach Direktor des «Instituts für Raumordnung/Raumforschung» in Bad Godesberg. Auf der operativen Verwaltungsebene der Landesplanungsinstanzen sah es nicht anders aus. Auch institutionell erkennt man fließende Übergänge, nicht selten blieben konzeptionelles Selbstverständnis und die Reformansprüche der Landesplaner gleich, bis hinein in das Begriffsarsenal, die technischen Zielkataloge und die wirtschaftswissenschaftlich akzentuierten Raumordnungstheorien. Das umfasste auch pathologische Ausprägungen, wie sie sich in den Raumvorstellungen der Nationalsozialisten zeigten. Allerdings unterschied sich mit der Zäsur 1945 der normative Rahmen. Die rassisch-völkischen Konnotationen und Vokabularien verschwanden oder wurden jedenfalls marginalisiert. Die funktionale Zuordnung der Raum- und Landesplanung zur gewaltsamen Expansion, ihre Verbindung mit der Ressourcengenerierung zur Kriegführung, einschließlich mörderischer Zwangsumsiedlungen und Lebensraumdoktrin, gab es nicht mehr. Die Landesplanung nach 1945 war eingefasst in veränderte Bezugssysteme von Rechtsstaatlichkeit und liberal-demokratischen Selbstverpflichtungen. Das machte sich – zumal seit den 1960er Jahren – auch in neuen narrativen Strukturen bemerkbar. Man bezog sich auf das Grundgesetz und die Länderverfassungen mit der Verpflichtung zu Sozialstaatlichkeit und Ausgleich der Lebensverhältnisse. Das Bild der Gesellschaft, der sich auch die Planung anzupassen hatte, war viel dynamischer. Seit Mitte der 1970er Jahre trat man überdies den technokratischen Planungsambitionen viel skeptischer gegenüber und weitete das Verständnis von Landesplanung grundsätzlich.[72]

Dennoch bleiben nicht wenige Ambivalenzen, Dialektiken und Paradoxien. Zum einen setzten sich die Wellen unterschiedlicher Planungskonjunkturen auch nach dem überhitzten Euphoriejahrzehnt 1965 bis 1975 fort. Planung blieb immer ein Thema – etwa in den fortwährenden Diskussionen und Abstimmungen mit den Brüsseler Eurobürokraten. Und sie erlebte auch immer wieder bayerninterne Renaissanceschübe – man denke nur an die Planungsreformwut Edmund Stoibers, der zwar politisch den neoliberalen Bürokratieabbau predigte, aber das praktisch oft sehr technokratisch-planerisch exerzierte. Zum anderen wurde im Zug einer ganzheitlicheren Landesplanung und umfassenden Kulturlandschaftspflege wohl der Umwelt- und Naturschutz immer fester in der Gesellschaft wie in den Institutionen verankert und bekam 1984 als Staatsziel sogar Verfassungsrang. Dennoch aber hat wohl keine soziale Formation so sehr und so rücksichtslos die Umwelt geschädigt – und tut es weiterhin – wie die 2000er-Gesellschaft, die sich doch auf die Fahnen schreibt, ökologisch sensibler zu agieren als alle vorherigen.

«Raumbilder sind die Träume der Gesellschaft.»
Ulrike Jureit[1]

II
Regionen, Identitäten und Geschichte

Gesellschaft zu integrieren, Loyalität zu sichern und dafür schlagkräftige Institutionen zu schaffen – das waren zentrale Herausforderungen, die den neuen bayerischen Staat und seine Protagonisten seit Beginn des 19. Jahrhunderts umtrieben. Im Grunde ist damit jedes Gemeinwesen beschäftigt, angesichts des revolutionären Entstehungskontextes um 1800 mit nicht wenigen Legitimationslücken bekamen die Vorgänge aber noch einmal besondere Brisanz, waren entsprechende Vermittlungsstrategien besonders wichtig, erscheint die Rolle der aktiven staatlichen «Identifizierer» (R. Brubaker) besonders einflussreich. Das blieb auch im etablierten neuen bayerischen Staat so, weil einige Zentrifugalkräfte der Ausgangskonstellation in den folgenden 200 Jahren fortwirkten: die historisch gewachsenen Binnenregionalismen und die damit verbundenen Denk- und Gefühlstraditionen, aber auch die flächenmäßige Ausdehnung des Landes mit teilweise komplizierten Topographien, zeitweiliger Gebietsteilung und hermetischer Ostgrenze, mit Zentren und Peripherien, unterschiedlichen Zugangsmöglichkeiten, Verkehrsanbindungen und Lebensbedingungen.[2]

Man war bestrebt, diese Disparitäten durch kartographische, verkehrspolitische oder landesplanerische Aktivitäten einzufangen und damit das Territorium einzuhegen – davon haben wir im letzten Abschnitt gehört. In diesem Kapitel stehen nun die unterschiedlichen Wege und Mittel der Identitäts- und Geschichtspolitik im Fokus. Es zielt auf den Raum Bayern als bewusstseinsschaffende wie bewusstseinsgesteuerte Region, in der es um die Profilierung und Aushandlung von historischen Raumtraditionen und geschichtspolitischen Identitäten geht. Wir erkennen dabei verschiedene Handlungsstrategien und Handlungsfelder, Entwicklungskonjunkturen und Akteure. Appelle und Angebote an *gesamt*bayerische Zusammengehörigkeitsgefühle stehen neben Verständigungsprozessen *unterhalb* der Ebene der bayerischen Teilnation und den Beharrungskräften eines vitalen *inner*bayerischen Regionsföderalismus von eigenem Gewicht.

Einerseits hat man versucht, regionale Unterschiede konziliant zu moderieren – das reicht von der «Sprachpolitik», mit der historische Sensibilitäten beschwichtigt wurden (z. B. Umbenennung der Kreise), über die behördliche Förderung und staatliche Institutionalisierung lokal-regionaler Selbstvergewisserung (z. B. Historisches Vereinswesen oder Denkmalspolitik) bis zur Beachtung des Regionalproporzes bei der Bildung bayerischer Kabinette oder zur Etablierung regionaler Studios des Bayerischen Rundfunks. Die andere Option waren Konfrontation, Kontrolle, zentralisierende Lenkung und etatistische Leitung – sei es im Geist der technokratischen Aufklärung zu Beginn des 19. Jahrhunderts, sei es unter den Maßgaben von Effizienz und Verwaltungsvereinfachung im Zuge der Gebietsreformen der 1970er Jahre. Schließlich gab es die Möglichkeit, institutionell oder wissenschaftlich, begrifflich, symbolisch oder performativ regionsübergreifende, integrierende Klammern zu etablieren bzw. zu inszenieren – die «Dynastie» (der Wittelsbacher), die «Landesväter» (von Prinzregent Luitpold bis Alfons Goppel), die «Staatspartei» (CSU), die «Staatsräson» (mit den bürokratischen Funktionseliten als Träger), die historische Meistererzählung von der langen Dauer und inneren Kohärenz eines zusammengehörenden Erinnerungsraumes (durch die bayerische Landesgeschichtsschreibung).

Das Ergebnis war dennoch keine uniforme Gesellschaft mit eindeutigen oder homogenen Identifikationsoptionen. Staatliche Integration und regionaler Eigensinn, die Erzählung von der Staatseinheit wie diejenige von den unterschiedlichen «Geschichtslandschaften» blieben immer zwei Seiten einer Medaille. Und daneben gab und gibt es durchgehend noch die seltsamen oder monströsen Orte, die am Ende des Kapitels zur Sprache kommen. Auch sie sind eng mit historischen Traditionen Bayerns verbunden. Zugleich aber sprengen sie den «klassischen» Referenz-

und «gängigen» Erinnerungsrahmen, verweisen auf Denkwürdigkeiten und Abgründe ganz eigener Art.

1. Stämme, Gaue, Landesväter: Die Sprache des Regionalismus in Bayern

Räumliche Zugehörigkeit oder Identifikation drückt sich nicht zuletzt aus in der Sprache, in Namen, Begriffen und Metaphern. Sie können als bewusste Instrumente sozialer Integration dienen; wir werden das im nächsten Abschnitt an einem Beispiel sehen, wenn es um die Benennung der Gebietseinheiten Bayerns geht. Davor aber wollen wir noch etwas grundsätzlicher darauf blicken, mit welchen Begrifflichkeiten die bestehenden Regionalismen erfasst, teilweise auch ideologisiert wurden. Vor allem drei große semantische Felder sind zu identifizieren. Sie betreffen gleichermaßen die politische wie die wissenschaftliche Sprache.

Der vielleicht neutralste und entsprechend breit genutzte Begriff ist derjenige der «historisch-politischen Landschaften» bzw. «Geschichtslandschaften» (zeitgenössisch mitunter auch verbunden mit «Landsmannschaften»). Die Geschichtswissenschaften operierten damit ebenso wie die Geographie, Kulturraumforschung oder Kulturwissenschaften. Die für unseren Kontext profiliertesten Vertreter sind Heinz Gollwitzer und Karl-Georg Faber. Sie haben das Konzept vornehmlich in den 1970er Jahren systematisiert und zeigen auch das analytische Potential, das die Begriffe weniger als politische Vokabeln denn als Mittel wissenschaftlicher Heuristik und Hermeneutik ausweist. Mit «Landschaft» ist dabei keine materielle topographische Entität gemeint, sondern ein mentales, historisch hergeleitetes und symbolisch aufgeladenes ideelles Konstrukt (wie im englischen «landscape»). Es soll die kulturelle Basis des deutschen Regionalismus und Föderalismus erfassen – die langfristigen Prägekräfte, die in regionalen oder kommunalen politischen Traditionen liegen, und die daraus resultierenden identitätsstiftenden Kräfte regional-lokaler Verbundenheit. Das rekurriert im speziellen deutschen Zusammenhang vornehmlich auf das Erbe des Alten Reiches vor 1806, auf Reichskreise, Reichsstädte oder Hochstifte. Darin liegen die Grundlagen der «föderativen Nation» (D. Langewiesche), sind die Strukturen des politischen Regionalismus und seiner je eigenen «stämmisch-landsmannschaftlichen» Loyalitäten mit langfristigen Wirkungen jenseits der modernen Staatlichkeiten verankert. Wie die noch generelleren Konzepte des «Kulturraums» oder der «Region» ist auch die Vorstellung von solchen «Geschichtslandschaften» nicht frei von Unschärfen und Widersprüchen. Zumal die Verbindung von «Landschaft» und einer «quasi-personalen Identität» wurde mit Recht problematisiert. Jedoch blieben Termini und Konzept von Gollwitzer oder Faber stets kritisch reflektiert, wurden sie als Analysebegriffe oder funktionelle «Frageraster» gebraucht, nie aber als essentialistische Raumbegriffe, schon gar nicht in deterministischer Variation.[3]

Die zweite Begrifflichkeit kommt ebenfalls in der wissenschaftlichen, landeshistorischen Debatte vor, erscheint aber doch deutlich politischer und ideologisch stärker überfrachtet: die Rede von den «Stämmen» und vom «Stämmestaat Bayern». Max Spindler hat sie ebenso genutzt wie Karl Bosl. Beide erfassten mit der Stammesterminologie die einzelnen regionalen Volksgruppen in der klassischen Dreiteilung von Altbayern, Franken und Schwaben, die sich im Königreich bis 1918 um den Stamm der Pfälzer ergänzte und zu der nach 1945 als (neuer) «vierter Stamm» die Sudetendeutschen traten. Und beiden ermöglichte der Rekurs auf Stämme und Stämmestaat die homogenisierende Konstruktion einer bayerischen Geschichte, die sich organisch vom Frühmittelalter bis zur Gegenwart entwickelte und als tragendes Element die Erzählung von der Vielheit in der Einheit etablierte. Der moderne bayerische Staat erschien so einerseits binnengegliedert und wahrte das Recht der regionalen Traditionen, baute aber andererseits auch auf ebendiesen Stämmetraditionen auf und bildete letztlich einen logisch zusammengehörenden «Verbund von Stämmen». Der Territorialstaat seit dem Spätmittelalter wie das moderne Bayern nach 1800 fußten gleichermaßen auf den Grundlagen von Stamm und frühmittelalterlichem Stammesherzogtum. Beide seien «auf Stammesland erwachsen», fungierten als «Bewahrer der Stammestradition», transportierten zentrale Elemente des Stämmischen weiter. Die «stammliche Grundlage» wirke fort, es bestehe ein «immerwährender Bund zwischen Stamm und Staat».

Ohne diesen integrativen Stammes-Kniff wären die fränkischen und schwäbischen Traditionen «in allen Zeiten und Zweigen» gar nicht einzubeziehen und mithin auch nicht die staatskonstitutive Formel von den mehr als tausend Jahren bayerischer Geschichte möglich, wie sie auch die Präambel der Bayerischen Verfassung von 1946 intoniert. Die Stämmemetapher und ihre Kombination mit der Territorialgeschichte war für Spindler «eine staatspolitische» wie «eine historisch-wissenschaftliche Notwendigkeit».[4]

Das Stämmekonstrukt in seiner oft idealisierten Verbindung von Stamm, Siedlungsgebiet und Staat trägt nicht nur einen politischeren Akzent, es erscheint auch hermetischer und stabiler, weniger analytisch und dynamisch als die Konzepte «Geschichtslandschaften»/«historisch-politische Landschaften». Wenn von «Stämmen» gesprochen wird, schwingen zumeist archaische Vorstellungen mit: die Idee einer generativ-biologisch begründeten Abstammungsgemeinschaft sowie die Symbiose von Mensch und Natur, Volkstum und Landschaft mit Vergangenheitsbezug und Zukunftswirkung. Andreas Kraus spricht im Zusammenhang mit der langen stammesbezogenen bayerischen Geschichte von «sonst nicht leicht anzurührenden Tiefen seelischer Schichten».[5] Aber genauer betrachtet handelt es sich um geschichtspolitische Projektionen in Staatsbildungsprozessen des 19. und 20. Jahrhunderts. Erst in diesem Rahmen bekam die Rede von den Stämmen politische Aussagekraft.

Schließlich ein drittes Begriffsfeld mit einer langen, im frühen Mittelalter wurzelnden Tradition, die dann im 20. Jahrhundert die politisch wohl problematischste Instrumentalisierung erfuhr: die Begriffe «Gau(e)» und damit verbunden «Mark(en)». Seinen Erlass zur Neubenennung der bayerischen Kreise 1837 adressierte etwa König Ludwig I. an die in Bayern «vereinigten teutschen Volksstämme» in den «alten, geschichtlich geheiligten Marken der Uns gegebenen Lande». Lange Zeit waren das gebräuchliche Termini gewesen, um landsmannschaftliche Verbünde zu klassifizieren oder Territorien in räumlichen Rand- und Grenzlagen mit besonderen Verteidigungsfunktionen oder Formen der Herrschaftsdelegation zu kennzeichnen. Die Bezeichnungen Gaugrafen oder Markgrafen verweisen darauf, die agilolfingischen und karolingischen bayerischen Ostgebiete hießen «Marcha orientalis». Auch die Formulierung «bayerischer Nordgau» hat Tradition. Sie umschreibt ein vielschichtiges, ins Böhmische hineinragendes früh- und hochmittelalterliches Siedlungs- und Verwaltungsgebiet nördlich von Neustadt/Donau und Regensburg, das mit seinen komplexen Herrschaftsstrukturen und zahlreichen Herrschaftswechseln ein wichtiges Untersuchungsfeld mediävistischer Forschung darstellt. Noch heute gibt es außerdem den sogenannten «Nordgautag», der auf diesen alten Namen zurückgeht. Er findet seit 1930 im zweijährigen Turnus statt, dient der Brauchtumspflege, konnte zugleich aber auch eine propagandistische Bühne zur Stärkung des «deutschen Ostens» oder der Demonstration grenzüberschreitender Zusammengehörigkeit von Oberpfalz und böhmischem Egerland sein. Seit den 1950er Jahren bildete der «Nordgautag» dann unter den Bedingungen des Kalten Kriegs ein kulturpolitisches Instrument staatlicher Heimatpolitik und eine vertriebenenpolitische Plattform, mit der die «oberpfälzisch-egerländische Erinnerungsgemeinschaft» bzw. «Stammesverwandtschaft» aktiviert und gepflegt werden sollte; seit 1969 und bis heute werden die Tage organisiert vom Oberpfälzer Kulturbund.[6]

Politisch kontaminiert wurde das Begriffspaar «Gau» und «Mark» mit seiner Renaissance im Nationalsozialismus. Damals wurde es vermutlich deshalb prominent gemacht, weil es für viele Zeitgenossen germanisch-altdeutsche Konnotationen weckte und sich gut verbinden ließ mit Vorstellungen von wehrhaften Grenzzonen. Als «Gau» bezeichnete man überdies die reichsweiten regionalen Organisationseinheiten der NSDAP, die sich nach 1933 originäre Staats- und Verwaltungsaufgaben einverleibten. Sie wurden so zu einer zunehmend bedeutsamen territorialen Gliederungseinheit mit eigenen ideologischen Zuschnitten und Ansprüchen einer völkischen Neuordnung von Staat und Gesellschaft.

Für die Nutzung des Begriffs «Marken» gilt Ähnliches, auch er wurde in der NS-Zeit neu belebt. Dem Gau «Westmark», der den institutionellen Rahmen für die endgültige Herauslösung der Rheinpfalz aus Bayern bot, war die Funktion des Grenzbollwerks gegen den «Erbfeind» Frankreich zugedacht. Der Gau «Bayerische Ostmark» definierte eine neue Territorialeinheit aus den Gebieten Oberfrankens, der Oberpfalz sowie

Niederbayerns und repräsentierte gleichfalls eine spezifische Grenzlandideologie, diesmal gegen die Tschechen im Osten. Freilich war das weder begrifflich noch praktisch-politisch eine alleinige NS-Erfindung, konnte vielmehr schon auf älteren Vorbildern aufbauen. So operierten etwa mit durchaus vergleichbarer nationalistischer Stoßrichtung seit 1894 der «Ostmarkenverein» im preußisch-polnischen Grenzgebiet oder der Verband «Nordmark» im böhmischen Teil Österreichs. Nach dem Ersten Weltkrieg wurden Osthilfeprogramme von Seiten des Reichs wie Bayerns aufgelegt oder in deutsch-nationalen Kreisen die sudetendeutsche Frage zum «Volkstumskampf» stilisiert. Die Nationalsozialisten konnten daran direkt anknüpfen und die Ideologie in einem Gau verfestigen. Seit Mitte der 1930er Jahre wurde die Region jedenfalls vermehrt als germanische Grenzmark in einer deutsch-slawischen Mischzone gedeutet und gezielt ein entsprechendes «Ostmarkenbewusstsein» gefordert und gefördert.[7]

Die politische und wissenschaftliche Sprache schuf also Möglichkeiten zur regionalen Binnendifferenzierung, auch wenn in einem zweiten Schritt nicht selten die Teilregionen dann wieder aufeinander bezogen und ihre Zusammenhänge betont wurden. Daneben und oft parallel gab es aber immer auch Begriffsmuster, mit denen von vorneherein eine Überwölbung, Integration oder Auflösung der regionalen Unterschiede versucht und bayerisches Nationalgefühl evoziert wurden. Besonders wirksam waren in dieser Hinsicht Schlagwort und Figur des «Landesvaters», die in verschiedenen Ausprägungen zu greifen sind. Das beginnt beim Selbstverständnis der Wittelsbacher Dynastie als regionsverbindender Klammer des Staates und der damit verwobenen geschichtspoli tischen Erzählung. Für Max Spindler oder Andreas Kraus etwa fungierten die fürstlichen Landesherren seit dem Spätmittelalter als zentrale Moderatoren und Motoren des Staatsbildungsprozesses, die den Zusammenhalt von Stamm, Land und Staat über die Jahrhunderte hinweg sicherten. In der personellen Konkretisierung gehörten dazu verschiedene landesväterliche Versionen: Max I. als bürgerlich-biedermeierlicher «Hausvater»; Ludwig I. als Kunstmäzen und Kulturpolitiker «von oben» mit Blick auf die regionalen Befindlichkeiten seiner «Volksstämme»; Max II. als Förderer von Brauchtum und ethnologischer Wanderer, der

Landesväterlicher Prinzregent als populärer Verkaufsschlager: Sanella-Reklamemarken mit Prinzregent Luitpold in Aktion (1912)

mit seinem Maximiliansfußweg die Zusammengehörigkeit zwischen Lindau und Berchtesgaden ganz unmittelbar veranschaulichte; am ikonisch dichtesten vermutlich aber der greise und weise Prinzregent Luitpold, der zum weithin akzeptierten Symbol der «guten, alten Zeit» wurde. Seit dem späteren 19. Jahrhundert gewannen die Bilder dieser Patriarchen immer mehr handfeste visuelle Präsenz im gesellschaftlichen Alltag durch die massenhaft reproduzierten Portraits in Amtsstuben wie Wohnzimmern.

Später ist die Figur erkennbar in der Inszenierung populärer (partei-) politischer «Landesvater»-Persönlichkeiten. Am deutlichsten war das bei Alfons Goppel als Prototypen eines auf Ausgleich bedachten Charakters der Fall. Goppel betrieb zwar in der Modernisierungsära der 1960er/70er Jahre den sozioökonomischen Wandel durchaus energisch mit. Zugleich aber versuchte er, ihn abzufedern und die Menschen «mitzunehmen», schien den gesamtbayerischen «Volkswillen» gegenüber der rein parteipolitischen Räson im Blick zu behalten und war selbstbewusst auf die Außenwirkung Bayerns bedacht. Dies wuchs sich teilweise zu einer Art Nebenaußenpolitik mit beinahe «herrscherlichem Gestus» und aufwendigen Staatsbesuchen aus, besonders imposant und mit allen diplomatischen Finessen versehen beim Besuch der englischen Queen Elizabeth II. in München im Mai 1965. Daneben konnte das Image auch bei Franz Josef Strauß wirken. Sicher polarisierte dieser viel stärker als Goppel, aber auch er achtete stets auf gesamtbayerische Identitätsstiftung und eine starke, eigensinnige Außenrepräsentation, die Bayern eine Sonderrolle zubilligte und auf die sich die Landeskinder stolz beziehen konnten, wenn sie es denn wollten. Zumal im Rückblick und im Tod wurde er beinahe «königsgleich» verehrt und propagandistisch zur Ikone gemacht, «zum Gütezeichen nach außen wie zum Bindemittel nach innen».

Die «Landesvater»-Stellung zeigte sich dabei – bei Luitpold ebenso wie bei Goppel oder Strauß – bis hinein in die Präsentation bestimmter, vermeintlich regionstypischer «Körperbilder» mit patriarchalischer Integrativfunktion: in «barocken» Erscheinungsformen, im Auftreten in Tracht, umrahmt von Volksmusik, Gebirgsschützen und «Bayernhymne», bei Luitpold und Strauß obendrein als «herrschaftliche» Jäger. Eng damit verbunden war außerdem spätestens seit den ausgehenden 1950er und beginnenden 1960er Jahren die parteipolitische Erzählung von der CSU als überwölbender Staatspartei. Und durchgehend gespiegelt und repräsentiert wurde der homogenisierende Gemeinschaftsansatz im Selbstverständnis der hohen Beamtenschaft, die in Nachfolge Montgelas' die Rolle einer bürokratischen Funktionselite als Träger der Staatsräson für sich beanspruchte.[8]

Zuletzt ist ein «Schlüsselwort» bzw. Begriffsfeld zu erörtern, das noch viel generellere Dimensionen und Wirkungen für den gesamten deutschen Sprachraum besitzt. Gemeint ist der Begriff «Heimat» als Umschreibung für ein besonders schillerndes Phänomen. Mit ihm werden gleichermaßen integrative wie exklusive Aspekte angesprochen, man kann damit vereinnahmend und harmonisierend wirken ebenso wie differenzieren und ausgrenzen. «Heimat» kann sich beziehen auf nationale (deutsche), föderativ-partikularnationale (gesamtbayerische) oder regional-lokale Horizonte, kann sich mit deutschem, bayerischem und lokalem Patriotismus verbinden; oftmals steht das sogar nebeneinander. «Heimat» rekurriert auf konkrete materielle, territoriale und topographische Begebenheiten und lange Zeit auch auf Rechtsnormen («Heimatrecht»). Zugleich ist sie immer sozial und kulturell konstruiert, umschreibt Vorstellungswelten, dient der mentalen Selbstvergewisserung und ist überdies in höchstem Maße emotional, symbolisch, mitunter mystisch-romantisch und irrational aufgeladen, mit allerlei Stereotypen und assoziativen Klischees befrachtet. «Heimat» kann Grundlage und Referenzfeld sein für kommunitäre Partizipation und «Gemeinschaftserneuerung», die von der «Wichtigkeit regionaler Identität» ausgingen (C. Applegate), für Emanzipation, Aufklärung, Selbstverwaltung und gesellschaftliches oder ökologisches Verantwortungsgefühl vor Ort, in Gemeinden, Geschichtswerkstätten oder Bürgerinitiativen. Und sie erscheint doch gleichzeitig stets auch als «Kontrastbegriff zur Moderne» (M. Krauss), als «Kernstück einer restaurativen Immunisierungsstrategie» in «gemütvoller Vergangenheitsstilisierung» gegen ökonomische, soziale, kulturelle Modernisierungen mit ihren Entfremdungs-, Verlust- und Verunsicherungspotentialen. Als Modus einer eher rückwärtsgewandten «Komplexitätsreduktion» angesichts des «Vertrautheitsschwunds» der Moderne wurde sie daher klassifiziert und als «seelische Plombe» und «Orientierungsressource für individuelle Sicherheit, lokale Vergemeinschaftungen und regionale Sinnstiftungen» bezeichnet.[9]

Auch für und in Bayern finden sich die verschiedenen Facetten: «Heimat» dient(e) auch hier einerseits als Integrationsbegriff und als Instrument, gesamtbayerische Zusammengehörigkeit zu propagieren und zu institutionalisieren. Im zumeist sehr gouvernemental ausgerichteten

Der Landesvater und des Freistaats Außenpolitik: Alfons Goppel und Queen Elizabeth II. auf umjubelter Rundfahrt durch München während des königlichen Staatsbesuchs am 21. Mai 1965

«Heimatschutz» vor und nach 1900 sollte mit der Wahrung der «Schönheit und Natürlichkeit» als «eine der wertvollsten und beglückendsten Eigenschaften unseres Landes» vermeintliche bayerische Identität gewahrt werden. Mit der Tracht und der gezielten Brauchtumsförderung wollten bayerische Monarchen wie Politiker Heimatlichkeit verdeutlichen und Dynastie bzw. Regierung im Volk verankern. Die bayerische Landesgeschichtsschreibung nach 1945 rief ganz bewusst auch die «Heimatgeschichte» jenseits des akademischen Feldes auf; nur mit ihr könne der langen, würdevollen Geschichte Bayerns «Gemütswert» verliehen und emotionale «Heimatliebe» geweckt werden. Die Institutionalisierung der staatlichen Heimatpflege seit Beginn des 20. Jahrhunderts sollte gleichfalls gesellschaftsintegrativ wirken. Im Jahr 1902 wurde dafür der «Verein für Volkskunst und Volkskunde e.V. München» gegründet, der seit 1916 «Bayerischer Verein für Heimatschutz» hieß und sich seit 1945 «Bayerischer Landesverein für Heimatpflege» nennt. Der Verein besaß von Beginn an eine wissenschaftliche Abteilung. 1938 ging sie über in die zentrale «Bayerische Landesstelle für Volkskunde», den mittelbaren Vorläufer des heutigen «Instituts für Volkskunde» der Kommission für bayerische Landesgeschichte bei der Bayerischen Akademie der Wissenschaften. Seit den ausgehenden 1920er Jahren entstand zudem das Amt der Bezirks- bzw. zeitweilig Gauheimatspflege, beginnend in Schwaben auf Initiative des Kemptner Oberbürgermeisters Otto Merkt und nach dem Zweiten Weltkrieg gefestigt in einem Netz hauptamtlicher Bezirksheimatpfleger in jedem bayerischen Regierungsbezirk. Der besagte «Landesverein für Heimatpflege» gilt diesen Bezirksheimatpflegern als Dachorganisation mit Koordinierungsfunktion, um «staatspolitisch nicht erwünschten» regionalen Zersplitterungstendenzen entgegenzuwirken. Die Bezirksheimatpfleger ihrerseits verstehen sich als «Vertrauensleute» des Vereins; anfangs sollten sie nicht zuletzt dazu beitragen, die vielen Flüchtlinge und Vertriebenen in den bayerischen Staat zu integrieren. Zusammen mit dem Bund Naturschutz und dem Verband bayerischer Geschichtsvereine bildet der «Landesverein für Heimatpflege» außerdem die Arbeitsgemeinschaft «Bayerischer Heimattag», ein «gesamtbayerisches Forum», das auch als eine «Art Heimatparlament» bezeichnet wurde. In gewisser Weise gab es für dieses Tätigkeitsspektrum sogar ein verfassungsrechtliches Fundament. Der Katalog der Bildungsziele in Artikel 131 der Bayerischen Verfassung nennt in Absatz 3 neben der Erziehung zur Völkerverständigung explizit auch diejenige zur «Liebe zur bayerischen Heimat und zum deutschen Volk».

Auf der anderen Seite diente «Heimat» jedoch stets auch als Referenzgröße für die bayerischen Binnenregionalismen, also als Faktor der Differenzierung, etwa wenn damit «pfälzischer Heimatsinn» gemeint war, die «Seele des schwäbischen Menschen» umsorgt werden sollte oder lokale Heimatschutzinitiativen dezidiert alpin-bäuerlich geprägte Landschaftsbilder und Bautraditionen Oberbayerns retten wollten. Die Historischen Vereine in Bayern, von denen noch eigens gehandelt wird, waren gleichzeitig Ressource für gesamtbayerische Loyalität wie Instanzen regierungsbezirklich-regionaler Selbstverständigung, lokaler Traditionspflege und entsprechenden Eigensinns. Das war umso mehr der Fall, wenn sie sich, wie in Teilen Frankens, verbanden mit nicht-bayerischem nationalen Bewusstsein oder wenn sie, wie in der Pfalz, die Kluft zwischen Provinz und Münchner Zentrale thematisierten. Das Postulat der «Heimatliebe» seitens der Landesgeschichtsschreibung wollte Gesamtbayern nähren, aber zugleich auch der Wertigkeit noch kleinräumigerer örtlicher Lebensbezirke Ausdruck verleihen. Die Bezirksheimatpflege besitzt einen integrativen gesamtbayerischen Impetus, gleichzeitig ist sie auf den jeweiligen Regierungsbezirk bezogen und soll dort genuin örtliche Traditionen oder Interessen wahren (Ortstracht, Mundart, Baustile), spezielle regionale Zusammengehörigkeitsgefühle sichern und das «berechtigte Eigenleben der Stämme» fördern. Zuletzt ist das 2015 installierte bayerische «Heimatministerium» auf seine Art ein Beispiel für eine spezifische Dialektik von Inklusion und Exklusion. Entstanden als Annex des Finanzministeriums soll es helfen, «gleichwertige Lebensverhältnisse in allen bayerischen Landesteilen» zu sichern. Man kann es aber auch als identitätssicherndes Instrument im Zuge von Außenmigration und Flüchtlingskrise von 2015 lesen.[10]

Aufs Ganze sollte jedenfalls klar geworden sein, dass *alle* erläuterten Begriffe kompliziert und ambivalent sind. Sie umschreiben keine naturgegebenen Einheiten oder objektiven Ethnizitäten, die aus Sprache, Brauchtum, Sitte, Siedlungsweise, kultureller oder religiöser Praxis quasi wie von selbst erwüchsen und durch historische Dauer verbürgt wären. Gleich ob «Geschichtslandschaft», «Stamm», «Gau», «Mark» oder «Heimat» – stets handelt es sich um kulturelle, oftmals ideologisch aufgeladene Produkte eines ebenso aktiven wie selektiven «region building»-Prozesses, auch wenn die Bezugsgrößen in den Traditionen der «realen» Territorienwelt des Alten Reiches liegen mochten. In diesem Sinne hat schon Max Weber auf die großen Unschärfen von Begriffen wie «Stamm» oder «Volk» hingewiesen und konstatiert, bei «exakter Begriffsbildung» würden sich derartige «Begriffe der ‹ethnischen› Gemeinschaft» oft sehr schnell in Luft auflösen.[11]

2. Flüsse, Kreise, Gebietsreformen: Bürokratie, Ideologie und lokale Identifikation

Die administrative Ordnung war eine Option, den Staat zu integrieren, zu strukturieren und ihm Loyalitätsscharniere einzupflanzen. Nicht wenige haben davon gesprochen, die territoriale Revolution der Staatswerdung von außen sei im Inneren durch eine bürokratische Revolution von oben aufgefangen worden. Man hatte ein Staatsgebilde abzusichern, das gewaltsam entstanden und in seinen einzelnen Gebieten durch unterschiedliche Traditionen geprägt war. Gerade die hohe Beamtenschaft in Bayern nahm in dieser Hinsicht für sich in Anspruch, autoritativ modernisierender Träger der Gesamtstaatsräson zu sein. Der bis heute erkennbare bayerische Etatismus findet darin seine Wurzeln. Zugleich reichten die Überlegungen zur Gliederung Bayerns immer weit über den engeren bürokratischen Bereich hinaus und berührten oft grundsätzliche Fragen politisch-kultureller Identifikation. Die Debatten um den Verwaltungsraum waren von Anfang an verwoben mit der Profilierung politischer Räume, mit historischen Selbstvergewisserungen und ideologischer Formung.

Kreise und Kreisnamen

Das erkennt man bereits am spektakulären Auftakt. Das Programm der aufgeklärten Beamtenschaft bezweckte eine technokratische Neuordnung, die den Eigensinn alter regionaler Loyalitäten brechen wollte. Man versuchte, auf dem Weg obrigkeitlicher Administration Staat und Gesellschaft bürokratisch zu vereinheitlichen. Neben einer rigiden Säkularisierungs- oder Mediatisierungspolitik geschah dies nicht zuletzt durch eine Neugliederung und spezifische Neubenennung der bayerischen Teilgebiete. Mit einem Edikt von 1808 – und 1817 dann nach den territorialen Verschiebungen noch einmal in «bereinigter» Form – wurde der Staat eingeteilt in acht sogenannte Kreise. Das waren zeitgenössisch die mittleren Verwaltungseinheiten, aus denen 1946 die Regierungsbezirke wurden und die nicht zu verwechseln sind mit den unteren Verwaltungseinheiten, den

Landkreisen; die hießen zunächst nämlich Bezirke bzw. Bezirksämter. Was dies betrifft, so haben sich erst in der zweiten Hälfte des 20. Jahrhunderts die Begriffe umgedreht, wobei auch noch in der Bayerischen Verfassung von 1946 verwirrend von «Kreisen» für die heutigen Regierungsbezirke und von «Bezirken» für die heutigen Kreise gesprochen wird.[12]

Den 1808 geschaffenen Kreisen lagen zwar nach Aussage des Edikts weiterhin Gebietskomplexe zugrunde, «welche durch gleiche Sitten und die Gewohnheit langer Jahre [...] näher miteinander verbunden» waren. Die eigentlichen Bauprinzipien orientierten sich aber gerade *nicht* an den traditionellen «Geschichtslandschaften». Anspielungen auf vermeintlich gewachsene historisch-politische Regionen wie Franken, Schwaben oder die Pfalz wurden bewusst vermieden. Zugrunde gelegt wurden stattdessen «neutrale», «objektive» und das bedeutete: naturräumlich und verwaltungstopographisch begründete Kategorien. «Ohne Rücksicht auf die bis daher bestandene Eintheilung in Provinzen» solle das Königreich in annähernd gleiche Teile und, «so viel thunlich, nach natürlichen Gränzen getheilt» werden. Nicht mehr Reminiszenzen an das Alte, sondern der Aufbruch in einen neuen, egalitären Staat, den man als entscheidendes «wohlthätiges Band eines gemeinschaftlichen Vaterlandes» definierte, war bezweckt! Die Benennung der Kreise erfolgte so nach den Namen der Hauptflüsse der jeweiligen Regionen: der Rheinkreis (für das pfälzische Gebiet), der Oberdonaukreis (für Schwaben), Untermainkreis, Obermainkreis und Rezatkreis (für die fränkischen Teilregionen), Regenkreis, Isarkreis und Unterdonaukreis (für die altbayerischen Gebiete). Ideell wie methodisch folgte man darin dem französischen Beispiel der Departements bzw. Präfekturen. Für einen Großteil der Bevölkerung war dieses Vorgehen jedoch keine Maßnahme rationaler Fortschrittlichkeit, sondern weit mehr Ausweis für die Arroganz des aufgeklärten Beamtentums, Symbol inakzeptabler Geschichtsvergessenheit und zentralistischer Willkür. Das wurde umso stärker so empfunden, als in fast allen Kreisen noch manche ahistorischen Zuordnungen von bestehenden Landgerichten oder ehemaligen Herrschaften zu den neuen Kreisen erfolgten. In den «neubayerischen» Gebieten trug der Verwaltungsakt daher zumeist mehr zur Entfremdung vom neuen Staat bei und kaum zur Integration.[13]

Wie ernsthaft diese Einwände waren und wie zählebig die regionalpolitischen Empfindlichkeiten, zeigte sich auch daran, dass die verfügten Namen der Kreise nur von kurzer Dauer waren. Schon König Ludwig I. verordnete 1837 eine Revision der Bezeichnungen, in denen sich nun wieder die Traditionen der alten politischen Landschaften greifen lassen sollten. Gemäß den in Bayern «vereinigten teutschen Volksstämmen» hießen die Kreise seit 1. Januar 1838 daher Pfalz, Schwaben und Neuburg, Unterfranken und Aschaffenburg, Oberfranken, Mittelfranken, Oberpfalz und Regensburg, Oberbayern (übrigens inkl. Aichach, dem Gebiet des Wittelsbacher Stammsitzes) sowie Niederbayern. Auch dieser Akt der Umbenennung stand in einem größeren ideengeschichtlichen Kontext. Er markierte eine programmatische (geschichts)politische Wende im romantischen, aufklärungsskeptischen Zeitgeist. Mit ihm distanzierte sich der König von den gleichermaßen als technokratisch wie «undeutsch» gebrandmarkten Positionen der etatistischen und frankophilen Reformbürokratie der Montgelas-Zeit und betonte demgegenüber die Notwendigkeit, historisches Erbe zu bewahren und mehr Sensibilität für regionales Herkommen zu zeigen. «Nicht, daß gleiche Flächen und Einwohnerzahl zusammengefügt wird, sondern daß das Verwandte, das was zusammengehört, zusammenkomme», sei das Ziel. An die Stelle blutloser Verwaltungslogik sollten «die Erinnerung» an die «erhebende Vergangenheit mit der Gegenwart» verknüpft, die «geschichtlich geheiligten Marken der Uns gegebenen Lande möglichst wieder» hergestellt und die «Eintheilung Unseres Reiches und die Benennung der einzelnen Haupt-Landestheile auf die ehrwürdige Grundlage der Geschichte» zurückgeführt werden, um «so die durch alle Zeiten bewährte treue Anhänglichkeit Unserer Unterthanen an Thron und Vaterland, die Volksthümlichkeit und das [bayerische] Nationalgefühl [...] zu befestigen».[14]

Nun war auch diese Form der Identitätsstiftung sicherlich ein politischer Konstruktionsakt der Staatsintegration von oben. Von «*bewährter* treuer Anhänglichkeit an Thron und Vaterland» konnte bei Schwaben oder Franken so ohne weiteres nicht die Rede sein – Kreisnamen hin oder her. Und auch die revidierte Kreiseinteilung war keineswegs so leicht historisch zu erklären: Die Dreiteilung Frankens war völlig neu,

Franken selbst alles andere als eine Einheit, die Bezeichnung Schwaben für einen politisch-administrativen Bezirk ziemlich unüblich. «Volksstämme» der Pfälzer und Oberpfälzer hat es nie gegeben, die Rheinpfalz war nicht einfach die Fortführung der Pfalzgrafschaft. Außerdem wurden mit den Namenszusätzen «und Regensburg» bei der Oberpfalz, «und Aschaffenburg» bei Unterfranken sowie «und Neuburg» bei Schwaben entweder obsolete territorialstaatliche Gegebenheiten des Alten Reiches projiziert oder eine dynastische Willkürlichkeit des 16. Jahrhunderts berücksichtigt, die nichts mit Stammeszugehörigkeit zu tun hatten; das Herzogtum Pfalz-Neuburg bestand ehedem aus altbayerischen, schwäbischen und fränkischen Landesteilen.

Dennoch traf die Maßnahme in ihrer historisierenden Gesamttendenz offenbar den Nerv einer breiten Bevölkerung. Denn die neuen Benennungen wurden jetzt weit mehr akzeptiert. Man kann sogar sagen, der administrative Akt selbst hat auf lange Sicht bewusstseinsbildend gewirkt und seinerseits Identifikationsmöglichkeiten geschaffen, wo die beschworenen Stammesmentalitäten an sich fehlten. Es wurde dafür in den 1880er/90er Jahren sogar ein wohlschmeckendes Symbol geschaffen und inszeniert: die berühmte Prinzregententorte mit ihren acht dünnen Biskuitböden, deren Zahl für die acht Kreise resp. Regierungsbezirke stand.[15]

Nur in einer relativ kurzen Zeitspanne wurde diese Verwaltungseinteilung noch einmal geändert. Zum 1. April 1932 wurden unter den Schlagworten von Staatsvereinfachung und Behördenabbau die Regierungen von Oberpfalz und Niederbayern (Regierungssitz in Regensburg) sowie zum 1. Januar 1933 diejenigen von Ober- und Mittelfranken (Regierungssitz in Ansbach) zusammengelegt. Die Anzahl der Kreise hat sich also um zwei reduziert. Mit der Verfassung von 1946 und einem Gesetz von 1948 hat man diese Schritte förmlich wieder rückgängig gemacht und bis 1956 die Trennung der Bezirke auch administrativ umgesetzt. Punktuell schlugen sich die Verschiebungen indes weiter nieder, so im Gebilde der Industrie- und Handelskammer (IHK) Niederbayern/Oberpfalz. Im NS-Regime gab es im Zuge landesplanerischer Überlegungen und mit den Ansprüchen einer modernisierenden «Reichsreform» zeitweise noch weitergehende Neugliederungsvorstellungen:

etwa 1933 die Überlegungen zur Bildung eines eigenen «Ländersystems Franken mit der Hauptstadt Nürnberg», später dann zur Umgruppierung großer Teile Frankens in ein Länderkonglomerat der «Rheinmainischen, oberfränkisch-hessischen Gruppe» (oder auch «Hessen-Pfalz») mit der Hauptstadt Frankfurt neben einer «Süddeutsch-großbayerischen Gruppe» mit der Hauptstadt München (einschließlich Salzburgs und Nordtirols). All das ist gescheitert oder versandet. Das gilt im Übrigen auch für den letzten, zarten Versuch einer Revision der Bezirksgliederung, der aus dem Jahr 2020 datiert. Er wurde von Markus Söder in Gang gesetzt mit dem Plan, München als eigenen Regierungsbezirk aus Oberbayern herauszulösen. Auch diese Initiative wurde nicht weiterverfolgt oder konkretisiert.[16]

NS-Gaue als Konkurrenzgliederungen mit eigenen Raumideologien

Jedoch erwiesen sich unter den Nationalsozialisten die Parteigaue als echte Konkurrenz zu den traditionellen staatlichen Verwaltungsstellen und ihren räumlichen Zuschnitten. Im bayerischen Gebiet hatten sich sechs solcher Gaue ausgebildet: München-Oberbayern, Schwaben, Bayerische Ostmark (die die Regierungsbezirke Oberfranken, Oberpfalz und Niederbayern umgriff, ab 1938 auch böhmische Gebiete einschloss und 1942 in Gau Bayreuth umbenannt wurde), Franken (Mittelfranken), Mainfranken (Unterfranken) sowie die Pfalz, die sukzessive in Richtung Saar («Saarpfalz») und seit 1940 Lothringen («Westmark») erweitert wurde. Die Gaue konnten «an der Schnittstelle von Staat und Partei in der Region» an Macht gewinnen und verfügten letztlich über deutlich mehr politisches Gewicht als etwa die Regierungsbezirke. Dabei schufen sie teil- und zeitweise Raumeinheiten, die quer zu den «klassischen» Formen bayerischer Staatlichkeit und zur gängigen Verwaltungseinteilung standen, und unterfütterten sie mit spezifischen ideologischen Programmen. Alle sechs bayerischen Gaue klassifizierten in je eigener bemerkenswerter Weise «ethnische» Zusammenhänge, entfalteten eigendynamische territorial- und kulturpolitische Propaganda und dokumentierten diese Ansprüche zusammenfassend etwa im «Buch der deutschen Gaue» von 1938.[17]

Im Unterfränkischen etablierte der seit 1928 amtierende Gauleiter Otto Hellmuth bewusst einen Gegenbegriff zu den historischen Traditionsnamen, die etwa auf Würzburg oder den Verwaltungsbezirk «Unterfranken und Aschaffenburg» verwiesen. Er benannte ab Juli 1935 den alten «Gau Unterfranken» um in «Gau Mainfranken». Gleichzeitig betrieb er die Namensänderung des Regierungsbezirks, der seit Juni 1938 ebenfalls den Namen «Mainfranken» führte. Ideologisch wurde die Gaukonzeption Hellmuths von einer scharfen antiklerikalen Note grundiert, die den traditionellen hochstiftischen Charakter (Würzburgs) abstreifen wollte und stattdessen das Profil eines «Bauerntraditionsgaus» betonte. Geprägt sei die Region nicht von der Kirche, sondern durch die Landschaft des «von Rebhügeln umsäumten silbernen Bandes des Mains», das Wesen des mainfränkischen «Stammes» und das innere Freiheitsstreben der Bauern gerade gegen die «Pfaffenherrschaft». So wurden die Entwicklungen vom Judenpogrom 1337 und vom Bauernkrieg 1525 direkt in die NS-Bewegung umgeleitet. Ihren Ausdruck fänden sie im Wirken lokaler Geistesgrößen wie Wolfram von Eschenbach oder Tilman Riemenschneider, in farbigen bäuerlichen Trachten, historischen Festspielen zum Bauernkriegshelden Florian Geyer (Giebelstadt) oder der Inszenierung des Gauleiters selbst als «Bezwinger der Mainlinie». Neben und zusammen mit konkreten Infrastrukturprojekten etwa zur Erschließung der Rhön ging es Hellmuth also um die Begründung eines «Gaubewusstseins» eigener Prägung – mit, allerdings gescheiterten, Ambitionen eines Ausgriffs nach Thüringen und in Profilierung gegen die Konkurrenz des Nachbargaus «Mittelfranken» mit dem selbsternannten «Frankenführer» und «Stürmer»-Herausgeber Julius Streicher an der Spitze.[18]

Besagter «Gau Franken» beschränkte sich von vorneherein auf Mittelfranken und war ideell weitgehend nach «innen» ausgerichtet. Er bezog sich ganz auf die reichs- und «altdeutsche» Tradition Nürnbergs, konnte freilich lange Zeit fest auf die überregionale Prominenz des Frontmanns Streicher bauen. Dieser setzte sich jährlich auf den «Frankentagen» am Hesselberg in Szene und wucherte stets mit der gewaltigen Aura der «Stadt der Reichsparteitage». Streicher war jedoch in seiner selbstherrlichen Art intern immer umstritten; die Beziehungen aller

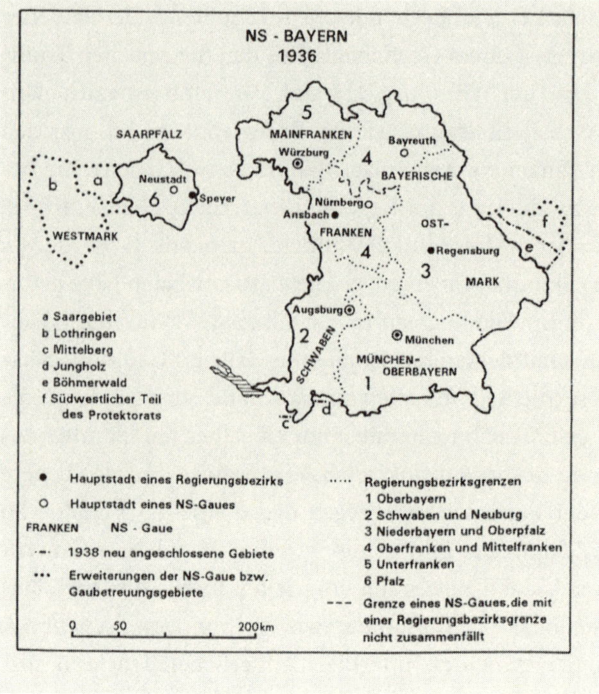

Alternative staatliche Raumstrukturen mit ideologischen Programmen – NS-Gaue in Bayern (1936)

seiner Kollegen zu ihm, zumal die der nordbayerischen, waren spannungsgeladen. 1940 wurde er als Gauleiter von Johann Zimmermann und 1942 von Karl Holz abgelöst. Anders als Streichers Gau und eher vergleichbar mit Otto Hellmuths Zielen strebte auch der «Gau Schwaben» unter Gauleiter Karl Wahl eine regionale Ausweitung an und legitimierte das ideologisch. In einem zu bildenden schwäbischen Großgau von Augsburg bis Konstanz wurde der «‹schwäbische Mensch› mit seiner schöpferischen Kraft» verortet. Zugleich sollte auch dort die Region in ihren strukturschwachen Teilen (Donaumoos) landesplanerisch gestärkt werden. Wie Hellmuth scheiterten indes auch Wahls überregionale Ansprüche, diesmal freilich an der Konkurrenz in Württemberg. Der politisch weitaus bedeutsamste Gau mit einer «faktischen Vorrangstellung» war fraglos der «Traditionsgau München-Oberbayern» mit dem ebenso einflussreichen wie selbstherrlichen Gauleiter Adolf Wagner. Er sah sich als maßgebliches Kraftzentrum im staatlichen Herzen Bayerns und konnte – neben der Kumulation mehrerer Ämter (unter anderem des bayerischen Innen- und Kultusministers) – vor allem vom Renommee Münchens als «Hauptstadt der Bewegung» und den daraus resultierenden Netzwerken profitieren. Aus dem Gau stammten die «ältesten und bewährtesten Kämpfer der Bewegung», die auch weiterhin an den «entscheidenden Stellen stehen» müssten.[19]

Territorialpolitisch interessanter noch, weil tatsächlich gewachsene administrativ-staatliche Strukturen verändernd, waren die Gaue «Saarpfalz» bzw. seit 1940 «Westmark» unter Gauleiter Josef Bürckel sowie «Bayerische Ostmark» bzw. seit 1942 «Gau Bayreuth» unter den Gauleitern Hans Schemm (bis 1935) und Fritz Wächtler. Der Gau «Saarpfalz»/«Westmark» diente als entscheidender institutioneller Katalysator zur Herauslösung der Pfalz aus Bayern. Stattdessen wurden die linksrheinischen Gebiete Bayerns seit 1940 verknüpft mit der Zivilverwaltung Lothringens. Die «Bayerische Ostmark» war ein überregionales Gebilde, das die Grenzen von Regierungsbezirken bewusst überschritt. Sie erstreckte sich über Oberfranken, die Oberpfalz und Niederbayern und umschloss nach 1938/39 zudem Gebiete im Böhmerwald (Bergreichenstein, Markt Eisenstein, Prachatitz) sowie die Außenstelle Strakonitz im Reichsprotektorat Böhmen-Mähren.

Beide Gaue waren außerdem hoch ideologisierte Räume, mit denen eine spezifische west- wie ost-«märkische» Grenzlandpropaganda und Frontideologie verbunden wurden. Bei Bürckel war es die Idee, ein «Bollwerk im Westen» gegen Frankreich und den Liberalismus zu bilden. Konkrete Umsetzungen erfuhr das durch aggressive Aktionen der «Entwelschung» und Zwangsaussiedlung «frankophoner Elemente». Zugleich versuchte Bürckel, das westmärkische Selbstbewusstsein zu stärken: durch die politische Separation von Bayern wie durch eine völkische Regionalpolitik, etwa den Bau und die (touristische) Vermarktung der 1935 eröffneten «Deutschen Weinstraße» mitsamt einem monumentalen Weintor und der Propaganda für deutschen Wein als «Symbol für [deutsches] Blut».[20]

Auch der Gau «Bayerische Ostmark» gewann Profil durch eine vom Gedanken der Wehrhaftigkeit aufgeladene Grenzlandideologie, die die

Infrastrukturmaßnahmen vor Ort unterfütterte und dabei beinahe religiös-kultische Züge annahm. Als ärmliche Grenzzone mit großen Wirtschaftsproblemen, zugleich aber propagandistischem Potential spielte die Region schon im ausgehenden 19. Jahrhundert eine Rolle und gewann im Laufe der 1920er Jahre weitere Bedeutung im deutsch-nationalen «Volkstumskampf» um die sudetendeutschen Gebiete. Auch wenn im Alltag «der Wäldler [...] wohl in erster Linie die eigene Lage [haßte] und nicht so sehr die fremden Tschechen» (R. Jaworski) und auch die Solidarität mit den Sudetendeutschen überschaubar war, diente die «Ostmark» seit 1933 der NS-Propaganda als Musterbeispiel eines germanischen Schutzwalls gegen die «slawische Gefahr» wie als «Tor zum Osten» für die Einverleibung deutscher Siedlungsgebiete in Böhmen – als «Bollwerk und Brücke» in einem, so Fritz Wächtler.

Zuallererst angetrieben durch den charismatischen Schemm von der «exzentrischen Hauptstadt» Bayreuth aus, sollte auf unterschiedlichen Wegen ein entsprechendes «Ostmarkenbewusstsein» verankert werden. Das geschah durch gezieltes ideologisches Branding und viele Kulturangebote, die aus dem Gebiet eine «völkische Kultregion» und einen «Identifikationsraum» machten: die «heilige Ostmark» mit tapferen «Ostmärkern», deren Mission erst der Nationalsozialismus aus der mutlosen und fremdbestimmten Nachkriegslethargie aufgerufen habe. Sie wurden besungen in populären Dichtungen wie dem «Trutzlied der Bayerischen Ostmark» («Wir sind der Ostmark verwegen Schar / Der Grenze lebender Wall»); thematisiert und inszeniert in «Ostmark-Museen» (Veste Oberhaus in Passau und mit ähnlicher Akzentuierung das Historische Museum in Regensburg); erforscht und geistig verklammert im bereits 1926 gegründeten «Institut für Ostbairische Heimatforschung» an der Passauer Theologischen Hochschule sowie der in diesem Umfeld erscheinenden Zeitschrift «Ostbairische Grenzmarken», die sich den «Grenzdienst» und die «vaterländische Gesittung» auf die Fahnen schrieben; vermittelt durch die Publikationen eines eigenen Gauverlags Bayerische Ostmark in Bayreuth, die Propagierung angeblich originaler regionaler Trachten (Frankenwälder, Hummelbauern) oder die Inszenierung der sogenannten «Nordgautage» und diverser «Ostmarkenschauen»; getragen zudem durch den Bayerischen Wald-Verein mit sei-

Propaganda mit Landschaftsbildern: Das arische Mädel trotzt den Grenzstürmen, wenn «die Bayerische Ostmark ruft» (Deckblatt eines NS-Reiseführers von 1935).

ner selbsterklärten «heiligen Mission», das bedrohte «Deutschtum im Osten» zu stützen und eine «Kampffront zur [...] Hebung unserer Heimat» zu bilden, um «Ostmarknot und Ostmarkschönheit der Welt zum Bewußtsein zu bringen». Hinzu kamen die schon skizzierten Maßnahmen der Landesplanung, vornehmlich im Bereich des Straßenbaus, der Vermarktung ortstypischer «Ostmarkwaren» sowie einer rührigen Förderung des ostbayerischen Fremdenverkehrs. Die tragende ideologische Erzählung ging so: Das bayerische Grenzland sei in seinem nationalgermanischen, antislawischen «Volkstumskampf» besonders zu ehren und zu unterstützen. Wer in den Bayerwald reise, dort hergestelltes Glas kaufe und ebenda geerntete Äpfel esse, helfe mit, die «Front der Ostmarkkämpfer» zu festigen und den «lebendigen Grenzwall einer willensstarken Bevölkerung» zu erhalten, «deutsche Menschen an deutscher Grenze auf deutscher Scholle».

Als der Gau mit der Expansion des Reiches vom Rand tendenziell in die Mitte Deutschlands rückte, verschoben sich diese Akzente etwas. In den Vordergrund trat nun die Schaffung der gauinternen «Ostmärker»-Identität in einer die «Mainlinie» bewusst übergreifenden Stammesmelange aus Franken und Bayern. Dementsprechend änderte sich 1942 auch der Name von «Bayerischer Ostmark» zu «Gau Bayreuth». Die Zentralität der Hauptstadt Bayreuth und ihre kulturpolitischen Ansprüche, die zumal von Schemm (weit mehr als vom ungeschlachten Wächtler) akzentuiert worden waren, erfuhren dadurch eine zusätzliche Aufwertung. Zu ihnen gehörte natürlich der Wagner-Kult, den Schemm mit seinen glänzenden Verbindungen zum «Haus Wahnfried» und zu Winifred Wagner von Anfang an in seine Gauidee integriert hatte. Aber auch die Aktivitäten des Gauverlags sowie die Bedeutung des NS-Lehrerbunds (Bayreuth als «Stadt der Erziehung», grundgelegt vom Volksschullehrer Schemm und institutionalisiert mit der «Hochschule für Lehrerbildung Bayreuth» 1936), die Inszenierungen von Jean Paul und E.T.A. Hoffmann als «völkische Klassiker» oder die (gescheiterten) Planungen eines riesigen Gauforums «Groß-Bayreuth» gehörten dazu.[21]

Man erkennt also insgesamt zahlreiche Ansätze, Raumordnungskategorien grundsätzlich zu verändern und den «Volkskörper» ganz neu «durchzuorganisieren». Die plastischen prinzipiellen Formulierungen etwa der Gauleiter Josef Bürckel, Adolf Wagner und Fritz Wächtler lauteten: Man wolle Zeichen setzen gegen die «Geißel des Bavarianismus» und streife bewusst «Hemmungen vor historisch Gewordenem» ab, gehe gezielt gegen politische Ideentraditionen in Bayern vor, gegen Frankophilie und Ultramontanismus etwa, oder sehe im bewussten «‹Verwaschen› der Mainlinie» im Gau «Bayerische Ostmark» und dem völkischen «Zusammenschluß [der] ‹altbayerisch-fränkischen› Stammesfuge» eine neue «reichsgestaltende Kraft» von allgemeiner Vorbildfunktion.[22]

Allerdings waren selbst diese markanten Traditionsbrüche der NS-Zeit nur von kurzer Dauer und begrenzter Wirkung, blieben sie doch sehr eng an die Existenz der NS-Herrschaft gebunden. Mit deren Ende verschwanden auch die Gaue als staatsordnende Größen. Überdies revidierten oder entgrenzten die meisten der bayerischen Gaue das alte Staatsverwaltungsgebiet auch viel weniger, als das etwa in Preußen der Fall war. Vier Gaue waren doch weitestgehend deckungsgleich mit den Regierungsbezirken (Mainfranken, Franken, Schwaben, München-Oberbayern). Außerdem übernahmen die Gauleiter mit wenigen Ausnahmen stets auch staatliche Funktionen (Ministerämter oder Regierungspräsidien, ab 1939/42 Reichsverteidigungskommissariate) und wurden von deren Logiken und «Organisationskulturen» zunehmend mitgeprägt. Selbst der mächtigste der bayerischen Gauleiter, Adolf Wagner (als Chef des Gaus München-Oberbayern und bayerischer Innen- und Kultusminister), gab letztlich die bayerische Staats- bzw. Verwaltungseinheit bewusst nicht auf, obwohl er seit Mai 1934 als Beauftragter der Reichsleitung für die Reichsreform fungierte und von daher an sich ein Verfechter einer Neuordnung des Reichs unter stärker ideologisch-parteipolitischen Auspizien war. Tatsächlich formulierte Wagner in einer Denkschrift vom Februar 1935 auch ein recht radikal anmutendes, weitreichendes Zukunftskonzept, das von dem Geopolitiker Karl Haushofer und dem Historiker Karl Alexander von Müller unterstützt wurde und in dessen Mitte gänzlich neu zugeschnittene Reichsgaue als Festungsabschnitte standen. Bayern wäre hier neu aufzuteilen gewesen in den «Stadtgau München» sowie «Hochbayern» (Oberbayern und Schwaben), «Waldbayern» (Bayerische Ostmark), «Mainfranken» (Unter- und Mittelfranken) und «Rheinpfalz». Aber je länger, je mehr und mit Voranschreiten des Krieges auch dezidierter identifizierte sich Wagner mit Gesamtbayern und bestand auf einheitlichen Zuständigkeiten sowie – seiner eigenen – bayernweiten Kommandogewalt (sogar inkl. der Pfalz). Anders könnten die Aufgaben im zweitgrößten Land des Reiches nicht gemeistert werden, so betonte er im August 1941 gegenüber Hitler. Und bereits im April 1935 hatte er räsoniert, er halte nichts davon, die letzten Selbständigkeiten der bayerischen Staatsregierung abzuschaffen und Bayern zu einer reinen Provinz wie in Preußen herabzuwürdigen. Die Verwaltungen hätten ohnehin bereits viel Neues zu verarbeiten und müssten sich konsolidieren. Das «Dritte Reich» habe «auch das Gute in seinem Neuaufbau» zu verwenden, «was in den außerpreußischen Ländern sich bewährt hat».

Aufs Ganze und auf lange Sicht konnten also die Gaue und politischen Gauidentitäten nicht wirklich zu wirksamen Substituten der traditionellen staatlichen Verwaltungseinteilungen werden. Weit mehr kam es zu einer «langsamen Verstaatlichung des Gauleiter-Amtes, in deren Verlauf sich die Gauleiter tendenziell aus der Administration des Parteiapparats zurückzogen» und stattdessen «die regionalen Eliten in innerer Verwaltung, Wehrmacht und Herrschaft» bündelten bzw. an den Kriegserfordernissen ausrichteten. Was die Gaue freilich dennoch bedeuteten: grundsätzliche Optionen einer ideologisierten Räumlichkeit, die zumindest zeitweise den traditionellen bayerischen Regionsföderalismus durch einen speziellen «Gaupartikularismus» (W. Ziegler) ergänzten und verkomplizierten.[23]

Neuordnung vor Ort: die Gebietsreformen der 1970er Jahre

Möchte man die räumlichen Bindungen im Lebensalltag der Menschen noch genauer bestimmen, muss man auf regionale, lokale, kommunale oder dörfliche Zusammenhänge noch unterhalb der Kreis-/Bezirksebene schauen. Oft werden gerade in diesen kleinen Räumen die alltagsstrukturierenden Beziehungsgeflechte und sozial stabilisierenden Loyalitäten ausgeprägt. Dies trifft zu unter den Bedingungen der Unübersichtlichkeiten der Moderne, besitzt aber auch längere Entwicklungslinien. Verwiesen sei etwa auf die Traditionen des gemeindlichen Kommunalismus, der vor allem in oberdeutschen, schwäbischen Gebieten nachwirkte, aber auch im bäuerlichen Selbstbewusstsein des bayerischen Oberlandes oder des niederbayerischen Rottals zu finden war. Das Gleiche gilt für den spezifischen lokalen «Eigensinn», wie er in Reichsstädten ausgebildet wurde, und überhaupt für die Prägekräfte städtisch-bürgerlichen Lebens mit ihren Selbstverwaltungs- und Selbstgestaltungsansprüchen – von der Etablierung der frühen Gemeindeordnungen bis zu den Forderungen des modernen «Kommunitarismus».[24]

Um dieses Bündel an Faktoren zu fassen, soll nur ein Themenkomplex exemplarisch zur Sprache kommen, der erhebliche Friktionen und

Proteste hervorrief, eben weil er eingespielte kleinräumige Alltagsbindungen in Frage stellte: die bayerische Landkreis- und Gebietsreform der 1970er Jahre. Diese Reform griff tief in die Organisation der unteren Verwaltungsräume ein und veränderte deren Profil, wie es im Laufe des 19. Jahrhunderts etabliert worden war. Auf dieser unteren Ebene hatte die bayerische Staatsadministration mit der Neuordnung des Gerichts- und Verwaltungswesens im rechtsrheinischen Bayern im Jahr 1862 ihre vorläufig feste Form gefunden. Seitdem waren, wie dies in der französisch inspirierten Pfalz bereits seit Jahrhundertbeginn der Fall war, die Aufgaben von Justiz und Verwaltung getrennt. Die rund 250 sogenannten Landgerichte älterer Ordnung, in denen administrative und jurisdiktionelle Aufgaben noch vereint gewesen waren, waren mit einem Gerichtsverfassungs- und Notariatsgesetz in 142 neue Bezirksämter als untere Verwaltungsbehörden (mit einem Bezirksamtmann an der Spitze) überführt worden. Sie besaßen seither unabhängig von der niedersten Instanz der Gerichtsbarkeit (den Amtsgerichten) ausschließlich Verwaltungsfunktionen, wie zuvor schon die Landkommissariate in der Pfalz, die in 12 pfälzische Bezirksämter transformiert wurden. Zwischen 1886 und 1908 waren in den bevölkerungsstarken Gegenden noch einige weitere Bezirksämter hinzugekommen. Seit 1939 wurden die Bezirke dann als Landkreise bezeichnet, die Bezirksämter als Landratsämter und die Bezirksamtmänner als Landräte. Das änderte sich 1946, als der Landrat ein vom Kreistag gewählter Kommunalbeamter wurde, und dann ein weiteres Mal mit der Landkreisverordnung von 1952, nach der der Landrat künftig direkt von der Kreisbevölkerung gewählt wurde. Auf derselben unteren Verwaltungsebene existierte neben den Bezirksämtern bzw. Landkreisen seit Beginn des 19. Jahrhunderts eine Reihe «unmittelbarer Städte» mit autonomer Kommunalverfassung. Diese war in den Gemeindeordnungen von 1818, 1834 und 1869 ausbuchstabiert und dann im 20. Jahrhundert schrittweise modernisiert worden (Ordnungen von 1919, 1927 und 1952). Seit 1952 wurden diese Einheiten als kreisfreie Städte bzw. Gemeinden bezeichnet. Insgesamt erwies sich dieses administrative Gefüge, bei kleineren Variationen im Detail, als sehr stabil. Bis Anfang der 1970er Jahre blieben räumlicher Zuschnitt und Größenordnungen ziemlich unverändert: Es bestanden knapp 200 solcher unteren

Verwaltungsbezirke – in erster Linie die nunmehr insgesamt 143 Bezirksämter/Landkreise sowie 48 «unmittelbare»/kreisfreie Städte.[25]

Mit der Landkreis- und Gebietsreform seit 1971/72 änderte sich das grundlegend. Der Anlass kam aus zwei Richtungen, einer regionalspezifischen und einer für die 1970er Jahre allgemein-zeitgeistigen. Das Gebiet der bayerischen Landkreise war im Durchschnitt kleiner, ihre Bevölkerungszahl niedriger als in anderen Bundesländern. Ihre Struktur galt daher als besonders teuer und ineffektiv. Das hatte bereits die nationalsozialistische Reichsinnenpolitik moniert und unter Führung Wilhelm Fricks zwischen 1937 und 1939 versucht, eine entsprechende Landkreisreform durchzuführen. Um die Verwaltung zu straffen, sollte die Anzahl der Kreise fast halbiert werden. Die Initiative war jedoch an Eifersüchteleien der Gauleiter gescheitert und letztlich im Krieg stecken geblieben.[26]

In den 1970er Jahren war das anders. Zwar klangen damals die Begründungsmuster ganz ähnlich: Es ging auch seinerzeit um Vereinfachung und Verschlankung der Verwaltung, und das meinte nicht zuletzt um Einsparungen und Senkung von Personalkosten. Daneben sollten die Leistungsgefälle zwischen Stadt und Land abgebaut und möglichst funktionable Raumstrukturen in bestimmten «gesellschaftlich-wirtschaftlichen Verflechtungsbereichen» gesichert werden. Wie schon in den 1930er Jahren berief man sich oftmals wieder auf Walter Christallers in der NS-Zeit erprobtes System der «Zentralen Orte» mit wenigen regionalen Oberzentren als raumstrukturierenden Kristallisationskernen. Das Modell wurde einfach umgeschrieben und eingebettet in ein zeitgeistig-innovatives Modernisierungsparadigma, das die möglichen NS-Kontaminationen großzügig hintanstellte. Flächendeckende Infrastruktur- und Landesplanung, Effizienzsteigerung und Verwaltungskonzentration, Professionalisierung, kybernetische Steuerung und Rationalisierung der Staatsaufgaben, Vereinheitlichung von Lebensverhältnissen und Entwicklungschancen bei gestiegenen Leistungsansprüchen – das waren die Schlagworte, die in einem Jahrzehnt der Planungseuphorie zwischen 1965 und 1975 ganz Deutschland und Europa beschäftigten. Gebietsreformen bildeten dabei allerorten einen Kern der Modernisierungsagenda.[27]

In Bayern wurde die Reform energisch von der bayerischen Staatsregierung vorangetrieben, namentlich von Ministerpräsident Alfons Goppel und Innenminister Bruno Merk. Goppel hatte schon mit seiner Regierungserklärung vom 25. Januar 1967 eine tiefgreifende Gebietsreform angekündigt und ab Herbst 1970 eine entsprechende Arbeitsgruppe mit der konkreten Vorbereitung beauftragt. Mit Ministerratsbeschluss vom 9. November 1971, einer von der CSU-Mehrheit getragenen Landtagsentscheidung vom 15. Dezember 1971 und einer darauf fußenden Verordnung vom 27. Dezember 1971 wurde dieses Anliegen dann in Gang gesetzt: Die bisherigen 143 Landkreise wurden mit einer Neugliederungsverordnung zum Stichtag 1. Juli 1972 in 71 arrondierte, vergrößerte Landkreise überführt (mit einer Richtgröße von ca. 80 000 Einwohnern je Landkreis); 39 Kreise gingen dabei mehr oder weniger unverändert in neuen Landkreisen auf; 33 Kreise wurden aufgeteilt und dadurch häufig alte Verbindungen unterbrochen. In wenigen Ausnahmefällen wurden auch die Regierungsbezirksgrenzen verändert, beispielsweise mit dem Wechsel der Landkreise Eichstätt und Neuburg an der Donau von Mittelfranken bzw. Schwaben zu Oberbayern (trotz der früheren Namensbezeichnung «Schwaben und Neuburg»), der oberpfälzischen Märkte Beilngries und Riedenburg zu Ober- bzw. Niederbayern oder Aichachs von Oberbayern nach Schwaben (trotz der engen Verbindung Aichachs mit den altbayerischen Wittelsbachern). Die Zahl der kreisfreien Städte reduzierte sich ebenfalls, von 48 auf 25 (es galt der Richtwert von 25–50 000 Einwohnern). Den Landkreisen wuchsen damit einerseits manche ehedem unmittelbare Gemeinden zu, bzw. es wurde eine Art Zwischenkategorie geschaffen, die sogenannten Großen Kreisstädte (mit größerer Kommunalkompetenz als im Fall der einfachen kreisangehörigen Gemeinden). Andererseits kam es in vielen Fällen zur Eingemeindung von vergleichsweise finanzstarken Stadtrandgemeinden in kreisfreie Städte. Komplementär zur Landkreisreform wurde 1973 mit den neu zugeschnittenen Kreisen auch die Gerichtsorganisation verändert und die Zahl der Amtsgerichte von 158 auf 72 verringert.[28]

Entscheidende raumstrukturierende Wirkungen bekamen diese Änderungen nicht zuletzt, weil damit zwischen 1971 und 1978 zusätzlich eine Gebietsreform auf Gemeindeebene verbunden wurde. Nicht wenige sehen darin die am tiefsten einschneidende Maßnahme im Bereich der Gebietsaufteilung seit Montgelas und Ludwig I. Denn noch mehr als die Landkreis- und Amtsgerichtsordnung betraf diese Gemeindegebietsreform die unmittelbaren nachbarschaftlichen, alltäglichen Lebensbezüge und barg teilweise erhebliches Konfliktpotential. Im 19. Jahrhundert hatten sich die Städte, Märkte und Gemeinden nach einer ersten sehr zentralistischen Phase strenger Staatsaufsicht (Gemeindeedikt von 1808) als Institutionen mit zunehmend stärkeren Selbstverwaltungskompetenzen und politischen Partizipationsrechten ihrer Bürger (Gemeindeordnungen 1818/34) behaupten können. Es hatte sich eine vielgliedrige kommunale Landschaft ausgebildet. Die erwähnten unmittelbaren/kreisfreien Städte waren nur ein kleiner Teil davon, daneben gab es zahllose kleine Landstädte, Märkte und dörfliche Gemeinden. Ihre Anzahl war um 1800 erstmals drastisch reduziert worden, von etwa 40 000 auf gut 7000. Bei dieser immer noch erklecklichen Zahl blieb es dann aber über 170 Jahre hinweg. Auch im Jahr 1970 existierten noch über 7000 sogenannte kreisangehörige Gemeinden mit je eigener Verwaltung, oftmals Kleinstkommunen und Zwerggemeinden mit wenigen Hundert Bewohnern. Es war nicht verwunderlich, dass sich die gängigen Effizienzvorstellungen daran stießen und entsprechende Modernisierungs- und Sparargumente verfingen.

In mehreren Schritten wurde daher bis 1978 die Zahl der Gemeinden auf 2052 reduziert, davon 25 kreisfreie Städte. Ursprünglich sollte damit ein Richtwert von mindestens 5000 Einwohnern je eigenständiger Gemeinde und 1000 Einwohnern je «Mitgliedsgemeinde» im Rahmen einer größeren Verwaltungsgemeinschaft erzielt werden. Das erwies sich flächendeckend als kaum machbar, aber die Verschlankung war evident. Nachdem die Gemeinden in einer Phase bis 1976 erhöhte finanzielle Zuweisungen erhielten, wenn sie sich freiwillig anderen Gemeinden anschlossen oder größere kommunale Verwaltungseinheiten bildeten, gelang in vielen Fällen ein relativ geräuschloser Übergang. Bis zur Landkreisreform 1972 war die Zahl der selbständigen Gemeinden bereits um über 2600 reduziert, 1287 Gemeinden hatten sich bis 1978 mit ihren Nachbarn in 393 Verwaltungsgemeinschaften mit jeweils 5000 bis 10 000 Einwohnern organisiert.[29]

Bei vielen anderen Gemeinden (immerhin etwas über 4000) aber erfolgte die Transformation nach dem Ende der «Freiwilligkeitsphase» ab Januar 1976 zwangsweise auf dem administrativen Verordnungsweg, verbunden oft mit großen Akzeptanzproblemen. Es wurde heftig darum gestritten, wer von wem dominiert wurde, wer einen eigenen Gemeinderat, einen eigenen Bürgermeister, ein eigenes Feuerwehrhäusl hatte und wer nicht. Da haben sich Nachbardörfer teilweise bis aufs Blut gestritten, verliefen die Streitereien quer durch Familien oder Vereine. In einigen Fällen organisierte sich ein veritabler lokaler Widerstand, der auf gewachsene Ortsgefüge pochte und punktuell sogar die Selbständigkeit von Gemeinden wiederherstellen konnte. Die Gemeinde Edling beispielsweise zog bis vor den Bayerischen Verfassungsgerichtshof, der 1981 die Eingemeindung nach Wasserburg am Inn für nichtig erklärte. Besondere Berühmtheit erlangte das unterfränkische Dorf Ermershausen (Landkreis Haßberge), in dem sich 1978 die Bürger aus Protest gegen die zwangsweise Eingliederung in die Gemeinde Maroldsweisach im Rathaus verbarrikadierten, woraufhin mehrere Hundertschaften Bereitschaftspolizei anrückten und das Gebäude räumten. Auch im Fall des Regierungsbezirkswechsels des Landkreises Eichstätt oder im Zuge der Auflösung des Landkreises Wasserburg gab es überaus hitzige Debatten. Unter Ministerpräsident Franz Josef Strauß, der die Reformen von Beginn an recht kritisch gesehen und vor allem die ahistorischen Entscheidungen zu Wasserburg, Eichstätt, Neuburg/Donau und dem alten Wittelsbacher-Stammsitz Aichach moniert hatte, erfolgten auch tatsächlich noch einmal kleinere Korrekturen der Reformen auf Gemeindeebene. Dadurch reduzierte sich die Zahl der Verwaltungsgemeinschaften leicht von 393 auf 345 und die der Mitgliedsgemeinden von 1287 auf 1085.[30]

Im Zusammenhang der Gebietsreformen bleiben ergänzend zwei weitere Elemente administrativer Raumordnung zu erwähnen, die sich in einem längerfristigen Prozess vollzogen, in den 1880er Jahren einsetzten und bis in die 1980er Jahre dauerten: Zum einen war das im urbanen Bereich der Vorgang der «Eingemeindungen». Mit ihnen griffen Städte seit dem 19. Jahrhundert vermehrt in ihr Umland aus, aus finanziellen und administrativen Gründen, zur Verbesserung der hygienischen Situation (Kanalisation) und um leistungsfähige Infrastrukturverbünde zu schaffen. Allein zwischen 1970 und 1972 kam es im Zuge der Kommunalreform zu 2000 solcher Eingemeindungsvorgänge. Aber der Trend reichte viel weiter zurück und hatte sich bereits mit der Urbanisierung und Steigerung der städtischen Leistungsverwaltung um 1900 dynamisiert. Zum anderen haben wir auf dem flachen Land das 1886 begonnene und seit Ausgang der 1950er Jahre vehement forcierte Langzeitprojekt der Flurbereinigung. Sie ging in Bayern wie im Bund auf staatliche Initiative zurück und erfreute sich massiver Förderung, weil man in ihr einen Schlüssel zur Verbesserung der Agrarstruktur, zur Produktivitätssteigerung und zur Sicherung bäuerlicher Betriebe sah. In den 1960er Jahren betraf der Vorgang immerhin jährlich 2,5 Prozent der Nutzfläche, d. h. 80 000 Hektar.[31]

Von Montgelas zu Goppel: Reformtechnokratie und ihre Gefahren

Wie können wir diese Prozesse von räumlichen Reformen und Neuordnungen insgesamt und grundsätzlich fassen? Im Überblick zeigen sie uns – wie schon beim Thema der kartographischen Erfassung und der ökonomischen Landesplanung – das Grundprofil der Moderne mit ihren Erfordernissen der Rationalisierung und Effizienzsteigerung angesichts sich neu und verändert stellender gesellschaftlicher, infrastruktureller oder administrativer Aufgaben. Sie sind also Folge eines tatsächlichen Anpassungsdrucks in einer sich verändernden Zeit. Zugleich aber verdeutlichen sie die Dynamiken eines modernen Reformeifers, der von der eigenen Fortschrittlichkeit überzeugt und von der Gewissheit der Machbarkeit beseelt ist. Er nahm zeitweise fast den Charakter einer Euphorie an, kam ohne große Selbstzweifel daher, wurde oftmals unkritisch zum technokratischen Selbstzweck. Seine Protagonisten wurden nicht selten unsensibel und intolerant gegenüber anderen Meinungen und traditionellen Lebensentwürfen, die Bemühungen deshalb mitunter auch kontraproduktiv und insgesamt ambivalent. Das betraf die beiden Hochphasen staatlicher Reformpolitik gleichermaßen: die Periode der aufgeklärt-bürokratischen Staatsgründung unter Montgelas wie die Zeit der ausgehenden 1960er und der 1970er Jahre.

Zu Beginn des 19. Jahrhunderts ging es um die Formierung des Staatsfundaments, während wir es nach 1960 eher mit einer modernisierenden Weiterentwicklung und Nachjustierung zu tun haben. Aber beide Aktivitätsphasen waren in vergleichbarer Weise jeweils eingebettet in größere ideengeschichtliche Zusammenhänge: die Montgelas'schen Reformen in das «Projekt Aufklärung» und die Reformen der 1960er/70er Jahre in das «Projekt Modernisierung und Planung im Wohlstand». Ebenso wie wir zwischen 1806 und 1818 ein ganzes Bündel von Reformvorhaben erkennen, mit denen die Staats- und Verwaltungsstruktur neu geordnet bzw. erst erschaffen wurden, so sehen wir auch um 1970 Reformen auf unterschiedlichsten infrastruktur- und raumpolitischen Feldern. Nicht zuletzt eint die raumplanerischen Reformhochphasen vom Beginn des 19. bis zum Ende des 20. Jahrhunderts die bereits mehrfach angesprochene grundsätzliche Dialektik von Modernisierungsvorgängen: Auf die Verwaltungsreformen der aufgeklärten Bürokraten folgte der historisierende konservative Gegenentwurf Ludwigs I. Die Gebietsreformen der 1970er Jahre mochten womöglich die Wirtschaftlichkeit gesteigert haben, die lokal-regionalen Bindekräfte und die bezweckte stärkere «Bürgernähe» staatlicher Verwaltung haben sie sicher nicht gefördert. Nicht selten wurde eher das Gegenteil erreicht. Es wurde der Identifizierung der Bürger mit ihrem Staat und der Bereitschaft zu örtlichem Engagement Schaden zugefügt, das Gefühl der Anonymität befeuert, mancherorts der Eindruck obrigkeitlicher Willkür hinterlassen und Widerstand provoziert. Und Maßnahmen wie die vermeintlich modernisierende Flurbereinigung ebneten wohl Wege für größere Landmaschinen, für rationell-technisierten Landbau und höhere Gewinnmargen der bäuerlichen Betriebe (jedenfalls der mittleren und größeren). Gleichzeitig aber behinderten sie eine umweltbewusste, ressourcenschonende Landwirtschaft und zerstörten den natürlichen Lebensraum vieler Pflanzen und Tiere.

3. Wappen, Trachten, Vereine: Wie der Staat Geschichte macht

Seit den 1820er Jahren, mit dem Übergang des Montgelas-Bayern zum Ludwig I.-Bayern, vollzog der Staat eine Wende, die vielleicht nirgendwo deutlicher wird als bei der Frage, wie man die unterschiedlichen historischen Traditionen des Landes berücksichtigte und die darin begründete regionalistische Binnengliederung politisch ins Kalkül zog. Am Thema der Benennung der bayerischen Kreise wurde das bereits erkennbar: Montgelas wollte die regionalen Traditionen nach seinen rational-aufgeklärten Maßgaben brechen und bürokratisch-etatistisch dem Zeitgeist unterwerfen. Der romantisch gestimmte Aufklärungsskeptiker Ludwig I. wollte regionale Traditionen respektieren und produktiv aufnehmen, dabei allerdings ebenfalls immer die Zügel in der Hand behalten und sie in den Dienst des gesamtbayerischen Staates stellen. Auch ihm ging es darum, Geschichte im Sinne eines bestimmten Staatsverständnisses zu formen und in die eigene Herrschaftserzählung einzubauen. Die regionsspezifischen Ressentiments sollten kanalisiert und Konflikte entschärft werden. Im größeren Rahmen aber sollte vor allem eine eigene Art staatlich-dynastischer Gemeinschaftsstiftung etabliert werden.

Damit hatten sich der *Weg* und die *Mittel* der Politik verändert, die Strategie wurde gewissermaßen flexibler, das politische *Ziel* aber blieb dasselbe. Es ging nach wie vor um Staatsintegration «von oben» und die Anbindung der neu gewonnenen Peripherien an das Zentrum – und nicht etwa um die Förderung lokalen Selbstbewusstseins oder regionaler Selbständigkeit. Das volkspädagogische Programm lautete: Regionalismus im Rahmen einer dynastischen Ordnungs- und administrierten Erinnerungspolitik als legitimierendes Element für Staat und Monarchie, Historisierung von Landschaften und aktive Schaffung symbolträchtiger lokaler Erinnerungsorte zur Stiftung eines «bayerischen Nationalbewusstseins» in einem mehr oder weniger zufällig entstandenen Staatsgebiet und einer fragmentierten Gesellschaft. Dementsprechend hieß es schon in den Vorgaben zur Umbenennung der Kreise 1837, die Erinnerung an die «erhebende Vergangenheit» der einzelnen

«Marken» und «Volksstämme» sei auf das Ziel ausgerichtet, die «Anhänglichkeit […] an Thron und Vaterland» zu sichern und das bayerische «Nationalgefühl zu erhalten und immer zu befestigen».[32]

Insgesamt handelt es sich um das anspruchsvolle Vorhaben einer gelenkten Geschichtspolitik mit einer dauerhaft prekären Gratwanderung, weil mit dem Eingehen auf regionale Sensibilitäten nicht nur die Optionen der Integration gestärkt wurden, sondern unter Umständen auch Dynamiken regionalen «Eigensinns» provoziert werden konnten. Daher mussten sich Ludwig I., seine Minister und deren Nachfolger – neben einer geschickten Sprachpolitik wie in der Frage der Kreisbenennung – einen ganzen Kranz an Maßnahmen und Instrumenten einfallen lassen, die in die Breite der Gesellschaft wirkten und ein gewisses Popularisierungspotential besaßen. Dass sie das taten und die einzelnen Bestandteile zu einem programmatischen Ganzen verwoben, zeigen die folgenden Beispiele.

Zunächst die Staatssymbolik und Staatsikonographie: Mit einer Verordnung vom 18. Oktober 1835 wurde eine neue offizielle Titulatur des bayerischen Königs eingeführt, mit der man demonstrativ versuchte, alle bayerischen Landesteile zu umgreifen. Ludwig I. bezeichnete sich (wie seine Nachfolger) künftig als «von Gottes Gnaden König von Bayern, Pfalzgraf bey Rhein, Herzog von Bayern, Franken und in Schwaben, etc. etc.». Zugleich wurde 1835 die Staatsheraldik modifiziert. Vor 1806 hatte es eine Vielzahl alter Territorialwappen rein dynastischen Charakters gegeben. Mit dem Königreich war dann ein Wappen geschaffen worden, das sich weitgehend noch in dieser Tradition bewegte; es stellte vor den weiß-blauen Rauten als einzigem gesamtbayerischen Symbol (ursprünglich von den Grafen von Bogen stammend und von den Wittelsbachern ererbt) im Mittelschild Szepter, Schwert und Königskrone oder anfangs teilweise auch das Pfalzsymbol mit Reichsapfel und gekröntem Löwen dar. Nun, 1835, wurde es ersetzt durch ein Majestätswappen, das parallel zur ausdifferenzierten Titulatur konstruiert war, das ganze «Stammesgefüge» inszenieren wollte und dazu möglichst viele Regionalsymbole visuell zusammenband. Im kleinen Herzschild dieses Wappens fanden sich wieder die weiß-blauen Rauten für Gesamtbayern. Darüber hinaus aber war das Wappen in vier Felder aufgeteilt und zeigte den Goldenen Pfälzer Löwen (zunächst Symbol der Pfalzgrafen bei Rhein, dann der Wittelsbacher Linien insgesamt), den sogenannten Fränkischen Rechen, d. h. drei silberne Spitzen in Rot aus der bischöflich würzburgischen Heraldik (dies als Sinnbild für Franken), ferner ein Bild mit mehrfacher Silber-Rot-Schräglinks-Teilung, überdeckt von einem goldenen Pfahl, das aus dem Wappen der Markgrafschaft Burgau stammte und als schwäbisches Abzeichen galt, schließlich noch den blauen Löwen der Grafen von Veldenz (als weiteren Hinweis auf die Herkunft der Dynastie aus der Rheinpfalz). Dieses Wappen war jetzt weithin im öffentlichen Raum gegenwärtig und fand sich an allen staatlichen Gebäuden. Später diente es als Wittelsbacher Familienwappen. Im Kern ist es mit derselben integrativen Grundaussage bis heute gebräuchlich. Es wurde vom republikanischen Freistaat nach 1918 wie nach 1945 übernommen, nur in zwei Schritten, 1923 und 1950, in kleinen Details modifiziert: Das Bild der Markgrafschaft Burgau (für Schwaben) wurde ersetzt durch drei schwarze Löwen auf goldenem Grund (aus dem alten staufischen Wappen), und statt des Veldenzer Löwen findet sich im Staatswappen des Nachkriegsbayern der sogenannte blaue «Panther», ein Fabelwesen zwischen Löwen und Drachen. Es entstammt ursprünglich dem Wappen der Grafen von Ortenburg-Kraiburg, repräsentiert damit Niederbayern und kompensierte wappentechnisch vermutlich den Verlust der Pfalz, die freilich mit dem Goldenen Pfälzer Löwen als Symbol für Gesamt-Altbayern doch auch weiterhin präsent blieb. Nur unter den Nationalsozialisten war das eigenständige Staatswappen zwischen 1936 und 1945 förmlich abgeschafft. Mit dem zeitweiligen Ende föderativer Staatlichkeit waren auch deren binnenintegrative Symbole obsolet; an ihre Stelle traten die Hoheitszeichen des Reiches.[33]

Noch weiter ins Land hineingetragen und gesellschaftlich verankert wurde das geschichtspolitische Programm durch die von Ludwig I. seit Ende der 1820er Jahre initiierte Gründung Historischer Kreisvereine. Sie sollten sich im regionalen oder lokalen Rahmen der Geschichts- und Denkmalspflege annehmen und waren dezidiert gedacht als Kristallisationspunkte und Multiplikatoren für regionale Identitätsstiftung. Zugleich konnten sie als perfekte Einfallstore staatlich-behördlicher Kontrolle dienen. Denn auch wenn es vielerorts bereits eigenständige private

Die Landesteile ikonographisch vereint: das bayerische Staatswappen von 1835, gezeichnet vom bayerischen Reichsheroldenamt

Initiativen zur Pflege eines Regionsgefühls gab, wurden die Historischen Vereine als flächendeckende Erscheinung im Laufe der 1830er Jahre erst mit direkter staatlicher Protektion ins Leben gerufen. Sie agierten auch in der Folge zumeist in enger Abstimmung mit den mittleren Verwaltungsbehörden, den Kreisregierungen und Regierungspräsidenten. Die Vereine förderten also nicht nur lokales bürgerliches Selbstbewusstsein, sondern waren Impfstätten gouvernementalen Geistes und Instrumente einer zielgerichteten Einbindung regional-lokaler Erinnerungs- und Symbolräume in den gesamtbayerischen Rahmen. Das Programm, das dem zugrunde lag, wurde in dem berühmten, in der Villa Colombella bei Perugia erlassenen Kabinettsreskript Ludwigs I. vom 29. Mai 1827 deutlich: Die bayerischen Kreisregierungen wurden darin offiziell zur Institutionalisierung der Geschichtspflege angewiesen. Diese solle der Erhaltung historischer Denkmäler dienen, vor allem «zur Belebung des

Nationalgeistes, zum Studium der vaterländischen Geschichte und zur Verbreitung der Kunde derselben unter dem Volk». Dementsprechend lesen sich auch die diversen Gründungstatute der Historischen Vereine. Dasjenige für Oberbayern von 1837 etwa betonte, neben dem Erforschen, Bewahren, Belehren habe immer die «Kräftigung des Gefühls der angestammten Würde und Ehre des bayerischen Namens» im Mittelpunkt der Aktivitäten zu stehen.[34]

Für andere Formen und Foren historischer Vergegenwärtigung können wir ähnliche Tendenzen feststellen. Das gilt für die von Ludwig I. betriebene Errichtung von Denkmälern für populäre Helden und Identifikationsfiguren der Lokalgeschichte (zumal Frankens, Schwabens, der Pfalz und mancher Reichsstädte) ebenso wie für die Inszenierung historischer Stadtfeste, Volksfeiern und Gedächtnislandschaften (wie etwa Schlachtfeldern) anlässlich von Jubiläen oder für die Restaurierung repräsentativer historischer Bauwerke wie Dome, Burgen, Tore, Brunnen. Auch dabei ging es stets darum, zwei staats- und dynastiepolitische Kernanliegen zu kombinieren: regional-lokale Eigenheiten und Empfindlichkeiten zu berücksichtigen und gleichzeitig unmissverständlich den gesamtbayerischen Bezugsrahmen zu verdeutlichen sowie die aktive Rolle von König und Dynastie als Wahrer, Stifter und Klammer historisch gewonnener Identität klarzumachen. Die Beispiele für diese Bestrebungen sind zahlreich und reichen in Programmatik wie Wirkung weit über die Regierungszeit Ludwigs I. hinaus: die Denkmäler für Julius Echter von Mespelbrunn (Würzburg), Johann Jakob Fugger (Augsburg) oder Jean Paul (Bayreuth), die Gipsköpfe in der bayerischen Ruhmeshalle nebst allegorischer Bavaria-Statue, die historischen Feste in den traditionsbewussten ehemaligen Reichsstädten Nürnberg oder Regensburg, die Erinnerungspolitik um die Schlachten von Gammelsdorf und Mühldorf und der ganze Ludwig-der-Bayer-Mythos.[35] Zumeist spielten sich die Inszenierungen im urbanen Raum, auf den Plätzen und Straßen von Städten ab. Mitunter waren sie aber auch eng verwoben mit der Natur, eröffneten sich umfassendere Ensembles von Königswille, Denkmalskunst und schöner Landschaft, die auf ihre Weise eine ewige «Symbiose von Herrscher und Land», von Region und Gesamtbayern symbolisieren sollten. In erster Linie ist dabei zu denken an die pittoreske Denkmals-Kunst-Natur-Landschaft, wie sie von der Walhalla über den restaurierten gotischen Regensburger Dom bis zur Befreiungshalle und zum restituierten Kloster Weltenburg reicht und charakterisiert ist von weitem Donautal, engem Donaudurchbruch, romantischen Höhenzügen und verwunschenen Mischwäldern – «Pilgerstätten» für königstreue Bayern wie Nationalbegeisterte, für Kunstsinnige wie Massentouristen.[36]

Eine weitere Ausprägung regionsbezogener Geschichts- und Identitätspolitik knüpft eng an die Institutionalisierung der Historischen Vereine an und betrifft das Feld der populären Visualisierung regional-lokaler Selbstvergewisserung. So erschienen im Laufe des 19. Jahrhunderts nicht wenige ethnographische Volksbeschreibungen, in denen die einzelnen Landesteile Bayerns charakterisiert und in Darstellungen, Kupferstichen, Lithographien gefasst wurden – mit dem ganzen Spektrum an vermeintlich regionstypischen Zuschreibungen: der Abbildung «eigenthümlicher Trachten des Kreises», bestimmter Landschaftstopographien, Stadtveduten und einzelner Bauwerke, die man lokal identifizieren konnte. Stilbildend wurde in dieser Hinsicht ein Bildzyklus in dem illustrativen Werk «Das Königreich Bayern in seinen acht Kreisen», das von dem Archivbeamten Georg Lommel und dem Artilleriehauptmann Gottlieb J. Bauer erstmals 1836 herausgegeben wurde und dann in zahlreichen weiteren Auflagen erschien. Das kolorierte Titelkupfer des Werkes zeigte die bekrönte Bavaria auf goldenem Löwenthron, eingefasst von weiteren symbolischen Bildern zu den Kreisen (Wappen oder «charakteristische» Szenen zum Alltags- und Wirtschaftsleben). Im Inneren finden sich acht dekorative Bildtafeln in Altkolorit zu den einzelnen Kreisen. Für Unterfranken/Untermainkreis waren das etwa das Panorama von Würzburg mit Weinbergen, Weinbauern in Trachten und einem romanischen Torbogen im Vordergrund, für Oberbayern/Isarkreis die Ansicht Münchens mit den Frauentürmen, eher bürgerlichen Gewändern und einem klassizistischen Torbogen oder für die Oberpfalz das romanische Schottentor, darüber das Stadtwappen von Regensburg, im Hintergrund die Stadtansicht mit dem Dom und davor eine Personengruppe mit idealisierter Abensberger Tracht. In eine ähnliche Richtung wies ein 1855 publiziertes «Handbuch der Vaterlandskunde für Schulen und Familien» mit zahlreichen Lithographien zu den «Volkstrachten des Königreiches». Und noch bekannter war die große, mehrbändige ethnographische Landes- und Volkskunde «Bavaria», die in den 1860er Jahren unter Leitung Wilhelm Heinrich Riehls und aktiver Mitarbeit Eduard Fentschs erschien. Auch sie versuchte mit romantisierender Bildsprache und «Trachtengraphiken» die bayerischen Regionen anschaulich zu machen.[37]

Mit diesen Hinweisen wird bereits deutlich, welche Funktionen den Trachten zugemessen wurden. Sie waren Instrumente geschichtspolitischer Verortung und konnten als Ausdruck regionaler oder lokaler Identifikation ebenso dienen wie als repräsentative Symbole partikularbayerischen Eigensinns und gesamtbayerischer Selbstdarstellung. Auch auf diesem Feld hat sich dabei nichts von selbst ergeben, ist nichts aus den «Wurzelgründen» der ländlich-bäuerlichen Volkskleidung erwachsen. Die Trachten waren vielmehr ebenfalls eine staatlich gelenkte Erfindung des 19. Jahrhunderts, die im selben identitätspolitischen Kontext stand wie die Gründung der Historischen Vereine und die vor allem den Projektionen bürgerlicher Schichten entsprang. Die Definition von Authentizität und Originalität war dabei relativ beliebig und künstlich. Zumeist orientierte man sich an alten Stichen, Votivbildern oder Genremalereien, die freilich ihrerseits oft schon romantische Verklärungen und keineswegs «reale» Abbilder waren. Hoch im Kurs standen vor allem die oberbayerischen Gebirgstrachten, insbesondere die «Miesbacher Tracht» mit bestickten kurzen Lederhosen, Lodenjoppe und Gamsbart. Deren Stilelemente wurden recht ungeniert in andere Gebiete transferiert. Die Trachtenvereine hießen dann etwa «D'Werdenfelser Tirschenreuth», «D'Altbairischen Weiden» oder «D'Lustinga-Holzhacka Schwandorf» oder verwiesen mit Namen wie «Alpenrose», «Almrausch» und «Edelweiß» auf entfernte Gebirgs-Flora und -Fauna. Mit dem Schlierseer Bauerntheater wurde das selektive Trachtenklischee sogar in die große Welt hinausgetragen. Seine Auftritte mit Zither, Volkstanz und Schuhplattlerei während der Weltausstellung 1893 in Chicago waren stets restlos ausverkauft und verengten nachhaltig die Außenwahrnehmung von bayerischer Regionalität. Sehr großzügig und eklektizistisch gingen im Übrigen auch die bayerischen Monarchen mit der Tracht um.

Max II. trug steirischen Janker zur englischen Hose; Ludwig II. blieb ohnehin eine Kunstfigur; Prinzregent Luitpold erschien oft mit Kurzlederner und einer «schiachn Joppn», dies aber weniger als Trachtler an der Spitze einer Volksbewegung, sondern als Jäger in der Tradition eines alten Herrschaftsprivilegs.[38]

Dennoch waren es an erster Stelle wieder die Wittelsbacher, die für die Trachtenbewegung als wichtiger Motor fungierten und sie in ihr Identitätsprogramm einbauten. Der erste entscheidende Mentor war dabei mehr noch als Ludwig I. dessen Sohn Max II. Er gab 1852 einen förmlichen «Befehl an die Königlichen Regierungs-Präsidenten betr. Hebung des Nationalgefühls in specie die Landestrachten» und forderte die gezielte Bewerbung von «herkömmlichen Trachten der städtischen wie der ländlichen Bevölkerung». Als Mustervorgabe wurde Felix Joseph von Lipowskys «Sammlung bayerischer National-Kostüme» bei allen möglichen Multiplikatoren deponiert – bei Ethnologen, Landschaftsmalern und Schriftstellern, bei Schulinspektoren, Landrichtern, Geistlichen, Lehrern, Bürgermeistern und Vereinsvorständen. Sie verbreiteten das Gedankengut auf Versammlungen und von der Kanzel herab; die Zahl an Trachtenbildern in Volkskalendern, an Trachtengruppen und Trachten-Festzügen schnellte in die Höhe. Insgesamt sollten Volksleben und Brauchtum in all ihren Aspekten gezielt gefördert werden. «Des Bayernlandes Volkstum zu inventarisieren», so lautete der erste Auftrag des erwähnten «Bavaria»-Projekts, ein Bayerisches Nationalmuseum mit «Denkmalen aus dem Volksleben» sollte das zuletzt institutionalisieren.[39]

Das Trachtenwesen in Bayern entfaltete weit über das 19. Jahrhundert hinaus ein bemerkenswertes ideologisches Überschusspotential. Nach den Bedingungen der dynastischen Kulturpolitik à la Max II. und der Popularisierung durch Prinzregent Luitpold benutzten auch die NS-Machthaber die Tracht in Verbindung mit alpinen Landschaftskulissen als Symbol von Bodenständigkeit, oft freilich auch zur Camouflage. Man denke an die berühmten von Heinrich Hoffmann aufgenommenen Photographien Adolf Hitlers in Lederhose inmitten «seiner Berge» und umgeben von Berchtesgadener Weihnachtsschützen am Obersalzberg oder an die Trachten-Propagandabilder zur Stärkung ostmärkischer und mainfränkischer Gauidentität.[40] Auch nach 1945 rollte der Trend zur Trachtensymbolik in mehreren Wellen, getragen nicht zuletzt von den schon erwähnten Bezirksheimatpflegern und dem Bayerischen Landesverein für Heimatpflege. In einer ersten Nachkriegsphase hatte Kultusminister Hundhammer in den 1950er Jahren Trachten als konservative Stabilisierungselemente gefördert; auch integrationspolitische Funktionen wurden den Trachten zugeschrieben, etwa wenn sie die Sudetendeutschen oder Egerländer auf den Vertriebenen- und Nordgautagen trugen. Die zweite Etappe der «Trachtenerneuerung» lenkte dann in den 1970er Jahren den Blick auf mehr regionale «Authentizität» und «Ursprünglichkeit». Allerdings kam es auch zu vielen modernen Verfremdungen wie dem emblematischen kurzen hellblauen Kunstdirndl während der Münchner Olympiade 1972, und jedem steht in heutiger Zeit der – merkantil dankbar aufgegriffene und kommerziell gnadenlos befeuerte – Trachtenhype um das Oktoberfest und zahlreiche lokale Dulten vor Augen. Neben Aspekten des ökonomischen Marketings oder propagandistischer Instrumentalisierung kann man das Phänomen «Tracht» – parallel zu den «Heimat»-Diskursen – wohl durchgehend interpretieren als Versuche staatspolitischer Identitätsbindung in Umbruchs- und Krisenzeiten. Sie stehen für eine «Geborgenheitsreserve» (H. Münkler) mit kompensatorischen und stabilisierenden Wirkungen – sei es angesichts der Herausforderungen durch die Wandlungsprozesse während des 19. Jahrhunderts, sei es in der Wiederaufbaugesellschaft nach dem Zweiten Weltkrieg, sei es in verunsichernden Krisen der 1970er Jahre oder angesichts der mit der Globalisierung verbundenen Verlustängste seit der Jahrtausendwende.[41]

Resümiert man die Versuche, mit denen der moderne bayerische Staat seit Ludwig I. seine eigene Geschichte in Szene setzte und damit die einzelnen Regionen zusammenband, so erkennt man auch darin wieder manche der schon öfter skizzierten Ambivalenzen. Stets bewegten sich die Strategien und Entwicklungen zwischen homogenisierender Lenkung der Regionen und Beachtung regionaler Traditionen. Das grundsätzliche Ziel war nie die Förderung wirklicher regionaler Eigenständigkeit, sondern das Einfangen und die Moderation der regionalen Ansprüche unter dem einigenden Dach eines «bayerischen Nationalbewusstseins». Regionalismus bedeutete nie Partikularität, sondern wurde als Angebot zur gesamtbayerischen Loyalisierung wie Integration und als Mittel zur Staatslegitimierung verstanden.

Wie schmal der Grat dabei allerdings werden konnte, zeigte sich spätestens immer dann, wenn Regionalismen einen dynamischen Eigensinn entfalteten. Dann konnten Fortleben und Beharrungskraft von vor- und außerbayerischen Traditionen unter Umständen schnell staatsbayernkritische Sprengkraft entfalten. Der innerbayerische Regionsföderalismus, die Existenz eigenständiger kleiner Erfahrungswelten und Referenzmuster blieben jedenfalls durchgehend ein Faktor eigener Art, auch wenn sie durch aktive Geschichtspolitik gebunden wurden und sich zumeist deutlich unterhalb der Schwelle des Separatismus bewegten. Sie wurden nie gänzlich homogenisiert, mitunter wurden sie durch das mit Ludwig I. begonnene Programm «Staatslegitimierung durch Regionalisierung» sogar erst konstituiert und genährt. Vielleicht zeigte diese Strategie gerade auch deshalb so nachhaltige Wirkung, weil sie eben Ventile eigensinniger Selbstvergewisserung öffnete und sich daran historische Erinnerungsformen anlagern konnten, die über die Absichten der Wittelsbacher Dynasten oder des modernen Beamtenetatismus hinausgingen, die sich in ihrer gesteigerten Selbstwahrnehmung gemeinhin als Inkarnationen des bayerischen Staates begriffen.

Das galt sogar für manche der dezidiert «von oben» protegierten Historischen Vereine. Sie erwiesen sich zumal in Neubayern als selbständiger denn geplant. Da muss man im Einzelnen genau auf die Binnenstrukturen der Vereine blicken. Der Bayreuther Kreis der «Freunde der vaterländischen Geschichte» beispielsweise, aus dem der Historische Verein für Oberfranken erwuchs, sah seinen zentralen historischen Fluchtpunkt in den durch Hohenzollern und Protestantismus geprägten Traditionen des ehemaligen Markgrafenterritoriums, nicht in denjenigen des katholisch-wittelsbachischen Bayern, und entwickelte daraus eine spezifische Form des «regionalen Borussianismus». Diese unterschied sich markant von Altbayern (aber auch vom oberfränkischen Nachbarn Bamberg) und hatte in den reichspolitischen Debatten der zweiten Hälfte des 19. Jahrhunderts mit der Unterstützung der kleindeutschen Reichsgründungspolitik auch handfeste tagespolitische Auswirkungen. Ähnliches kann man für das Historische Vereinswesen und die Heimatbewegung in der Pfalz feststellen. Sie trugen zwar vom Mitgliederprofil zumeist den üblichen staatsnahen Honoratiorencharakter, waren aber ebenfalls weit nationalliberal-reichspatriotischer eingestellt als ihre altbayerischen Pendants und propagierten auch ein entsprechendes Selbstbild vom «deutschen Pfälzer» und von der Pfalz als «Perle des Reiches».[42]

Dementsprechend warnend hieß es dann auch in einer Stellungnahme der Bayerischen Akademie der Wissenschaften 1836, aus der regionalen Geschichtspflege könne «ein gefährliches Wiederaufwachen des Provinzialgeistes und eine literäre Dezentralisierung» erwachsen. Ein Memorandum des österreichischen Gesandten in München hatte schon mit Gründung des Königreichs im Jahr 1806 prognostiziert, bei aller Inszenierung nationalbayerischer Eintracht werde man das ungenierte Fortleben «fühlbarer Eifersucht und Differenz» zwischen dem «Isarbewohner», der sich als «Urstamm» betrachte, und den «neueren Zukömmlingen» sehen. Und noch in unseren Tagen kann man museale Institutionalisierungen dieses komplizierten Changierens zwischen Staatsintegration und Regionalismus bewundern: Neben der Gründung eines «Museums der Bayerischen Geschichte» in Regensburg steht die eines «Museums für Fränkische Geschichte» in Würzburg (des ehemaligen «Mainfränkischen Museums», das 2017 zu einem «Museum der Franken» wurde). Die Geschichte Frankens wird auch in Regensburg miterzählt, aber für die Franken offenbar zu wenig oder nicht angemessen genug. Die Integration des Fränkischen ins Bayerische wird im vorliegenden Fall wohl eher als hegemonialer Ausgriff empfunden. Beide Museen sind also Monumente staatlicher Geschichtspolitik, beide dienen der Legitimierung der Größe des bayerischen Staates aus seiner Geschichte. Aber in beiden wird auch recht deutlich, dass es durchaus eine Herausforderung und ein konstruktiver Akt ist, Gesamtbayern und Gesamtfranken darzustellen.[43]

4. Meistererzählungen: Wie die Landesgeschichtsschreibung Staat macht

Nicht nur der Staat erzählt seine Geschichte – auch durch die Erzählungen von Historikern wird Staat gemacht, werden historische Zusammenhänge markiert und dadurch räumliche Beziehungen definiert. Geschichtsforschung trug und trägt immer bei zu einer «verwertbaren Vergangenheit». Gerade die Profession der Landesgeschichtsschreibung in Bayern ist dafür ein Musterbeispiel.[44]

Das hat eine durchaus längere Tradition. Schon in der Frühen Neuzeit trugen Landeshistoriker zur Staatslegitimierung bei, etwa mit der münchenzentrierten Hofhistoriographie Johannes Aventinus' im 16. Jahrhundert oder mit den gegenreformatorischen Geschichtserzählungen unter Kurfürst Maximilian im 17. Jahrhundert. Auch mit den Historischen Vereinen, von denen eben gehandelt wurde, war die Landesgeschichtsschreibung verbunden. In der zweiten Hälfte des 19. Jahrhunderts stützten nationalliberale Landeshistoriker wie Karl Theodor von Heigel oder Sigmund von Riezler die Reichsintegration Bayerns. Wir konzentrieren uns hier auf die Zeit nach 1945. Nach dem Zweiten Weltkrieg verstand sich die bayerische Landesgeschichtsschreibung, jedenfalls in der Münchner Zentrale der Orthodoxie um das Institut für Bayerische Geschichte, in besonderer Weise als Zuarbeiterin einer staatlichen Identitätspolitik, als Protagonist einer «staatspolitisch bedeutsamen Gegenwartswissenschaft» mit öffentlichem Auftrag.[45]

In der Frühphase der Regeneration des Nachkriegsbayern kann vor allem der Münchner Ordinarius für Landesgeschichte Max Spindler als Hauptvertreter dieser Richtung gelten. Er war der Doyen einer wirkmächtigen Schule und fungierte als «Chefinterpret und Referenzstelle» einer «kulturstaatsbayerischen Geschichtsauffassung», in deren Rahmen die «wissenschaftliche Erforschung von Landesgeschichte» dezidiert ein «wichtiges staatspolitisches Interesse» verfolgte. Spindler selbst betonte durchgehend den engen Konnex von Geschichtswissenschaft und staatlich-politischer Legitimation und betrachtete den Beruf des bayerischen Landeshistorikers als «von recht eigener Art». Zwar habe dieser «keinen [expliziten] politischen Auftrag», sondern wie jeder Universitätslehrer nur «der Wissenschaft und Wahrheit zu dienen». Allerdings erwachse aus dieser strengen Wissenschaftlichkeit und der Pflege des Geschichtsbewusstseins jenseits «politischer Lockung» «ganz von selbst eine Nebenfrucht von eminenter politischer Bedeutung»: eben die «Stärkung des Staatsbewußtseins, das aus dem Geschichtsbewußtsein seine Nahrung» empfange. Das umschloss immer bewusst auch aktive Politikberatung. Spindlers Vorträge und Aufsätze wurden durchweg «eifrig rezipiert in bayerisch-gouvernementalen Kreisen». Schon für die Formulierung der Präambel der bayerischen Verfassung von 1946, in der von der «mehr als tausendjährigen Geschichte» des bayerischen Volkes die Rede ist und von deren Kraft, angesichts des Nachkriegstrümmerfeldes ein verlässliches geistiges Fundament zu bieten, lieferten Spindler und sein Lehrer Michael Doeberl die prägenden Stichworte.[46] Und auch wenn sich das Feld der Landesgeschichte mittlerweile deutlich ausdifferenziert hat, postulieren führende Vertreter der Zunft in Nachfolge Spindlers bis heute, Landesgeschichte sei das «unverzichtbare Korrelat des [...] Föderalismus», nähre dessen «Lebenskraft» durch den «eindrucksvollen» wissenschaftlichen «Nachweis des historischen Unterbaues» und erfülle damit das «unverkennbare Interesse an neuer Identitätsbildung, die ihre Wurzeln ganz wesentlich aus der Geschichte zieht». Die hauptsächliche Funktion der landeshistorischen Professuren sei es folglich, als «Keimzellen bayerischer Identität» zu wirken, ihren «Beitrag für das Bewusstsein von den Grundlagen der Staatlichkeit Bayerns und der föderalen Staatlichkeit in Deutschland und Europa» zu leisten und Impulse «für eine moderne kulturelle Identität Bayerns» zu geben.[47]

Zu einer so verstandenen Landesgeschichtsschreibung gehörte ein möglichst breites Wirken in die Gesellschaft hinein. Als zentrale Partner wurden früh die Staatsregierung und die hohe Ministerialbürokratie gewonnen. Personifiziert wurden diese Beziehungen etwa durch Karl Böck, Spindlers ersten Doktoranden, seit 1949 im bayerischen Kultusministerium tätig, zuerst als Referent der Minister Hundhammer und Schwalber, zuletzt 1969 bis 1981 als Amtschef des Hauses. Böck war eine Art Graue Eminenz auf dem Schnittfeld von Geschichtsschreibung und Geschichtspolitik mit enormem Einfluss. Diese Rückendeckung hatte sich schon gezeigt bei der Gründung des Instituts für Bayerische Geschichte der Ludwig-Maximilians-Universität 1946/47, das nicht zufällig im unmittelbaren Umfeld der Zentralinstitutionen an der Münchner Ludwigstraße liegt – für den ehemaligen Kultusminister Ludwig Spaenle (selbst ein Promovend der Einrichtung) ein «zutiefst staatspolitischer» Gründungsakt. Zumal im Vergleich mit anderen Bundesländern lässt sich die prominente Position der bayerischen Landesgeschichte auch erkennen an einer flächendeckenden Ausstattung mit Lehrstühlen an den bayerischen Universitäten oder in ihrer Verankerung in der Lehrerbildung. Das Institut für Bayerische Geschichte galt und gilt außerdem als «Kaderschmiede für den Freistaat» mit Netzwerken weit übers Land. Von dort aus wurden Absolventen nicht nur in Ministerien und auf Lehrstühle lanciert. Sie wurden sehr erfolgreich auch untergebracht im Bayerischen Rundfunk und in der Denkmalpflege, in den diversen Verbänden und Vereinen, in der Landeszentrale für politische Bildung, den Generaldirektionen von Museen, Archiven, Bibliotheken, in den Schulleitungen sowie im von Spindler mitinitiierten Haus der Bayerischen Geschichte. Dieses war für Spindler Ort «der Sammlung, der Besinnung, der Belehrung». Es solle «geistige Heimstätte des bayerischen Volkes» sein und «Symbol seiner Zusammengehörigkeit». Nicht zuletzt sah es Spindler als eine zentrale Verantwortung an, «dem größten Teil des Lehrernachwuchses für die bayerischen höheren Schulen sein bayerisches Geschichtsbild» einzuprägen. Bei alldem hat es sicher nicht geschadet, dass Spindler selbst über Jahre hinweg Mitglied etwa des Landespersonalamtes oder des Rundfunkrates war.[48]

Aufs Ganze sicherte diese institutionell-personelle Basis eine Geschichtserzählung ab, die Raum, Land und Staat der Bayern eine ganz spezifische politische Kontur verlieh. Sie kombinierte mehrere Leitperspektiven, von denen für unseren raumhistorischen Zusammenhang drei besonders wichtig erscheinen.

Es handelt sich – erstens – um eine Erzählung der langen Dauer und «ungebrochenen Tradition» vom Frühmittelalter bis zur Gegenwart, getragen von einer fast symbiotischen Einheit von Stamm, Territorium, Staat und Dynastie (später dann «Staatspartei» und «Landesvater»). Die Landesgeschichtsschreibung habe folglich den «unschätzbaren Vorteil», dass «ihr Land, ihr Raum Bayern», gleichsam «immer war und ist». Das hebe Bayern ab vom restlichen Deutschland. Darauf könnten «das moderne [Bayern] mit seinen fränkischen und schwäbischen Teilen so gut wie [Altbayern] mit seiner geschlossenen Geschichte und seinen klaren Grenzen» bauen. Damit diese Erzählung funktionieren konnte und die fränkischen, schwäbischen, pfälzischen und später sogar sudetendeutschen Traditionen einzubauen waren, bedurfte es ganz wesentlich der bereits skizzierten Verknüpfung des territorialen Raumes mit der Idee der Stämme, die zwar in sich differenziert waren, aber zugleich eng mit dem Raum verwoben wurden.

Sodann und zweitens kennt die Meistererzählung einen zentralen Fluchtpunkt: die Schaffung eines territorial einheitlichen Staates «im Sinn moderner Staatlichkeit». Die «Pflege der bayerischen Geschichte» heiße stets «Pflege des bayerischen Staates»; allein der Staat bilde «das Rückgrat des geschichtlichen Lebens»; auch die Geschichte von Stamm, Volk und Gesellschaft lasse sich nicht von dieser «staatlichen Vergangenheit» und ihren Bindungen lösen, umspanne der Staat doch «bis heute ‹Bayerisch Land und Volk›», verbürge die Jahrtausende alte Existenz Bayerns und weise den «wesensgemäßen» Weg einer «sinnfälligen» Ordnung. Hauptsächlich die Stärkung des Staatsbewusstseins aus dem Geschichtsbewusstsein liege daher im Beruf des bayerischen Landeshistorikers. Diese Staatsbindungen zu bezweifeln oder zu relativieren sei nichts weniger als eine «ungeheuerliche Häresie unserer Tage». Diese Akzentuierung hat wiederum mehrere Folgen und Ausprägungen, politisch-inhaltliche wie wissenschaftsgeschichtlich-methodische.[49]

Sie zeigt sich zuerst einmal an den Hauptforschungsprojekten der Spindler-Schule: Das Handbuch der bayerischen Geschichte, das Historische Ortsnamenbuch, der Bayerische Geschichtsatlas und der Historische Atlas von Bayern waren allesamt Vorhaben eines staats- und institutionenbezogenen Interpretationsmodells. Mit ihnen und ihrem Grundanliegen, den «Aufbau des bayerischen Staates von unten her» zu beschreiben, wurde dieser in seiner Geschlossenheit und Dauer erst mit erfunden. Oder wie es Spindler unter anderem gegenüber Ministerpräsident Ehard formulierte: Es gehe in allem darum, «durch Bearbeitung gesamtbayerischer geschichtswissenschaftlicher Aufgaben […] den Zusammenhang zwischen den einzelnen Landesteilen enger zu gestalten». Ziel sei es, ein «endgültiges, durchgezeichnetes Bild der Territorialbildung in Bayern» zu bieten, den «sich formenden Staatskörper durchsichtig» zu machen und so «jedem Staatsbürger», besonders aber den Lehrern und der Jugend Bayerns «einen sicheren Gang durch die geschichtliche Landschaft» zu ermöglichen. Faktoren, die dem harmonischen staatsbildenden Verlaufsmodell entgegenstanden, wurde dagegen der Charakter von Fehlentwicklung zugeschrieben, dem sogenannten «welfischen Jahrhundert» in Bayern (1070–1180) vor der wittelsbachischen Morgendämmerung etwa oder den diversen Landesteilungen vom 13. bis zum 15. Jahrhundert, die als «verhängnisvolle Fehler» und böser «Fluch der Erbteilungen» angesehen wurden.[50]

Mit der langen Geschichte interner Staatsbildung verwoben wird sodann dessen spezifische Einordnung in den größeren «nationalen» Raum: Vom frühen Stammesherzogtum an sei Bayern immer ein starker Staat gewesen mit profilierter Eigenständigkeit, reicher Repräsentationssymbolik und großer Bedeutung aus sich selbst heraus, auch mit entsprechenden reichs- bzw. deutschlandweiten Einflüssen. Die Folgerung daraus lautete: Der bayerische Staat trage mit dieser Geschichte eine besondere Verantwortung als Vorkämpfer des Föderalismus in Deutschland und Europa, dies zumal nach den Erfahrungen der NS-Diktatur. Die Landesgeschichtsforschung habe in dieser Hinsicht auch Zuarbeit zu leisten. So versicherte Spindler 1947 Ministerpräsident Ehard, die deutsche Frage könne nur vom Einzelstaat her gelöst werden und die Landeshistoriker hätten in erster Linie die Legitimierung dieser Einzelstaatstradition abzusichern. Die Landespolitik sei «nach Kräften [...] zu unterstützen, indem wir die bayerische Vergangenheit erforschen und die Wurzeln bloß zu legen versuchen, von denen das bayerische Staats- und Geschichtsbewusstsein lebt und genährt werden kann». Noch 2008 nahm Landtagspräsident Alois Glück das Argument auf und ließ das Frühmittelalter direkt in die Tagespolitik münden. In einer Veranstaltung zur Konstitution von 1808 stilisierte er Herzog Tassilo III. als Gegenspieler Karls des Großen zum «ersten Bannerträger des deutschen Föderalismus» und erzählte die Geschichte seiner Absetzung als Warnung, stets die «bayerischen Souveränitätsrechte gegen zentralistische

Begehrlichkeiten» zu verteidigen. Es gebe eine Traditionslinie «von Tassilo III. [...] bis zu den Föderalismusreformen unserer Zeit».[51]

Wissenschaftsgeschichtlich und methodisch verbindet sich mit diesem Verständnis von Landesgeschichte eine bemerkenswerte Positionierung gegen Ansätze der Kulturraumforschung, der «geschichtlichen Landeskunde» und einer «Regionalgeschichte» jenseits der staatlichen Raumbezüge. So wird energisch postuliert, wenn man der Geschichte Bayerns (wie derjenigen anderer deutscher Länder) die staatspolitische Fokussierung nehme und stattdessen etwa von weniger eindeutigen Kulturlandschaften oder fluide definierten «Regionen» handle, dann stünden letztlich die föderativen Strukturen und der antizentralistisch-antitotalitäre Konsens des Jahres 1945 zur Disposition. Die Kulturraumforschung stand für Spindler und seine Schule stets in Gefahr, zur NS-kontaminierten, rassisch unterlegten Volkstumsforschung zu oszillieren, in der die Einzelstaaten ihre Kraft verloren hätten und die teilweise auch dem Rivalen Karl Bosl zugeschrieben wurde. 1954 formulierte Spindler in einem Vortrag entsprechend programmatisch, Ziel des Nationalsozialismus sei es gewesen, «den deutschen Volksraum in einzelne, die alten deutschen Binnengrenzen überspringende Teilräume, in historische Landschaften oder Kulturlandschaften zu zerlegen und deren geschichtliche oder landeskundliche Inhalte zu erforschen, womit zugleich ein neuer Rahmen für die deutsche Geschichte gewonnen wäre. Denn wenn man der deutschen Geschichte nicht mehr die Geschichte der deutschen Einzelstaaten, sondern die Geschichte von Kulturlandschaften zugrunde legt, dann ließe sich von dieser Basis aus das politische Sonderbewußtsein, das an den deutschen Einzelstaaten Halt fand, in die Dämmerung versenken und überwinden.» Der klare Blick des Landeshistorikers auf die lange Staatsgeschichte immunisiere dagegen, er sei das Fundament einer geschichtswissenschaftlich unterfütterten Identitätspolitik des Föderalismus.[52] Das galt auch unbeschadet der Tatsache, dass gerade Landeshistoriker wie Spindler immer die Notwendigkeit einer «Geschichte des Volkes, [...] der bayerischen Kulturgüter und Kulturleistungen» sowie der interdisziplinären Kooperation mit der Geographie, Volkskunde, Kunstgeschichte oder Siedlungsgeschichte betonten. Die staatszentrierte Perspektive blieb: Es blieben die Vorstellungen eines

Volkes, das allein vom Staat und seinen Fürsten zusammengehalten und geleitet werden konnte. Es blieben die Anschauungen vom politischen Territorium als fest umrissener Größe, als staatlicher «Containerraum», der auch der Landesgeschichtsschreibung den Interpretationsrahmen vorgab. Und es waren und blieben in erster Linie die Kulturleistungen von Fürsten und Klöstern, die im Mittelpunkt standen. Der Terminus «Kulturlandschaft» wurde nur akzeptiert in Verbindung mit der Kunst – im Idealbild des «barocken Bayern» als staatlich-kirchlich konnotiertem Kulturbegriff – und nicht als genereller Ansatz einer eigenständigen, staatsunabhängigen, anthropologischen Raumgliederung.[53]

Damit sind wir schon beim dritten zentralen Interpretament der klassischen bayerischen Landesgeschichte: Es ist die Erzählung vom friedliebenden, schöngeistigen Kulturstaat, die auf sehr spezielle Weise eng verwoben wird mit den naturräumlichen Rahmenbedingungen. Landschaft und Naturraum erscheinen ausdrücklich nicht als eigenständige Faktoren einer Ethnologie oder Volkssoziologie, wie wir dies bei Wilhelm Heinrich Riehl und anderen sehen werden. Sie sind vielmehr wieder bewusst eingelassen in die gesamtbayerische Staatsgeschichte. In dem bereits zitierten und vielfach variierten Vortrag vor dem Bayerischen Landesverein für Heimatpflege betonte Spindler 1946, die «Grundlagen der Kulturentwicklung in Bayern» lägen nicht zuletzt in der «Landschaft», im natürlichen «Raum». Dieser sei zwar eng bemessen, «aber mit welcher Güte hat ihn die Natur gefüllt! Sie hat ihn gefaltet und geweitet, gehoben und gesenkt, mit Gegensätzen belebt, in den Erdschichten, in der Pflanzendecke, in den Flußsystemen, im Klima, im ständigen Wechsel von Gebirge und Tal, Hügelland und Ebene. Sie hat ihm gleichzeitig Ackerkrume und Stein, Wiese und Wald, Heide und See geschenkt und ihm alle Stimmungsmöglichkeiten anvertraut, von der kühnen Hoheit der Bergriesen im Süden und dem schweigenden Ernst der Tannenwälder im Bayerischen Wald bis zur Anmut und Lieblichkeit der fränkischen Weinhügel. Sie hat ihm die Einheit versagt und ihm doch eine Landschaft von starker Geschlossenheit und charaktervoller Prägung eingefügt, das Alpenvorland mit seiner Weitschichtigkeit und Gleichförmigkeit, seinen großzügigen Fernsichten, wie geschaffen, um Stammesart zu bilden und zu bewahren.» Auf der Basis dieser «glücklichen Lage» des reizvollen Naturraums mit Bergen, «eilenden Flüssen und fruchtbaren weiten Ebenen» ließ sich Bayern als «friedlicher Kulturstaat» bauen. Daraus sei ein harmonisches «Zusammenwirken von Land und Volk, Kirche und Staat» erwachsen, wie es sich im «barocken Bayern» verdichte, beharrlich, zukunftsfähig und mit dem Willen zur «selbständigen Kulturentwicklung» angeleitet von den Wittelsbacher Mäzenen und der katholischen Kirche. Das Ergebnis sei eine «geistige Physiognomie», die sich absetze von den belasteten deutschen und preußischen Traditionen. Die barocken Bayern seien zugleich «kraftvoll» und schöngeistig, friedliebend, antimilitaristisch. An ihrer «Wiege» hätten nicht «der Gott des Krieges», Eroberung und Gewalt gestanden, sondern schöne, mächtige Natur und friedliche, auf geistigen Austausch basierende Kultur. Dementsprechend habe sich die Landesgeschichte immer auch ihre Funktion als naturverbundene «Heimatgeschichte» jenseits der Universität bewusst zu machen und müsse dem «Gemütswert» kleinräumiger Lebensbezirke Ausdruck verleihen, der «Heimatliebe, die der Heimatgeschichte ihre tiefste, ihre sittliche Berechtigung» gebe. Heimat- wie Landesgeschichte lebten beide «nicht vom Buch, sondern aus der Anschauung und aus der Liebe, was ihr über den Wandel der Zeiten […] und Theorien hinweg die Dauer verbürgt». Erst wenn auf «Lehrfahrten durch das Land» die Vergangenheit lebendig werde und «von den jungen Teilnehmern das Buchwissen abfällt und das Verstehen an seine Stelle tritt», sei Landesgeschichte «am schönsten».[54]

Mit dieser Lesart verband sich zum einen für die Geschichtsteleologie nach 1945 der Vorzug, dass man «gleichsam ‹qua Stammescharakteristik›» vom Nationalsozialismus «entlastet» wurde – einmal abgesehen davon, dass die NS-Zeit für viele ohnehin kein landeshistorisches Thema war, weil es ja in den bewussten zwölf Jahren keinen bayerischen Staat und damit kein Bayern gegeben hatte. Zum anderen verdeutlichen gerade die letzten Aussagen grundsätzlicher noch, dass auch auf dem Feld der historiographischen Erzählungen mit Topographie und Landschaftsbildern stets kulturelle Eigenarten und politisch-ideologische Leitmotive verwoben wurden. Landesgeschichtsschreibung war und ist für sich genommen ein eigengewichtiger Agent von Staats- und Raumbildung, eine mächtige Gedächtnis-, Metaphern- und Bildermaschine mit geschichtspolitischem Ausgriff und raumkonstitutiver, raumkonstruierender Wirkung.[55]

5. Vom Pfälzerwald bis in die Sudeten: «Geschichtslandschaften» und das Verständnis der Regionen (jenseits Altbayerns)

In den letzten Kapiteln haben wir viel gehört von innerbayerischen Regionen und «Volksstämmen» und den Initiativen, sie möglichst kohärent zusammenzubinden und auf Gesamtbayern zu verpflichten. Nun geht es in groben Zügen um die Frage, welche speziellen politischen Kulturen, manche sagen: «Sonderidentitäten», den Pfälzern, Franken und Schwaben denn zugeschrieben wurden. Wie schon die Homogenisierungsstrategie ist auch dies umstritten und uneindeutig. Abgesehen davon, dass «Identität» für sich schon ein problematischer Begriff ist und die Teilregionen selbst ganz erheblich binnendifferenziert waren, bedürfte es ja einer akzeptierten *Normal*identität, von der sich *Sonder*identitäten absetzen könnten. Oder anders formuliert: Die Kategorisierungen funktionieren nur, wenn man die jeweiligen regionsinternen Differenzen zurückstellt und stattdessen *gemein*fränkische oder -schwäbische Besonderheiten definiert und wenn man sie im Rahmen der skizzierten staatsbayerischen Stämmeteleologie und Geschichtspolitik vor der Vergleichsfolie Altbayerns als gleichsam normgebendem Kernland positioniert.

Die Pfalz

Sehr früh wurde für die bayerische Pfalz ein «Sondergeist» festgestellt. So galt sie dem wandernden Ethnologen Wilhelm Heinrich Riehl 1857 als Musterfall eines «individualisierten Landes», das «dem Pfälzer» einen eigenen «psychologischen Charakter» verleihe. Er lag für Riehl in besonderen Landschaftsformationen wie der Rheinebene oder den Weinkulturen begründet sowie in der Tatsache der territorialen Trennung vom rechtsrheinischen Bayern, die die Pfalz zu einem «bloßen topographischen Fragment» mache. Ähnliche Einschätzungen kennen wir aus den 1810/20er Jahren bereits von den Reformbeamten Ignaz von Rudhart oder Joseph von Armansperg; sie hatten vom Rheinkreis als «Exarchat von Baiern» bzw. vom Nebeneinander von Haupt- und Nebenstaat gesprochen. Riehl richtete seinen Blick aber noch mehr auf innerpfälzische Verhältnisse und identifizierte da wesentliche Gründe pfälzischen Eigensinns: einen stärkeren Liberalismus und mehr kulturell-geistige Beweglichkeit, die sich in der vermehrten Beteiligung an politischen Kontroversen (1832/48) wie in intensiveren Migrationsströmen ausdrückten; teilweise eine größere ökonomische Modernität und gewerbliche Betriebsamkeit, dies freilich in Nachbarschaft zu ausgesprochenen Armutsregionen wie dem Pfälzerwald; zuallererst aber die Prägung durch die fast 20-jährige französische Annexionszeit (1796/97–1815/16), die die Pfalz zum Land zwischen den Kulturen werden ließ. Daraus erwuchsen für Riehl gleichermaßen die positiven Aspekte einer Wahrung eigener Brauchtümer, die mit bayerischer Identifikation vereinbar seien (das nennt er «Eigentümelei»), wie die negativen Folgen einer Abkapselung von den kurpfälzisch-wittelsbachischen Traditionen (das heißt bei ihm «Sondertümelei»). Als «Hauptaufgabe der bayerischen Staatskunst» galt ihm daher, «den Pfälzer» aus dieser «verderblichen Sondertümelei [...] herauszureißen».[56]

Die Bewertungen Riehls mögen problematisch sein, der Grundfaktor für ein markantes Regionalbewusstsein ist aber zutreffend erkannt. Für keine andere bayerische Region existieren vergleichbar enge transnationale Wechselbeziehungen, wie sie sich für die Pfalz aus der räumlichen Nähe *zu* und dem ideellen Austausch *mit* Frankreich ergaben. Daraus resultierte eine spezifische Denkhaltung. Sie hielt deutliche Distanz zum dynastisch-geschichtlichen Bewusstsein Altbayerns, obwohl die Pfalz an sich das Stammland der regierenden Wittelsbacherlinie war. Viel prägender indes waren «westliche» Aufklärungsgedanken und der liberal-demokratische Anspruch größerer Fortschrittlichkeit. Das schlug sich handfest nieder in der Verfassungs-, Verwaltungs-, Gewerbe- und Gesellschaftsordnung und fand konkrete Ausformungen in der politischen Kultur: in der vorübergehenden Adaption mancher revolutionärer Kultformen wie des Revolutionskalenders oder der langen Virulenz des Napoleonkults, mehr noch aber in der Gültigkeit des Code civil, der Abschaffung feudaler Grundherrschaftsrechte und des Fideikommisswesens, der Einführung eines modernen Gemeindeverfassungsrechts («maire-System»), der Gewerbefreiheit und des französischen Notariatswesens sowie der Trennung von Verwaltung und Justiz.[57]

Diese liberalen Normen wurden der Pfalz in einem eigenen Edikt auch im bayerischen Staat nach 1816 garantiert. Sie wirkten also im Königreich fort, im Zivilrecht beispielsweise bis zur Einführung des BGB im Jahr 1900. Sie schufen eine Art rechtliches Paralleluniversum, das nicht wenigen bayerischen Verwaltungsbeamten als anregendes Modell dienen konnte, bis hin zu gewissen «Palatinisierungstendenzen» des rechtsrheinischen Bayern. Aber sie verursachten natürlich auch manche Friktionen im administrativen Vollzug oder im parteipolitischen Alltag und dokumentierten den regionalistischen Eigenweg einer Provinz mit erkennbarem Sonderstatus, die stets in Gefahr stand, sich noch weiter von der «Zentrale» zu entfernen. In der «Anfälligkeit» für die von Frankreich ausgehenden revolutionären Ereignisse von 1831/32 und 1848/49 und zugespitzt im berühmten Hambacher Fest von 1832, das nicht zufällig auf pfälzischem Boden stattfand, sahen sich viele Konservative in ihren Ressentiments gegen den frankophilen liberalen Geist der Pfälzer bestätigt. Sie betonten die Notwendigkeit einer konsequenten «Bajuwarisierung» der Pfalz und forderten eine drastische Bestrafung der politischen «Unruhestifter». In keiner anderen Region des Königreichs jedenfalls offenbarte sich im Vormärz eine derart aktive bürgerliche Öffentlichkeit, nirgendwo sonst war die Gesellschaft vergleichbar politisiert.

Es waren gerade auch diese Auseinandersetzungen mit dem bayerischen Zentralstaat, die ihrerseits «historische Fermente im Selbstbewusstsein der Pfalz als moderner politischer Landschaft» bildeten (H. Gollwitzer) und die Pfalz, die ja für sich genommen ein sehr buntes Konglomerat unterschiedlicher Landschaften und territorialer Traditionen war, zusammenbanden. Zwar beruhigten sich die Beziehungen zum rechtsrheinischen Bayern seit der Mitte des 19. Jahrhunderts, kam es zu manchen rechtlich-politischen Angleichungen innerhalb Gesamtbayerns (Aufhebung der Grundherrschaften rechts des Rheins 1848, bayernweite Trennung von Verwaltung und Justiz 1862, Angleichung der Gemeindeordnungen 1869). Auch boten die wirtschaftliche Prosperitätsphase und die einsetzende Industrialisierung den pfälzischen Gewerbetreibenden viele Möglichkeiten im größeren bayerischen Markt, dies zumal nach der Integration des Königsreichs in das Deutsche Kaiserreich. Dennoch wies die Pfalz bis 1918 Spuren eines «Sonderwegs» auf: parteipolitisch mit einem ungewöhnlich ausgeprägten zunächst liberal-demokratischen, dann nationalliberalen Profil, seit Ende des 19. Jahrhunderts auch mit einer relativ starken Sozialdemokratie; staatspolitisch mit einer viel komplexeren Gemengelage aus lokal-kommunitären, bayerisch-pfälzischen, französischen und national-deutschen Loyalitäten und Patriotismen; rechtlich-administrativ mit auch weiter erkennbaren Besonderheiten in Gemeinde- und Justizverfassung, Finanzverwaltung, Bauordnung, Hypothekenrecht, Notariatswesen oder einer Verwaltungssprache mit oft französischer Terminologie; daraus resultierend mit gewissen Schranken im innerbayerischen Beamtentransfer über den Rhein hinweg, die überdies grundiert waren vom nie ganz verschwindenden Minderwertigkeitsgefühl des «Nebenstaats»; ganz praktisch außerdem mit der infrastrukturellen «Abgelegenheit» und manchen Mobilitätseinschränkungen etwa im Bahnverkehr zwischen Speyer und München; ökonomisch mit einem für Bayern eher ungewöhnlichen Fokus auf dem Bergbau (Sankt Ingbert) und der Chemieindustrie (Ludwigshafen); kirchenpolitisch mit einer eigenen evangelischen Kirchenorganisation in einem gemischt-konfessionellen Gebiet und mit starker Handschrift der Calvinisten. Gleichsam resümierend notierte der pfälzische Schriftsteller Wilhelm Michel im November 1923 in einem «Weltbühne»-Artikel dazu: «Der Pfälzer ist in erster Linie Pfälzer und Deutscher. Sein Bayerntum geht kaum unter die Haut.» Dass aus diesen Struktureigenheiten nach 1918 auch territorialpolitisch der separate Weg außerhalb Bayerns wurde, fiel also nicht völlig überraschend vom Himmel. Allerdings bedurfte es für diesen Prozess, wie erwähnt, auch einiger außergewöhnlicher Katalysatoren und externer Antriebskräfte, der sicherheitspolitischen Interessen Frankreichs nach dem Ersten Weltkrieg und der Partikularpolitik eines nationalsozialistischen Gauleiters.[58]

Franken

Eigentlich müsste man bei diesem Thema von vorneherein den Plural verwenden und von verschiedenen Franken sprechen: den katholischen Territorien der Hochstifte Würzburg, Bamberg und Eichstätt sowie den großen protestantischen Gebieten der fränkischen Reichsstädte, allen voran Nürnbergs, und der 1792 in das Königreich Preußen eingegliederten Hohenzollern-Markgrafentümer Ansbach und Bayreuth. Diese Pluralität ist für sich ein bedeutendes Element des regionalen Eigenprofils. Es zeigte sich schon bei der bayerischen Besitzergreifung nach 1800, die je nach Region oder Stadt ganz unterschiedlich aufgenommen wurde. In Ansbach monierte man das Ende der aufgeklärten Hohenzollernherrschaft und fürchtete eher ein Zurückdrehen der Reformschraube. Die Nürnberger oder Würzburger dagegen beklagten den brachialen Reformeifer der Montgelas-Beamten und litten unter dem Verlust reichsstädtischer bzw. hochstiftischer Traditionen. Allerdings meldeten sich auch Bürger, die vom modernen Staatsbayern gerade dieses Ende herbeisehnten und sich einen liberalisierenden ökonomischen oder politischen Aufbruch erhofften. Verwaltungsmäßig wurde Franken gegliedert in drei Kreise (Regierungsbezirke) recht unterschiedlichen Charakters und mit manchen Binnendifferenzierungen, und selbst da kam es zu weiteren terminologischen und ideologischen Alternativentwürfen (z. B. mit dem Begriff «Mainfranken»). Diese mannigfaltigen innerfränkischen Unterschiede, Gegensätze, Eifersüchteleien finden bis in unsere Tage Ausdruck. Nürnberg nimmt eine eigenartige Sonderstellung ein, die Rivalitäten zwischen Unter- und Mittelfranken sind legendär. 1976 gipfelten sie in der polemischen Wendung des unterfränkischen Regierungspräsidenten Philipp Meyer, das selbstverliebte, zur gesamtfränkischen Bindung unfähige Nürnberg sei für Unterfranken nichts weiter als ein Verkehrshindernis auf dem ohnehin schweren Weg nach München.[59]

Es ist also kein leichtes Unterfangen, «Franken» als Gesamtheit zu nehmen. Das kann nur mit einiger Erfindungsgabe gelingen und müsste sich wohl vornehmlich auf drei Referenzfelder beziehen. Sie umschreiben so etwas wie gemeinfränkische Kohäsionskräfte, sind allerdings für sich wieder uneinheitlich und ambivalent. Das Ergebnis weist stets eine gewisse «Künstlichkeit» auf und funktioniert zumeist nur in Absetzung zum Altbayerischen. Von einem «Peripherieregionalismus» gegen die «staatsbildenden Zentralregionen» spricht Georg Kunz.[60]

Franken besaß, wenn überhaupt, nur ein gemeinsames territoriales Bezugsfeld: den Fränkischen Reichskreis innerhalb des Verfassungsgefüges des Alten Reiches, fußend auf Raumvorstellungen vom «Lant ze Franken». Das mochte die historische Erinnerung an eine überwölbende staatliche Existenzform ermöglichen, jedoch scheint auch der Fränkische Reichskreis weit mehr durch Vielfalt denn durch Einheitlichkeit charakterisiert. Er bestand aus zahlreichen selbständigen Herrschaften, die neben den erwähnten drei großen Gebietskomplexen noch viele weitere kleinere umfasste, Ordensprovinzen, Balleien, die späteren Standesherrschaften und die ihrerseits in Kantone zusammengefassten Reichsritterschaften.

Diese historische Verankerung in der Welt des Alten Reiches trug womöglich dazu bei, Teile Frankens zu einem besonders national-reichstreuen Landstrich werden zu lassen. Freilich ergab sich das nicht von selbst und führte auch nicht automatisch zu einer binnenfränkischen Selbstverständigung. Erst in Verbindung mit Ideen des 19. und 20. Jahrhunderts konnte sich daraus eine Art fränkische politische Regionalidentität entwickeln, die sich signifikant von der altbayerischen mit ihrer engen Bindung an die Wittelsbacher Staatsdynastie unterschied. So wurde der Mythos der mittelalterlichen Reichsherrlichkeit Nürnbergs zu einer gesellschaftsprägenden inszenatorischen Größe erst nach seiner künstlerischen und touristischen Entdeckung in der Romantik. Und politische Virulenz gewann der «fränkische» Reichspatriotismus als Gemeinschaftssache gegen Altbayern nur in Kombination mit der modernen Nationalstaatsidee. Das zeigte sich zunächst im Vormärz, verdichtet im nationaldemokratischen Gaibacher Fest von 1832, in der Folge in diversen Kundgebungen und Bekenntnissen während der Revolution von 1848/49. In einer Schrift von 1849 verkündete der linksliberal-demokratische Nürnberger Pfarrerssohn Gustav Diezel offen, die Aufgabe einer «verständig geleiteten demokratischen Partei in Franken» sei es, «das fränkische Stammesbewußtsein auf der Basis des

Deutschthums gegenüber dem Baierthum auszubilden und die fränkische Stammeseigentümlichkeit gegen die altbairische so schroff als möglich hervorzukehren». Seit den 1850er/60er Jahren wurde Franken zu einem Vorort der national-kleindeutschen Strömungen im Süden, jetzt zunehmend nationalliberal-gouvernementaler Prägung, und verstand sich selbst als Kernland eines geeinten Deutschland, als «Herz der großen Mutter Deutschland» (so der Gründer des «Frankenbundes» Peter Schneider). Bis ins 20. Jahrhundert hinein ist diese Disposition eines spezifisch gesamtdeutschen Bewusstseins greifbar. Die Loyalität galt Reich und Nation (oder der Kommune), die bayerischen Bindungen rückten in die zweite oder dritte Reihe. Jedenfalls in Mittel- und Oberfranken erkennt man auch eine starke und frühe Parteinahme für die NSDAP, die sich als «nationale» Kraft gegen den Münchner Föderalismus positionierte und bewusst die vermeintlich urdeutsche Zentralität Frankens und zumal Nürnbergs in ihre Propaganda einbaute. Nach 1945 betrafen «deutsche Teilung» und «deutsche Frage» die fränkisch-nordbayerischen Gebiete ebenfalls weit mehr als die südbayerischen. Noch 1989/90 machte sich das in der besonders dezidierten Unterstützung vieler fränkischer Abgeordneter für den Hauptstadtwechsel nach Berlin bemerkbar.

Aber auch für die «Reichs-/Nationsnähe» muss man durchgehend differenzieren: Zumeist musste zur fränkischen Identität noch die protestantische Konfession kommen, damit das Selbstverständnis nationalräumlicher Zentralität funktionierte. Die Sympathie für das Hohenzollern-Kaiserreich etwa hing nicht zuletzt ab vom regionalspezifischen Borussianismus oder Anti-Borussianismus. Sie sah also in Bamberg anders aus als in Bayreuth. Und grundsätzlich erscheinen diese Stränge regionalen reichspolitischen Erbes nach 1800 zu begrenzt und zu gebrochen, als dass sie eine wirklich dauerhaft tragfähige und flächendeckend ausgebildete *gesamt*fränkische Identität mit ernsthaftem tagespolitischen oder parteibildenden Einfluss hätten ausbilden können.[61]

Ein zweites (eben schon angedeutetes) Merkmal fränkischer Eigenbefindlichkeit besaß da vermutlich insgesamt mehr politische Wirkung: der Bikonfessionalismus und ein protestantisch-«konfessionell getönter Regionalismus». Zumindest in Mittelfranken und Teilen Oberfrankens und nicht zuletzt in der Außenwahrnehmung kontrastiert das Element des «evangelischen Frankenlandes» das katholisch-monokonfessionelle Altbayern. Es wurde politisch wirksam, weil es oppositionelle, partikulare Potenz gewinnen und zur «historisch-ideologischen Gestalt eines Frankentums» (H. Gollwitzer) schlechthin gerinnen konnte – dies umso mehr, wenn sich dem noch die Zutaten liberaler Parteizugehörigkeit, kommunaler Traditionen und des erwähnten nationalen Selbstverständnisses beimischten. Man sieht die konfessionell begründete Differenz bereits im Vormärz an den Auseinandersetzungen liberal-protestantischer Franken wie des Grafen Carl von Giech (kurzzeitig Regierungspräsident Mittelfrankens) gegen den ultramontanen, neoabsolutistischen Kurs Ludwigs I. und seines Innenministers Karl Abel. Sie spiegelt sich im Laufe der kulturkämpferischen Auseinandersetzungen in der zweiten Hälfte des 19. Jahrhunderts wie in den schulpolitischen Debatten des 20. Jahrhunderts. In den 1920er/30er Jahren zeigte das nationalprotestantische Milieu aber auch die erwähnte stärkere Anfälligkeit für die NSDAP weit mehr, als dies im katholisch-konservativen Unterfranken der Fall war. Mit den Säkularisierungstendenzen seit den 1960er/70er Jahren verliert der Faktor sicher an Bedeutung, aber selbst dann bleibt er unterschwellig noch spürbar, etwa in den raunenden Debatten um die Ministerpräsidentschaft des evangelischen Franken Günther Beckstein.[62]

Die dritte Wurzel regionaler Selbstvergewisserung ist sozio-ökonomischer Natur. Franken besitzt mit dem Verbund Nürnberg-Fürth-Erlangen-Schwabach, den Industriestandorten Schweinfurt und Hof, der Aschaffenburger Wirtschaftsregion und einer ausgeprägten gewerblich-urbanen Wirtschaftskultur ein regionsspezifisches Profil, das durchaus zu Eigenbewusstsein Anlass geben konnte. Denn es ließ sich auf der einen Seite absetzen vom weithin agrarisch geprägten Altbayern, dem «unterentwickelten Bauernland», und auf der anderen Seite herleiten aus einer längeren Tradition fränkischen Gewerbefleißes, patrizischer Handelstätigkeit und bürgerschaftlich-mittelständischer Stadtkultur. Franken erschien so als dynamischer Modernisierungs- und Industrialisierungsmotor Bayerns, und zwar lange Zeit vor München, das erst 1964 zum landesweit führenden Wirtschaftszentrum aufstieg. In der

Bayerischen Jubiläums-Landesausstellung für Industrie, Gewerbe und Kunst, die – aufgezogen wie eine «kleine Weltausstellung» – 1906 im neu gestalteten Nürnberger Luitpoldhain stattfand, wurde das selbstbewusst, medial wirksam und mit unerschüttertem Fortschrittsoptimismus zur Schau gestellt: Nürnberg und seine Region präsentierten sich 100 Jahre nach dem Anschluss an das Königreich Bayern als industriell-technisches Schwungrad des Staates.[63]

Völlig eindeutige Schlüsse lässt allerdings auch diese Facette nicht zu. Zum einen erkennen wir auch in dieser Hinsicht wieder erhebliche Disparitäten innerhalb Frankens. Neben den Prosperitätszonen standen abgehängte ältere Zentralorte Frankens (vor allem Würzburg). Sodann wiesen die entstehenden Wirtschaftskerne mitunter deutliche transregionale (und eben nicht regional-fränkische) Strukturen auf. Das gilt etwa für die Textilindustrie des bayerisch-sächsischen Vogtlandes, die das östliche Oberfranken mit dem südwestlichen Sachsen und Nordwestböhmen verband, oder für den Aschaffenburger Raum, der eher als Teil des Rhein-Main-Gebiets um Frankfurt wirkte. Außerdem ließ gerade die ökonomische Sicht der Dinge eher Abstand nehmen vom regionalen Partikularismus und ebnete oftmals den Weg zu einer gesamtbayerischen (und später auch gesamtdeutschen) integrativen «Vernunftloyalität» (W. K. Blessing). Das wirtschaftende Bürgertum gehörte zu den hauptsächlichen Nutznießern größerer (wirtschafts-)räumlicher Strukturen. Es unterstützte daher die Integration Frankens in den staatsbayerischen Verbund, ebenso wie es später die Integration Bayerns ins Reich bejubelte. Schließlich stellte natürlich das Jahr 1945 einen Bruch dar, markierte mit dem rigiden Abschneiden Frankens von seinen alten mitteldeutschen und osteuropäischen Märkten einen deutlichen Verlust von Zentralität und bewirkte eine Verschiebung der ökonomischen Potenzen innerhalb Bayerns nach Süden, zumal in die Metropolregion München. Zugleich freilich konnte zumindest der etablierte Wirtschaftsraum um Nürnberg-Erlangen von der deutschen Teilung wie von der Wirtschaftswunderprosperität seit den 1950er Jahren auch in erheblicher Weise profitieren: mit der Ansiedlung der Großkonzerne Siemens und AEG-Telefunken (aus Berlin) und mit den günstigen regionalen Branchenschwerpunkten auf der modernen Elektronikindustrie, der hochwertigen Veredelungs-, Fertigwaren- und Spielwarenindustrie und zunehmend auch mit entsprechenden neuen Dienstleistungsbetrieben (Versandhandel, Messewesen, Gesellschaft für Konsumforschung). Dass Ludwig Erhards wirtschaftspolitische Orientierung gerade unter den Fürther Verhältnissen, in denen er aufwuchs, besonders gut gedeihen konnte, ist kein Zufall.[64]

Reichsbezüge, Bikonfessionalität, Wirtschaftskultur – darin kann man Ankerpunkte für einen Franken-Regionalismus sehen. Trotzdem bleibt Franken ein disparater Kunstbegriff. Als historische Landschaft in seiner Gesamtheit wurde es nur wirksam, wenn es bewusst «erfunden» und politisch vermarktet wurde und wenn man es *in Kontrast* zum «zentralistischen Monopolstaat», zu dessen altbayerischem Kern und seiner Dynastie in Stellung brachte. Dieses Muster gilt für alle Regionalismen in Bayern, für Franken ist es besonders markant. Ausgesprochen gut funktioniert hat dieses Gegen-Modell in der ersten Hälfte des 19. Jahrhunderts. Danach und im 20. Jahrhundert wurde es schwieriger, weil die Einbindung in das größere Bayern für viele Franken interessante Perspektiven bot: den Gewerbetreibenden wachsende Absatzmärkte, den Staatsbürgern erweiterte politische Partizipationsmöglichkeiten, den Beamten die Chancen zur Profilierung in der bayerischen Administration; immerhin gut 30 Prozent der höheren Beamtenschaft und weit überproportionale 43,3 Prozent der Minister des Königreichs Bayern hatten fränkische Wurzeln, darunter so prominente wie Johann von Lutz, Chlodwig von Hohenlohe-Schillingsfürst oder Krafft von Crailsheim. Dass Franken dennoch bis heute als ideologische Eigenmarke präsent blieb, lag bzw. liegt daran, dass es nach wie vor gezielt im Bewusstsein gehalten wurde und wird. Die «Einbildung» und Propaganda kultureller Gemeinsamkeiten kompensierte die verdünnte politische Bedeutung. Werner K. Blessing hat hierfür vom «folkloristischen Modell Frankens» oder einem «virtuellen Franken» gesprochen.[65]

Ausdruck findet das in einem breiten Spektrum von der akademischen und musealen Beschäftigung über die Heimatpflege und diverse populärkulturelle Formen bis hin zur verzweifelten Politisierung des «Frankentums». So widmet sich das 1932/33 gegründete Institut für fränkische Landesforschung (seit 1996 Sektion Franken im Zentralinstitut für Regionalforschung) der Universität Erlangen-Nürnberg der wissenschaftlichen Erforschung der Region und seiner territorialen Glieder als zusammengehörigem historischen Sujet und gibt dafür seit 1935 ein eigenes Jahrbuch heraus. Bereits 1904 war die «Gesellschaft für Fränkische Geschichte» gegründet worden. Sie kooperiert seit 1927 eng mit der Kommission für bayerische Landesgeschichte bei der Bayerischen Akademie der Wissenschaften und gibt mehrere einschlägige Reihen heraus, die bewusst ganz Franken umgreifen (unter anderem Quelleneditionen oder die Biographien-Reihe «Fränkische Lebensbilder»). Das dient einerseits der fränkischen Identitätsstiftung, im institutionellen Rahmen der Münchner Kommission für bayerische Landesgeschichte aber zugleich auch der Einbeziehung Frankens in die gesamtbayerische Geschichtserzählung, die ohne den Stamm der Franken (wie denjenigen der Schwaben) in der klassischen Kontinuitätsvariante über mindestens 1000 Jahre hinweg nicht funktionieren würde. Dass dieser «integrative» Ansatz freilich auch in der akademisch-musealen Welt an Grenzen stößt, erweist sich in der schon erwähnten Doppelgründung und Parallelexistenz eines Museums der Bayerischen Geschichte in Regensburg und für Fränkische Geschichte in Würzburg.[66]

Breitenwirksamer und populärer noch waren die vielen Aktivitäten der Brauchtums-, Denkmal-, Trachten- oder Mundartpflege. Mit ihnen sollten vermeintliche alt- und gesamtfränkische Charakteristika weitergegeben und gegen eine modernistische «Nivellierung» oder «Entwurzelung» von außen verteidigt werden. Interessanterweise überschritt ein solcherart verstandenes Frankentum nicht selten die bayerischen Grenzen, richtete sich auf ein «imaginiertes Stammesfranken» und wurde bzw. wird in dieser Variation auch im Tourismusmarketing aufgegriffen. «Stammesfranken» reicht da weit nach Württemberg, Baden oder Thüringen hinein, etwa mit dem «Hohenlohe-Franken», der «fränkischen Metropole» Heilbronn oder der «Fränkischen Schweiz». Die altfränkischen Musterimages Nürnbergs oder Rothenburgs hoben und heben das gemeine Frankenbild ohnehin über die engen lokalen Bindungen hinaus und machen es zur globalen Marke.[67]

Literarischen und publizistischen Ausdruck fand die Heimatpflege schon seit dem 19. Jahrhundert mit dem Blatt «Der Fränkische Geschichtsfreund» (seit 1823) oder der Zeitschrift «Franconia» (seit 1882). Sie waren bestrebt, ein «geistiges Band [...] zu knüpfen, das ganz Franken auf dem Boden der Geschichte, Kunst und Literatur, der Sagen-, Sprach- und Volkskunde umschlingen soll». Daneben wirkten bis heute bestehende gesellige Vereine wie der «Rhönclub» oder der «Fränkische Schweiz-Verein» in die Öffentlichkeit und spielten teilweise auch als Plattformen des frühen Fremdenverkehrs und Naturschutzes eine Rolle. Im Jahr 1920 wurde dann der überregionale «Frankenbund e. V.» als «Vereinigung für fränkische Landeskunde und Kulturpflege» gegründet. Eher honoratiorenhaften und ausgesprochen staatstreuen Charakters, anfangs mit einem gewissen Schwerpunkt in Unterfranken und heute ca. 7000 Mitglieder zählend, entsprang er dem geistigen Wurzelwerk des regional Bündischen. Er verkörperte eine Mischung aus Heimatliebe, Naturbegeisterung, Geschichtsbesinnung und deutsch-nationalem Pathos, zunächst gruppiert um die Begriffe «Stamm» und «Stammesbruder», dann zeitweise auch kontaminiert mit rassisch-völkischem Gedankengut. Selbst gestecktes Ziel des Bundes war und ist die Stärkung des «fränkischen Stammesbewußtseins» und die «Erziehung zum Frankentum» gegen die Gefahren einer uniformierenden «Bajuwarisierung», dies allerdings nie mit separatistischen Anklängen: «Im künftigen Europa der Regionen sind wir Staatsbayern – mit Franken im Herzen», so lautet die plakative Devise.[68]

Dezidierter sind da schon Ausprägungen des neueren «Frankentums», die das Sentiment des Zukurzgekommen- und Benachteiligtseins viel stärker bedienen, als es die abgehängten Pfälzer jemals getan haben. Die Tradition reicht, was das betrifft, zurück bis an den Beginn des 19. Jahrhunderts, als man sich zeitgenössisch gegen die tatsächlich rüde staatsbayerische Säkularisierungs- und Mediatisierungspolitik und danach auch gegen manche neoabsolutistischen Tendenzen Ludwigs I. gewehrt hat. In der Folge resultierte daraus der mit vielerlei Minderwertigkeitskomplexen kombinierte Verdacht der Peripherie, vom Münchner Zentrum und seiner «machthungrigen Bürokratie» als «Bayerns zweite Garnitur» marginalisiert und übervorteilt zu werden, gleich ob finanziell, standortpolitisch, kulturell, mitunter allein schon durch das Fehlen eines eigenen Franken-«Tatorts» oder Nierensteinzertrümmerers im Erlanger Klinikum. Verbunden wird das mit Forderungen nach «Wiedergutmachung» und «Entschädigung» des fränkischen «Beuteguts» – des Würzburger Herzogschwerts, des Bamberger Domschatzes, der Dürerschen «Vier Apostel» – durch den bayerischen Zentralstaat.

Tagespolitisch formuliert wird dergleichen etwa von der «Fränkischen Arbeitsgemeinschaft», die 1948 auf Initiative des Rechtsanwalts Friedrich Bergold und des Verlegers Lorenz Spindler gegründet wurde. Konkret handelt es sich um eine überparteiliche Lobbyvereinigung für die Belange Frankens. Sie trat neben der Restitution besagter Kulturgüter für eine bessere Berücksichtigung Frankens in Rundfunk und Fernsehen (mehr eigene Regionalprogramme, Aufwertung des Frankenstudios des BR), im Verkehrswegebau oder der Hochschulförderung ein. Separatistische Bestrebungen lehnte die Arbeitsgemeinschaft indes immer ab. Das war bei der radikalsten, aber auch kleinsten Variante institutionalisierter fränkischer Selbstvergewisserung anders: Der «Fränkische Bund e. V.» (gegründet 1990) brachte sich in «krassem Gegensatz zur selbstherrlichen, zentralistischen, weiß-blau-gerauteten Fürstenherrschaft der Wittelsbacher» in Stellung, betonte stattdessen die «schwarz-rot-goldene Tradition vor der Revolution von 1848» und propagierte ein von Bayern losgelöstes Bundesland Franken. Es sollte vom Kerngebiet der weit über Mittelfranken hinausreichenden «Metropolregion Nürnberg» ausgehen. 1997 versuchte der «Fränkische Bund» ein entsprechendes Volksbegehren zu initiieren, zumindest mit dem Ziel, nach dem Vorbild anderer «Bindestrichländer» die Änderung des offiziellen Ländernamens in «Bayern-Franken» zu erreichen. Er scheiterte und blieb bis heute eine eher skurrile Randerscheinung. Dasselbe galt für die Forderungen einer «Zeitschrift für nationale Identität», deren Protagonisten auf dem äußersten rechten Rand des politischen Spektrums grasten und schon 1980 mit den Begrifflichkeiten des auf den Regionalismus übertragenen Anti-Kolonialismus-Diskurses ein «freies Franken» gefordert hatten. Dafür wurde mit Landtagsbeschluss von 2006 immerhin ein offizieller «Tag der Franken» installiert, am 2. Juli jeden Jahres, um «an Brauchtum und Geschichte der fränkischen Region [zu] erinnern und zugleich das Bewusstsein für die Entwicklungskraft und das Innovationspotential Frankens [zu] stärken». Bereits 1991 war das alte Städtische Stadion Nürnbergs als Heimstatt des Traditionsclubs 1. FC Nürnberg in «Frankenstadion» umbenannt worden, ehe es 2017 den Namen des örtlichen Fußballhelden Max Morlock bekam. Seit 2015 gibt es tatsächlich einen eigenen Franken-«Tatort». 2022 wurde ein nagelneues Franken-Studio des BR eröffnet. Und dass in einer Karte zu «Europa der Regionen» des niederländischen Geschäftsmanns Alfred Heineken auch Franken als einer von 75 Regionsverbünden vorkommt, mag ebenfalls eingefleischte Frankonisten freuen.[69]

Bayerisch-Schwaben

Als Bayerisch-Schwaben bezeichnet man den ostschwäbischen Bezirk zwischen Iller im Westen und Lechrain als «Stammesgrenze» zu den Altbayern im Osten, der Anfang des 19. Jahrhunderts als «Oberdonaukreis» in das Königreich Bayern eingegliedert wurde und 1837 den Namen «Schwaben und Neuburg» bekam. Als «Regionalidentität» besitzt Bayerisch-Schwaben ähnliche strukturelle Merkmale wie Franken. Allerdings werden ihr doch ganz eigene Akzente und teilweise andere Ausdrucksformen zugeschrieben.

Was Schwaben mit Franken sicher gemeinsam hat, das sind zum einen wieder gewisse historische Bezüge zum Alten Reich, in diesem Fall zum Schwäbischen Reichskreis. Schwaben war ebenfalls in besonderer Weise ein Feld der Reichspolitik; der Blick dort ging «nicht so sehr nach München, als vielmehr nach Wien»; der homogenisierende etatistische Rahmen wie im Kurfürstentum Bayern fehlte. Vielmehr ist das Gebiet vor 1800 geprägt von der Existenz vieler selbständiger kleiner Herrschaften. Sie umfassten eine Konfessionslandschaft, die zwar mehrheitlich katholisch war, aber viele Schattierungen und keine dominante «Staatsreligion» kannte. Territoriale Basis war ein vitales Geflecht von alten Reichsstädten, an der Spitze Augsburg, daneben kleinbürgerliche Städte wie Kempten, Donauwörth, Memmingen oder Nördlingen, ferner von Reichsabteien (Ottobeuren, Roggenburg, Elchingen, Irsee) und dem exponierten Fürststift Kempten sowie kleineren Reichsfürsten/-grafentümern (Oettingen, Thurn und Taxis, Fugger). Das bedeutete zugleich und mit ähnlicher Dialektik wie in Franken, dass in vielem erst der administrative Einbau in den bayerischen Staat eine vereinheitlichende Basis schuf, auf die sich «Schwabentum» beziehen konnte. Allerdings griffen auch die Schwaben als räumlich fassbare und historisch deutbare Sprach- und Kulturgruppe über die (neuen) bayerischen Grenzen aus und wiesen zumal im Westen eine fließende Überlappungszone zu Württemberg auf. Gesamtschwäbische Visionen waren, soweit sie sich auf vermeintliche «ethnisch»-kulturelle Kohärenzen bezogen, nie allein auf den bayerischen Regierungsbezirk beschränkt. In gewisser Parallelität zur Stellung Nürnbergs in Franken haben wir mit Augsburg eine politisch profilierte Stadt im Zentrum, deren Tradition charakterisiert war durch konfessionelle Parität, ein selbstbewusstes patrizisches Bürgertum und lange Gewerbe- und Handelstraditionen; auch in Schwaben ließ sich also eine spezifische Wirtschaftskultur markieren. Schließlich verbinden Schwaben mit Franken natürlich die Verlusterfahrungen im staatsbayerischen Integrationsprozess nach 1806.[70]

Dementsprechend sind auch in Schwaben zahlreiche Bemühungen greifbar, Bestände eines eigenen schwäbischen Regionalbewusstseins zu sichern und Verluste durch aktive Erinnerungsarbeit zu kompensieren: Initiativen zur Mundart- und Brauchtumspflege, die Bewahrung des kulturellen Erbes des «Landes zwischen Lech und Iller, vom Ries bis an die Alpen», nicht zuletzt die Vergegenwärtigung und Erforschung historischer Traditionen. Getragen wurde das von vielen Historischen Vereinen (oft im lokalen Rahmen) und seit dem ausgehenden 19. Jahrhundert von der breiten Bewegung des Heimatschutzes. In Schwaben gibt es eine besonders lange Tradition institutionalisierter Kreis-, Gau- bzw. Bezirksheimatpflege. Sie wurde sehr früh mit dem Geistlichen Bartholomäus Eberl besetzt und wirkte auch nach 1945 fort, rührig vertreten von Bezirksheimatpfleger Alfred Weitnauer in seinem selbsternannten «Dreißigjährigen Krieg» gegen «Bajuwarisierungstendenzen». Auch der Kreistag von Schwaben und Neuburg unter seinem Präsidenten Otto Merkt oder der «Schwäbische Museumsverband» verstanden sich seit den 1920er Jahren als «berufene Vertretung der schwäbischen Bevölkerung». Sie propagierten einen eigenen «Kulturraum» des «Schwabenstammes» und umsorgten die «Seele des schwäbischen Menschen [...], damit sie schwäbisch werde und bleibe». In den 1930er Jahren wurde das durchaus völkisch-rassisch gedeutet und geriet ins «Geflecht nationalsozialistischer Gaukulturpolitik». Auf der akademischen Ebene hat sich später dann vornehmlich die 1949 gegründete, vom Regierungsbezirk geförderte «Schwäbische Forschungsgemeinschaft» einen Namen gemacht. Wie ihr fränkisches Pendant ist sie institutionell eng mit der Kommission für bayerische Landesgeschichte bei der Bayerischen Akademie der Wissenschaften verbunden und fühlt sich gleichfalls neben der wissenschaftlichen Forschung der «Bewahrung schwäbischen Kulturerbes, letztlich auch schwäbischer Identität» verpflichtet.[71]

Neben Ähnlichkeiten mit Franken zeigt der schwäbische Weg regionaler Selbstvergewisserung aber auch Spezifika. Die Abgrenzung gegenüber Altbayern erscheint insgesamt zurückhaltender, die Debatten bewegen sich in etwas leiseren Tonlagen und moderateren Bahnen, weniger konfrontativ und jammervoll. Das heißt nicht, dass sich nicht in Schwaben ebenfalls Partikular-, Separierungs- oder gemeinschwäbische Alternativoptionen jenseits des Staatsbayerischen finden lassen, aber auch sie sind komplexer. Polternde Lobbyverbände wie den «Fränkischen Bund» gibt es in Schwaben weniger; das in Franken mitunter propagierte Selbstverständnis, in alter Reichstradition mehr ein besonders treues Kernland der Nation denn Teil des bayerischen Staates zu sein, findet sich kaum.

Das hat vielleicht mit der konkreten Umsetzung des bayerischen Staatsbildungsprozesses zu Beginn des 19. Jahrhunderts zu tun. Die «Annexion» verlief in Schwaben langsamer und vorsichtiger als in Franken, die «Beutezüge» waren weniger spektakulär, die Provokationen nicht so schroff wie etwa im Würzburgischen. Das machte vermutlich die Übergänge leichter. Auf längere Sicht mochte das ganz wesentlich auch damit zu tun haben, dass man sich in Lebensart und Landschaftsgefühl den Altbayern näher fühlen konnte, als dies bei den Franken der Fall war. Bayerisch-Schwaben war integraler Bestandteil der mental-religiösen Konstruktion des «barocken Bayern». Die Landschaft (inkl. der Landwirtschaft) machte das Gebiet von den Berchtesgadener Alpen bis zum Allgäu und nach Lindau zu einem zusammengehörigen Kultur- und Naturraum von einer gewissen «alpenländischen Gemeinsamkeit», symbolisiert und herrschaftspropagandistisch verknüpft etwa im berühmten Maximiliansweg (einer fünfwöchigen Reise König Maximilians II. von Lindau nach Berchtesgaden 1858). Auch die raumbildende Kraft von Klöstern und Kirchen, die sich diesseits und jenseits des Lechs nicht unterschied, gehört in diesen Kontext. Ostschwaben und der Lechrain galten überdies als politische Mischzone, in der seit jeher ein hoher bayerischer Einfluss greifbar war. Auch die «sprachliche Saumlandschaft zwischen den süddeutschen Großmundarten Bairisch und Schwäbisch-Alemannisch» weist manche fließenden Übergänge auf. Hinzu kommt die traditionell starke Verbundenheit zu den Wittelsbachern, die dort nie als landfremd empfunden wurden. Der alte Stammsitz Burg Wittelsbach befindet sich im Landkreis Aichach-Friedberg, der zwischen 1819 und 1838 und dann wieder seit der Gebietsreform 1972 in Bayerisch-Schwaben liegt. Dasselbe gilt für den spektakulärsten Königsbau des gesamten Oberlandes, für Schloss Neuschwanstein bei Füssen, dessen Erbauer Ludwig II. in der Region schon bald nach seinem Tod zur Ikone stilisiert wurde. Weitere Überlappungen bzw. Zuständigkeitswechsel zwischen Schwaben und Oberbayern haben wir in den Fällen Neuburgs an der Donau, Landsbergs am Lech, Schongaus, Schrobenhausens oder Schwangaus. Auch das schuf engere Netzwerke zu Altbayern. Die gezielte Anbindung Schwabens an Staatsbayern durch den Ausbau der Verkehrs- und Bildungsinfrastruktur, Maßnahmen regionaler Wirtschaftsförderung oder die Berücksichtigung schwäbischer Interessen im Rahmen der Geschichtsintegrationspolitik (Förderung örtlicher Denkmäler, Stadtfeste, Vereine etc.) taten ein Übriges – auch in Schwaben «schuf sich das Königreich Bayern» aktiv «seinen Raum».[72]

Es gab jedoch zwei Sollbruchstellen einer allzu großen altbayerisch-schwäbischen Harmonie, zwei Einfallschneisen für einen auch politisch relevanten schwäbischen Eigensinn. Das sind zum einen die langen, ganz Oberdeutschland übergreifenden bürgerlich-kommunalistischen Traditionen, die bis ins Bäuerlich-Dörfliche hineinreichten. Sie trugen dazu bei, den gesamten oberschwäbischen und württembergisch-alemannischen Raum zu einer historischen Landschaft mit einer spezifischen politischen Kultur zu machen, die sich nicht so ohne weiteres mit derjenigen des bayerischen Staates altbayerischer Provenienz deckte.

Das lange Fehlen einer homogenisierten flächendeckenden Herrschaft, der das meiste administrativ unterworfen war, hatte dazu beigetragen, dass sich in Schwaben das Machtgefüge nicht nur pluraler darstellte, sondern auch markante Ausformungen genossenschaftlicher Ordnung aufwies, im städtischen Bereich mit aktionsfähigen Bürgern wie im dörflichen Umfeld mit der Wirksamkeit bäuerlicher und gemeinwirtschaftlicher Selbstverwaltung jenseits der Grund- und Territorialherrschaften (Allmendewesen, Dorfvierer). Den wohl brisantesten Ausdruck fand diese Haltung im «Bauernkrieg» während der Reformation. Sie konnte aber auch auf längere Sicht zu kleinräumigen Identifikationsprozessen führen, die sich etatistischen Zugriffen einer Staatsbürokratie «von oben» verweigerten oder sie jedenfalls mehr in Frage stellten als andernorts. Die Region bewahrte sich so im Königreich einen «starken, protestantisch geprägten Liberalismus» städtischer Couleur, ebenso ein selbstbewusstes Bürger- und Bauerntum im überwiegend katholischen Allgäu, das nicht der Bayerischen Patriotenpartei anhing, sondern eher nationalliberal wählte. Noch 1946 glaubte der schwäbische Publizist und Separatist Otto Feger eine «stämmische» demokratische Tradition von 1500 Jahren identifizieren und historisieren zu können, die in der Abwehr der «sächsisch-zentralistischen» Politik Kaiser Ottos I. wurzele und nun auch den Ambitionen der oberbayerischen Staatszentrale gegenüber nicht aufzugeben sei.[73]

Die zweite Option schwäbischen politischen Eigensinns war vornehmlich ein Kind des 19. Jahrhunderts. Im Mittelpunkt stand dabei das Verständnis von Schwaben als ethnisch konstruiertem Kulturraum, der die gängigen staatlichen Grenzen konterkarierte und gegen die etatistische Erzählung der bayerischen Landesgeschichte stand. Das «Land zwischen Lech und Iller» stelle «volksthümlich [wie] kunstgeschichtlich das Übergangsgebiet vom bayerischen zum schwäbischen Stamme» dar, so formulierte es 1888 der Kunsthistoriker Berthold Riehl (auf den ethnologischen Spuren seines Vaters Wilhelm Heinrich Riehl). Viele Geschichtsvereine und zumal die Heimatschutzbewegung griffen das auf. Oftmals war dabei gerade der Bezug auf die kleinen, heimatlichen Räume der Zugangsschlüssel, einer gemeinschwäbischen kulturellen Identität auf die Spur zu kommen und eine «tribalistische ‹schwäbische›

Homogenität» zu konstruieren, die in der politischen Realität fehlte. Im 20. Jahrhundert ließ sich das sehr gut mit völkisch-rassischen Ideen verknüpfen und konnte nach 1918/19 auch eine antibayerische Färbung annehmen. Diese Tendenz ist schon zu greifen in einer Initiative des Jahres 1931, als unter Vorsitz des Grafen Johannes Fugger-Kirchberg-Weißenhorn der «Bund Schwaben und Reich» gegründet wurde. Er brachte führende Kommunalpolitiker Schwabens wie Württembergs zusammen, um Pläne einer Reichsreform zu diskutieren, und das meinte: einer räumlichen Neuordnung «auf der Grundlage der Stammeszugehörigkeit» und unter Berücksichtigung der «aus der kulturellen und wirtschaftlichen Einheit des altschwäbischen Stammeslandes erwachsenden gemeinsamen Interessen». Noch deutlicher wurden die Ambitionen unter dem NS-Gauleiter Schwabens, Karl Wahl. Er baute nicht nur die Gauheimatpflege in seine Kulturpolitik ein, sondern strebte auch die Bildung eines von Augsburg über Ulm bis Konstanz und Singen reichenden schwäbischen Großgaus Schwaben an, in dem er den «‹schwäbischen Mensch› mit seiner schöpferischen Kraft» beheimatet sah. Selbst noch nach 1945 gab es Überlegungen mit separatistischen Tendenzen. So propagierte der «Schwäbisch-alemannische Heimatbund» unter konzeptioneller Führung des erwähnten Otto Feger die Bildung eines eigenen Bundeslandes Schwaben zusammen mit Württemberg-Baden und Württemberg-Hohenzollern; «schwäbisch-alemannische Demokratie» wurde das genannt.[74]

Sudetendeutsche – der «vierte Stamm» nach 1945

Nach 1945 ist Bayern noch eine weitere «Landsmannschaft» zugewachsen, die – nach dem Verlust der Pfalz und gewissermaßen als deren Substitut – «vierter Stamm» genannt wurde: der sudetendeutsche «Stamm». Er stellt sicher die ungewöhnlichste Form eines politischen Regionalismus in Bayern dar. Er ist von außen implantiert und erschaffen, kann auf keine gewachsene Tradition oder historiographische Erzählung zurückblicken. In erster Linie ist er das Produkt der Konflikte nach dem Ersten Weltkrieg und dann der Gewaltpolitik der Nationalsozialisten wie der Vertreibungspolitik nach dem Zweiten Weltkrieg.

An dem Fall erweisen sich in zugespitzter Form die Konstruktivität, die ganz allgemein die historisch-politische Landschafts- bzw. Stämmekunde kennzeichnet, und die politische Funktionalisierung der Stämmeideologie.

Das Sudetendeutsche war schon vor 1945 eine ausgesprochen junge regionale Identifikationsgröße. Erst mit der Nachkriegsordnung 1918/19 etablierte sich der Ausdruck für die deutschsprachigen Siedlungsgebiete im neuen tschechoslowakischen Staat. Wie sich eine gesamtfränkische oder gesamtschwäbische «Identität» vor allem in Absetzung zu Staatsbayern ausbilden konnte, so konturierte sich auch das Sudentendeutsche vornehmlich in der minoritären Auseinandersetzung mit der «fremdnationalen Umgebung» der ČSR. Das hat im Zuge des Weimarer Revisionismus von Beginn an zu sich radikalisierenden Kontroversen geführt und sehr schnell völkisch-rassische Ideologeme («Volkstumskampf») einbezogen. Unter den Nationalsozialisten ist die «Sudentendeutsche Frage» dann bewusst eskaliert worden. Aber auf ein einheitliches Volksbewusstsein oder eine halbwegs erkennbare ethnosoziologische Basis oder auf geschichtspolitisch längerfristig wirksame Referenzgrößen, mit denen man wie in Franken oder Schwaben internen Zusammenhalt zumindest erzählen hätte können (Altes Reich, Wirtschaftskultur, Konfession, Landschaft), konnten sich die Sudetendeutschen nicht wirklich berufen, von einer historischen Staatstradition ganz zu schweigen. All das wurde ansatzweise erst nachträglich konstruiert. Die Sudetendeutschen einigte das Sprachband, aber keine feste geographische Zuordnung; regional waren sie Bewohner Böhmens oder Mährens, Egerländer, Böhmerwäldler oder Südmährer, insgesamt also Bevölkerungsteile des ehemaligen Habsburger Reichs (bzw. des Königreichs Böhmen); der Begriff Sudeten bezeichnet an sich einen Gebirgszug im Nordosten Böhmens. Nach Flucht und Vertreibung und fern des «verlorenen Heimatbodens» wurde der sudetendeutsche Regionalismus dennoch eine institutionalisierte Größe, manifest als landsmannschaftlich organisierte, verbandspolitisch gepflegte und staatlich geförderte Erinnerungsgemeinschaft in der Emigration. Auf bestimmte Räume oder Regionen innerhalb Bayerns ist dieser gedankliche Komplex dabei nicht bezogen. Zwar gab es signifikante Verdichtungszonen wie die Vertriebenenstädte Waldkraiburg, Traunreut, Neutraubling, Geretsried und Neugablonz. Primär aber handelte es sich um eine «*herkunfts*geprägte Identität [...] außerhalb ihrer Herkunftsräume», um eine «Gemeinschaft, die außerhalb ihres tatsächlichen oder imaginierten Herkunftsgebietes lebt, aber gegenüber der ‹Heimat› weiterhin Loyalität und emotionale Anhänglichkeit empfindet».[75]

Konkreten Niederschlag fand die Erinnerungspolitik vor allem in der Lobbyarbeit der Vertriebenenverbände. An der Spitze stand dabei die «Sudetendeutsche Landsmannschaft» mit ihren großen Vertriebenentreffen samt ausgefeilten Zeremonien und Ritualen. Am wichtigsten waren die bekannten «Sudetendeutschen Tage». Daneben gab es die für Nordbayern bedeutsamen «Nordgautage», die bereits 1930 ins Leben gerufen worden waren und in den 1950er Jahren unter den Bedingungen des Kalten Krieges wieder aufgenommen wurden. Die Treffen dienten dazu, die kollektive Erinnerung an den «deutschen Osten» und die Vertreibungsvorgänge wachzuhalten, die internen Gruppenkräfte unter den Sudetendeutschen oder, im Fall des Nordgautags, innerhalb einer «oberpfälzisch-egerländischen Erinnerungsgemeinschaft» zu stärken und handfeste finanzielle, kulturpolitische oder außenpolitische Forderungen aufzustellen. Besonders aufschlussreich ist dabei die Art und Weise, wie der bayerische Staat dieses Anliegen aufgriff und beförderte. Er übernahm nämlich in mehreren Etappen und in einem parteiübergreifenden Konsens die offizielle staatliche Schirmherrschaft über die Sudetendeutschen und privilegierte sie damit auch gegenüber anderen Vertriebenengruppen. Zunächst geschah das mündlich im Jahr 1954, als Ministerpräsident Hans Ehard (CSU) bei der Eröffnung des 5. Sudetendeutschen Tages die engen «stammes- und siedlungsgeschichtlichen Beziehungen» zwischen Bayern und Sudetendeutschen skizzierte, die Notwendigkeit der Solidarität angesichts der Bedingungen des Kalten Krieges betonte und «namens der Bayerischen Staatsregierung» verkündete, die «Schirmherrschaft über die große Gemeinschaft der sudetendeutschen Volksgruppe zu übernehmen». Diese Linie wurde unter Ministerpräsident Wilhelm Hoegner (SPD) ausdrücklich bestätigt und 1956 erstmals durch die Formel vom «vierten Stamm Bayerns» begrifflich gefasst, ehe schließlich Alfons Goppel (CSU) 1962 diese Schirmherrschaft förmlich in einer Urkunde, der «Magna Charta» der Landsmannschaft, sanktionierte.[76]

Das hatte manche praktischen Auswirkungen, schlug sich beispielsweise in finanziellen Förderungsprogrammen nieder. Vor allem aber wurde es grundiert durch eine bewusste Identitätspolitik, deren entscheidendes Vehikel die Etablierung einer Erzählung von der geglückten Integration in die bayerische «Stämmelandschaft» war. Ihr wurden die Sudetendeutschen organisch eingefügt, mit ähnlichen semantischen Mustern und Versuchen der Historisierung, wie dies bei den «älteren Stämmen» der Fall war. Hier nur einige Schlaglichter aus den Reden der drei Ministerpräsidenten: Hans Ehard folgerte 1954 die «geschichtliche Verbundenheit» Bayerns mit den Sudetendeutschen aus intensiven politischen, kulturellen, religiösen und verwandtschaftlichen Wechselwirkungen im bayerisch-böhmischen Raum, einer langen Kolonisierungstradition und der Tatsache der zahlreichen «von Bayern, Schwaben und Franken aus erfolgten Klostergründungen im Sudetenland». Sie hätten «das eine große Ziel» verfolgt, «Europas Licht hineinleuchten zu lassen in die Nacht des Ostens». Der zeitgenössische antikommunistische Tenor und die alte Abendlandideologie sind unverkennbar und wurden historisch sogar noch weiter ausgezogen mit dem Hinweis, «daß auf der abendländischen Entscheidungsschlacht vor den Toren Augsburgs im Jahre 955 auch ein böhmisches Kontingent gegen die Bedrohung des Ostens gekämpft» habe. Für Wilhelm Hoegner war in seinen Ansprachen von 1955/56 klar, dass das «Deutschtum des Sudetenlandes [...] aus bayerischem und fränkischem Blute stammt» und man daher «in der Tat [...] von einem vierten Stamm sprechen [könne], der sich neben Altbayern, Schwaben und Franken nunmehr nach 1945 entwickelt» habe. Wie kompliziert dieses historisierende Stämmegerede bei genauerem Hinsehen war und welche Verrenkungen es nötig machte, erkennt man an einer Stellungnahme des Referenten der Sudetendeutschen Landsmannschaft, Albert Karl Simon, aus dem Jahr 1958: Auch wenn von den Sudetendeutschen nur «die Egerländer aus oberpfälzischem und fränkischem Blute und die Böhmerwäldler aus nieder- und oberbayrischem Blute stammen, so hat doch der bayerische Neustamm der Österreicher alle Sudetendeutschen im Laufe der Geschichte in Kultur und Tradition geformt und zu einer politischen Lebensgemeinschaft zusammengeschlossen». Österreich (oder das Habsburger Reich) musste also die entscheidende Transformationsleistung bringen, aber das machte nichts, denn auch Österreich entsprang in dieser Ideologie als alte frühmittelalterliche «Ostmark» dem Stamm der Bajuwaren. Auch in Alfons Goppels Reden lag den Sudetendeutschen ein ethnisches Abstammungsprinzip zugrunde. So betonte er 1970, die «landsmannschaftliche Leitidee» sei das «größte politische Gut, das sich die Sudetendeutschen als geistige Erbschaft der 1918 zerschlagenen Donaumonarchie bewahrt und nach ihrer Vertreibung im freien Teil Deutschlands neu zum Leben erweckt haben»; zugleich könne der «landsmannschaftliche Gedanke» Strukturprinzip für die künftige Gestaltung eines föderativen Europas sein. Allerdings fehlten bei Goppel weitgehend die Hinweise auf eine mögliche bayerische Vergangenheit des Sudetenlandes; allenfalls gebe es Referenzen zum Habsburger Reich, und als «Volksgruppe» und «vierter Stamm in Bayern» hätten sich die Sudetendeutschen erst nach 1945 konstituiert.[77]

Bis heute wird die Schirmherrschaft regelmäßig bekräftigt und institutionell vertieft. Auch Stoiber, Seehofer und Söder erschienen oder erscheinen auf den «Sudetendeutschen Tagen». Aus bayerischen Staatsmitteln wurden in München im Laufe der 1970er Jahre eine «Sudetendeutsche Stiftung», ein «Sudetendeutsches Haus» und ein «Haus des Deutschen Ostens» installiert, 2020 überdies ein «Sudetendeutsches Museum» eingeweiht. Nach 2000 kam es zeitweise sogar zu einer deutlichen Politisierung. Die lange Zeit eher nach innen gewandte «Heimatpolitik» bekam, auch angesichts der EU-Beitrittsbemühungen Tschechiens, einen stärkeren außenpolitischen Akzent mit der Forderung nach Abschaffung der sogenannten «Beneš-Dekrete». In einer «dritten Phase der Schirmherrschaft», so Edmund Stoiber 2004, habe es vor allem darum zu gehen, das Verhältnis zu Tschechien neu zu ordnen und die Vertriebenen in Deutschland angemessen zu positionieren.

Aufs Ganze gesehen, war es jedenfalls ein integrations-, identitäts- und geschichtspolitischer «Kunstgriff» und «sprachlicher Geniestreich», auf Basis des ethnischen Stammesprinzips die neue Bevölkerungsgruppe ins Staatsgefüge einzubauen und in ein etabliertes, «relativ geschlossenes, harmonisches bayerisches Selbstbild» einzufügen, verbunden noch mit dem Zusatzreiz, dass damit der Verlust des pfälzischen Stammes durch einen neuen kompensiert wurde. All das geschah unbeschadet der fehlenden historischen Dimensionen sudetendeutscher Landsmannschaftlichkeit und enormer administrativer Probleme wie sozialer Friktionen im tatsächlichen Integrationsprozess, womöglich auch gerade *wegen* dieser Herausforderungen und Brüche. Das Modell wurde zumindest als so erfolgreich betrachtet, dass manche sogar noch 2009/10 überlegten, ob nicht auch für die Schlesier und Ostpreußen in Bayern die Bezeichnung und Berücksichtigung eines «fünften Stamms» in Bayern geboten wäre.[78]

«Altbayern» – eine Randnotiz

Alle Franken und Schwaben, vielleicht auch Pfälzer und Sudetendeutschen mögen jubilieren – Altbayern bekommt in diesem Überblick nur eine kleine Randnotiz. Der altbayerische «Stamm» bildet den Hauptbezugspunkt und das Kernland der bayerischen Stämmeideologie. Sein Profil und seine historischen Referenzen spiegeln sich daher in der gängigen Meistererzählung einer dynastie- bzw. staatsbezogenen, vom Katholizismus geprägten, von einer «barocken» Kultur ausgehenden und von der alpinen Natur gerahmten gleichsam logischen Entwicklung «vom Stamm zum Staat». Von alldem wurde schon gesprochen und auch darauf hingewiesen, dass es sich dabei um vielfältige Konstruktionsleistungen und kaum um essentialistische Notwendigkeiten handelt.

So ist an dieser Stelle zumindest kurz zu ergänzen, dass wir auch für «Altbayern» mannigfaltige interne Brüche, Disparitäten und Komplexitäten haben. Der gebürtige Oberpfälzer Karl Bosl etwa hat das für die Oberpfalz und Niederbayern jenseits des oberbayerischen «Mainstreams» thematisiert. Zwar hat auch Bosl stets die «stämmischen» Gemeinsamkeiten betont und den Staat als Ganzes konturiert. Aber er hat die Aussagen zugleich doch entscheidend differenziert, in erster Linie mit Blick eben auf die Oberpfalz. Diese sei erst eine spätere «koloniale» Erwerbung des bayerischen Staates gewesen. Wohl sei die Oberpfalz gleichfalls von Wittelsbachern regiert worden und habe dadurch entsprechende dynastische Beziehungen aufgewiesen. Sie sei jedoch erst seit den 1620er Jahren dem bayerischen Herzogtum/Kurfürstentum einverleibt worden, teilweise recht konflikthaft in Dreißigjährigem Krieg und Gegenreformation und mit erheblichen konfessionspolitischen Friktionen. Diese verwickelte Integrationsgeschichte mache sich in der Wahrung struktureller Eigenheiten und eines eigenen regionalen Mikrokosmos bemerkbar. Die Oberpfalz sei daher ein altbayerischer Subtypus oder «Unterstamm» mit erkennbaren mentalen Reserven. Sie rührten aus der Existenz nichtkatholischer Residuen ebenso her wie aus komplizierten Territorialtraditionen, von denen mit dem Pfalz-Neuburger Gebiet und seinen zahlreichen Regentschaftswechseln zumindest eine dieser Traditionen bis ins 18. Jahrhundert hinein auch herrschaftlich fortlebte. Zudem konnte man sich in der Oberpfalz auch geschichtspolitisch auf eigensinnige Stränge berufen. Bosl verwies etwa auf den Charakter der Oberpfalz als «Paßland» zwischen Nürnberg und Prag, das vor allem durch grenzüberschreitende Beziehungsgeflechte nach Böhmen und Mitteldeutschland geprägt worden sei und weniger durch die Zugehörigkeiten zu Bayern, überdies auf eine signifikant eigene Wirtschaftstradition als «Ruhrgebiet des Mittelalters». Hinzu komme die prägende Kraft Regensburgs, der alten Herzogs- und langjährigen Reichsstadt mit ihrer spezifischen historischen Dignität, auch da wieder mit originärer wirtschaftspolitischer Bedeutung als Durchgangsplatz für den Fernhandel ins Böhmische hinein und ins Italienische hinunter, zwischen 1663 und 1806 sogar mit kosmopolitischer Note als Sitz des Immerwährenden Reichstags. Diese Bedeutung hat Regensburg zwar mit Beginn des 19. Jahrhunderts (und wirtschaftspolitisch schon viel früher) verloren. Es wurde im gesamtbayerischen Kontext eine eher abgelegene Provinzstadt, aber es blieb immer noch eine gewisse Referenzgröße für historische Selbstverständigungsprozesse.

Strukturen ähnlicher regionaler Mikrokosmen eigener Art könnte man auch für das «niederbayerische Bauernland» feststellen. Dort fanden sich im 19./20. Jahrhundert manche Unangepasstheiten, etwa mit überproportionalen parteipolitischen Präferenzen für den antiklerikalen Bayerischen Bauernbund oder die Freien Wähler (statt katholischer Patriotenpartei oder CSU). Wohl nicht von ungefähr wurden gerade dort subversive Filme wie die «Jagdszenen in Niederbayern» (1968/69) verortet, um die altbayerischen Klischees zu brechen. In diesen Kontext gehört überdies das Gebiet des ehemaligen Hochstifts Passau, dessen traditioneller Blick mit seiner Lage an der Grenze und an der Donau und seiner lang währenden Bedeutung im Salzhandel («Goldener Steig») gleichfalls oft mehr nach Prag und Wien ging denn nach München und Landshut. All das machte jedenfalls auch Altbayern zu einem pluralen Gebilde mit viel regionalem Eigenleben und lokalem Eigensinn.[79]

6. Heilige Orte, seltsame Orte, monströse Orte: Von Altötting über den Obersalzberg zum virtuellen Bayern

Auch jenseits des Kanons staatsbayerischer National- und Regionalidentifikationen gibt es Formen raum- und lokalbezogener Bewusstseinsbildung: vielfach denk- und merkwürdige Orte und Räume im Positiven wie Negativen, im Skurrilen wie Monströsen, die gleichfalls mit Bayern verbunden werden. Mit den bisher erörterten Ausprägungen regionaler Identitätsstiftung haben sie gemein, dass auch sie oftmals historisch unterfüttert werden und nicht selten Ergebnis aktiver geschichtspolitischer Propaganda oder vergangenheitspolitischer Diskurse waren. Allerdings transportierten sie teilweise Inhalte, die sich nicht oder nur schwer in die gängigen Erzähl- und Bildmuster einfügten bzw. die deutlich darüber hinausgriffen und überdies eigene Wirkungsdynamiken in Gang setzten. Sie boten entweder alternative oder komplementäre Raumdeutungen an, rührten an politische Traumata oder riefen Gefühlswelten auf, die aus der Zeit gefallen scheinen. Sie zeitigten ganz spezielle Zuschnitte und Profile, mythenbeladen und emotional besetzt, geschichtsbelastet und sperrig, mitunter auch imaginativ und fiktional: «Ausnahmeräume» und «Orte, von denen man sich Geschichten erzählte», die die Phantasie anregten, gerade weil sie etwas quer zur glatten, werbeträchtigen Staatsgeschichte vom Land der Bayern standen.[80] Im Folgenden werden zu dieser Thematik mit kurzen Streiflichtern vier Komplexe erhellt, die sich teilweise auch überschneiden können.

«Heilige Orte»
Dass Glaube, Religiosität, Konfessionalität und die damit in Verbindung stehenden Orte, Kirchen, Klöster, Pilgerstätten das Bild Bayerns nachhaltig mitprägten, ist beinahe ein Allgemeinplatz. Dieser Aspekt fand demnach unmittelbar auch Eingang in die staatstragende Selbstverständigung und Geschichtserzählung. Er gehört zur viel beschworenen Harmonie von Tradition und Fortschritt und trägt auch das bekannte Image des «barocken Bayern» mit, das neben seinen naturräumlichen Verweisen auf die alpine Landschaft und seinen kunsthistorischen Dimensionen nicht zuletzt religiös-katholisch unterlegt war. Es wird uns in seiner touristischen Nutzung noch begegnen, regional besonders konzentriert im südbayerischen «Pfaffenwinkel».

Was die Entwicklung religiös-kirchlicher Prägekräfte im 19. und 20. Jahrhundert anging, gab es zwar immer wieder Brechungen und konkurrierende, relativierende Faktoren: diverse Säkularisierungs- und Restaurationsschübe, markante Gewichtsverlagerungen durch Migration und transregionale Einflüsse, wechselnde Zuständigkeiten und Grenzverläufe. Dennoch erwiesen sich die geistlichen Landschaften langfristig zumindest mittelbar als wirkmächtig. Weit über verblassende oder schwindende Frömmigkeitspraktiken hinaus waren sie ein bedeutendes raumstrukturierendes Element. Sie prägten Verwaltungs-, Wirtschafts-, Kultur- und Bildungsräume mit und blieben der Topographie Bayerns auch dann noch eingeschrieben, als der unmittelbare politische oder mentale Zugriff auf Menschen und Gesellschaft nicht mehr gegeben war.[81]

Die Diözesanbezirke waren lange tradiert, die Bistumsorganisationen gingen bei allen Anpassungen und Verschiebungen zurück ins frühe Mittelalter und waren seitdem ein Element der Ordnung des Landes. Reformation und Glaubenswechsel beeinflussten nicht nur das geistige Leben in den nordbayerischen Gebieten, sondern trugen dort auch bei zu einer kleinteiligeren Territorialität und zur stärkeren Profilierung von Städten. Zumal die zahlreichen Klöster waren Raumbildner ersten Ranges, nicht wenige sprechen von «Klosterlandschaften». Als örtliche Zentren hierarchisierten sie die Territorien in der Fläche. Sie waren Motoren infrastruktureller Raumerschließung und Kommunikation, Treibriemen von Wirtschaft und Bildung, Teilhaber auch der Staatsentwicklung. Das überdauerte in bemerkenswerter Pfadabhängigkeit auch die Zäsur der Säkularisation nach 1800. Mit der religiösen Restaurierungspolitik Ludwigs I. wurden sie sogar revitalisiert. In nicht wenigen Ausprägungen zeigen sie sich noch bis in unsere Tage, sei es in der regionsspezifischen Präsenz religiöser Symbole und Wegmarken, von Kreuzen, Bildstöcken, Kapellen und Brückenheiligen, in Flur-, Straßen- und Landschaftsnamen, natürlich auch in den weithin wahrnehmbaren und wie Fixpunkte wirkenden Kirchen- und Klosterbauten vor allem im ländlichen Raum.

Für einige kultische Pilgerstätten gilt das in besonderer Weise, an der Spitze für Altötting, dessen Bedeutung exemplarisch noch etwas beleuchtet werden soll. Seit einem angeblichen Wunder im ausgehenden 15. Jahrhundert hat sich an dem Ort eine Marienwallfahrt entfaltet, an der sich katholische Frömmigkeit verdichtete, aber eben nicht nur das: Altötting wurde zugleich genutzt als Instrument der Herrschaftsbildung und eingebaut in die Staatsteleologie der Wittelsbacher. Versehen mit der Würde des Alters eines agilolfingischen «Vororts» des 8. Jahrhunderts, überhöht durch die Propaganda der Gegenreformation und die persönliche Förderung des marianischen Kurfürsten Maximilians I. und erneuert durch die prokatholische Kirchenpolitik Ludwigs I. seit den 1820er Jahren, war Altötting das Ziel offizieller Hofwallfahrten der bayerischen Herrscher, reich ausgestattet mit edlen Gaben, Tabernakeln und Reliquien, Grabstätte unter anderem des katholischen Heerführers Johann Tserclaes Tilly und seit den 1630er Jahren Bestattungsort der Herzen von Wittelsbacher Fürsten und ihren Gemahlinnen. Die Tradition der Herzbestattungen gab es auch bei anderen Herrscherfamilien; vor allem bei den französischen Königen war sie schon länger eingeführt und mit einer entsprechenden rituellen Aura umgeben; daneben ließen zum Beispiel auch Würzburger Bischöfe bis ins 16. Jahrhundert hinein ihre Herzen in der Zisterzienserabtei Ebrach bestatten. Die Wittelsbacher übernahmen das und führten es ungewöhnlich lange fort. Insgesamt 28 Herzen werden in Altötting bis heute in Urnen verwahrt. Die letzten wurden erst nach Ende der Monarchie 1922 (Ludwig III.) und 1954 (zweite Frau Kronprinz Rupprechts) bestattet, und noch im

Jahr 1983 wurden dorthin zwei Herzen aus der Sulzbacher Fürstengruft überführt. Die verehrte «Gottesmutter Maria» wurde außerdem kanonisiert und offiziell zur «Patrona Bavariae» erklärt und mit ihr Altötting zu einer Art altbayerischem «Nationalheiligtum» gemacht. Besagter Maximilian verpflichtete sich «der Gottesmutter für immer mit Blut und Herz», weihte ihr Stadt und Land und ließ 1638 die Mariensäule auf dem Münchner Marienplatz errichten – als Mittelpunkt des Landes, von dem die Straßenmessungen in ganz Bayern ausgingen. Papst Benedikt XV. erklärte in einem Dekret vom Mai 1916 Maria auch formell zur Schutzpatronin Bayerns. Altötting war also ein durchaus seltsamer, mitunter verstörender und irgendwie aus der Zeit gefallener dynastischer Kultort mit Zentralitätscharakter im Rahmen einer dynamischen «Kultgeographie» (O. Wiebel-Fanderl) und mit enormen symbolischen Ressourcen für Staat und Gesellschaft. Von der «Herzkammer Bayerns» ist die Rede. Nebenbei ist Altötting aber auch ein Ort geschäftstüchtig kapitalisierten Pilger-Massentourismus mit modernem Verkehrsanschluss und aktivem Wallfahrtsmarketing. Schon Bettina von Arnim, die 1810 Station in «Alt-Ötingen» gemacht hatte, notierte diesen «wunderlichsten» und «befremdlichen Eindruck des Fromm-Religiösen, düster Schmerzvollen, Sonderbaren», mit «kohlrabenschwarzem Muttergottesbild», wertvoll gefassten Reliquien und «Silber auf den schwarzen Stufen des Altars», mit dauernden Messen, Hymnengesängen, dumpfen Orgelklängen, tränenreichen Altarküssen und aus allen Ecken Seufzen der Wallfahrer «von Sonnenaufgang bis Sonnenuntergang». Es sei wie ein Kabinett zur ethnographischen Beobachtung, das eigene «Herz [...] in beständigem Klopfen» und umgeben von den fremden Urnenherzen der Herrscher.[82]

Altötting ist mit rund einer Million Menschen jährlich die mit Abstand meistbesuchte Pilgerstätte Bayerns, aber keineswegs die einzige. Die heute noch existierenden gut 150 von der katholischen Kirche offiziell anerkannten Wallfahrtsorte Bayerns bedeuten europaweit die größte Dichte von Gnadenstätten. In der alltäglichen Frömmigkeitspraxis ist die Zahl sogar noch um Vieles höher, da werden allein im Bistum Regensburg knapp 300 Wallfahrtsorte gezählt. Deutliche Schwerpunkte liegen in Altbayern, aber auch in Franken finden sich manche Orte. Als noch vor Altötting ältester Wallfahrtsort gilt Andechs, Bayerns «heiliger Berg» über dem östlichen Ufer des Ammersees; die oberbayerische Wieskirche hat als Bauwerk auf der UNESCO-Welterbeliste das wohl größte kulturtouristische Renommee; Vierzehnheiligen ist der vielleicht bedeutendste Wallfahrtsort in Franken, im sogenannten «Gottesgarten» am Obermain. Zusammengenommen ergäbe das eine ganz eigene Raumordnung «heiliger» Orte, die man womöglich noch um weitere dynastisch-adelige Grablegen mit «kultgeographischem» Charakter (Scheyern, Ensdorf, Fürstenfeld, Münchner Frauendom, Raitenhaslach) ergänzen könnte und sicher noch um «Erinnerungsorte» des bayerischen Protestantismus und die entsprechende Gedenktopographie (St. Lorenz in Nürnberg, Neuendettelsau, Hesselberg, Tutzing, Windsheim) zum Nebeneinander regionaler Konfessionsräume weiten müsste.[83]

«Kunstorte» und «Kunstlandschaften»

Eine zweite Kategorie denkwürdiger «Ausnahmeräume» soll als «Kunstorte» und «Kunstlandschaften» bezeichnet werden. Sie werden entweder kunsthistorisch definiert bzw. gewinnen ihr Profil durch einen bestimmten Künstler oder eine Kunstrichtung. Das für die Außenwahrnehmung Bayerns fraglos wichtigste Referenzfeld wurde dabei schon mehrfach erwähnt, der Raum des «barocken Bayern». Da sich mit ihm allerdings keine konkurrierende Deutung Bayerns eröffnet, das Phänomen vielmehr den Kanon staatsbayerischer Raumgeschichte mitbestimmt, wird er hier nur kurz erwähnt. Namengebend ist dafür in der Tat ein spezieller Kunst- und Baustil. Umschrieben freilich wird ein ganzes Ensemble raumbezogener Facetten, mit denen «Bavarität» erfasst und oft genug auch klischeehaft pointiert wird. Sie umgreifen nicht nur Architektur und bildende Kunst – weithin personifiziert etwa in den Brüdern Asam –, sondern auch Religiosität und Frömmigkeit, angebliche Lebensart, Ernährungs- und Alltagsgewohnheiten, die «geistige Physiognomie» des Volkes (M. Spindler), nicht zuletzt auch eine bestimmte voralpine Landschaft und Natur.[84]

An dieser Stelle wollen wir uns beispielhaft auf den Begriff «Mainfranken» konzentrieren, weil er einige alternative und ambivalente Deutungsmöglichkeiten enthält. Der maßgebliche Begriffsbildner war der

Würzburger Professor und Kunsthistoriker Fritz Knapp (1870–1938), der 1928/37 in zwei Auflagen eine «kunstgeschichtliche Heimatkunde» unter dem Titel «Mainfranken» publizierte. Darin galt Knapp die bildende Kunst allgemein als «zur Form gewordene Idee» und Ausdruck heimatlich-regionaler «Identität»; die großen Flüsse bezeichnete er als zentrale «Schlagadern von Nationen», an denen entlang sich Kultur und geistiges Leben auskristallisierten. Für weite Teile Frankens sei da eben der Main strukturbildend, er verkörpere die natürliche Basis für die Existenz «Mainfrankens»: Topographisch handele es sich um das «uralte Gebirgsland» mit der «fränkischen Ebene», den Haßbergen und dem Steigerwald im Zentrum, eingegrenzt von der Fränkischen Schweiz im Osten, dem Fränkischen Jura im Süden, dem Thüringer Wald im Norden sowie Rhön, Odenwald und Spessart im Westen. Der konstituierende Faktor, der Mainfrankens «Gesamtcharakter» bestimme, sei allerdings die «katholisch-kirchliche» Prägung eines von den Hoch-/Erzstiften Würzburg, Bamberg und in Ausläufern Mainz mit Aschaffenburg dominierten Gebiets. Sie hätten ein räumliches Profil ausgebildet, mit dem «den Bischöfen das Bestimmungsrecht über Stadtbürger und Bauern gegeben war» und die vom hohen Klerus dominierte bildende Kunst und Architektur zum zentralen Ausdrucksmittel von Kultur, Geschichte und Heimat wurde. Das sei das geistige Substrat einer Kunstlandschaft mit «glänzendsten Denkmälern» von der Romanik bis zum Rokoko. Demgegenüber fielen die kleineren weltlichen und anders- oder gemischtkonfessionellen Herrschaftsbezirke der Region, die Fürstentümer Hohenlohe, Castell oder Wertheim, die Reichsstadt Schweinfurt oder auch die (in der zweiten Auflage von 1937 eigens berücksichtigten) «alten deutschen Städte Rothenburg, Dinkelsbühl und Nördlingen», viel weniger ins Gewicht. Das Markgräflerland um Kronach, Kulmbach, Bayreuth und Ansbach sowie die Wetterau mainabwärts wurden ohnehin ausgeschlossen. Dort wie in den angrenzenden mittelfränkischen Regionen sei man «künstlerisch wie geistig andere Wege» gegangen, protestantisch akzentuiert und mehr von der «Entwicklung freien Bürgertums» getragen.[85]

Im 20. Jahrhundert entwickelte der Terminus Mainfranken gerade wegen seiner alternativen Erzähloptionen ein bemerkenswertes Eigenleben und wurde mehrfach umgedeutet. Zunächst nahmen ihn die

Nationalsozialisten auf und nutzten ihn als wirkungsvollen «Integrativbegriff» (B. Keß) voller politischer Symbolik. Wie schon skizziert, instrumentalisierte ihn sehr bewusst der NS-Gauleiter Otto Hellmuth. Er baute darauf die ganz eigene Ideologie des «Bauerntraditionsgaus Mainfranken» jenseits der alten hochstiftischen Traditionen und, gegen die Intentionen Knapps, mit einer scharfen antiklerikalen Akzentuierung. Nach 1945 wurde der Begriff «Mainfranken» dementsprechend zeitweise als politisch belastet angesehen, 1946 der Regierungsbezirk wieder in «Unterfranken» benannt. Jedoch kam es recht rasch auch wieder zu einer Renaissance des Mainfränkischen. Nicht wenige Institutionen trugen die Bezeichnung weiter oder haben sie sogar neu eingeführt, weil sie mehr als «Unterfranken» Lebensart und Kultur der Region erfasse. Es gab «Mainfrankenmesse» und «Mainfrankenpark», die Aktivitäten des mainfränkischen Tourismus- und Regionalmarketings, die «IHK Mainfranken» oder das «Mainfränkische Museum» (bis 2017, seitdem «Museum der Franken»). Und das «Mainfränkische Jahrbuch» nahm 1949 sehr bewusst unter dieser «klangschönen und sachlich glücklichen», «festlichen und frohen» Bezeichnung die Publikation des «Archivs des Historischen Vereins für Unterfranken und Aschaffenburg» wieder auf; im Begriff seien «älteste Zeiten der Kultur [...], Keltisches und Germanisch-Fränkisches» aus der Tiefe der Vorzeit gespiegelt, weit mehr als im «leer und düster» klingenden «Unterfranken».[86]

«Barockes Bayern» und «Mainfranken» repräsentierten größere Kunstlandschaften, mit denen diverse Raumimages verbunden wurden. «Bayreuth» ist ein Beispiel für einen Kunst- und in diesem Fall: Musikort, dessen Prägung auf dem Wirken und der Wirkung eines einzelnen Künstlers, Richard Wagners, beruhte. Er war freilich nicht weniger symbolisch aufgeladen und trug für manche sogar quasireligiöse Züge einer säkularen Pilger- und Andachtsstätte. Das gilt zunächst für Bayreuth als Ort an sich. Wagner hat dort in den 1870er Jahren sein Festspielhaus errichten lassen, weil er eine Stätte auf dem buchstäblichen «Grünen Hügel» mit der «Aura des Eingeweihtseins» jenseits des zivilisatorischen Massenbetriebs gesucht hat und in Szene setzen konnte. Es gilt aber auch für Bayreuth als Projektionsfläche für weitere Sehnsuchtsräume, wie sie sich in den Wagner-Opern spiegeln und von den Pilgerscharen angebetet wurden und werden: die Wartburg im Tannhäuser, Alt-Nürnberg in den Meistersingern, der Rhein und die romantischen Landschafts- und Mittelalterbilder im Ring des Nibelungen – insgesamt ein «vom westlichen Thüringen über Franken und Bayern bis zum Rhein» reichendes Arrangement, in dem durch die «politisch-kulturellen ‹Bedeutungsinvestitionen›» in Wagners Werk einzelne Städte und Landschaften zu «mythischen, [...] sakralen Orten» gemacht wurden.

All das gehörte sicher vor allem in den deutschnationalen Bewusstseinshaushalt und nicht so sehr in den bayerischen, ebenso wie Wagners Anspruch weit über die Provinz hinausging und auf die Etablierung eines nationalen Musiktheaters von «europäischer Artistik» (Thomas Mann) zielte. Dennoch spielte die um Bayreuth gruppierte Kunst-Erinnerungslandschaft auch für die bayerischen Raumkoordinaten und die regionale kulturelle Selbstvergewisserung eine Rolle, bildete nicht zuletzt eine Bühne für herrschaftliche Propaganda. Auch dieser «Erinnerungsort» wurde vielfach instrumentalisiert und politisiert, sicherlich am verderblichsten von den Völkischen und den Nationalsozialisten, unter eifriger Mithilfe von Wagners Nachfahren und Verwandten. Bayreuth war zusammen mit dem oberfränkischen Coburg ein Vorort «‹brauner› Zentralität» und wurde auf Betreiben des rührigen Gauleiters Hans Schemm von Beginn an integriert in die Gauideologie der «Bayerischen Ostmark». Das Wagner'sche Festspielhaus wurde zu Hitlers Hoftheater, der «Grüne Hügel» zu einer NS-Aufmarschkulisse. Die «Meistersinger» wurden zum «deutschesten Musikdrama immerdar» und zur «Inkarnation unseres Volkstums» stilisiert, so Goebbels im Sommer 1933. Und trotz dieser belasteten Tradition dient Bayreuth bis in unsere Tage hinein als Plattform für die Inszenierungen der Politprominenz, die sich im kulturellen Glanz der Festspiele sonnt und die Bedeutung des Freistaats demonstriert.[87]

Monströse Orte und schuldige Bauten – die NS-Hinterlassenschaften

Die Beispiele «Mainfrankens» oder «Bayreuths» führen uns direkt zu einem besonders verstörenden Bereich von «Erinnerungsorten» in Bayern: Sie wurden vom Nationalsozialismus geschaffen, geprägt und als herausforderndes Erbe hinterlassen, bilden seitdem «kontaminierte» und «schuldig gewordene Landschaften» (M. Pollak). Angesichts der regionalen Schwerpunkte in seiner frühen Entwicklungsphase zog der Nationalsozialismus gerade auch in Bayern seine Spuren, prägte sich der dortigen politischen Topographie ein: mit privilegierten Kultorten und «heiligen Stätten», die an die Wurzeln und «Alten Kämpfe» der NSDAP im «Ordnungszelle»-Bayern erinnerten, die die exponierten persönlichen lokalen Wirkungsstätten «des Führers» vergegenwärtigten und denen auch im Rahmen der Selbstdarstellung des Regimes im NS-Feierjahr nach 1933 eine besondere propagandistische Rolle zugedacht wurde. Nicht von ungefähr firmierte eine 1933 erschienene, weit verbreitete Werbebroschüre mit Photographien Heinrich Hoffmanns unter dem Titel: «Besucht Bayern, die Heimat Adolf Hitlers».

Zahllose Bauwerke oder Bauensembles wurden dort bewusst politisiert und ideologisiert, dienten als «politische Visitenkarten» des Regimes und seiner Doktrin. Die Orte wirkten aber auch nach 1945 fort, weil sie die Hinterlassenschaften lokal kondensierten und ein eigendynamisches Nachleben zeitigten. Sie wurden zu politischen Gedenk- wie touristischen Besuchs- wie verdrängten Nichtorten und haben wegen dieser Vielgestaltigkeit der «Nachnutzung» zu mancherlei erinnerungskulturellen Kontroversen über den angemessenen Umgang geführt. Nicht wenigen gelten sie heute angesichts des generationellen Schwindens der Erfahrungsgeneration als bedeutsame Zeitzeugen aus Stein. Es handelt sich gleichermaßen um Täter- wie Opferorte, um Schauplätze symbolträchtiger Inszenierung und Ritualisierung mit bewusstem «Überwältigungscharakter» wie solche der Gewalt, der Verbrechen und des Grauens, um alltägliche Funktionsbauten ebenso wie um Relikte von «steinerner Brutalität» und oftmals auch um eine erschütternde Mischung aus alldem.[88]

An erster Stelle zu nennen ist in diesem Zusammenhang fraglos München als «Hauptstadt der Bewegung» und zweiter Kapitale des «Dritten Reiches». Zu München hatte Hitler die engsten biographischen Verbindungen, bezeichnete die Stadt mehrfach als seine «Lieblingsstadt». Sie sei Ort der «ersten Opfer» und «geheiligter Boden»; er hänge an der Stadt «mehr als irgendeinem anderen Fleck der Erde», vor allem wegen der «wunderbaren Vermischung von urwüchsiger Kraft und [...] künstlerischer Sammlung». Am 2. August 1935 erhielt München offiziell den Beinamen «Hauptstadt der Bewegung» und wurde eingereiht in eine privilegierte Gruppe von «Führerstädten», zu denen noch Linz, Berlin, Nürnberg und Hamburg zählten. Überdies trug München einen zweiten Ehrentitel. Anlässlich der Grundsteinlegung des «Hauses der deutschen Kunst» am 15. Oktober 1933 betonte Hitler: «Wenn Berlin Hauptstadt des Reiches ist, Hamburg die Hauptstadt der deutschen Schiffahrt, Leipzig und Köln Hauptstädte des deutschen Handels, Essen und Chemnitz Hauptstädte der deutschen Industrie, dann soll München wieder werden Hauptstadt der Deutschen Kunst.» Mit der Geste «eines neu erstandenen Ludwig I.» wollte Hitler damit die klassizistische Kunsttradition Münchens vollenden und die Stadt zum «Nabel der deutschen Kunstwelt» machen, in der «die ästhetische Dimension des neuen Regimes» im Idealformat zum Ausdruck kommen sollte. In der Tat etablierte sich München als ein «mythologisch verformtes Zentrum» des «braunen Kults» und bevorzugte Bühne für die pompösen Inszenierungen des NS-Reichs mit fast sakralen Zügen. Im Mittelpunkt stand der neu gestaltete Königsplatz mit «Führerbau», «Braunem Haus» (der Parteizentrale) und «Ehrentempel», in dem seit 1935 die sterblichen Überreste der sogenannten «Blutzeugen» des Hitlerputsches in fahnengeschmückten Sarkophagen aufbewahrt wurden, geehrt wie Staatsreliquien und jährlich massenwirksam gefeiert mit Fackeln und Fahnen in einem pathetisch-rituellen Zeremoniell zum 8./9. November.[89]

Neben München haben wir im südbayerischen Umfeld außerdem den Obersalzberg, auf knapp 1000 Metern oberhalb Berchtesgadens und des Königssees gelegen, als Privatrefugium und Neben-Regierungssitz. Hitler kam das erste Mal 1923 auf den Obersalzberg und mietete dort 1928 das Haus Wachenfeld. 1933 ging es in seinen Besitz über und wurde zum «Berghof» mit dem bekannten Panoramafenster ausgebaut. Zugleich entstand ein ganzes Areal von NS-Bauten, mit Kehlsteinhaus, Kehlsteinstraße, Bunkersystemen und Anwesen anderer NS-Größen wie Bormann, Speer oder Göring. Schon in dieser Zeit beruhte die Wirkung des Ortes auf der eigentümlichen Kombination von spektakulärer Bergkulisse, idyllischem Landleben und politischer Macht und Gewalt. Die Gegend war einer der frühen Hotspots des Fremdenverkehrs, beliebt schon bei Dichtern, Malern und Fabrikanten des 19. Jahrhunderts, besucht von Lenbach und besungen von Ganghofer – eine äußerst bildmächtige Bühne für wirkungsvolle Selbstdarstellungen. Hitler nutzte sie für Inszenierungen als vermeintlicher Privatmann, Naturliebhaber und guter Nachbar, gab sich volksnah, ließ sich (in der Frühzeit) mit Lederhose abbilden, in rustikalen Stuben oder inmitten «seiner Berge», empfing neben Politikern auch Trachtengruppen oder Blaskapellen und nutzte insgesamt die folkloristische Atmosphäre der Bergwelt, die sich perfekt in die NS-Blut- und Boden-Metaphorik einfügen ließ. «Naturwüchsige Fröhlichkeit» der dörflichen Gesellschaft umrahmte werbeträchtig «des Führers Landhaus». Gleichzeitig wurde die ortsansässige Bevölkerung systematisch aus dem «Führersperrgebiet» verdrängt, war die strahlende Kulisse nur Camouflage der Verbrechen.[90]

Wie weit dergleichen Vereinnahmung von Örtlichkeiten durch den Nationalsozialismus in den gesellschaftlichen Alltag hineinreichte, zeigte der zeitgenössische Oberbayerntourismus. München und der Obersalzberg wurden in den Reiseführern zunehmend und bewusst in enge Verbindung gebracht mit den Leistungen und Anliegen des Nationalsozialismus. München wurde angepriesen als Pilgerstadt zu den Wurzeln der NS-Bewegung und des NS-Kunstverständnisses, zur letzten Reife geführt am «Königlichen Platz» und im «Haus der Deutschen Kunst». Der Baedeker schlug eine Art nostalgische Gedenkstättentour zu den Schauplätzen der entstehenden NS-Bewegung quer durch München vor, von Hitlers erster Wohnung in der Schleißheimer Straße über Hofbräuhaus und Bürgerbräukeller zu Feldherrnhalle und Königsplatz; die prominenten Wirkungsorte zierten entsprechende Infoplaketten. Besonders prononciert wies Theodor Trautweins bekannter München-Führer auf die NS-Bezüge hin, wo der «Quell der nationalsozialistischen Bewegung»

Propaganda mit Langzeitwirkung – zweifelhafter Polit-Tourismus am Kehlsteinhaus über dem Obersalzberg, kritisch aufgespießt in Matthias Koeppels Ölgemälde «Blick zurück» von 1985

liege und an diversen Orten der «Geist des Führers» greifbar werde. Der Obersalzberg wurde nicht nur wegen seiner landschaftlichen Lage als «lohnendes Ausflugsziel» gefeiert, sondern auch als privilegierter «Lieblingsaufenthalt des Führers» beworben; der Ort habe mit den Bauten der versammelten NS-Prominenz in letzter Zeit einen erkennbaren Aufschwung genommen. Das galt in den Reiseführern im Übrigen auch für weitere NS-«Pilgerstädte», etwa für Landsberg, wo in der Festungshaft Hitlers «Mein Kampf» entstanden sei und die Stadt daher als Ziel des «Bekenntnismarsches der HJ nach jedem Reichsparteitag den Ehrentitel ‹Stadt der Jugend›» trage.[91]

Der zweite große Zentralort des Nationalsozialismus in Bayern war sicherlich Nürnberg. Auch Nürnberg besaß für die Etablierung der NS-Bewegung eine wichtige Bedeutung, war «geadelt» durch den Ehrentitel «Stadt der Reichsparteitage» und diente in dieser Funktion als Aufmarschbühne für eines der mächtigsten zeremoniellen Rituale des Nationalsozialismus überhaupt. Auch dort manifestierte sich das Regime in monumentalen Bauten, die sich bis heute ins Weichbild der Stadt eingeprägt haben. Und auch in Nürnberg vereinnahmten die Nationalsozialisten in ihrer Propaganda sehr geschickt die historischen Traditionen und (touristischen) Images der Stadt als «deutschester aller Städte», wie es der nationalsozialistische Oberbürgermeister Liebel formulierte. Gemeint sind die viel besungenen Reminiszenzen an Albrecht Dürer, Peter Vischer und Hans Sachs, an alte Kunst- und Handwerkswelten, eingerahmt vom pittoresken Stadtbild und einer eigenen Denkmalsarchitektur, weitergetragen, stilisiert und kanonisiert durch Gemälde, Dichtungen und natürlich die Wagner'schen «Meistersinger». Die damit verbundenen Vorstellungen von städtischer Gediegenheit, bürgerlicher Redlichkeit, innovativem Handwerksfleiß und künstlerischer Originalität wurden schon im 19. Jahrhundert aufgegriffen und politisch wie ökonomisch genutzt. Das bekannte Label lautete des «Reiches Schatzkästlein» und kombinierte unterschiedliche Verständnisfelder von «wertvoll» bis «imperial» mit dem imposanten architektonischen Ausdruck der Kaiserburg oberhalb des städtischen Dächermeeres. Daran knüpften die neuen NS-Machthaber direkt an, wenn sie in Nürnberg ihre Reichsparteitage aufführten, beginnend 1927 und 1929 und dann jedes Jahr von 1933 bis 1938. In deren moderner Inszenierung mit Totenkult, Selbstdarstellung der NS-Organisationen, Propagandareden und Unterhaltung der «Volksgemeinschaft» wurde stets sehr bewusst auf die historische reichspolitische Rolle Nürnbergs angespielt, etwa in der Eingangssequenz des berühmten Riefenstahl-Films «Triumph des Willens» zum Reichstag von 1934. Auch städtebaulich stellte man die Verbindung zwischen dem alten Reichs-Nürnberg und dem neuen NS-Nürnberg her. Genau in der Flucht zwischen Burg und Reichsparteitagsgelände verlief die «Große Straße». Die Erzählung vom gegenwärtigen «Tausendjährigen Reich» wurde eingebettet in die «Kontinuität von tausend Jahren deutscher Geschichte», oder wie es in Stadtführern von 1937/38 hieß: In «Nürnberg, der Stadt der Meistersinger/der Stadt der Reichsparteitage» schlage der Nationalsozialismus die «Brücke vom Einst zum Heute» und entwickle zugleich eine eigene «traditionsbildende Kraft»,

Die «Stadt der Reichsparteitage» erwächst dem Alten Nürnberg mit Kaiserburg und ehrwürdiger Handwerkstradition – eine Propagandapostkarte mit strahlenden Portraits von Julius Streicher, Adolf Hitler und Oberbürgermeister Willy Liebel über Alt-Nürnberger Silhouette und Szenerie (Gustav Goetschel, 1934)

durch die Nürnberg «seine besondere Stellung in der deutschen Geschichte neuerer Zeit» wiedererlange. Passend dazu habe der Führer mit dem Anschluss Österreichs auch die Reichskleinodien von Wien nach Nürnberg bringen lassen.[92]

Bauliche Relikte hat dieses spezifische NS-Nürnberg vor allem auf dem rund 25 Quadratkilometer großen Reichsparteitagsgelände hinterlassen: mit Luitpoldarena, Zeppelinfeld und -tribüne (deren Pfeilerreihen 1967 gesprengt wurden), der schon erwähnten zwei Kilometer langen «Großen Straße» sowie weiteren nicht oder nur fragmentarisch fertiggestellten oder später gesprengten Mammutprojekten wie dem Deutschen Stadion, der neuen Kongresshalle und dem Märzfeld. Sie waren ein schlagender Ausweis für die «Herrschaftsarchitektur der neuen Zeit», erbaut unter dem Einsatz von KZ-Häftlingen, und Propagandakulisse des Grauens, gleichzeitig aber auch attraktive Freizeitstätte. Auch das hatte eine Vorgeschichte. Seit dem Ende des 19. Jahrhunderts finden wir am Luitpoldhain moderne Formen des Gewerbeausstellungs-, Sport- und Volksfestbetriebs, und das war in den 1930er Jahren mit dem für den NS typischen Nebeneinander von Gewalt und Alltag nicht anders. Insofern steht auch die «Nachnutzung» nach 1945 mit Rockkonzerten, Gottesdiensten oder Autorennen in einer gewissen Tradition, besitzt allerdings nunmehr unter veränderten erinnerungskulturellen Auspizien eine andere, kontroverse Sprengkraft.[93]

Es gab in Mittel- und Oberfranken weitere, kleinere Orte, an denen der Nationalsozialismus öffentlich stark präsent war und sich auch die NS-Ideologie lokal besonders ausprägen konnte. Auf Bayreuth mit den «Wagner-Bühnenweihfestspielen» und seine kulturpolitische Zentralität wurde schon hingewiesen. Frühe «braune Bastionen» waren außerdem Ansbach, Gunzenhausen oder Rothenburg ob der Tauber und nicht zuletzt Coburg als «erste nationalsozialistische Stadt Deutschlands» (mit dem NSDAP-Bürgermeister Franz Schwede).

Daneben ist vor allem der mittelfränkische Erinnerungsort Hesselberg mit seiner Bedeutung im Rahmen der NS-Propaganda wie im Kontext protestantischer Kirchlichkeit in Franken zu erwähnen. Die Erhebung auf der Fränkischen Alb im Kreis Ansbach stellte nicht nur ein landschaftlich markantes Hochplateau dar, es finden sich darauf auch Spuren vorgeschichtlicher, römischer und mittelalterlicher Besiedelung. Überdies spielte er im Bauernkrieg von 1525 (Hesselberger Bauern) und im Dreißigjährigen Krieg (angeblicher Besuch Gustav Adolfs von Schweden) eine gewisse Rolle, die ihm Symbolkraft verlieh: als Ort bäuerlichen Freiheitssinns und der protestantischen Mission in Deutschland (erinnert in einem eigenen Gustav-Adolf-Denkmal von 1856). Später wurden dort regelmäßig Sedantage gefeiert, 1913 auch das Andenken an die Völkerschlacht bei Leipzig. Diese politischen Festtraditionen setzten sich in den 1920er Jahren fort, mit Großveranstaltungen von Bauernverbänden oder mit dem Schwedentag von 1932. Für die Nationalsozialisten und insonderheit für den örtlichen Gauleiter Julius Streicher war das ein ideales Umfeld, um zwischen 1928 und 1938 zuerst die sogenannten «Hesselbergtage», ab 1933 dann die «Frankentage» zu zelebrieren – eine in die 100 000 gehende Massenveranstaltung am Wochenende nach

Sonnwend mit kultischen Elementen, Sonnwendfeiern und Zeltlager, germanischen Thing-Spielen, Totengedenken und Huldigung des «arischen» Bauernstandes. In den antisemitisch-völkischen Kundgebungen stand stets Streicher selbst als messiasgleicher «Frankenführer» in der Mitte. Er beschwor die Kraft des fränkischen Gaus im Herzen der «deutschesten aller deutschen Landschaften». Der 1933 mit dem Ehrentitel «heiliger Berg der Franken» versehene Höhenzug mutierte zum «braunen Wallfahrtsort», die Landschaft wurde ganz der NS-Ideologie unterworfen. Dem Berg wurde ein riesiges Hakenkreuz aus weißem Kalkstein in die Flanke graviert, ein drei Meter aufragender «Hoheitsadler» grüßte an seinem Fuß. Hesselbergmusiken wurden komponiert, Hesselberggedichte verfasst. Geplant waren auch eine Art Streicher-Mausoleum, eine gewaltige Adolf-Hitler-Schule und eine eigene Thingstätte auf dem Berg. Mit Kriegsbeginn endete dieses Treiben. Allerdings wurde der Hesselberg als Symbolort auch nach 1945 genutzt. Jetzt diente er der evangelisch-lutherischen Kirche in Bayern als Landschaftsbühne der «Bayerischen Kirchentage» wie als Standort einer Landvolkshochschule, seit 2005 «Evangelisches Bildungszentrum Hesselberg». Für Franz Josef Strauß galt der Hesselberg als «heiliger Berg der Protestanten in Bayern». Er war daher strikt gegen seine Verschiebung von Franken nach Schwaben im Zuge der Gebietsreform der 1970er Jahre; das empfand er als ausgesprochen pietätlos, «einer der schlimmsten Vorschläge, der überhaupt nie hätte gemacht werden dürfen».[94]

Die NS-Täterorte in Bayern behielten also auch nach dem Krieg ihre Dynamiken als Erinnerungsorte. Mit ihrem Nebeneinander von lokalen Bedingungen und überlokalen Bezügen, der Doppelgesichtigkeit von Grauen und Verbrechen wie Faszinosum und Vermarktung entzündeten sich daran hitzige Diskussionen um angemessene Formen der Erinnerung und des Gedenkens, der praktischen Nutzung und Notwendigkeit historischer Einordnung. Sichtbar wurde das nicht zuletzt am Aufbau von Gedenkstätten und Dokumentationszentren. Gleich ob in München, Nürnberg oder am Obersalzberg waren sie oft umstritten, abhängig von unterschiedlichen vergangenheitspolitischen Entwicklungsschüben. Stets begleitet von erinnerungskulturellen Kontroversen changierte der Umgang zwischen Verdrängung und Skandalisierung, «Dark Tourism» und ritualisiertem Gedenken, volkspädagogischer Belehrung und methodisch anregender Präsentation in modernen «Lern- und Bildungsorten». Auch in diesem Kontext zeigten sich die schwierigen Orte als Projektionsflächen vielfältiger Interessen und Intentionen. Besonders langwierig gestalteten sich etwa die Debatten um das Münchner NS-Dokuzentrum, verbunden mit zahlreichen Vorwürfen und Verzögerungen («München als Hauptstadt der Verdrängung», «Erinnerungsnot»). Mittlerweile hat es sich an der Stelle des sogenannten «Braunen Hauses» etabliert als zeitgemäße Dokumentation und Umsetzung von Erinnerungsarbeit. Auf dem Nürnberger Reichsparteitagsgelände gelang mit dem 2001 eröffneten «Dokumentationszentrum Reichsparteitagsgelände» die Einrichtung einer «Stätte der Aufklärung», eines vitalen «Lern- und Studienforums» mit kontextualisierenden Ausstellungen und ausgefeiltem Besucherprogramm. Allerdings ist auch dort der Umgang mit den NS-Relikten bis heute umstritten, wie die Debatten um ein Opernhaus im Bereich der Kongresshalle zeigen. Das im Eigentum des Freistaats befindliche Areal des Obersalzbergs beherbergt ebenfalls eine Dokumentationsstätte, die sich wieder speziellen Herausforderungen zu stellen hat. Noch mehr als andernorts ist es dort die Kombination aus «dark place» und spektakulärer Landschaft, der sich das politisch-didaktische Konzept zu stellen hat, die «merkwürdige Mischung aus Natur, Idyll und Verbrechen, aus Bergtourismus und Geschichtsreisenden, aus Wandererlebnis und dem Blick durchs Schlüsselloch in die Schlafzimmer von Mördern», inklusive Selfie-Postkartenmotiven und montiertem Fernglas vom Königssee aufs Kehlsteinhaus. Unter Federführung des Münchner Instituts für Zeitgeschichte hat man im Jahr 1999 einen wissenschaftlich fundierten «Lern- und Erinnerungsort» geschaffen (seit 2023 in einer überarbeiteten Ausstellung modernisiert), um den Gefahren der «Re-Ästhetisierung» des Orts zu begegnen und die lokal-regionale Geschichte des Bergdomizils einzuordnen in die Gewaltpolitik des Nationalsozialismus und seiner Eliten. So versucht man, dem Problem eines Täterorts Herr zu werden, der kein Tatort war, und das Problem der nachträglichen Trivialisierung, touristischen Kapitalisierung und thrillhaften «Aura des Authentischen» durch historische Aufklärung einzufangen.[95]

Selbstverständlich stellten und stellen sich diese Herausforderungen auch für die besonders monströsen und «traumatischen Orte» (A. Assmann) der Gewalt, für die ehemaligen Konzentrationslager, in Bayern vornehmlich für die beiden großen KZ-Systeme Dachau und Flossenbürg mit ihren Außenlagern. Sie waren zugleich Opfer- wie Täterorte, denen man nach dem Krieg ganz unterschiedlich begegnete: mit Formen der Verdrängung, des Beschweigens und der Tilgung von Verbrechen, mit Initiativen zur Aufarbeitung, «Bewältigung» und Aufklärung, mit dem stetigen Ringen um angemessenes Gedenken und Erinnern. Flossenbürg war 1949 als erste KZ-Gedenkstätte förmlich unter Schutz und Verwaltung des Freistaats Bayern gestellt, aber erst seit 1995 als öffentliche Gedenkstätte aufgebaut worden. Dachau war dagegen schon früher, 1965, als erste große deutsche KZ-Gedenkstätte eröffnet worden. Beide vereinen bis heute die Hinterlassenschaften zeitweise völlig unempfindlicher Nachnutzung, Sachzeugnisse der Gewalt, Gräberfelder und diverse Mahnmale. Beide sind in einem «Denkmale der Zeit», Friedhöfe, Gedenkorte, Forschungs- und Archivstätten, Lern-, Bildungs-, Reflexions- und Aufklärungsorte sowie Kristallisationspunkte von Kontroversen um «richtige» Gedenkstättenpädagogik oder angebliche «Diffamierungen» von Ortschaften. Zumal Flossenbürg ist ein sehr gut untersuchtes «Musterbeispiel» für einen solchen «mehrschichtigen Erinnerungsort». Er zeigt bis heute die Spuren der pragmatischen Nachnutzung (mit in den 1950er Jahren entstandenen Vertriebenenhäusern oder dem fortgeführten Steinbruchabbau auf dem KZ-Areal), punktuelle Relikte mit der Anmutung des «Authentischen» (Krematorium, Leichenrampe, Barackenreste, Todesort Dietrich Bonhoeffers und Wilhelm Canaris'), vor allem aber sehr unterschiedliche Erinnerungsschichten und Ausprägungen «memorialer Sinnstiftung», einschließlich von Opferkonkurrenzen und teilweise sehr selektiven Gedenkvorgängen (Kapelle, Kreuze, «Kreuzweg», Aschenmal, «Tal des Todes», Ehrenfriedhof, landschaftsgestalterische Elemente, Denkmale für unterschiedliche Opfergruppen und -nationen). Dass dabei immer auch konkrete Raumbezüge eine Rolle spielen, erweist sich nicht nur an der Existenz einer Art lokaler Gedenk-Topographie. Sie zeigen sich auch an den permanenten Auseinandersetzungen vor Ort: um die umstrittene Behandlung des Steinbruchs oder um die sich ändernden Deutungen, ob das KZ im regionalen Bewusstsein mehr «Stigma» oder mehr «Standortfaktor» sei, und darum, welche Aspekte man akzentuieren soll im Nebeneinander von lokalen Befindlichkeiten, nationalen Anliegen und europäischen Perspektiven.[96]

«Orte der Demokratie» und modernes virtuelles Bayern

Schließlich lässt sich auch eine erinnerungskulturelle Komplementär- oder Gegengeschichte zum NS-Gedenken erzählen – nicht verstanden als revisionistische Verdrängungsveranstaltung, sondern immer eingebettet in die Erinnerung an die NS-Gewalt, dennoch mit anderen Gedenkoptionen und teilweise doch auch etwas apologetischer Tonlage. Die historiographische Grundierung dafür haben wir bereits kennengelernt im Topos, die ursprüngliche Tradition des Kulturstaats Bayern habe nichts oder kaum etwas zu tun mit den bewussten 12 Jahren 1933 bis 1945. Diese seien eher eine widernatürliche «Insel» im Strom der Erfolgsgeschichte, bestimmt von exogenen, nicht-wesensgemäßen Faktoren.

Gewissermaßen aus dem «eigentlichen» Traditionsfundament wurden dagegen in einer recht jungen Initiative «Orte der Demokratie in Bayern» hergeleitet – als positiv besetzte Referenzen für eine bewusste Identifikation mit der Demokratie. Ausdruck gefunden hat dieses Anliegen zunächst wissenschaftlich in Tagungen und Sammelbänden der Kommission für bayerische Landesgeschichte. Unter der methodischen Leitfrage nach bayerischen «Erinnerungsorten» analysieren sie Bedeutung und Symbolkraft von historischen Schauplätzen politischer, landständischer, parlamentarischer oder gesellschaftlicher Partizipation im Gemeinwesen und reichen dabei von «Schneitbach» 1302 (Urkunde für die Entwicklung der Landstände) und «Gaibach» 1832 (vormärzliche Konstitutionssäule) bis zum «Maximilianeum» (Sitz des bayerischen Parlaments seit 1946) und «Ermershausen» (dörflicher Aufstand gegen die Gebietsreform von 1978). Wie bei den nationalen «Erinnerungsorten» sind raumbezogene Metaphern für bayerische Bewusstseinsbildung und begriffliche Konzepte (wie «Freistaat» oder «Liberalitas Bavarica») mit einbezogen. Und selbstverständlich werden in den einzelnen Beiträgen die Bezüge auch problematisiert, Passformen in der Traditionsbildung hinterfragt, Grenzen betont. Aber die zentrale politische Grundintention ist die aktive gesellschaftsstabilisierende Sinnstiftung und durchaus tagespolitische Stärkung der öffentlichen Wirkung von «Orten der Demokratie». Darauf mag das Ursprungsdatum der Initiative 2018 hinweisen, das Jubiläum «100 Jahre Freistaat», ebenso das selbst erklärte Ziel der Kommission, einen «Anstoß für die Erinnerungspolitik im Freistaat» zu geben und damit einem erkennbaren Defizit entgegenzuwirken. «Erinnerungsorte und -kultur der Demokratie», ihre Institutionen, Protagonisten und baulichen Hinterlassenschaften im Land seien kaum oder nur zurückhaltend präsent, und das, obwohl dem bayerischen Volk und seiner Mentalität eine lange Demokratietradition innewohne, es «seit uralten Zeiten ein demokratisches Land» sei. Mitunter wird in diesem Kontext das anarchische Rebellentum «von unten» gar zu einem generellen Wesenszug des Bajuwarischen gemacht.[97]

In jedem Fall spricht für die handfeste geschichtspolitische Intention, dass das Projekt zu «Orten der Demokratie» von Beginn an vom bayerischen Landtagspräsidium, an der Spitze von Ilse Aigner und daneben von Ludwig Spaenle, gefördert wurde und mittlerweile auch den Bereich der akademischen Welt verlassen hat. «Orte der Demokratie in Bayern» ist ein Label für eine Wanderausstellung und eine Internetpräsenz des Bayerischen Landtags geworden. Mit ihr soll die bayerische Demokratiegeschichte mit anschaulichen Exponaten und Erzählungen bis zur «Graphic Novel» oder an konkreten öffentlichen «Gedenkorten» erlebbar gemacht und dadurch zum «Einsatz für Demokratie, Freiheit und Frieden» angehalten werden. Diese zwischen besagtem Ermershausen und Herrenchiemsee übers Land verstreuten Orte sind jeweils kenntlich gemacht mit einem «goldfarbenen Würfel, gefasst auf einer Steinsäule», dem «Verfassungswürfel» mit «gleichen Längen und [...] daraus resultierenden gleich großen Quadraten», die «den Gleichheitsgedanken» unterstreichen. «Der golden strahlende Würfel auf dem hellen Sockel vermittelt gleichzeitig den Eindruck einer von weitem sichtbaren Pinnnadel, die, wie auf einer Landkarte, etwas Wichtiges, den ‹Ort der Demokratie›, markiert.»[98]

In eine ähnliche, wenngleich weiter gefasste Richtung geht auch die Internetplattform «bavarikon» des Freistaats Bayern. Sie ist nicht auf

Demokratiegeschichte beschränkt, sondern dient viel allgemeiner als kulturpolitische «Dachmarke» der «Präsentation von Kunst-, Kultur- und Wissensschätzen», wie sie aus bayerischen Archiven, Museen und Bibliotheken stammen. Das verbindet mehrere Dimensionen: die technische Erprobung der landesweiten Digitalisierungsstrategie; die Bereitstellung eines enormen Informationsbildspeichers; inhaltlich-konzeptionell aber vor allem die Dokumentation und Visualisierung der langen Tradition des Kulturstaats Bayern, mit der integrativen Funktion, alle Institutionen und Landesteile einzubinden, ihre kulturellen Leistungen anzusprechen und den Stolz der Landeskinder aufzurufen. Wenn man so will, ist «bavarikon» die moderne digitale Variante Ludovizianischer Geschichtspolitik.[99]

Grundsätzlicher noch ist in diesem Zusammenhang auf die Bedeutung von digitalen und virtuellen Bildern für Prozesse raumbezogener Bewusstseinsbildung hinzuweisen. Gerade das digitale Medium wirkt katalysatorisch, entgrenzend und zugleich affirmativ, fokussiert auf einen ganz bestimmten, stereotypen Bildkanon von hohem Wiedererkennungswert und sich selbst verstärkender Kohärenz. Zum großen Teil sind die Bildwelten auch das Resultat gezielter Imagepflege – bis hin zum Instagram-Tourismus mit der Hatz auf die immer gleichen Motive bzw. mit der technisch bedingten Eigendynamik der Algorithmen, die Räume durch bewusste, aber intransparente Vorprogrammierung und quantifizierende Zugriffswahrscheinlichkeiten erschaffen.[100]

Umfasst werden dabei auch für Bayern gleichermaßen imaginativ-fiktionale wie real-materielle Orte. Beide besitzen symbolische Eigengewichte und Verweisfunktionen. Das gilt beispielhaft für ein Raumkonstrukt wie den «Weißwurstäquator» als gedachte, «mentalitätsmäßig» und «massenpsychologisch» verankerte Wegscheide zwischen dem «bösen» «Preußentum» und einem lebens- und verteidigungswerten süddeutsch-österreichischen Raum mit dem Main als Trennlinie. Jeder weiß, dass es da keine festen politischen Grenzsteine gibt, und auch, dass die Rheinländer oder Westfalen gegen ihre Vereinnahmung als Preußen protestieren würden. Und doch hat der Begriff «Weißwurstäquator» sogar Beachtung in der Sammlung «deutscher Erinnerungsorte» gefunden. Metaphorisch aufgeladen und vielfach ideologisiert ist die Grenzlinie kommunikativ wirksam für die stereotype Wahrnehmung von «Nord» und «Süd» und auch bedeutsam für die Selbstverortung in einer historischen Erzählung, die mit dem Konflikt Tassilos III. gegen Karl den Großen einsetzt und mit dem Main als «militärische Operations-Linie» im Krieg von 1866 noch keineswegs endet.[101]

Symbolische Verweisfunktionen tragen aber eben auch reale, materielle Orte. Gleich ob «heilige» Kirchenräume wie die Klöster im «Pfaffenwinkel» und kunstvolle Profanbauten wie Schloss Neuschwanstein, ob repräsentative und integrative Staats- und Herrschaftsarchitektur von der Walhalla bis zu Parlamentsbauten oder die gewaltvollen Inszenierungsbühnen und «Führerstätten» des Nationalsozialismus – system- und zeitübergreifend materialisieren sich in gebauten und umbauten Räumen Ideen, verräumlichen sich in ihrer Architektur, Stilistik, Ikonographie und (stadt-)topographischen Lage politische, kulturelle oder soziale Konzepte. Überaus plastisch zeigt sich das etwa an den zuletzt erörterten «Orten der Demokratie»: Lag das bayerische Haus des Parlamentarismus (oder zeitgenössisch Ständehaus) im 19. Jahrhundert kaum repräsentativ, sondern eher unansehnlich und provisorisch in zweiter Reihe (in der Münchner Prannerstraße), so wanderte es mit der staatlichen Demokratisierung nach 1945 ins Maximilianeum. Es war zwar dort Untermieter einer Stiftung, aber nun doch untergebracht in einem prachtvollen «Nationalbau» oberhalb der Isar mit entsprechendem Weitblick, öffentlicher Präsenz und repräsentativer Wirkung.[102]

«Das Land Bayern ist der eigentliche Held meines Romanes.»
Lion Feuchtwanger zu «Erfolg»[1]

III
Hohe Berge, Touristenträume und Wasserwerfer: Natur, Landschaft und Umwelt im Bild des modernen Bayern

Wenn man der Bilder-Suchmaschine von Google vertraut und dort «Bayern» oder «Bayern Land» eingibt, so kann es auf die Frage, was Bayern sei, nur zwei Folgerungen geben: Bayern sind entweder Männer, die in roten Trikots einem Fußball hinterherlaufen – hier hat ein multinationales Wirtschaftsunternehmen, der FC Bayern München, (zum Leidwesen aller «Löwen»- und «Club»-Fans) eine Region gekapert und in seine Vermarktung integriert. Die andere Option: Bayern sind Schlösser, Kirchen, Trachtler oder Kühe, die auf grünen Wiesen unter blauem Himmel vor hohen Bergen stehen. Mit dem zweiten Aspekt – Natur, Landschaft und Umwelt – wollen wir uns im Folgenden beschäftigen, weil er weithin Wahrnehmung und Wirkung dominiert: Bayern als Raum, das sind nicht zuletzt seine Landschaften! Das bestimmt ganz wesentlich die «Marke Bayern» und spiegelt sich vielfältig im Selbst- wie im Fremdbild der Bevölkerung – in den Umfragedaten der Sozialforschung zu «Assoziationen zum Leben in Bayern» ebenso wie in der Tourismuswerbung, in der politischen Propaganda wie in der Geschichtsschreibung, in Malerei und Film wie in Dichtung und Literatur. Landschaft und Natur erscheinen da gleichermaßen als ökonomischer Standortfaktor wie als Element der Selbstvergewisserung und vermeintlicher «Stammesart» (M. Spindler).[2]

Durchgehend wird sich an diesen Zusammenhängen die doppelte

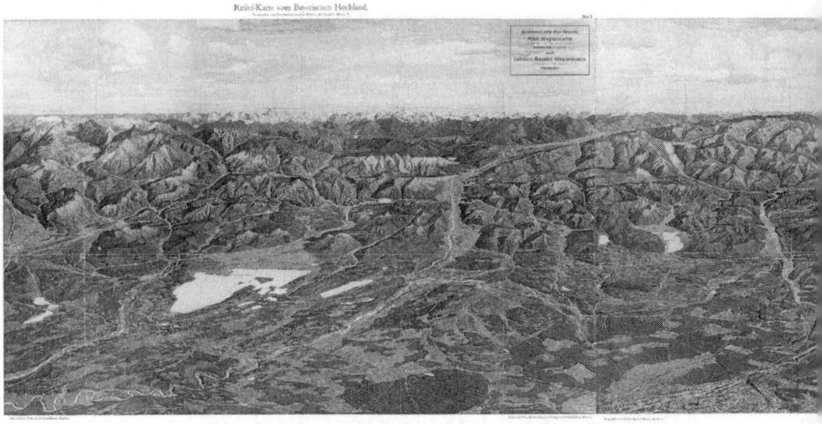

Alpenpanorama im Relief – Kartenreihe von Zeno Diemer aus dem Jahr 1908

Signatur der Begriffe und Phänomene Natur, Landschaft, Umwelt zeigen. Mit ihnen sind physische Materialitäten gemeint, die realen geographischen, geologischen, klimatischen, hydrologischen oder topographischen Beschaffenheiten mit ihrem Eigensinn und Eigengewicht. Sie prägten und prägen die Menschen und die Organisation gesellschaftlichen oder wirtschaftlichen Lebens, und sie wurden und werden stets ihrerseits geformt, gestaltet, beeinflusst von den unterschiedlichen, teilweise konkurrierenden Nutzungsformen der Menschen, mitunter zerstört von zivilisatorischen Eingriffen. Im Bayern unseres Zeitalters existierten und existieren nirgendwo Wildnis, menschenleerer Urwald oder unberührte Berge. Aber was es immer gab und gibt, waren und sind «gedankliche Landschaften» und «ästhetisierte» Naturidyllen – das ist die zweite Dimension: Natur und Landschaft als Variablen und Produkte der subjektiven politischen, kulturellen oder ästhetischen Zuschreibungen, Projektionen, Imaginationen und Ideologien. Aus ihnen erwachsen die «metaphysischen» Sehnsuchtsräume und Klischees und wirken in bestimmten Erzählungen, Bildern und Denkmustern. Die Vorstellungen von «Natur» und «Umwelt» sind dabei wandelbar, Begriffe wie «Landschaft» oder «Landscape» geradezu «Hybride» zwischen «vermeintlich unberührter Natur und menschlichem Einfluss» oder kultureller Überformung. Sie werden obendrein verwoben mit angeblich regionsspezifi-

schen sozialen Ethnographien oder mit politischen Semantiken und «nationalen» Programmen des je «Eigenen» und «Anderen». Berge, Wälder und Flüsse sind dann weit mehr als «Natur». Sie werden von Staat und Gesellschaft ideologisch in Anspruch genommen und symbolisch aufgeladen als «natürliche Grenzen» oder Metaphern für «Volkscharaktere». Je nach Perspektive und Gebrauchskontext können Natur, Landschaft und Umwelt also etwas Unterschiedliches bedeuten. Sie waren «knappe Ressourcen», um deren symbolische Deutung wie konkrete Nutzung heftig gerungen wurde.[3]

1. Des Königs Ethnologe: W. H. Riehl und die problematische Suche nach der «naturgeschichtlichen Prägung des Volkscharakters»

Im Sommer 1858 begab sich der bayerische König Maximilian II. auf große Wanderung. Er wollte sich sein Land entlang der Alpen im Feldversuch erschließen und legte innerhalb von fünf Wochen gut 350 Kilometer von Lindau nach Berchtesgaden zurück, zumeist in der Kutsche, teilweise auch zu Fuß mit einigen Gipfelersteigungen. Zu seinem Tross von acht Begleitern gehörte auch ein Mann, der von dem

Monarchen seit Mitte der 1850er Jahre gefördert worden war: Wilhelm Heinrich Riehl (1832–97). 1854 hatte ihn Max II. im Zuge seiner Wissenschaftspolitik nach München geholt und zum «Oberredakteur für Preßangelegenheiten des kgl. Hauses und des Äußeren» gemacht, außerdem mit einer Honorarprofessur an der Münchner Staatswirtschaftlichen Fakultät versehen, die 1859 zu einer ordentlichen Professur für Kulturgeschichte und Statistik umgewandelt wurde. 1885 avancierte Riehl zum Direktor des Bayerischen Nationalmuseums und zum Generalkonservator der Kunstdenkmäler und Altertümer Bayerns. Seine Rekrutierung war nicht zuletzt veranlasst gewesen, weil eine koordinierende Hand für das ethnographische Sammelwerk «Bavaria» gesucht wurde. Riehl betreute die Herausgabe dieser ersten modernen Landes- und Volkskunde Bayerns mit zuletzt acht umfänglichen (Teil-)Bänden, ergänzt noch um ein separates «Topographisch-statistisches Handbuch des Königreichs Bayern», bis 1868.[4]

Wanderung und «Bavaria» – das gehörte für den König und seinen Ethnologen zusammen. Nur so könne man Land und Leute erschließen und damit Zugänge eröffnen zum sozialen Wesen der Menschen. Riehl galt die wandernde Feldforschung mit einem offenen «landschaftlichen Auge» als bevorzugtes Instrument kulturwissenschaftlicher Forschung, weit mehr als die «Buchgelehrsamkeit» am Schreibtisch. Der Raum und das mit ihm verbundene Volksleben müssten sinnlich erfahren und mit den «eigenen Füßen, Augen, Ohren» erfasst werden in ihren topographischen, geologischen, klimatischen Strukturen vor Ort. Ziel sei die «naturgeschichtliche Untersuchung des Volkes» mit der Kernfrage nach der Prägung des «im Lande gewurzelten Volkscharakters». Gesellschaft, Kultur und Sitten seien herzuleiten aus Bodenbeschaffenheit, Wind und Wetter, und dies nicht nur in Bayern, sondern deutschlandweit.[5] Die Überlegungen Riehls und seines königlichen Patrons können uns daher als Ausgangs- und Kristallisationspunkte für eine «soziale Ethnologie» dienen, wie sie allgemein in den Ansätzen und Erzählungen der Anthropogeographen oder Kulturraumforscher manifest werden und eine gleichermaßen wichtige wie problematische Interpretation von Räumlichkeit darstellen.

Beginnen wir bei den verschiedenen naturräumlichen, geologischklimatischen Zonen Bayerns. Die Geologen, Klimatologen und Kulturgeographen teilen das rechtsrheinische Bayern in acht große naturräumliche Formationen ein; die strukturierenden Merkmale sind dabei vor allem Bodenform, Bodenart, Niederschlagsmenge und Vegetation. Von Süden nach Norden sind dies:[6]

1.) Die nördlichen Kalkalpen, einschließlich der schwäbisch-oberbayerischen Voralpen: Sie zählen zu den Ausläufern der Ostalpen und sind durch markante Flusseinschnitte (Isar, Loisach, Inn) unterteilt. Bis auf die Höhenzonen sind sie vornehmlich geprägt durch ein weites Waldgebiet, das nur in den Talböden sowie an den niederen Hängen bäuerliche Siedlungen ermöglicht und dort auch die berühmten Fremdenverkehrsorte sieht, daneben auch einige Bodenressourcen aufweist (Zinn, Kupfer, Blei, Silber, Salz im Berchtesgadener Raum).

2.) Das breite Gebiet des deutschen Alpenvorlands, das seinerseits mehrere Binnenzonen umfasst: Im Einzelnen haben wir a) den waldlosen, relativ stark besiedelten Donauraum, in dem sich wertvolle Lößböden (Gäuboden, Donauries) mit landwirtschaftlich geringerwertigen Böden (Moorlandschaften im Donauried und Donaumoos) ablösen; sodann b) das niederbayerische Tertiärhügelland mit deutlich höheren Waldanteilen, einer bäuerlichen Kulturlandschaft und im niederbayerischen Bäderdreieck um Bad Füssing bedeutenden Heilquellen; ferner c) die sogenannte oberbayerische Schotterebene zwischen Lechfeld und Mühldorf (inkl. Donau-Iller-Lech-Platte), die bis auf fruchtbare Gebiete an den Abhängen von Flusstälern von eher schlechter Bodenqualität (Heidelandschaft), einigen erst spät nutzbar gemachten Moos-/Moorgebieten und nicht zuletzt vom großen Ballungsraum um München geprägt ist; schließlich d) den Moränengürtel südlich Münchens, der landschaftlich von größerem Reichtum ist, einige Bodenschätze (Pechkohle, Erdöl, Erdgas, Wasserreichtum, Heilquellen) und eine markante Seenlandschaft aufweist, dementsprechend eine beliebte Erholungsregion darstellt, allerdings auch durch hohe Niederschlagsmengen und ungünstige Ackerbaubedingungen gekennzeichnet ist.

3.) Das ostbayerische Grenzgebirge: Damit ist das durch die Cham-

Further Senke in zwei Teile gegliederte bergige Waldareal des Bayerischen und Oberpfälzer Waldes gemeint, mit bescheidenen Böden, abgesehen vom Holz-Triftsystem erst spät mit moderner Infrastruktur und als Fremdenverkehrsregion erschlossen, im Übergang zum Fichtelgebirge aber mit industriell nutzbaren Kaolin-, Quarz-, Granit-, Basalt- und Porzellanerdevorkommen (Porzellan-/Glasherstellung).

4.) Das obermainisch-oberpfälzische Schollen- oder Hügelland nördlich der Donau: Es umfasst große Teile der Oberpfalz und Oberfrankens, ist durchzogen von der Naab als Flussachse, besitzt ein einigermaßen raues Klima, steinige Böden, viele Wälder, aber auch wichtige Eisenerzvorkommen (um Amberg und Auerbach). Im Norden verläuft es hinein in die kargen, feuchten, humusarmen, indes ressourcenreichen (Wasser, Holz, Bodenschätze) Gegenden des Fichtelgebirges (mit dem Wunsiedler Becken).

5.) Die Fränkische Alb, einschließlich der Fränkischen Schweiz: Diese Zone erstreckt sich nördlich der Donau in einem Bogen von Eichstätt bis Bayreuth. In den wasserarmen, zerklüfteten Höhenlagen hat sie ausgesprochen unfruchtbare Böden. Allerdings gewinnt die Gegend mit ihren engen Tälern, Bächen und Burgruinen und daraus resultierend ihrer «romantischen Erfindung» seit Wackenroder und Tieck Bedeutung als Tourismusgebiet. Im Albvorland haben wir obendrein eine dicht besiedelte Bauernregion mit ertragreichen Lößböden (Nördlinger Ries).

6.) Das mittelfränkische Becken (oder Fränkische Keuper-Lias-Land) um die Achse von Regnitz und Rednitz: Das ist eine sandige Ebene mit weitläufigen Wäldern, in einzelnen Teilen auf den Anbau von Spezialkulturen konzentriert (Gemüse, Spargel), vor allem jedoch geprägt vom dicht besiedelten, gewerbereichen Großraum Nürnberg-Fürth-Erlangen.

7.) Das waldarme mainfränkische Gäuland, ein sanftes, fruchtbares Hügelland, das immer wieder von weiten Ebenen (Untermainebene) durchzogen ist, ein äußerst günstiges Klima besitzt und entsprechend hohe landwirtschaftliche Erträge (unter anderem im Obst- und Weinbau) produziert.

8.) Der in «Hufeisenform» verlaufende Mittelgebirgsgürtel von Odenwald, Spessart, Rhön, Steigerwald, Haßberge und Frankenwald: Mit Ausnahme des Vorspessarts ist das Gebiet geprägt von dichten Waldbeständen, wenig Besiedlung, Wassermangel und kargen Böden, teilweise von Hochweiden, Mooren und einigen Erzlagerstätten, am Rande des Basaltgebiets in der Rhön von Kurorten mit wichtigen Mineralquellen (z. B. Bad Kissingen), insgesamt aber eher von einem spröden, rauen, ärmlichen Lebenszuschnitt.

Für das linksrheinische Bayern, also den Regierungsbezirk Pfalz, werden ebenfalls mehrere Landschaftsräume identifiziert und insgesamt sechs Zonen unterschieden: Das Kerngebiet war (1) die dicht besiedelte vorderpfälzische Rheinebene. Sie erfuhr eine intensive landwirtschaftliche Nutzung (mit zahlreichen Spezialkulturen vom Feldgemüse bis zu Tabakanbau und Zuckerrübenindustrie), entwickelte sich mit der Region um die Rheinhafenstadt Ludwigshafen aber zugleich zu einem der wichtigsten bayerischen Industrie- und Gewerbezentren. – Daran schloss sich (2) der sogenannte Haardt/Unterhaardt an; das meint den Saum des westlichen Vorhügels des Pfälzer Berglandes, eines der größten Weinbaugebiete Deutschlands. – Unmittelbar an das Weinland grenzte (3) das bergige Waldland des Pfälzer Waldes, auch Haardtgebirge genannt. Das ist ein dünn besiedeltes, etwas dumpf wirkendes, schwer zu bewirtschaftendes und lange sehr unwegsames Buntsandsteingebirge, das nach dem Spessart das größte Laubwaldgebiet Deutschlands beherbergt (seit 1958 «Naturpark Pfälzer Wald»). – Daneben sind zu nennen (4) die ursprünglich vermoorte Kaiserslauterer Senke, die ab 1745 gezielt kultiviert worden war und sich dann im Laufe des 19. Jahrhunderts zum Industriestandort und Verkehrsknotenpunkt in der Westpfalz mauserte, sowie (5) der pfälzische Anteil des sogenannten Alzeyer Hügellandes im Nordosten mit intensivem Acker- und Weinbau. – Gewerblich noch bedeutsamer war schließlich (6) die im äußersten Westen gelegene saarpfälzische Region mit den Steinkohlegruben St. Ingbert und Mittelbexbach, Zentren einer zeitweise florierenden Montanindustrie und in dieser Hinsicht durchaus Entwicklungsmotor der Industrialisierung Bayerns.

Was in einem frühen Reisehandbuch von 1820 mit dem lakonischen Satz «Der Boden [in Bayern] ist verschieden» umschrieben wurde,[7] stellt sich also höchst spezifisch und binnengegliedert dar. Und genau an diesem Punkt setzten Protagonisten wie Wilhelm Heinrich Riehl mit ihren vergleichenden volkskundlichen, sozio-ethnologischen und kulturgeographischen Fragestellungen an. Im Grunde ist es unstrittig, dass Topographie, Klima oder Bodenbeschaffenheit Einflüsse auf Ernährungsgewohnheiten, Wirtschafts- und Siedlungsformen oder die alltägliche Lebensgestaltung haben. Es macht einen evidenten Unterschied, ob man in einem kargen Alpental, einer abgelegenen Ecke der Rhön oder im hinteren Bayerischen Wald aufwächst und lebt oder im satten Gäuboden, einem malerischen rheinpfälzischen Weinbaudorf oder in München-Schwabing. Und daraus lassen sich – zusammen mit den Voraussetzungen der Verkehrsinfrastruktur – auch handfeste sozialhistorische Gegebenheiten erklären: die Hierarchisierungen von Zentren und Peripherien, bestimmte interregionale Austauschbeziehungen oder daraus folgende Migrationsströme. So haben sich aus den gebirgigen, rauen Gegenden und der unterentwickelten Provinz des platten Landes stets Menschen in die fruchtbareren Ebenen und Städte bewegt (wenn sie nicht überhaupt das Land verlassen haben und ins Ausland gingen) – von der Rhön, aus Oberfranken und dem Oberpfälzer Wald in die fränkischen Gewerbezonen um Schweinfurt und Nürnberg-Fürth-Erlangen (oder auch in die fruchtbare Wetterau oder ins Mainbecken um Frankfurt hinein), aus dem Pfälzer Wald in das Rheintal und nach Ludwigshafen, aus den Gegenden des südlichen Bayerischen Waldes auf die großen Höfe in Rottal und Gäuboden, aus der oberpfälzischen, niederbayerischen und schwäbischen Provinz nach Regensburg, Augsburg oder München. Sie suchten und fanden dort dauerhafte oder saisonabhängige Arbeit, in der zweiten Hälfte des 20. Jahrhunderts zumeist in Form berufspendelnder Angestellter. In die andere Richtung verliefen die Ströme der Suburbanisierung des Landes und der Suche nach Regenerationsmöglichkeiten in den Naherholungsgebieten, die wiederum tief in die Physiognomie der ländlichen Siedlungen eingriffen.[8]

Ambivalenter wird es, wenn aus der Natur determinierende Folgerungen für Mentalitäten und Charaktere gezogen werden. Bei Riehl liest sich das so: Die natürliche Umgebung forme Mensch und Gesellschaft und bilde ihr «Wesen», in der Ethnographie wiederhole sich im Grunde nur die Topographie. Prägend seien dabei vornehmlich die Gegensätze von «Feld» und «Wald», «Stadt» und «Land». Das bilde die unterschiedlichen Typologien, «Geisteskulturen und Gesittungen» aus. Die Bewohner des «rechten, heiligen Waldes» seien «ehrlich, rauh und zäh», traditionsverbunden und von frischer, «roher Ursprünglichkeit»; die Oberländler und «Alpenhirten» «einsam, selbstgewiss, sagen- und liederreich», «hoch und schön gewachsen», gestählt durch Klima und Witterung; die durch guten Boden gesegneten niederbayerischen Ackerbauern stolz, drahtig und naturverbunden; die Bevölkerung im altbayerischen «zentralisierten Land» südlich der Donau «reines Bauernvolk» von selbstsicherer Gelassenheit und einem «einheitlichen, zäh beharrenden Originalgenie»; die Menschen aus Rhön und Fichtelgebirge mit ihrer kargen, rauen, düsteren Natur von äußerst «hartem und kraftvollem» Profil, «körperlich wie geistig grobknochige» Typen, Paradefälle «armer Leute» und dennoch markante, in ihrem Kampf gegen die natürlichen Widrigkeiten «ritterliche» Gestalten und eine «reiche Quelle sich erneuernder und verjüngender Volkskraft»; die Bewohner der neuen «künstlichen Städte», der aufgeblähten Residenzen oder beginnenden Industriemetropolen (im Gegensatz zu den ehrlichen traditionellen Land- und Handwerkerstädten) dagegen seien modisch-verkünstelt, «bedürfnisreich überfeinert» und «ausstudiert». Auch das Wesen der Pfälzer sei «Ausdruck der Landesnatur», überhaupt sei die Pfalz bzw. der «Rheingau» Musterbeispiel für ein besonders vielgestaltiges, «individualisiertes Land» ohne rechte einheitliche Mitte. Dementsprechend wichtig sei die Unterscheidung zwischen «Alluvialpfälzern» der Rheinebene – «Männern des deutschen Weinlandes» und von daher eher heiter, voller Lebenslust, originell-individualistisch und auch der Reben wegen «politisch beweglicher Gesinnung» – und den weniger liberalen, weil mit viel kargerer natürlicher Umgebung konfrontierten «Grundgesteinpfälzern» des Haardts, «Sandsteinpfälzern» des Westrichs und «Steinkohlepfälzern» an der Saar.[9] In diesem Kontext werden auch Flüssen und Baumarten Wesenszüge zugeschrieben und diese wiederum mit dem Volkscharakter verknüpft. Die Altbayern seien so geprägt durch die «einigende Hauptwasserstraße Donau, der [...] die meisten großen Alpenströme zufallen»; diese wiederum werden in ihrer Wucht als Ausdruck von Kraft und Stärke gedeutet, der Lech auch als Kulturgrenze in «Geschichte, Sitte, Mundart». Der «deutsche Waldcharakter» werde getragen von Laubholzwäldern» und nicht von «künstlichen [...], kurzlebigen Nadelwäldern». Es sei daher höchst beklagenswert, dass im Zuge des Chausseenbaus die «altfränkischen Linden und Kastanien» gefällt und ersetzt worden seien durch Pappeln nach «napoleonischer Vorliebe»; die «endlosen Pappelalleen» zerstörten den «Reiz von hundert deutschen Landschaftsbildern».[10]

Riehl war mit seinem Grundanliegen, Naturraum und Gesellschaft in Beziehung zu setzen, keineswegs allein und zeigte, was seine kulturwissenschaftliche Methode konkreter Beobachtung anging, auch manche zukunftsweisende und viel rezipierte Akzente. Da braucht man noch gar nicht an die Heerscharen von Literaten und Heimatforschern zu denken, bei denen ähnliche Typologien vorkommen und oft verwoben werden mit überzeichneten Bayern-Images. In Ludwig Thomas Geschichten etwa wimmelt es von landschaftsbezogenen Charakteren mit Ethnographien des Bäuerlich-«Gebirgischen» wie Städtischen. Der Volkskundler Franz Xaver Schönwerth lässt sich zum genügsamen und einsilbigen Wesen der Oberpfälzer aus, das aus der Kargheit der Gegend, dem «Armenhaus Bayerns», hergeleitet wird. Und Wilhelm Diess räsoniert über unterschiedliche Flusstemperamente und deren gesellschaftliche Folgen oder Aussagekraft.[11]

In zeitgemäß angepasster Diktion und mit analytischem Vokabular, aber letztlich doch mit vergleichbaren Grundfragen finden wir die Thematik aber auch in der modernen soziologischen oder strukturgeschichtlichen Forschung. Man denke nur an die Suche Fernand Braudels nach der «sozialen Geographie» in seinem Mittelmeer-Buch (1949) oder an Lucien Febvres Studie über den Rhein (1935) als Fluchtpunkt politischer Projektionen und Mentalitäten zwischen Frankreich und Deutschland. Der Soziologe Georg Simmel postulierte, natürliche Umwelt und Begrenzungen färbten soziale Beziehungsfelder und individuelle Charaktere «in einzigartiger Weise»; als Musterbeispiel dienten auch ihm die «Gebirgsbewohner mit ihrer eigentümlichen Einheit von Freiheitssinn und Konservativismus, von Sprödigkeit des Verhaltens gegeneinander und leidenschaftlicher Anhänglichkeit an den Boden.» Der bayerische Landeshistoriker Karl Bosl meinte der Donau die Eigenschaft des «mütterlichen Stroms Staatsbayerns» zubilligen zu können. Und auch in neueren sozial- und mentalitätshistorischen Arbeiten wird, forciert nicht zuletzt durch die Diskussionen um einen «spatial turn», nach «raumbezogener Identität» und den Wirkungen von Raum und Landschaft in ihrer «ganz eigenen Trägheit und Schwerkraft» gefragt oder werden mögliche Bedingungsvariablen des «homo alpinus» thematisiert.[12]

Dennoch sind Zuordnungen, wie sie etwa Riehl vornahm, alles andere als unumstritten und unproblematisch. Sie bleiben methodisch nicht selten im Vagen, wenig stringent, und bergen überdies Gefahren der politischen Instrumentalisierung. Wenn man aus der Natur soziokulturelle, anthropologische Volkscharaktere herleitete, ließ sich das schnell nationalistisch-chauvinistisch oder biologisch-«rassisch» aufladen und eröffnete Möglichkeiten, deterministische Gesetzmäßigkeiten zu konstruieren, pathologische «Blut-und-Boden»-Zusammenhänge zu entwickeln oder sozialdarwinistische Lebensraumpläne zu legitimieren. Riehl bot mit manchen wabernd-folkloristischen Annäherungen an die «Volksseele», kombiniert mit romantischem Agrar- bzw. Wald-Idealismus und Zivilisationskritik, durchaus Anknüpfungspunkte für die spätere Vereinnahmung der «personalisierten» bzw. «ethnisierten Geographien» inklusive biopolitischer «Vergiftung» (C. Applegate/K. Schlögel) durch den Nationalsozialismus. Die wild kompilierende und teilweise sinnentstellende Kröners Taschenbuchausgabe des Soziologen Gunther Ipsen von 1935 mit dem Ziel, «aus dem Werk Riehls seinen Gehalt als politische Volkslehre herauszuheben», ist dafür ein konkretes Beispiel. Ähnliches galt für Kulturgeographen wie Carl Ritter (1779–1859), für den die Natur das «Erziehungshaus des Menschengeschlechtes» war, oder Friedrich Ratzel (1844–1904), der sich in einer Systematik der «Anthropogeographie» versuchte und dabei in seinen «Altbayrischen Wanderungen» auch den «bayrischen Stamm» unter die Lupe nahm; der Oberbayer sei «nach dem Gebirge zu» im Vergleich zum Niederbayern der «germanischere» Typus, die Niederbayern dagegen seien einer der «schwarzhaarigsten und dunkeläugigsten Menschenschläge, die es auf deutschem Boden gibt».[13]

Auch die Kulturraumforschung der 1920er/30er Jahre mit ihren Fragen nach der raumbildenden Kraft historisch-kultureller Traditionen zeigte sich anfällig für die rassische Volkstumsgeschichte. Zuvorderst Rudolf Kötzschke (Leipziger «Seminar für Landes- und Siedlungsgeschichte») und Hermann Aubin (Bonner «Institut für geschichtliche Landeskunde») stellten Überlegungen zu ethnischen Stammeseinheiten und ihren Siedlungsräumen an. Ihr Ziel war es, «das Bild der historischen Landschaft als organischen Unterbau einer Geschichte des deutschen Volkes» zu zeichnen.[14] Dergleichen ließ sich problemlos mit einer rassenkundlich-eugenischen Herangehensweise verknüpfen, etwa wenn pseudowissenschaftlich Volkstum, Gesichtsphysiognomie und Charakter kombiniert wurden. Ein Beispiel dafür ist etwa das 1942 erschienene Werk des Mediziners Willy Hellpach «Deutsche Physiognomik. Grundlegung einer Naturgeschichte der Nationalgesichter». Er versuchte eine volksdeutsche Antlitzkunde zu entwickeln und leitete wesensmäßige Gesichtstypen aus «Umweltkräften», «Muttererde» und «Landschaftsseele» ab. Auch die bayerischen «Stämme» kommen darin vor: Das fränkische Gesicht sei charakterisiert durch «Jochbreite» und «Kinnspitzigkeit», was insgesamt einen «Dreiecksgrundriß» mit schnutig vorgetriebener Mundpartie ergebe. Dem stehe das rundliche «schwäbische Antlitzviereck» gegenüber. Dem altbairischen Gesicht habe der dinarische Einschlag ein ausgesprochen kinniges Antlitzbild verliehen, mit prägnanter Lippenschippung und Kinnvorgeschobenheit, ähnlich der britischen «upper-class». In all diesen Gesichtszügen spiegelten sich regionale Charaktereigenschaften: beim Franken Gesprächigkeit, Fröhlichkeit und quecksilbrige Zappeligkeit; beim Schwaben Schwerblütigkeit, Undurchsichtigkeit und reiche Echtheit; der Altbayer sei heiter, lässig, musisch und aufbrausend-kampfeslustig. Das mag sich amüsant lesen, wenn man den pathologischen Zeitkontext betrachtet, vergeht einem das Lachen. Hellpachs Werk wurde viel rezipiert und übrigens 1949 völlig unverändert wieder aufgelegt.[15]

Allerdings sollte man sich vor platten Anachronismen hüten. Riehl, Ritter, Ratzel waren Kinder ihrer Zeit, keine Nationalsozialisten oder einfach deren geistige Vorläufer. Mit ihren Arbeiten verbanden sich nicht nur politische Schattenlinien, sondern auch inspirierende methodische und inhaltliche Optionen, bei Riehl beispielsweise die Feldforschung und die Herangehensweise einer integralen kulturwissenschaftlichen «Landes-, Volks- und Staatskunde»,[16] bei der ebenfalls interdisziplinären Kulturraumforschung die perspektivische Weitung des Blicks über die staatszentrierte Territorial- und Verwaltungsgeschichte hinaus. Obendrein muss man sehen, dass es unterschiedliche Interessen in der Rezeption und Bewertung dieser Forschungen gab. Wie schon erörtert, diente etwa der klassischen bayerischen Landesgeschichtsschreibung das Verdikt irrationaler Volkstumsgeschichte nicht zuletzt dazu, sich forschungsstrategisch und geschichtspolitisch von der Kulturraumforschung (wie der Regionalgeschichte) abzugrenzen. Demgegenüber sollte die eigene homogene Erzählung von der Gestaltungskraft des Wittelsbacher Staates und des Föderalismus gegen zentralstaatliche Ambitionen (wie sie in der NS-Diktatur ja tatsächlich zu greifen waren) untermauert werden. Max Spindler betrachtete jede Akzentuierung auf Regionen oder Kulturlandschaften jenseits der Staatlichkeit ausgesprochen skeptisch und stellte sie in eine Linie mit der NS-Volkstumsgeschichte. Und wo er den von glücklicher «Güte gefüllten» Reichtum der bayerischen Natur in seine Interpretation integrierte, da diente er ihm gleichfalls nur als Fundament des «friedlichen Kulturstaats».[17]

Blickt man auf die heutige kulturwissenschaftliche, kulturgeographische oder landschaftsarchäologische Forschung, so werden darin freilich nach wie vor die vielfachen Einflusskräfte der natürlichen Umgebung auf menschliche Verhaltensweisen und Lebensformen betont und analysiert – insofern wandelt man weiter auf den Spuren Riehls oder Ratzels. Die Europäische Landschaftskonvention von 2000 definiert Landschaft «als Ausdruck der Vielfalt ihres gemeinsamen Kultur- und Naturerbes und als Grundstein [menschlicher] Identität».[18] Aber es werden daraus keine Automatismen oder Gesetzmäßigkeiten sozialer Separation gefolgert, keine allzu stringenten Harmonien zwischen Geographie und gesellschaftlichen Lebensweisen. Es geht nicht mehr um sozioethnische Deutungen etwa von Boden-, Flur- oder Siedlungsformen und die Folgerung anthropologisch-seelischer Gewissheiten, gepaart mit Agrarromantik und Kulturpessimismus. Zwar kann Zivilisationskritik im Zeichen der ökologischen Gefährdungen durchaus eine

Rolle spielen. Im Zentrum aber steht nun viel mehr der grundsätzliche Konstruktionscharakter bei der «Erschaffung von Landschaften», stehen Formen des «mental mapping» und die Geschichte von Diskursen und Wahrnehmungen, subjektiver oder kollektiver Zuschreibungen. Was Ratzels Aufsatzsammlung von 1905, in der sich auch die erwähnten «Altbayrischen Wanderungen» finden, mit «Glücksinseln und Träume» umschrieb, heißt in der Diktion der aktuellen Forschungen «imaginative Geographien».[19] Die (selbst)kritisch-besinnliche Frage freilich lautet, ob nicht auch diese forcierten konstruktivistischen Ansätze ihrerseits – ebenso wie davor die plakativ-determinierenden und objektivistischen der frühen Kulturgeographen und -historiker – nur vorübergehende Interpretationen und zeitabhängige Phänomene sind.

2. Vom Walchensee bis Wackersdorf: Naturschutz, Umweltbewegung und Heimatpflege

Dass «Natur» und «Landschaft», jedenfalls in den Breitengraden, in denen sich diese Darstellung bewegt, immer von Menschen gestaltet und umgestaltet wurden und werden, ist ein Grundfaktor, von dem auch eine ökologische Sichtweise von Räumen auszugehen hat. Die Vorstellung von «unberührter Natur», «Wildnis», «Ursprünglichkeit» und ihrer Bewahrung war und ist eine Ideologie und Utopie. David Blackbourn hat sie ein «eminent menschliches» und doch «irreführendes Konzept» genannt. Nirgendwo in Mitteleuropa oder Bayern gibt es einen solchen unberührten Flecken. Überall sind Landschaften sozial geformt, kulturell überformt, ökonomisch verwertet, politisch verwaltet und instrumentalisiert – in unserer Epoche beschleunigter Industrialisierung, gesellschaftlicher Modernisierung, Technisierung der Landwirtschaft, infrastruktureller Erschließung und administrativer Totalerfassung mehr als je zuvor.

Die anthropogenen Veränderungen der Natur haben im 19. und 20. Jahrhundert vielfache Ausprägungen gefunden und Folgen gehabt: Flüsse wurden korrigiert, kanalisiert, «gezähmt» und «gebändigt», Moore «kolonisiert», Staudämme gebaut, Stauseen angelegt. Das ermöglichte mehr Schiffbarkeit, steigerte die wirtschaftliche Effizienz, ließ die Wasserkräfte nutzbar werden und führte zugleich durch die Umleitung von Wasserströmen, die Beseitigung von Auslaufreservoirs oder die engere Bebauung von Uferregionen zu stärkeren Hochwassern, schlimmeren Überschwemmungen und Grundwasserabsenkungen. Die moderne Agrarwirtschaft beförderte, dass Fluren parzelliert, «bereinigt», industriell beackert und chemisch behandelt wurden. Städte, Bahndämme, Straßen und Brücken wuchsen in die Landschaft und versiegelten die Böden. Wälder wucherten nicht einfach vor sich hin, sondern wurden genutzt als Forsten und Jagdreviere, unterstanden der dauernden Aufsicht der Jäger, der Forstleute und ihren Maßgaben «rationaler Forstwirtschaft». Berge wurden nicht nur bewundert, sondern «bezwungen» und «erobert». Und dort, wo Wälder, Flüsse und Landschaften bewahrt, geschützt und als Naturdenkmäler eingehegt wurden, griff ebenfalls der Mensch ein. In naturnahen Wandergebieten wurden Wege markiert, Bänke aufgestellt, Geländer errichtet, Felswände mit Kletterseilen durchspannt; der Wald sei zu nichts nütze ohne einen aktiven «Beitrag zur Organisation und Regulierung der Natur», ohne «Überwindung» der natürlichen «Widerborstigkeit» und ohne Wege und Karten, die die Besucher zu Grotten, Schluchten und Bergspitzen führten, so formulierte es 1928 der Vorsitzende des Pfälzerwald-Vereins. Selbst die modernen Naturschutzgebiete, Nationalparks und Bioreservate sind planvolle Erfindungen von Menschen – künstlich «geweihte Refugien der Moderne» und «Heterotopien», mit denen sich natürlich-materielle Welt, Symboliken und Utopien an Orten jenseits der Norm und Normalität verbanden.[20]

Damit klingt schon an, dass gerade *wegen* der vielfältigen zivilisatorischen Eingriffe in die Natur das komplexe Neben- und Gegeneinander von Landschaftsgestaltung, ökonomischer Landschaftsnutzung und ökologischer Landschaftsbewahrung ins Blickfeld der Debatten rückte und sich Forderungen vermehrten, Natur zu erhalten, Umwelt zu schützen und Heimat zu bewahren. Beides – die Zerstörung von Natur wie ihr Schutz – waren Produkte der Moderne, die sich je nach Ausprägung, Zeit und Perspektive komplementär, kompensatorisch, kontrastiv oder paradox gegenüberstanden.

Von entscheidender Bedeutung war dabei, dass sich auch die Wahrnehmung der Natur seit dem 18. Jahrhundert gewandelt hat. Der Blick auf die Landschaft und der «Begriff vom Naturschönen» waren nie absolut, sondern immer veränderlich. So hat schon W. H. Riehl festgehalten, jedes Jahrhundert habe mit seiner «eigenen Weltanschauung [...] auch seine eigene Landschaftsanschauung». Lange Zeit waren die Zuschreibungen an die zivilisationsferne Natur durchweg negativ, verbunden mit Gefahren und grausamen Unwägbarkeiten: mit wilden Tieren, unbezähmbaren Flüssen, abweisenden Bergen und unwegsamen Schluchten. Man folgerte daraus die Notwendigkeit zur «Verbesserung», «Eroberung», «Beherrschung» der Natur. Im Geist eines aufgeklärten, utilitaristischen Fortschrittsglaubens lautete das Postulat, die Natur sei «in Fesseln zu schlagen» zum Nutzen der Menschheit. Erst im Laufe des 18. Jahrhunderts – am frühesten und bekanntesten formuliert in Albrecht von Hallers Gedicht «Die Alpen» von 1729 und in Rousseaus Briefroman «Jolie ou la Héloïse» von 1761 (bis 1800 in 70 Auflagen erschienen) – änderten sich sukzessive die Vorzeichen und machten aus schrecklichen Orten solche der Sehnsucht. Sie wurden noch weiter verschoben mit der Romantik und dem Idealismus nach 1800, vorangetrieben nicht zuletzt von Reiseschriftstellern, biedermeierlichen Dichtern, Landschaftsmalern und frühen «Touristikern», zumeist bezogen auf besonders spektakuläre Landschaftstypen, an vorderster Stelle das «einzigartig-erhabene Alpenpanorama». Zur technokratischen «Zähmung» trat als zweites modernes Wahrnehmungsmoment die moralisch aufgeladene, mitunter gar sakralisierte «ästhetische Naturerfahrung»: die Vorstellung einer schützenswerten Natur, die gerade der bloßen «Nutzung» entzogen sein sollte, die Idee von der Wahrung der Schöpfung und des «ewigen Haushalts der Natur». Spätestens zu Mitte des 19. Jahrhunderts war dieser Grundtenor etabliert und gewann zusätzlich an Gewicht, weil sich das kost- und vielfach nutzbare Gut Natur in modernen Zeiten zunehmend verknappte. So betonte etwa Riehl in den 1850er Jahren die Notwendigkeit, «das Recht der Wildnis zu vertreten neben dem Rechte des Ackerlandes» und dasjenige der Vielfalt ungeordneter, wilder Landschaft (vor allem roher Laubwälder) gegenüber der drohenden «geometrischen Uniformität» von Getreidefeldern oder Eisenbahnschienen. Und der Münchner

Schriftsteller und Mineraloge Franz von Kobell wehrte sich ganz grundsätzlich gegen die Anmaßung der Menschen, die so täten, «als wäre die Welt allein für sie» und als «hätten sie das Recht, Schöpfungsverbesserer zu seyn».[21]

Naturschutz, Heimatbewegung und Umweltdebatten im 19. Jahrhundert

Diesem Ideengeflecht entsprangen die frühen Natur-, Heimat- und Umweltschutzbewegungen, die sich dann in der zweiten Hälfte des 19. Jahrhunderts unter dem Eindruck der genannten Modernisierungsphänomene weiter dynamisierten, institutionalisierten und eine lange Traditionslinie bis ins 20. Jahrhundert hinein festigten. Sie bündelten mehrere Motive, der zentrale Aspekt jedoch war zuerst die Kompensation von Zivilisationsverlusten: Kompensation für industrielle Folgeschäden, für soziale Verwerfungen, für die gesteigerten Risiken der Moderne und ihre «unnatürlichen» Folgeerscheinungen. Deshalb konnte vor allem auch der «Heimat»-Begriff als Scharnier dienen, gingen Natur- und Heimatschutz, die Wahrung von «Naturdenkmälern» und historischen Denkmälern, oftmals in eins. Beides gehörte für die Zeitgenossen zusammen. Die Verständigung über das, was «Heimat» war, verlief wesentlich über die Vergegenwärtigung von regionaler/nationaler «Geschichte» und «Kultur» einerseits und die Aneignung von Natur und Landschaft im örtlichen wie nationalen Rahmen andererseits. Dagegen sprach auch nicht, dass Umwelt immer zugleich etwas Ortsgebundenes wie Überregionales darstellt. Weder Flüsse noch Berge waren und sind lokal oder national zu begrenzen. Dennoch konnten sie als regionale oder nationale Identitätsanker fungieren und benötigten zu ihrem Schutz immer auch das Handeln vor Ort.[22]

Das zeigte sich schon in sehr frühen Umweltprotesten in Bayern, sie besaßen immer einen handfesten lokalen Bezug. So engagierte man sich in einem typischen Fall zu Beginn des 19. Jahrhunderts in Bamberg gegen die Errichtung eines Glashüttenwerks mit Steinkohlebefeuerung im Stadtgebiet. Die Bürger sahen unmittelbar vor der Haustüre ihre Gesundheit durch Rauch, Ruß und giftige Schwefeldämpfe, die der

Hütte gleich einem «rauchenden Vesuv» entstiegen, gefährdet und sich außerdem vor lästige alltägliche Hygieneprobleme gestellt (schmutzige Gardinen, eingerußte Obstbäume). Ferner fürchtete man die Entwertung von Grundbesitz, die Belästigungen beim Sonntagsspaziergang und generell die Verschandelung der Natur. Letztlich hatten die Bamberger Klagen sogar Erfolg, die Hütte wurde außerhalb der Stadt errichtet.[23]

Neben den Problemen der Luftverschmutzung machten sich umweltpolitische Diskussionen bald auch an der Frage der Wasserkraftnutzung mit ihren Folgen von Flussumleitungen, der Errichtung von Staudämmen und sinkenden Grundwasserspiegeln bemerkbar. Die Auseinandersetzungen um die Rettung der Stromschnellen bei Laufenburg am Rhein als spektakuläres «Naturdenkmal» waren um 1900 ein überregionales Profilierungsfeld für den beginnenden Heimatschutz. Für Bayern brisant waren die Kontroversen um die Kraftwerke und Staustufen an Lech, Donau und Isar und dort vor allem um das Prestigeprojekt des oberbayerischen Walchenseekraftwerks. Dieses ging 1924 in einer ersten Ausbaustufe in Betrieb. Die Debatten zogen sich jedoch über einen langen Zeitraum hin, beginnend mit der Planungsphase von den 1890er Jahren bis zum Ersten Weltkrieg, dann während des eigentlichen Baues des Kraftwerksystems (mit Staustufen, Speichern, Kanälen, Rohrbahnen zwischen Walchen- und Kochelsee, diversen Werksanlagen und Flussumleitungen) nach dem Ersten Weltkrieg bis 1924, schließlich mit weiteren Ausbauschritten Ende der 1940er Jahre und in den 1950er Jahren (Rißbach-Überleitung, Niedernach- und Obernach-Kraftwerke, Sylvensteinspeicher). Moniert wurden wie hundert Jahre zuvor in Bamberg auch am Walchensee die Minderung der Eigentumswerte von Anrainern und ökonomische Verluste für traditionelle Gewerbe (Flößer, Fischer) wie den Fremdenverkehr in einem besonders einträglichen Winkel Bayerns, vor allem aber auch die ästhetischen Beeinträchtigungen der malerischen Landschaft. Die «Schönheit und Natürlichkeit» als «eine der wertvollsten und beglückendsten Eigenschaften unseres Landes» würden «eine erhebliche Einbuße erleiden», so der im Landschafts- und Heimatschutz engagierte Münchner Architekt Gabriel von Seidl im Jahresbericht des Isartalvereins. Der hatte sich 1902 zum «Schutz der landschaftlichen

Schönheiten der Umgebung Münchens» und zur Wahrung des städtischen Naherholungsgebiets der Isar als «Perle unseres Alpenvorlandes» nicht zuletzt zur Abwehr technischer Eingriffe wie durch den Kraftwerksbau gegründet. Weitere, spezifischere Monita kamen hinzu, in erster Linie die unkalkulierbaren ökologischen Risiken der Grundwasserabsenkung und Flussumleitungen für den Uferschutz und den Wasserhaushalt. Das Kernproblem des ganzen Vorhabens war nämlich, dass das Wassereinzugsgebiet des Walchensees viel zu klein war. Man war gezwungen, der Isar und ihren Zuflüssen permanent Wasser zu entnehmen. Die Isarableitung bedeutete eine einschneidende Veränderung des Flusslaufes über eine Strecke von 45 Kilometern. Insgesamt wurden/werden der Isar im Jahresmittel 30 Kubikmeter Wasser pro Sekunde durch Ausleitungen zum Walchen- und zum Achenseekraftwerk entzogen. Weitere Beeinträchtigungen verursachten Ausleitungen aus Jachen und Rißbach, die über weite Teile des Jahres trocken lagen/liegen. Stellenweise wurde das Grundwasser um mehr als sechs Meter abgesenkt mit den Folgen erodierender Uferhänge, absterbender Bäume und abnehmender Fischbestände, zudem versiegte ein Teil der Tölzer Jodquellen. Allerdings wurde von den Befürwortern des Kraftwerks auch ein umweltpolitisches Motiv angeführt, das uns heute recht modern erscheint. Die Wasserkraft galt ihnen als «weiße Energie der Zukunft», die wesentlich umweltverträglicher sei als die «schwarze Kohle», zumal man diese wegen der bayerischen «Revierferne» auch noch aufwendig über weite Strecken zu transportieren habe – ein Argument, das in Phasen der «Kohlenot» in den Bauperioden unmittelbar nach den beiden Weltkriegen oder angesichts der Elektrifizierung der wachsenden Staatseisenbahnen seinerzeit doppelt verfing.[24]

Ein drittes, speziell für den bayerischen Raum relevantes und kontroverses Thema waren die Debatten um Fluch und Segen der touristischen Erschließung der Berge, verdichtet in der Problematik des Baus von Seilbahnen. Wohl respektierte man die wirtschaftlichen und infrastrukturellen Entwicklungschancen, die der Fremdenverkehr bot. Was indes scharf kritisiert wurde, waren die verunsichernden Auswüchse und zerstörerischen Begleiterscheinungen gerade in hochalpinen Regionen: die massenhafte Invasion von «naturfremden» Großstädtern, das unsensible

Verhalten gegenüber Tier- und Pflanzenwelt, das Zurücklassen von Abfällen, die Missstände von Wildcamping, sich ausweitendem Skibetrieb und eben vor allem die «bayerische Seilbahnseuche», die «Epidemie der Ski- und Sessellifts» (inkl. Verkehrserschließung, Parkplatzbau und Autokarawanen). Besonders umstritten waren in den 1940er bis 1960er Jahren die (letztlich durchgeführten) Bauvorhaben am Jenner, Karwendel und Hochgrat. In späteren Jahren kam die Kritik an der künstlichen Beschneiung hinzu, der Anlage von Speicherseen und allgemein am massentouristischen Sport-Freizeit-Wahn. Gerade die Haltung zum (Berg-) Tourismus kann freilich auch auf prinzipielle Ambivalenzen verweisen. So wurde der Fremdenverkehr zumal in den Alpen einerseits scharf als «Fremdkörper» und Faktor der Landschaftszerstörung kritisiert; man beklagte, dass dadurch die Natur aus rein materialistischen Motiven funktionalisiert werde. Auf der anderen Seite jedoch war es nicht zuletzt ebenjener Tourismus, der für die Naturschönheiten erst sensibilisierte und mit seiner frühen bürgerlich-städtischen Klientel die Naturschutzideen sichern und finanzieren half. Der Deutsche Alpenverein oder die diversen um 1900 entstehenden Verschönerungs-, Wald- und Wandervereine regten die Schaffung von Naturschutzgebieten an und warnten vor massenhaftem «Naturtourismus», zugleich erschlossen sie Wandergebiete und bewirkten «häufig das Gegenteil einer Verschönerung». Allein der DAV markierte bis heute ein Wegenetz von rund 40 000 Kilometern und errichtete über 200 künstliche Kletteranlagen – «Ausbeutung und Anbetung» der Natur gingen Hand in Hand.[25]

So unterschiedlich Anlässe und Motive der frühen Umweltdebatten im Einzelnen waren, so vielschichtig und disparat waren auch die ersten vereinsmäßigen Institutionalisierungen des Natur- und Umweltschutzes seit dem letzten Drittel des 19. Jahrhunderts. So entstanden zunächst oft lokale und regionale Wander- und Waldvereine oder naturwissenschaftliche Gesellschaften: der «Botanische Verein Landshut» (1864), der Bayerische Wald-Verein (1883), der «Verein zum Schutz und zur Pflege der Alpenpflanzen» (1900), der erwähnte Isartalverein (1902) oder der «Fränkische Albverein» (1914) Erweitert wurde das Spektrum durch einige deutschlandweite Verbände wie den Deutschen Alpenverein, dieser mit einem starken regionalen Akzent auf München und dem südlichen Bayern (1869 in München gegründet und hervorgegangen aus dem «Bildungsbürgerlichen Bergsteigerverein», 1873/74 zusammengeschlossen zum «Deutschen und Österreichischen Alpenverein»), den aus der Arbeiterbewegung stammenden «Touristenverein Die Naturfreunde» (1895), den «Bund für Vogelschutz» (1899) oder den in München gegründeten «Verein Naturschutzpark» (1909). Mit gesamtbayerischem Anspruch entstanden 1905 der «Bayerische Landesausschuss für Naturpflege» sowie 1913 der «Bund Naturschutz in Bayern» mit Sitz in München. Noch einen anderen Schwerpunkt wählte der nationale, aber nachhaltig auch in Bayern rezipierte «Bund Heimatschutz», gegründet 1904 in Dresden auf maßgebliche Initiative des Musikers und Pädagogen Ernst Rudorff und des Architekturkritikers Paul Schultze-Naumburg.[26]

Soziologisch betrachtet, war die Kultur dieser Naturschutzvereine – mit wenigen Ausnahmen wie dem «Naturfreunde»-Arbeiterverein – traditionell-patriarchalisch und bürgerlich-mittelständisch, mit einem hohen Anteil von Beamten und Akademikern, später mit Übergängen zur bündischen Lebensreformbewegung der Zwischenkriegszeit («Der Wandervogel»). Der Prototyp des Vereinsmitglieds war kulturkonservativ und ordnungsliebend, staatsnah, vor 1918 selbstverständlich monarchisch orientiert und in Bayern treu dem Hause Wittelsbach (dessen Kronprinz Rupprecht zeitweise auch Schirmherr des «Bundes Naturschutz in Bayern» war). Man trug Sommeranzug oder Bundhosen und grünen Zwirn und projizierte weithin die Idylle-Vorstellungen und Freizeit-Bedürfnisse der gestressten Städter ins Land hinein.

Für Bayern kam neben dem Isartalverein mit seinen Initiativen zum Schutz der Isarauen als Erholungsraum der Großstadt – «wilde Wasser [...] vor schönstem und gewaltigstem Hintergrund, [mit] dem Athem des Hochgebirges» – anfänglich vor allem den Aktivitäten des «Bayerischen Landesausschusses für Naturpflege» besondere Bedeutung zu. Die Organisation wurde als «halbstaatlicher beratender Ausschuss» der bayerischen Regierung regelmäßig gutachterlich bei größeren Bauvorhaben herangezogen. Er sollte dem Naturschutzgedanken öffentliches Gehör verschaffen und die verschiedenen gesellschaftlichen Naturschutzanliegen zusammenfassen. Dementsprechend waren in seinen Gremien auch mehrere Naturschutzvereine wie Isartal- und Alpenverein, aber auch Münchner Künstlervereinigungen, der Heimatschutz-«Verein für Volkskunst und Volkskunde» oder der «Verband deutscher Ingenieure» vertreten. Auf regionaler und lokaler Ebene gliederte sich der Landesausschuss in 127 Unterausschüsse mit 2330 Obmännern für Naturpflege, die 1921 in den «Bund Naturschutz» übernommen wurden. Abgesehen von der dauernden Kontaktpflege mit staatlichen Stellen, war der vielleicht größte Erfolg des Landesverbandes, dass er in Kooperation mit dem «Bund Naturschutz» Anfang der 1920er Jahre die Errichtung eines Naturschutzgebietes von 205 Quadratkilometern am Königssee bei Berchtesgaden erreichte.[27]

Sehr facettenreich erscheint außerdem der «Bund Heimatschutz». In ihm manifestierte sich der erwähnte Konnex von Natur- und Heimatschutz am stärksten und in besonders schillernder Weise. Programmatisch war unter dem Oberbegriff «Heimat» eine Kombination aus Denkmals-, Brauchtums- und Traditionspflege, Ortsverschönerung und «Pflege der überlieferten ländlichen und bürgerlichen Bauweise» einerseits sowie Schutz des Landschaftsbildes, «Rettung der einheimischen Tier- und Pflanzenwelt und der geologischen Eigentümlichkeiten» andererseits subsumiert. Zumeist lag der Fokus auf lokalen Aktivitäten. Im weiteren Fortgang kam es allerdings bald zu internen Fraktionierungen: hier eine radikal industriekritische, etwas mythisch-versponnene Gruppe um Rudorff (gespeist nicht zuletzt von den Gedanken Riehls), dort eine pragmatische, maßgeblich von Hugo Conwentz und der historistischen Baudenkmalpflege inspirierte Richtung, die den industriellen Fortschritt akzeptierte und den Heimatschutz vor allem auf die Pflege einzelner begrenzter «Naturdenkmäler» und «Naturobjekte» im kleineren Maßstab (Dorflinden, pittoreske Gesteinsbildungen, wertvolle Pflanzenbiotope) konzentrierte.[28]

Beide Richtungen hatten Wirkungen und Ausprägungen in Bayern. Der antimodernistische Ansatz Rudorffs spiegelte sich in den Initiativen Gustav von Kahrs (1862–1934), der mit seinem 1902 gegründeten «Bayerischen Verein für Volkskunst und Volkskunde» (vertreten im «Bayerischen Landesausschuss für Naturpflege») als treibende Kraft des Heimatschutzes in Bayern fungierte. Auch die Propagandisten der

«Hochland-Ideologie», aus denen sich 1903 eine Zeitschrift entwickelte (Carl Muth, Ludwig Ganghofer) und für die die Metapher vom «Hochland» nicht nur intellektuell, sondern auch topographisch gemeint war – die Weite und Reinheit von Land und Bergluft im Gegensatz zur «ungesunden», «verdorbenen» Welt von Stadt und Industrie –, gehörte in dieses gedankliche Umfeld. Kahr hatte sich als hoher Ministerialbeamter, Regierungspräsident von Oberbayern und bayerischer Ministerpräsident bzw. Generalstaatskommissar in den 1920er Jahren zum antirepublikanischen, modernisierungskritischen Verfechter der «Ordnungszelle Bayern» aufgeschwungen. Entsprechend akzentuiert war sein Verständnis von Heimatschutz. Es ging darum, den durch die Moderne provozierten Verlust kultureller Identität durch Brauchtums-, Denkmal-, Architektur-, Landschafts- und Naturpflege zu kompensieren und den Gefahren der Entwurzelung der Menschen entgegenzuwirken. Die überkommenen Traditionen der bäuerlich-handwerklichen Welt seien gegen die «unselige Nachahmung städtischen Lebens [...] in der alles gleichmachenden Gegenwart» zu verteidigen, etwa im «Heimatstil» landschaftsbezogenen Bauens (mit vorkragenden Satteldächern, Zwerchgiebeln und Lüftlmalereien). Nur so könne man zumal in Oberbayern den «Überfremdungen» begegnen, den Scharen städtischer Touristen, die eine «gefährliche Sucht [...] in unseren Bergen» seien und den Lebenszuschnitt der «ächten Gebirgler» beeinträchtigten. Freilich war gerade diese Art von Heimatschutz weit mehr ein inszeniertes großbürgerliches Elitenphänomen denn ein Anliegen der breiten Lokalbevölkerung. Andere profilierte Naturschützer wie Gottfried Eigner (1860–1921), führender Akteur des «Landesausschusses für Naturpflege», beriefen sich ohnehin auf das pragmatische Conwentz'sche Konzept der «Naturdenkmäler» und propagierten die Konzentration auf «ehrwürdige Naturgebilde» (alte Eichen, Laubwälder, Felsformationen, Gletscherschliffe, Höhlen, Alleen, «wilde» Flussufer). Diese seien vor den Zerstörungen moderner Technik oder kapitalistischer Verfügung (Reklameschilder, Tourismus) zu retten. Zwar sei es «selbstverständlich», dass Menschen zur kulturellen Entwicklung und zum Schutz vor Naturgewalten auch «in das Naturbild» eingriffen. Jedoch habe, und da wird abermals Riehl zitiert, «der Gedanke, jeden Fleck Erde von Menschenhänden umgewühlt zu sehen, [...]

für die Phantasie jedes natürlichen Menschen etwas grauenhaft Unheimliches» und sei «deutschem Geiste zuwider».[29]

Aufs Ganze war der Erfolg der Naturschützer eher überschaubar. Die staatlichen Stellen gaben zumeist doch wirtschaftlichen Erwägungen den Vorrang, die Kraftwerke wurden ebenso gebaut wie die Bergbahnen. Dennoch gab es Fortschritte auf der normativen Ebene. 1908 wurde in Bayern ein Rahmengesetz, die «Änderungen der Gemeindeanlagen und das Polizeistrafbuch betreffend», erlassen. Es ermöglichte der Ortspolizei, Tier- und Pflanzenarten gegen Geldstrafen unter Schutz zu stellen oder landschaftsverunstaltende Reklameschilder zu verbieten. In der Weimarer Verfassung 1919 erklärte Artikel 150, Abs. 1 Schutz und Pflege der Naturdenkmäler zur Staatsaufgabe. Auch der «Bund Naturschutz in Bayern» erfuhr eine stete Aufwärtsbewegung, professionalisierte seine Öffentlichkeitspolitik, konnte zahlreiche Neu-Mitglieder rekrutieren (1918: 537 Mitglieder, 1939: 27 531 Mitglieder) und 1924/26 sogar die Einrichtung weiterer größerer Naturschutzbezirke neben dem Königssee erreichen (Natur- und Pflanzenschutzgebiete im Karwendelgebirge sowie in den Ammergauer Bergen).[30]

Naturschutz, Rassismus, Nationalsozialismus

Allerdings fügten sich nicht wenige Ideenstränge der Natur- und Heimatschutzbewegung auch recht gut in völkisch-rassische Ideologeme und in die NS-Blut-und-Boden-Propaganda ein. Anthroposophischer Landbau und agrarromantisches «landschaftsgebundenes Bauen», Heckenpflege, Heimatgedanke, deutsches Blut, Rasse und Antisemitismus lagen für manche eng beieinander, einigen galt der «Heimatschutz» als «Eugenik der Kultur». Die Verbindungen waren umso tragfähiger, als sich der Nationalsozialismus vor der Hand den Naturschutz auf die Fahnen schrieb und im Juni 1935 ein erstes reichsweites Naturschutzgesetz erlassen wurde, mit dem auch die förmliche Einrichtung einer «Reichsstelle für Naturschutz» einherging. Viele Natur- und Heimatschützer zeigten sich davon begeistert und bekleideten entsprechende Posten, einige beteiligten sich aktiv an der Raum- und Landschaftsplanung in den eroberten Ostgebieten. Verbände wie der Deutsche Alpenverein pflegten einen ausgeprägten Antisemitismus, ließen sich bereitwillig «arisieren» und dienten sich dem Regime als «alpine Heimatfront» an. Der Bayerische Wald-Verein propagierte den Ostmarkenkampf. Der «Bayerische Landesausschuss für Naturpflege» wurde gleichgeschaltet und 1935 in eine «Landesstelle für Naturschutz» überführt. Der «Bund Naturschutz Bayern» passte seine interne Ordnung dem Führerprinzip an und trat zwischen 1933 und 1935 dem «Reichsbund für Volkstum und Heimat» bei; unter der Schirmherrschaft des bayerischen Innenministers Adolf Wagner und der Vorstandschaft der eifrigen NSDAP-Mitglieder Theodor Künkele und Hans Hohenester kooperierte er eng mit Deutscher Arbeitsfront und KdF (Organisation «Kraft durch Freude»). Gleichzeitig aber gab es immer auch erhebliche Diskrepanzen, innere Reserven und Widersprüche. Vorschnelle Deutungen und allzu einfache Kontinuitätslinien sollte man daher vermeiden.[31]

Ein gutes Beispiel dafür ist Alwin Seifert (1890–1972), der gerade auch im bayerischen Kontext bedeutsam ist und allgemein ein wichtiger (wenngleich etwas geschwätziger) Stichwortgeber des deutschen Naturschutzes im 20. Jahrhundert war. Seifert hatte Verbindungen zur Wandervogel- und Heimatschutzbewegung und selbst früh zu Fragen bäuerlicher Baukunst in Bayern publiziert. In den 1920er Jahren wandte er sich dem biologisch-dynamischen Landbau zu, veröffentlichte seit den 1930er Jahren mehrere Schriften zu ökologischen Folgen der Flurbereinigung, zum Gärtnern ohne Gift und zum richtigen Umgang mit Kompost. Zugleich jedoch war er am Aufbau eines Heilkräutergartens im KZ Dachau beteiligt, in dem seit 1941 täglich zwischen 800 und 1200 Häftlinge zu arbeiten hatten. Akademisch wurde Seifert an der TH München-Weihenstephan zum Architekten mit Schwerpunkt in Gartenkunst und Landschaftsgestaltung ausgebildet. Nach 1933 ließ er sich in Dienst des Nationalsozialismus stellen. Er fungierte seit 1940 formal als für die Reichsautobahnen zuständiger «Reichslandschaftsanwalt» beim «Generalinspektor für das deutsche Straßenwesen» und pflegte enge persönliche Beziehungen zu Fritz Todt, zu Generalforstmeister Walter von Keudell und zu Rudolf Hess. Mehrmals forderte er die «Eindeutschung» des Ostens durch Errichtung einer «deutschen Heckenlandschaft». Dennoch stand Seifert dem Regime nicht völlig unkritisch gegenüber. Vor allem den Reichsarbeitsdienst konfrontierte er mit Vorwürfen, durch seine ökonomischen Infrastrukturprojekte Naturzerstörungen großen Ausmaßes zu provozieren. Die ganze Landesplanungsidee sei getragen von einer technokratischen Weltanschauung, die einseitig und «unvölkisch» den «im Meßbaren und Wägbaren sich erschöpfenden westischen und bolschewistischen Materialismus» anbete, brachiale Schneisen in die Landschaft schlage und durch Absenkung des Grundwasserspiegels zu einer gefährlichen «Versteppung» Deutschlands beitrage. Gegen den Widerstand der Ingenieur-«Baubullen» setzte Seifert auf «naturnahe Technik», und das meinte in seinem Arbeitsbereich, speziell die Autobahnen mit «schwingender» Trassenführung in die Topographie der Landschaft einzupassen («Schlängelung») und Mittelstreifen oder Böschungen mit heimischen Pflanzen zu begrünen.

Letztlich freilich musste auch Seifert klar werden, dass der Nationalsozialismus den Naturschutz immer nur als Feigenblatt instrumentalisierte. Sobald der Naturschutz der Rüstungseffizienz oder den Autarkiebestrebungen im Weg stand, musste er weichen. Die Kriegführung machte selbstverständlich vor Naturdenkmälern keinen Halt. Im Reichsautobahnbau war die Landschaft nur heimatliche Schaukulisse, während die Natur auf Tausenden von Kilometern mit Beton überzogen wurde. Seiferts Kollege Otto Kraus, ein gelernter Biologe, der sich vor allem für die Erhaltung von Mooren und Flusslandschaften einsetzte und nachmals ein führender Naturschutzfunktionär in Bayern wurde, konstatierte daher 1943 entsprechend frustriert, Naturschutzbelange stünden «im Widerspruch zu Wortlaut und Willen des Reichsnaturschutzgesetzes bei allen Planungen an letzter Stelle». Beinahe folgerichtig wurde die Naturschutzarbeit auch per Erlasse vom April 1943 und September 1944 förmlich eingestellt, die bayerische «Landesstelle für Naturschutz» im Oktober 1944 aufgelöst.

Nach Kriegsende war Seifert kurz in Haft (vor allem wegen seiner Aktivitäten in Dachau), wurde dann aber im Entnazifizierungsverfahren als «unbelastet» eingestuft. 1950 avancierte er zum Professor, 1954 zum Ordinarius für Landschaftspflege und -gestaltung an der TH München-Weihenstephan. 1958 bis 1963 fungierte er als Vorsitzender des «Bundes Naturschutz Bayern»; seine Publikationstätigkeit setzte er fort, seine Garten- und Kompostierratgeber waren viel gelesen, weiterhin galt er als einer der Vorreiter des ökologischen Landbaus.[32]

Über alle Brüche der Zeit hinweg erscheint lange eine paradoxe Kombination für die Naturschutzbewegung in Deutschland wie Bayern bemerkenswert: das Nebeneinander von Staatsnähe und Zivilisationskritik. Wir haben einerseits honoratiorenartige Kompromissbereitschaft und die enge Kooperation mit den jeweiligen Eliten oder Institutionen in Staat und Wirtschaft. Auf der anderen Seite aber wird die Existenzberechtigung ungebändigter Natur jenseits der Rationalität dem Verständnis effizienzgeleiteter Aneignung der Landschaft durch Staat und Gesellschaft oft dezidiert entgegengestellt. Wilhelm Heinrich Riehl wollte gerade keine flächendeckend «von Menschenhänden umgewühlte» Landschaft und keine staatlich verordnete «geometrische Uniformität». Der bourgeoise Stararchitekt Gabriel von Seidl und der staatstreue Naturschützer Gottfried Eigner verteidigten die wilden Wassermassen und natürlichen Laubwälder gegen «künstliche Anstauung» bzw. den staatlichen «‹Forst› mit seinen militärisch ausgerichteten Baumreihen». Und Alwin Seifert beklagte die planwirtschaftliche Konstruktion einer seelenlosen «Maschinenlandschaft», die alle schöne Natur der «öden Leere russischer oder amerikanischer Steppen» angleiche und damit der «deutschen Seele die Heimat» entreiße. Das «Lebendige» und «Naturnahe» wurde so zeitübergreifend gegen das «Tote» und «Technokratische» gestellt, das «Ungerade» gegen die Geometrie, mystische Seelentiefe gegen die Planquadrate der modernen Staatsingenieure.[33]

Von «konservativ» zu «links»: Kontinuität und Wandlung der Umweltbewegung

Nicht wenige Ideenstränge und viele ihrer Träger wirkten ziemlich ungebrochen auch nach 1945 fort – ganz ähnlich, wie das schon für die ökonomische Landesplanung festgestellt wurde. Das betraf an erster Stelle die traditionelle Engführung von Natur- und Heimatschutz. Diese Verbindung wirkte gerade in Bayern als Ferment der räumlichen Selbstvergewisserung. So hieß es noch 1974 in dem offiziösen und viel rezipierten Kompendium «Bayerische Heimatkunde»: «Wer Heimatkunde und Heimatschutz sagt, muß auch Naturschutz sagen. Denn Heimat ist nicht nur die Stätte, an der wir wohnen und arbeiten. [...] Die Heimat mit ihren rauschenden Wäldern, mit ihren Bergeshöhen, von denen aus der Blick über die fruchtbaren Täler mit ihren Flüssen und glitzernden Seen schweift, gibt uns viel mehr als nur das Notwendigste zum Leben: sie läßt uns zu uns selbst finden, [...] sie formt unser Wesen. [...] Wenn wir die geistig-seelische Produktivität der Menschen und die Vielfalt ihrer Kulturen erhalten wollen, so müssen wir die Natur erhalten, aus der der Mensch herausgewachsen ist [...].»[34] Fortgeführt wurde aber auch ein Großteil der Instrumente und Institutionen des Naturschutzes. Das Reichsnaturschutzgesetz blieb in Kraft und wurde nach wie vor als weltweit vorbildlich angesehen, «keinesfalls ein Nazigesetz [...], sondern nichts anderes als eine schöpferische Zusammenfassung einschlägiger Vorschriften» (so Otto Kraus im Jahr 1958). Die Naturparkidee wurde weiter propagiert, unter anderem vom «Verein Naturschutzpark», in dem sich ökologische und touristische Motive verbanden und dem «Wildnis» im Riehl'schen Sinn ebenfalls nicht zuletzt als «Identitätsreservoir» galt. Wichtige Verbände wie der «Bund Naturschutz Bayern» oder der Deutsche Alpenverein existierten weiter, zwar formal wiedergegründet (1946 bzw. 1948/50), im Grunde aber in den alten staatsnahen Traditionszusammenhängen und lange Zeit auch ohne Aufarbeitung der NS-Verstrickungen. Nicht zuletzt gab es zahlreiche personelle Kontinuitäten. Die Karriere Alwin Seiferts wurde schon skizziert. Daneben könnte man Alfred Toepfer (1894–1993) erwähnen, der sich von 1954 bis 1985 als Präsident des «Vereins Naturschutzpark» engagierte und vor 1945 unter anderem als Volkstumsaktivist im Umfeld des SD (Heinrich Himmlers Sicherheitsdienst) aufgetreten war, oder den in Bayern lange Zeit «omnipräsenten» Landesnaturschutzbeauftragten Otto Kraus (1905–84). Er war zwischen 1949 und 1967 Leiter der staatlichen Landesstelle für Naturschutz in Bayern, davor hatte er von 1937 bis 1940 das Institut für Mineralogie und Kristallographie an der Universität München geleitet, ehe er 1943 auf eine Professur für Silikatchemie an der Deutschen Technischen Hochschule Prag berufen worden war. Für Kraus waren den Deutschen nach der Zerstörung der Städte «allein Natur und Landschaft als wesentliche Grundlagen unseres Daseins» geblieben; sie müssten gegen die «Entseelung» der Gesellschaft und die «schrankenlose Ausbeutung» angesichts des «an sich erfreulichen Wirtschaftswunders der Nachkriegszeit» bewahrt werden – Naturschutz sei «nichts anders mehr als die von der Vernunft diktierte Notwehr gegen die fressende Zivilisation». Den bekanntesten Ausdruck fanden diese Traditionen in der sogenannten «Grünen Charta von der Mainau» von 1961. Darin forderten Prominente aus Wissenschaft, Wirtschaft und Kultur, koordiniert vom Präsidenten der «Deutschen Gartenbau-Gesellschaft» Graf Lennart Bernadotte, den Schutz der «natürlichen Umwelt, um des Menschen willen».[35]

Erst im Laufe der 1970er Jahre wandelten sich Profil, Strukturen und Selbstverständnis der Naturschutzbewegung markant, veränderten sich ihr Resonanzboden und Referenzrahmen. Die Zäsur stand im Zusammenhang mit den allgemeinen Forderungen nach Gesellschaftsreformen seit Ende der 1960er Jahre, der Entstehung neuer Sozialer Bewegungen und den wirtschaftlichen Friktionen mit den Ölkrisen 1973/79. Damit fand das Thema Umweltschutz erstmals expliziten Eingang in die offiziellen Regierungsprogramme und -institutionen. Willy Brandt gab im Dezember 1970 eine Regierungserklärung zu «Gesellschaftspolitischen Bedeutungen eines wirksamen Umweltschutzes» und forderte plakativ einen «Blauen Himmel über der Ruhr»; im selben Monat wurde das bayerische Staatsministerium für Landesentwicklung und Umweltfragen gegründet. Hinzu kamen die vermehrte Rezeption der internationalen Debatten und Aktionen (UNESCO-Konferenz «Man and Biosphere» 1968, «Earth Day» 1970, UN-Umweltkonferenz «Only One Earth» und Club-of-Rome-Bericht «Die Grenzen des Wachstums» 1972) sowie die intensive Wahrnehmung und mediale Präsenz globaler Umweltkatastrophen (diverse Tankerunglücke beginnend mit Torrey Canyon 1967, Giftgasunglücke in Seveso 1976 und Bhopal 1984, AKW-Unfälle in Harrisburg 1979 und Tschernobyl 1986).

Die Folgen dieser Vorgänge für die Umweltbewegung waren einschneidend und zeigten sich auch in Bayern. Zugespitzt formuliert, wurde aus der eher konservativen, staatstreuen und oft wirtschaftsnahen Natur- und Heimatschutzbewegung eine moderne Umweltbewegung, die sich als «links», staatskritisch und zivilgesellschaftlich definierte und nun auch zu konfrontativeren Protestformen bis hin zur teilweisen Akzeptanz autonomer Gewalt bereit war. Der gescheitelte Wanderer in Bundhosen wurde zunehmend verdrängt vom langhaarigen Öko-Aktivisten im Parka. David Blackbourn und andere sprechen auch von einer «Politisierung» und «‹Ökologisierung› der Naturschutzbewegung», die sie zu einer «*Umwelt*bewegung» im modernen Sinn machten.[36]

Eine Voraussetzung dafür war sicher der generationelle Wandel im Laufe der 1970er Jahre. Die neuen Protagonisten traten viel dezidierter, politischer und professioneller auf. Zu nennen wären Akteure wie Hubert Weinzierl, Vorsitzender des «Bundes Naturschutz Bayern» von 1969 bis 2002, BUND-Vorsitzender 1983 bis 1998 und einer der geistigen Väter des Nationalparks Bayerischer Wald; der Zoologe, Direktor des Frankfurter Zoos und TV-Moderator («Ein Platz für Tiere», 1956–87) Bernhard Grzimek, der an der Seite von Weinzierl ebenfalls für den Nationalpark stritt; der Journalist Horst Stern, Autor vieler aufrüttelnder Dokumentarfilme zu Tierschutz und Umweltverschmutzung; oder Herbert Gruhl, BUND-Vorsitzender von 1975 bis 1977 und Mitbegründer der ÖDP, der 1975 mit dem katastrophischen Besteller «Ein Planet wird geplündert» an die Öffentlichkeit ging. Sie alle verließen bewusst die alten Verbands- und Honoratiorenzirkel und propagierten stattdessen das Verständnis einer politischen Bewegung mit erweiterten sozialen Trägerschichten, engen Kontakten zu Bürgerinitiativen und «alternativen Milieus» sowie einer intensivierten Medienpräsenz und Öffentlichkeitspolitik. Der «Bund Naturschutz Bayern» unter Weinzierl etwa modernisierte sich in der internen Organisation, verzeichnete einen merklichen Mitgliederzuwachs (von 18 000 im Jahr 1968 auf über 100 000 im Jahr 1992), verbreiterte damit seine soziale Basis und erweiterte sein Aktionsspektrum. So unterstützte er Volksbegehren/-entscheide und mischte sich in die Debatten um Kernenergie (die er nach längerem Zögern seit Ende der 1970er Jahre ablehnte), Windkraft, Donauausbau oder Nationalparkgründungen ein. Auch dem Alpenverein ging es nicht mehr allein ums Bergsteigen, sondern vermehrt um ökologische Probleme des «Alpenraums als Gesamtgefüge». Überdies entstanden neue Dachverbände wie Greenpeace (gegründet 1971), der BBU

(Bundesverband Bürgerinitiativen Umweltschutz, gegründet 1972) oder der erwähnte BUND (Bund für Umwelt- und Naturschutz in Deutschland, gegründet 1975), ebenso neue Umweltparteien (Die Grünen, als Landesverband in Bayern gegründet 1979, als Bundespartei 1980; ÖDP, gegründet 1982). Die Pressearbeit wurde aggressiver und setzte zunehmend auf emotionalisierende Kampagnen. Das visuelle Repertoire von «Natur» und «Umwelt» änderte sich grundlegend: Statt ästhetisch-schöner Bilder von herrlicher Landschaft, prächtigen Pflanzen und lieben Tieren – waldige Bergwelt, blühendes Edelweiß, röhrende Hirsche –, die es zu schützen und zu bewahren galt, traten nun dramatische Schock- und Aktionsbilder, die von einer ganz eigenen Katastrophenrhetorik untermalt wurden und ihrerseits rasch zu Umweltikonen der Moderne wurden: die ölverpesteten Vögel nach Tankerunglücken, die Baumstümpfe sterbender Wälder, die David-gegen-Goliath-Inszenierungen der Greenpeace-Schlauchboote vor Bohrinseln oder die Wasserwerferfontänen auf Demonstranten vor Atomkraftwerken.[37]

Anti-Atomkraft, Nationalparks und das Paradoxon der modernen Gesellschaft

Überhaupt war die Anti-Kernkraft-Bewegung seit Mitte der 1970er Jahre ein Katalysator für die Politisierung und Medialisierung des Ökologiethemas. Begonnen hat das mit den Protesten und der Bauplatzbesetzung im badischen Wyhl 1975. Für Bayern wurden besonders die harten Konfrontationen um die Wiederaufbereitungsanlage Wackersdorf (WAA) in der zweiten Hälfte der 1980er Jahre maßgeblich – mit einer bezeichnend vielschichtigen sozialen Signatur. In ihr verbanden sich moderne Strömungen der regionenübergreifenden, oft städtischen und «linken» Ökologiebewegung mit traditionellen Anliegen eines regionalen und sozialkonservativen Natur- und Heimatschutzes im vermeintlich behäbigen Provinzlandstrich der mittleren Oberpfalz. Im Widerstand gegen die WAA fanden sich einerseits lokale, ländliche, katholische Bevölkerung, der an sich betuliche SPD-Landrat Hans Schuierer, Pfarrer, Trachtler und alte Mütterchen, die plötzlich aktiv gegen die Gefährdung ihrer Heimat, ihres Waldes, ihrer Natur, der «Schöpfung» vor Ort demonstrierten – mit einem sehr konventionellen Erscheinungsbild, mit Sonntagsspaziergängen, Bittprozessionen und Gebetsstunden an einem Wegkreuz, einer konservativen Einstellung und tiefer regionaler Verankerung, kombiniert mit einem gleichfalls als traditionell bajuwarisch verkauften (und im Nachhinein sogar musealisierten) «Rebellentum». Dieser Protest ging aber in mehreren Schüben der Radikalisierung 1985/86 Hand in Hand mit Zaunschlachten von Autonomen, Wasserwerfereinsatz, Bürgerkriegsszenen um die Räumung eines «Hüttendorfs» oder einem spektakulären Rockfestival in Burglengenfeld. Die örtliche Klientel akzeptierte die Verschärfung des Konflikts und die Vernetzung mit der alternativen Szenerie, tolerierte dabei auch Formen autonomer Widerständigkeit (Blockaden, Sabotage) und konfrontativer Militanz. Joschka Fischer sprach später für die Grüne Bewegung einmal etwas spöttisch von der «seltsamen Verbindung des studentischen Missionars der proletarischen Weltrevolution mit dem kniebundbehosten, heimatliebenden Naturfreund». Hier wie dort jedenfalls erwies sich, dass die Raumbegriffe «Heimat» und «Natur» neu kodiert werden konnten.[38]

Auf der Basis des gewandelten (umweltpolitischen) Zeitgeists kam es außerdem zur tendenziellen Revision zweier älterer Konzepte: So intensivierte sich seit den 1960er Jahren die Diskussion um die Einrichtung von Natur- und Nationalparks. Dieses Naturschutzmodell hatte, wie gehört, schon eine längere Tradition, war außerdem immer beeinflusst von frühen internationalen Beispielen wie Yellowstone und Yosemite, aber auch Initiativen aus Skandinavien, der Schweiz, Frankreich oder Böhmen (Schwarzenberg'sche Wälder im Bezirk Kubany). Gottfried Eigner hatte sich davon schon Anfang des 20. Jahrhunderts inspirieren lassen, Otto Kraus verwies in den 1960er Jahren auf den Vorbildcharakter des amerikanischen Wegs. Dabei wurden den eingehegten Landschaften immer mehrere Funktionen zugewiesen. Die Parks sollten Motoren der Tourismus- und Regionalförderung sein, zugleich galten sie als identitätsstiftende nationale oder «territoriale» Symbole, als Idealbilder von «Wildnis» – da gaben sich Henry David Thoreau und Wilhelm Heinrich Riehl die Hand.[39]

Schon im Jahr 1921 war in Deutschland ein erster Naturschutzpark in der Lüneburger Heide gegründet worden, ebenfalls in den 1920er

Jahren folgte auch in Bayern die Etablierung erster Natur- oder Pflanzenschutzregionen (am Königssee, im Karwendel und in den Ammergauer Alpen). Unter den Nationalsozialisten erwog man zeitweise die Einrichtung eines Nationalparks «Böhmerwald» am «bayerisch-böhmischen Grenzgebirgskamm», um damit im Rahmen des Gaus Bayerische Ostmark völkische Ansprüche zu dokumentieren. In den 1950er Jahren wurden weitere Naturschutzregionen vor allem im Alpenraum (Chiemgau, Allgäu), daneben etwa im Bayerischen Wald, in der Fränkischen Schweiz, im Nürnberger Reichswald oder im mittelfränkischen Altmühltal ausgewiesen. Allerdings besaß all das in Umfang und Qualität nicht die Standards der amerikanischen Parks. Erst während der 1960er Jahre änderte sich dies. Das geschah mit der Ausweisung einer größeren Zahl von flächigeren Naturparks. In Bayern kamen in diesen Rang zuerst 1960/61 der Bayerische Odenwald und der Bayerische Spessart, Gebiete des Bayerischen Waldes folgten 1965/67, die Bayerische Rhön und die Fränkische Schweiz 1967/68. Heute existieren 19 solcher Naturparks in Bayern. Fast wichtiger noch aber war, dass sich auch die Qualitätsvorgaben änderten, einschließlich der Programme und Begrifflichkeiten.

Seit der zweiten Hälfte der 1960er Jahre wurde intensiv um die Einrichtung eines ersten *National*parks im Bayerischen Wald gestritten, initiiert von Hubert Weinzierl und Bernhard Grzimek, unterstützt vom bayerischen Landwirtschaftsminister Hans Eisenmann und inspiriert vom erwähnten Vorbild des nahen böhmischen «Urwalds» von Kubany. Die Initialzündung waren Widerstände gegen den Bau von Liften an Rachel und Lusen und die Forderung nach einer neuen Tourismuspolitik. Letztlich jedoch wurde damals ein ganz eigener, neuer Raumzuschnitt definiert, der sich von den alten *Natur*parks ebenso unterschied wie von den sogenannten UNESCO-Biosphärenreservaten, von denen es in Bayern mit dem Berchtesgadener Land seit 1990 und dem bayerisch-hessisch-thüringischen Bergland Rhön seit 1991 zwei gibt. Bei diesen ging es vor allem um den Schutz anthropogener Natur-Kultur-Landschaften (inkl. der traditionellen extensiven Landnutzungsformen) und die Sicherung eines umweltverträglichen Tourismus. Mit den Nationalparks hingegen entstanden Räume, die zwar ebenfalls der Förderung der Erholung und naturnaher Bildung durch konkrete Anschauung dienen sollten. Primär aber waren/sind sie als ökologische Reservate gedacht. Die Natur stand/steht dort, jedenfalls in den besonders geschützten Kern- und Erhaltungszonen der Nationalparks, als Selbstzweck im Zentrum – entgegen den Vorstellungen von Natur als Wildnis-Kulisse und zur Besichtigung einer «intakten» Flora und Fauna, als großes «Freizeit- und Anschauungs-Öko-Terrarium».[40]

Tatsächlich gelang die Einrichtung des ersten bayerischen Nationalparks «Bayerischer Wald» im ostbayerischen Grenzgebiet um Rachel und Lusen erstaunlich zügig. Im Juni 1969 wurde er per Landtagsbeschluss gegründet, im Oktober 1970 eröffnet. Sein Motto lautete nach dem Diktum des ersten Nationalparkleiters, Hans Bibelriether: «Natur Natur sein lassen» – also möglichst strikte Reduktion von menschlichen Eingriffen, verbunden mit dem Wechsel von einem «gestaltenden und bewahrenden Naturschutz» zu einem auf die Selbstregulierungskräfte bauenden «dynamischen Naturverständnis» im «Zeitmaß der Wälder», nicht der Menschen. Das wurde in den erwähnten Kernzonen (anders als in den «Erweiterungszonen») auch in den 1980/90er Jahren trotz verheerender Windwürfe und massiven Borkenkäferbefalls gegen erheblichen örtlichen Widerstand durchgefochten; auch Borkenkäfer und Totholz verstand man als Teil der Natur und baute auf langfristige Selbstverjüngung des Waldes, auch wenn das traditionellen Landschaftsästhetiken widersprach. Mit einer Verordnung vom August 1978 folgte eine zweite Nationalparkgründung, das Areal «Südliches Berchtesgadener Land» um Königssee, Watzmann und Jenner. Auch dort propagierte man das Verständnis, «die gesamte Natur sich selbst [zu] überlassen», (wenngleich in einem etwas großzügigeren Zeitrahmen als im Bayerischen Wald) und musste sich ebenfalls dauerhaften Debatten um die Rolle von Forstwirtschaft, Jagd und Bergtourismus stellen. Heute umfassen beide Parks zusammen eine Fläche von ca. 45 000 Hektar. Vergleichbare ökologische Schutzqualitäten haben nur noch die Naturschutzgebiete (heute insgesamt 597 Einzelgebiete mit einer Gesamtfläche von gut 165 000 Hektar), diese aber nicht in der geschlossenen Flächigkeit wie die Nationalparks, sowie das sogenannte Nationale Naturmonument «Weltenburger Enge» (seit 2020). Auch in diesen Gebieten stehen vor allem «die Erhaltung, Entwicklung oder Wiederherstellung von Biotopen oder Lebensgemeinschaften bestimmter wildlebender Tier- und Pflanzenarten im Mittelpunkt».[41]

Das zweite Feld modernisierender Entwicklungen wurde schon andernorts eingehend erläutert, muss aber auch hier noch einmal kurz erwähnt werden: die Infrastrukturpolitik und Landesplanung. Auch da verschoben sich nämlich seit den 1970er Jahren die Koordinaten. Unter institutioneller Federführung des Staatsministeriums für Landesplanung und Umweltfragen und des 1972 gegründeten Bayerischen Landesamts für Umweltschutz (das wiederum die alte Landesstelle für Naturschutz integrierte) fanden ökologische Probleme mehr und mehr Eingang in eine geweitete Landesplanungspolitik jenseits der Verkehrs- und Gewerbeförderung. Darin erhielt der Schutz der Kultur- wie der Naturlandschaft eine deutlich aufgewertete Stellung, auch wenn der Weg dahin recht mühsam und der Ertrag zunächst überschaubar waren.

Dennoch: 1973 wurde ein neues Bayerisches Naturschutzgesetz erlassen, in dem der Naturschutz zur «verpflichtenden Aufgabe für Staat und Gesellschaft sowie für jeden einzelnen Bürger» erklärt wurde. «Natur und Landschaft» seien «als Lebensgrundlage, Umwelt und Erholungsbereich des Menschen zu schützen, zu pflegen und zu gestalten». Freilich hieß es zugleich, das «Leistungsvermögen von Natur und Landschaft» sei immer zu erhalten; untersagt waren – mit entsprechend weitem Interpretationsspielraum – nur Eingriffe «ohne wichtigen Grund» und ohne größere «Erheblichkeit». Begrenzte Neuerungen sind auch im Landesentwicklungsprogramm von 1976 zu erkennen. Die Schwerpunkte lagen zwar nach wie vor auf ökonomisch akzentuierter Raumplanung, aber immerhin fanden sich nun auch kleinere Abschnitte etwa zu «natürlichen Lebensgrundlagen, Naturschutz und Landschaftspflege», zur Bedeutung des «Gleichgewichts des Naturhaushaltes» oder zur «Vielfalt der Naturausstattung» (Abschnitt B. I «Landschaftsrahmenprogramm»), ferner zur «Erholungslandschaft Alpen» und zum «Technischen Umweltschutz» (Abfallwirtschaft, Luftreinhaltung, Lärm- und Strahlenschutz). Im einleitenden Abschnitt A zu «übergeordneten Zielen» wurde der Faktor «gesunde Umweltbedingungen» als Basis raumstruktureller Gliederung mit aufgeführt (allerdings etwas marginal als letzter Punkt).

Die Grundlinie lautete vorsichtig, «nachhaltig störende Eingriffe in den Naturhaushalt» möglichst zu vermeiden und gegebenenfalls günstigere Standorte zu wählen; in vielem blieb der Umweltschutz beschränkt auf Landschaftspflege und biologische Ausgleichsmaßnahmen.

Dass bei all diesen Einschränkungen trotzdem eine wichtige politische Entwicklung in Gang gesetzt worden war, zeigte sich im Jahr 1984, als vornehmlich unter dem Eindruck der öffentlichen Diskussion um das «Waldsterben» Artikel 3 der bayerischen Verfassung ergänzt und Artikel 141 gründlich umgearbeitet wurden. Damit hatte der staatliche Schutz der «natürlichen Lebensgrundlagen und kulturellen Überlieferung» Verfassungsrang bekommen. Auch konkrete Vorgaben wurden gemacht: So hieß es, mit «Naturgütern» sei «schonend und sparsam umzugehen», die «Leistungsfähigkeit des Naturhaushalts» sei zu erhalten und «dauerhaft zu verbessern»; Boden, Wasser, Luft, Wald («wegen seiner besonderen Bedeutung»), «heimische Tier- und Pflanzenarten» sowie «kennzeichnende Orts- und Landschaftsbilder» seien zu schützen. Mit dem Landesentwicklungsprogramm von 2003 wurde dieser Trend zuletzt noch deutlicher. Es segelte ganz unter dem Vorzeichen der «Nachhaltigkeit» und legte sie allen ökonomischen, infrastrukturellen oder touristischen Planungsvorhaben verbindlich zugrunde. Die Probleme «Umweltbelastung und Ressourcenverbrauch» sowie «Belange der Ökologie» und der Sicherung der «materiellen Lebensgrundlagen» fanden sich nun anders als 1976 wahrnehmbar hervorgehoben in der Präambel und den «grundlegenden Zielen».[42]

Und doch bleibt am Ende abermals die Paradoxie unserer modernen Gesellschaft: Die ökologischen Dimensionen des Naturraums traten seit den 1970er Jahren immer deutlicher ins öffentliche Bewusstsein und wurden auch in den Medien zunehmend dominanter. Zugleich aber belastet in der historischen Perspektive wohl keine gesellschaftliche Formation derart stark, flächendeckend und intensiv die Umwelt und zerstört oder verbraucht derart gründlich die Naturressourcen wie diejenige unserer Tage. Denn bei allen umweltpolitischen Maßnahmen und Fortschritten – von der Ausweitung der Naturschutzgebiete über die Einführung des Katalysators oder den Ausbau der Kläranlagen bis hin zur Weitung der Landesplanungspolitik – sind die Umweltbelastungen seit den 1970/80er Jahren nicht weniger geworden, im Gegenteil: Der Energieverbrauch ist weiter gestiegen. Die Individualmotorisierung wird nach wie vor vorangetrieben und von der Autolobby durchgesetzt, zumal in Bayern mit seinen ökonomischen Schwergewichten BMW und Audi. Immer wuchtigere Autos rollen durchs Land, selbst wenn diese mittlerweile elektrisch angetrieben sind. Umfang und Formen der Bodenversiegelung haben zugenommen, die Belastungen durch die industrialisierte Agrarwirtschaft, die Probleme durch Bodenerosion oder Grundwasserschädigung keineswegs abgenommen. Dasselbe gilt für die Folgen einer massenhaften Freizeitindustrie und nur scheinbar individuell-naturnahen Sport- und Aktivitätskultur, die noch in den abgelegensten Höhenregionen das letzte Wild aufschreckt. Wirkliche Naturverträglichkeit oder Ressourceneinschränkung scheint unser Lebensmodell nicht zu kennen.[43]

3. Natur, Klischee, Tourismus: «Barockes Bayern» und die Produktion von landschaftlichen Sehnsuchtsräumen

Jeder kennt die «Metageographien» Bayerns, den bavaristischen Grundkanon natur- und landschaftsbezogener Motive, wie er sich im Laufe des 19. Jahrhunderts verfestigt hat. Er kreist selektiv um ganz spezifische regionale Landschaften und spart andere topographische Realitäten des Landes bewusst aus. Es ist, mit der ironischen Formulierung des Chefredakteurs des Bayerischen Rundfunks, Walter von Cube: «Ganz Bayern voller Alpen, die Alpen voller Almen, die Almen voller Sennerinnen, und diese voller Unschuld». Oder in der kritisch-sarkastischen Variante Lion Feuchtwangers: die «bayerische Hochebene mit allem, was darauf lebt, säuft, hurt, in Kirchen kniet, tauft [...], mit seinen Bergen, Flüssen, Seen, seinem Getier und seinem Gemensch», dieses «Land Bayern», das für sich ein großer «Naturschutzpark» sei. Industrie und rauchende Schlote, Bürgermassen oder Arbeiter kommen kaum vor und wenn, dann in Verbindung mit Revolutionen und Königsstürzen. Städtische Sujets finden sich nur, wenn es um repräsentative Aspekte der Kunst- und Biermetropole München geht. Menschenansammlungen beschränken sich vornehmlich auf ein «ländlich-veroberbayerisiertes Panorama» und pittoreske Szenen von Oktoberfest und Wirtshausbesuchen, Trachtentänzern oder Gebirgsjägern – und das zieht sich hin bis zu den Empfangszeremonien und Landschaftsinszenierungen der beiden G7-Gipfel in Elmau zu Anfang des 21. Jahrhunderts! Neubayern ist allenfalls im Bild des «romantischen Franken» mit mittelalterlichem Nürnberg und Rothenburger Idylle greifbar, aber diese weit mehr als nationaldeutsche, denn bayerische Sehnsuchtsorte.

Dieses Bildrepertoire und sein idealistisches Landschaftsprogramm sind symbolisch stark aufgeladen. Mit ihnen werden viele Emotionen und teilweise politische Ideologien verbunden. Für nicht wenige bilden sie das Fundament von «Heimat» und «regionaler Identität». Sie sind von einem enormen Wiedererkennungswert, wirken beinahe als Ikonen und sind daher über Grenzen hinaus und in verschiedenen Kontexten wirksam. Erst diese Tatsache, dass sie uns flächendeckend und in unterschiedlichsten politischen, sozialen, ökonomischen, kulturellen Zusammenhängen immer wieder begegnen bzw. mit zunehmend professionalisiertem Einsatz vermittelt werden, machen ihre Wirksamkeit aus.[44]

Und immer kommt ein Berg: Formate und Transporteure der Bayernklischees

Man findet das visuelle Gesamtensemble zunächst klassisch in der romantischen und biedermeierlichen Landschaftsmalerei etwa eines Wilhelm Kobell, Carl Rottmann oder Johann Georg von Dillis, deren bevorzugtes Sujet die «herrlichsten Gegenden» der oberbayerischen Alpen- und Seen-Landschaften und damit verbundene bäuerliche Genreszenen waren. Bereits zur Mitte des 19. Jahrhunderts hat Wilhelm Heinrich Riehl darauf hingewiesen, wie bedeutsam diese Malerei für die Perspektivenprägung der zeitgenössischen Naturwahrnehmung war. In der zweiten Jahrhunderthälfte avancierte sie im Angebot von Kunsthandlungen auch zum internationalen Verkaufsschlager. Mit dem entstehenden touristischen Alpinismus kamen noch die Illustrationen von Naturforschern und Bergsteigern hinzu (Gustav von Bezold, Edward

Th. Compton, Max Schultze). Für manche Künstlerkollegen war das dann doch deutlich zu viel. Max Liebermann hat geätzt, immer wenn man auf den Bildern etwas sehen wolle, «kommt ein Berg». Und der Reiseschriftsteller Edward Wilberforce zeigte sich ermüdet von der «dauernden Wiederholung beliebter Seen oder Berge oder Baumgruppen», irgendwann reiche es mit der Schönheit von Königssee und Watzmann. Dennoch erkennen wir die Landschaften auch später noch bei modernen Malern, bei Impressionisten wie Max Slevogt und Lovis Corinth (mit seinen Walchenseebildern) oder bei den expressionistischen Künstlern des Blauen Reiter um Kandinsky (mit ihrem Murnauer Domizil), nunmehr freilich in gebrochen-verfremdeten Formen.[45]

Ebenfalls schon sehr früh wirkten auch die Landschaftsbilder, die von (ethnologischen) Reisebeschreibungen und der Heimatliteratur vermittelt wurden. Für die bayerische Bergwelt fast kanonisch sind etwa die Werke Ludwig Ganghofers, des erfolgreichsten deutschsprachigen Schriftstellers seiner Zeit überhaupt. Mit seinen Geschichten zu unzähligen Gebirgsgipfeln, Jägern, Edelweißen und Herrgottschnitzern war er einer der «Erfinder des Alpenkitsches» und rühriger Propagandist eines spezifischen Heimatbildes. Ähnliches galt davor schon für die Bücher des Münchner Reiseschriftstellers Ludwig Steub wie «Das bayerische Hochland» (1860) oder «Wanderungen im bayerischen Gebirge» (1862), in denen die erquickende Wirkung der «freien Bergluft» gegenüber der stickigen städtischen «Kanzleiluft» festgehalten und nebenbei auch der Begriff «Sommerfrische» populär gemacht wurde. Für die Szenerie von Bayerischem und Böhmerwald waren am wichtigsten die Erzählungen Adalbert Stifters zum «erhabenen Wald» sowie die volksnahen Werke von Maximilian Schmidt, genannt «Waldschmidt». Außerdem haben wir in manchen der ethnographischen Sammlungen eindrückliche Bild-Reproduktionen, später dann Photographien und Alpenpanoramen sogar auf Spielkarten und Kinderspielzeug. Auch Ganghofers letztes Werk «Das Land der Bayern in Farbphotographie», für das er als Herausgeber zeichnete und in dem viele gängige Images des naturnahen Bayern versammelt waren, überschritt diese Grenze zum unmittelbar Anschaulich-Visuellen.[46]

Die Entwicklung setzt sich fort bis in unsere Tage. So finden wir dieselben Muster in der mächtigen Bildsprache von Film und Fernsehen, besonders eingehend in den Formaten des Bayerischen Rundfunks. Dieser war bzw. ist ein ausgesprochen aktiver Produzent bavaristischer Bildklischees. In ihnen wird die exzeptionelle Landschaft kombiniert mit angeblich gängigen Mentalitäten (Ländlichkeit, Katholizität, Bierkonsum, Tracht, Schuhplattln, Wilderei, Preußen etc.) und damit nachhaltig mitgeholfen, mit wiedererkennbaren Ästhetiken «Bayern als audiovisuellen Mythos» zu etablieren. Unter dem Titel «Bayernwert» wurde das sogar in einem ausdrücklichen Kodex fixiert und mit der Zielvorgabe versehen, «der Eigenart Bayerns» gerecht zu werden. Konkret zu denken wäre da etwa an regionale Dokumentar-, Reportage- und Filmreihen zu «Land und Leuten» wie «Unter unserem Himmel» oder «Zwischen Spessart und Karwendel», natürlich an die Heimatfilme der 1950er/60er Jahre («Schloß Hubertus» 1954 nach Ganghofer oder «Die Geierwally» von 1956) und an Klassiker wie den «Brandner Kaspar», «Münchner Geschichten» oder «Irgendwie und Sowieso», als moderne Daily Soap auch an «Dahoam is Dahoam», daneben, als eher zeitweiliges Phänomen der 1970/80er Jahre, an die Lederhosen-Softpornos oder, als Entwicklung der letzten Jahrzehnte, an die ganze Palette von verfilmten Heimatkrimis. Sie alle operieren, unterschiedlich akzentuiert, mit Regionalität und Landschaft, verhandeln Heimatvorstellungen und schaffen dabei ganz spezielle Landschaftsikonen. Allerdings gelingt es manchen Produktionen auch, die harmonisierenden Bayern-Idyllen gerade aufzubrechen und zu hinterfragen, die Zerstörung von Natur oder die Zersiedelung der Landschaft zu problematisieren und mitunter «subversive» Gegenerzählungen zu eröffnen. Die kritischen «Topographien» Dieter Wielands («Unser Dorf soll hässlich werden», 1975; «Grün kaputt», 1983), die ebenfalls in der Reihe «Unter unserem Himmel» liefen, die Darstellung jugendkultureller Anarchie in «Irgendwie und Sowieso» oder die modernen bayerischen Heimatfilme von Regisseuren wie Marcus H. Rosenmüller sind Beispiele dafür, von schonungslos decouvrierenden Filmen wie «Jagdszenen in Niederbayern» (1969, Martin Sperr) oder «Andechser Gefühl» (1974, Herbert Achternbusch) ganz zu schweigen. Landschafts- und Regionalbezüge konnten also gleichermaßen der Affirmation wie der Erschütterung dienen.[47]

Wir können das Landschaftspanorama daneben greifen in der historiographischen Vermittlung – sei es im Rahmen bayerischer Schulbücher, in den Bildprogrammen der bayerischen Landesausstellungen des Hauses der Bayerischen Geschichte mit ihrem Gravitationszentrum um «Wald, Gebirg und Königstraum» oder in den Großerzählungen der bayerischen Landesgeschichtsschreibung.[48] Selbstverständlich werden Landschaftsimages auch genutzt von der kommerziellen wie politischen Werbung – bis hin zum Spiel mit Farbsymbolen, mit Präferenzen etwa für die Farben Blau, Weiß, Grün als Übersetzungen von Himmel, Bergen, Wiesen. Das wurde für die Milch- und Käsewerbung ebenso festgestellt wie für die Farbfindung der Piktogramme der Olympischen Spiele 1972. Der Sohn des Designers Otl Aicher jedenfalls erinnerte sich an die Aussage seines Vaters, man brauche nur nach Oberbayern zu fahren, da habe man die Farbpalette vor sich: «das kräftige Grün der Wälder, der klare See, im Hintergrund die blauen Berge, das Silber des Föhnhimmels». Und in der Parteiwerbung zumal der CSU wird im Logo aus Löwe und Raute ebenfalls bewusst mit den Farben Grün und Blau hantiert; es entsprang den durchdachten und auf Rezeptionsüberlegungen fußenden Konzepten der Agentur «Team 70». Viele Wahlplakate der Partei verwenden außerdem bayerische Landschaftsbilder und verknüpfen sie mit dem «Heimat»-Begriff. Diese Kombination fügt sich ein in das politische Narrativ von der glücklichen (vornehmlich von der CSU verbürgten) Symbiose von moderner Technik, intakter Natur und traditionsbewusster Kultur sowie der Geschichte vom umsichtigen Wandel vom Agrar- zum Hightech-Staat, eines sauberen Fortschritts jenseits der Belastungen der schmutzigen Schlote, der anders als im Ruhrgebiet die Schönheit der bayerischen Landschaft wahrt. Nirgendwo verdichtet sich dieses Muster mehr als in dem schon erwähnten CSU-Wahlplakat von 1970, das beinahe ikonischen Charakter bekommen hat und gleichfalls ein Werk des «Team 70» war. Es zeigt eine riesige Satellitenantenne neben einer Zwiebelturmkapelle vor dem Alpenpanorama im oberbayerischen Raisting.[49]

Das vermutlich wichtigste Schwungrad für die Etablierung der landschaftlichen Sehnsuchtsräume, die vielleicht wirkungsvollste Raum-«bildermaschine» der Moderne überhaupt, war indes der Fremdenverkehr: «Tourism led to a massive re-mapping of Bavaria; […] the subsequent marketing of Bavaria as a bona fide travel destination created a space for collective self-reflection on a number of topics, including nature, history, and collective identity.» Tourismus war und ist in erster Linie «*visueller* Symbolkonsum», getragen von den Images von Natur, Landschaft und «Heimat». Mehr noch: In vielem erscheinen die Landschaftsbilder erst als Produkte der wachsenden Reiseindustrie mit ihren populären Vermittlungsmedien, den Reiseführern, Prospekten, Plakaten, mit zahlreichen Reiseberichten auswärtiger Besucher zumal aus dem angelsächsischen Raum von Mark Twain bis John F. Kennedy, später dann mit Urlaubsfotos, Souvenirs, Webauftritten und Instagram-Posts. Man spricht deshalb auch vom kollektiven «tourist gaze» (John Urry), der spätestens seit dem ausgehenden 19. Jahrhundert generell die Perspektiven und Stereotype der Landschaftswahrnehmung bestimme.[50]

Die Auswahl und Wirkung der Bildrepertoires ergaben sich bei alldem nie von selbst und «naturnotwendig», auch wenn das suggeriert werden mochte. Sie spiegeln nicht Wirklichkeit, sondern erfinden, erschaffen und imaginieren eine solche. Die meisten unserer landschaftsbezogenen Vorstellungen oder Bilder von Bayern sind, auch wenn sie dann Eigensinn gewinnen, bewusst produziert, gezielt eingesetzt, planvoll vermarktet von einer Dienstleistungsbranche mit einem seit dem 19. Jahrhundert stetig wachsenden Anteil am Bruttosozialprodukt. Ihre Motive und Geschichten müssen stets aktiviert werden und unterliegen dabei Veränderungen, werden fort- und umerzählt. Natur und Landschaft, Gebirge und Wälder mussten erst zur Idylle verwandelt und von den Agenten, den Dichtern, Malern, Photographen und Journalisten, mundgerecht auf- und zubereitet werden, um als Sehnsuchts-, Erholungs- oder Identifikationsorte gelten zu können. Oder andersherum: Was von den Konsumenten in den Berg-, Wald- und Wiesen-Landschaften millionenfach gesucht, photographiert und transportiert wird und was wir meinen, beispielsweise als Urlauber zu «entdecken», das ist weitgehend schon arrangiert und vorgeformt. Meist suchen, sehen, knipsen wir nur die «richtigen» und «schönen» Bilder, die wir bereits im Kopf haben, wiedererkennen und finden *wollen*. Die Wirkungen freilich sind gewaltig und ambivalent: Man genießt die Schönheiten, bestätigt die Bildimages, multipliziert sie – und gleichzeitig verändern die Besuchermassen die Landschaften, verschandeln und verstopfen sie, tragen dazu bei, dass die Photomotive an Seen und Bergen «in kurzer Zeit ihr Gesicht verlieren». Ludwig Steub, dieser literarische Motor der Alpenbegeisterung, spürte schon 1862 die Gefühle des Zauberlehrlings, als er formulierte: «Das längst befürchtete ist eingetroffen, der Schlag ist gefallen – das bayerische Hochland ist fashionabel geworden!»[51]

Schauen wir in der Folge noch etwas genauer auf die zentralen Versatzstücke bzw. naturräumlichen Ausgangspunkte der bayerischen Landschaftsbilder und deren kulturelle oder politische Symbolgehalte.

Sehnsuchtslandschaft Nummer 1: Alpen, Neuschwanstein und Co.

Es ist schon mehrfach angeklungen – an erster Stelle müssen die Alpen mit den hohen Bergen und grünen Tälern stehen. Sie waren und sind nicht nur ein bemerkenswerter Naturraum, sondern auch ein spezifisches Zeitgeistprodukt der Tourismusgeschichte. Zwar macht die alpine und voralpine Landschaft in Bayern nur einen kleinen Teil der Gesamtfläche aus (und ist auch der deutsche Anteil an den Alpen mit gut 5 Prozent recht überschaubar). Jedoch entfällt – neben und zusammen mit München – der weitaus größte Teil der touristischen Besucher Bayerns auf die Alpen- und Voralpenregionen. Das liegt fraglos an den tatsächlichen spektakulären landschaftlichen Attraktivitäten und dem hohen Freizeitwert dieser Regionen. Dahinter steckt aber eben immer auch die Kraft des erwähnten Bayern-Marketingimages. Mit ihm wurden nicht selten gesellschaftliche Identitätsmerkmale verbunden; bei Riehl, Ratzel oder Thoma haben wir das schon gesehen. Auch die Wahrnehmung «von außen» war bzw. wurde ganz auf diese Klischees getrimmt. Davon zeugen zahllose Notizen auswärtiger Bayernurlauber ebenso wie die Präsentation und Vermarktung des typisch Bayerischen im Ausland, etwa im Zuge der Weltausstellungen.[52]

Basierend auf der bereits erwähnten positiven Umdeutung der Berge seit Aufklärung und Romantik entwickelte sich spätestens im letzten Drittel des 19. Jahrhunderts eine regelrechte Mode des «Alpinismus».

Trendsetter waren städtisch-bürgerliche Schichten und Vereine, im deutschsprachigen Raum vor allem der 1869 gegründete Alpenverein, der 1873 zum Deutschen und Österreichischen Alpenverein fusionierte (bis 1918) und stets einen starken süddeutschen Schwerpunkt hatte; hinzu kamen die Werbeaktionen des 1894 gegründeten «Landesverbandes zur Förderung des Fremdenverkehrs in München und im bayerischen Hochland». Das betraf sowohl den Hochalpinismus mit vielen öffentlichkeitswirksamen Erstbesteigungen (Mont Blanc 1786, Watzmann 1799, Großglockner 1800, Zugspitze 1820, Eiger 1858, Matterhorn 1865) als auch den weniger sportiven Bergtourismus mit Luftkurorten, Sommerfrischen, kleineren Wanderdörfern und palastartigen Grandhotels im Belle-Époque-Stil, dies auch in den bayerischen Gebirgsorten wie Garmisch, Ruhpolding, Oberstdorf oder Schliersee, dem sogenannten «bayerischen Davos». Überdies war stets das Voralpenland an den bayerischen Seen mit den berühmten Villen- und Künstlerkolonien oder beliebten Kurorten wie Bad Tölz, Bad Reichenhall oder Wildbad Kreuth mit eingeschlossen. Bekannt ist in diesem Zusammenhang der werbeträchtige Einfluss betuchter englischer Touristen, die zumal die Schweizer und französischen Westalpen zu einer Reisemarke und zur Spielwiese kompetitiver Gipfel«eroberungen» machten. 1857 wurde in London der Alpine Club gegründet, der Bergsteigen zunächst als elitäre Sportart popularisierte. Mit Thomas Cook kamen von England aus aber auch die ersten Pauschalangebote für Alpenreisen auf den Markt.[53]

Zur gleichen Zeit wurden die Berge durch Reiseführer, erste Wanderkarten und die orientierungsgebende Benennung der Berggipfel, durch deren Aneignung via Gipfelkreuze oder Gipfelbücher, durch bessere Bergsteigerausrüstung, Zugverbindungen, Seilbahnen und Passstraßen sowie eine steigende Zahl von Alpenvereinshütten praktisch erschlossen. Die bekanntesten Reiseführer, Karl Baedekers Handbuch für Schnellreisende und das «Red Book» des englischen Buchhändlers John Murray, deckten seit 1842 bzw. 1855 das deutschsprachige Alpengebiet ab und waren forthin perspektivenprägende Instanzen. 1854/57 wurden die ersten Eisenbahnverbindungen München–Starnberg bzw. München–Rosenheim, in den 1880/90er Jahren diejenigen zum Tegernsee, nach Berchtesgaden, ins Werdenfelser Land und an den Kochelsee eröffnet. Seit 1871 garantierte auch die Zuglinie München–Kufstein/Innsbruck den Personentransport in die Berge; der Ausbau der Kesselbergstraße (zwischen Walchen- und Kochelsee), der Roßfeldstraße (im Berchtesgadener Land) oder der Straße Murnau-Mittenwald-Scharnitz eröffnete dem Individualverkehr alpine Zugänge. Ab 1909 verkehrten auf dem Königssee Personenschiffe, die 1912 bereits über 10 000 Gäste nach St. Bartholomä beförderten. 1914 betrieb der Deutsch-Österreichische Alpenverein 345 Hütten in den Ostalpen, jede besucht von durchschnittlich 2000 Besuchern jährlich (1925) und miteinander verbunden durch ein ausgedehntes Netz markierter Wege. Spezielle Wanderkarten wurden seit der ersten Hälfte des 20. Jahrhunderts entwickelt und verbreitet. Im Dritten Reich förderten überdies die KdF-Reisen Angebote in die Alpen wie die Mittelgebirge (z. B. die «Bayerische Ostmark»); der erste KdF-Pauschalreisezug fuhr im Mai 1933 nach Ruhpolding. Damals verstärkte sich noch einmal der schon länger erkennbare Trend, die «Eroberung» von Berggipfeln als Ausweis nationaler Stärke zu ideologisieren und zu politisieren; das reichte hinein bis in den Himalaya mit dem Nanga Parbat als bevorzugtem Berg deutscher Ambitionen. Nach dem Zweiten Weltkrieg und vermehrt seit den 1960/70er Jahren weitete sich das Angebot unter den Vorzeichen des modernen Massentourismus dann immer weiter aus. Obendrein etablierte sich ein nach den Anfängen in den 1920/30er Jahren intensivierter Wintertourismus mit dem Bau von Skiliften und eröffnete eine zweite, sehr lukrative Saison, bis hin zu den Auswüchsen der Après-Ski-Eventisierung. Gerade mit dieser Entwicklung wurde auch der bayerisch-westösterreichisch-südtirolische Alpenmarkt neben den ursprünglichen westalpinen Hauptzielregionen immer bedeutender; auch die Eindrücke der Olympischen Winterspiele, die öfter in berühmten Alpenstädten stattfanden (die ersten 1924/28 in Chamonix und St. Moritz, die von 1936 in Garmisch-Partenkirchen, 1964/76 dann zweimal in Innsbruck), mögen eine Rolle gespielt haben. Von den ersten (englischen) Alpinisten mit ihren Gipfelwettbewerben über die Olympiaden führt der Pfad bis zur heutigen aktivitätssüchtigen Freizeitgesellschaft, in der die Alpen vom Objekt der staunenden Bewunderung und zivilisationsfernen Erholung zur reinen Sport- und Bewegungsarena mutieren.[54]

Dieser Kosmos (vor-)alpiner bayerischer Tourismusräume hat einige ikonische Orte von besonderer Außenwirkung, großer Projektionskraft und hohem Vermarktungspotential hervorgebracht, am markantesten wohl in einer Landschaftsszenerie um die beiden Kristallisationspunkte Neuschwanstein und Oberammergau. Beide Orte haben es nicht von ungefähr in den Kanon «deutscher Erinnerungsorte» geschafft. Beide sind internationale Exportschlager und transportieren zugleich Bayern- und Deutschland-Images – mit einem enormen Besucheraufkommen von heute bis zu jährlich 1,5 Millionen (Neuschwanstein) bzw. über einer halben Million im Festspieljahr (Oberammergau). Und in beiden vermischen sich Naturraum und Traumwelt und verweben sich obendrein mit dem größeren Erzählmuster vom «barocken Bayern».

Neuschwanstein wurde zwischen 1869 und Mitte der 1880er Jahre auf Veranlassung Ludwigs II. errichtet als mittelalterlich-romantische Ritterburg und Rückzugsort eines sonderbaren Königs mit unzeitgemäßen Herrschaftsvorstellungen – ein Bau, «umweht von Himmelsluft», vor einem gewaltigen Landschaftspanorama mit Bergen, Pöllatschlucht und Alpensee. Mit Rückgriff auf die Sagen der Wagner'schen Opern bekam das Projekt seinen künstlerischen und künstlichen Charakter, verschmolzen in ihm «Mythen, Kunst und Natur, Realität und Fiktion» zu einem monumentalen, märchenhaften «Bühnenbild», machten daraus eine «Collage romantischer Beliebigkeiten», wie es Friedrich Prinz einmal genannt hat. Seine Wirkung war und ist dennoch enorm. Nach dem mysteriösen Hinscheiden Ludwigs II. entwickelte sich ein regionaler «nostalgischer Königskult» mit diversen Legendenbildungen und ritualisierten Erinnerungsformen. Sie verbinden sich – bis heute – zu einer äußerst verkaufsträchtigen Melange: Die Gebirgslandschaft und «herrliche Aussicht auf das bayerische Hochland» bilden den inszenatorischen Rahmen; die Legende vom königlichen bayerischen Märtyrer gegen Preußen und Reich verleiht ihr politischen Thrill; Tourismus und Devotionalienhandel verschaffen ihr wirtschaftliche Potenz. Der Spruch Eduard Hansliks vom König, «der gar nicht gewinnbringender hätte ums Leben kommen können», gilt für Bayern insgesamt und die Region um Füssen und Schwangau im Besonderen. Mit den Reminiszenzen an Richard Wagner und die deutsche Germanenmythologie bekommt das

Ensemble zudem ein nationaldeutsches Gedenkprofil. Neuschwanstein galt reichspatriotischen Zeitgenossen schon bald als Ausdruck «deutschen Geistes». Die Nationalsozialisten und Hitler verbanden damit das Andenken an Richard Wagner und nahmen das Schloss sofort in die KdF-Programme auf. Nach 1945 wurde Neuschwanstein dann vermarktet als Symbol der «deutschen Romantik» und touristisch genutzt als Schluss- und Höhepunkt der «Romantischen Straße» von Würzburg über Rothenburg ob der Tauber und Nördlingen nach Füssen. Für die Amerikaner hat es sich verselbständigt zu *dem* idealen Märchenschloss schlechthin, seit 1955 auch nachgebaut als Cinderella Castle im Disneyland von Los Angeles, von dem manche glauben, die amerikanische Version sei das Vorbild für Neuschwanstein. Und der Produktrechtsprechung des EuGH gilt es als ein universelles Symbol und Marke, nicht als geographischer Ort.[55]

Oberammergau, im Naturpark der Ammergauer Alpen unweit der Benediktinerabtei Ettal gelegen, gewann Berühmtheit nicht nur wegen der spektakulären Bergwelt, sondern weil sich vor dieser Kulisse lokale Frömmigkeitspraktiken, regionale Handwerkskunst, Folklore und touristische Vermarktung zu einer eigentümlichen Gesamtschau fügten. Zurückgehend auf ein Pestgelübde wurden in dem Ort seit 1634 im Zehnjahresrhythmus Passionsspiele aufgeführt, seit 1680 an den runden Jahrzehnten, unterbrochen nur 1770 und 1940, dafür 1934 anlässlich des 300-jährigen Jubiläums außertourlich auf die Bühne gebracht. Die Spiele, an denen das ganze Dorf mitwirkt, sind bei allen unterschiedlichen Konjunkturen bis heute ein Anziehungspunkt für internationale Gäste, die sich in «the world's most famous passion play» von «the greatest story ever told» begeistern lassen (so eine Amerikanerin im «Tagesspiegel»). Spätestens seit Ende des 18. Jahrhunderts war dieser Erfolg nicht zuletzt das Produkt eines professionellen Marketings: sei es mit der zeitgemäßen Anpassung der Passionsinszenierungen oder dem wirkungsvollen Einsatz religiösen Handwerks (Herrgotts- und Krippenschnitzereien, Hinterglasmalereien), sei es mit gezielten Werbebroschüren und Annoncen oder dem werbenden Wirken prominenter Besucher und Förderer. Dazu gehörten Bischöfe, Kardinäle aus ganz Europa und der päpstliche Nuntius, Künstler, Unternehmer und Adelige aus aller Herren Länder, ortsbekannte Größen wie König Ludwig II., der Komponist Richard Strauss (mit seiner «Alpensinfonie») oder die Schriftsteller Ludwig Thoma (ein gebürtiger Oberammergauer) und Ludwig Ganghofer, deren Geschichten in ebenjenen Bergen angesiedelt waren (unter anderem mit der berühmten Erzählung Ganghofers «Der Herrgottschnitzer von Ammergau» von 1890). Bereits im Jahr 1880 schloss die Gemeinde einen Vertrag mit der Reiseagentur Thomas Cook, die Oberammergau zur privilegierten Destination in ihrem Portfolio machte. Nach dem Ende des Ersten Weltkriegs waren es ebenfalls die Oberammergauer Reisebüros, die von Thomas Cook wie von American Express als erste in Deutschland wiedereröffnet wurden.

Wie in Neuschwanstein bot auch hier die alpine Natur mit dem von einem Kreuz gekrönten Hausberg Kofel im Hintergrund die Kulisse, dazu noch das regionstypische Ortsbild mit barocker Zwiebelturmkirche, Bauernhäusern und Lüftlmalereien. Und wie Neuschwanstein war und ist auch Oberammergau gleichzeitig ein bayerischer, deutscher und internationaler «Erinnerungsort». Er diente und dient als Projektionsfläche für vieles und für viele. Die einen sahen darin den Inbegriff bayerischen Eigenbewusstseins, barocker Katholizität oder ultramontanen Glaubens. Besucher aus protestantischen Ländern betonten die ökumenischen Dimensionen oder überkonfessionelle biblische Selbstvergewisserung. Nationalbegeisterte erkannten «altdeutsche» Tugenden im «wiedererstandenen deutschen Reich» («Germania» 1871). Manche zeigten sich verzaubert von «den wunderbar frommen Gemütern der Dorfbewohner» und ihrem Idealismus, andere monierten den Materialismus der «frommschlauen Bauern» und karikierten das provinzielle «Apostelspiel in Oberfernbach» (so Lion Feuchtwanger im «Erfolg»). In den 1920er Jahren und noch mehr im Umfeld der Jubiläumsaufführung von 1934 wurden die Spiele als Ausdruck völkisch-rassischer Gesinnung gedeutet und die (erst in einer Überarbeitung des Jahres 2000 revidierten) antisemitischen Passagen des Passionstextes ausdrücklich als Beitrag gelobt, mit dem das Bewusstsein für die «jüdische Gefahr» gestärkt werde. Vom NS-Propagandaministerium wurde die Passion für «reichswichtig» erklärt, auf einer Stufe mit den Bayreuther Wagner-Festspielen. Gleichzeitig aber, im selben Jahr 1934, erteilte Kardinal Faulhaber den

Spielen den offiziellen Lehrauftrag der Kirche zur Stärkung der katholischen Weltanschauung. Und nach 1945 lobten Bundespräsident Heuss und die westalliierten Hohen Kommissare Oberammergau unisono als «Zeichen für die Rückkehr des guten, christlichen und abendländischen Deutschlands».[56]

Neuschwanstein und Oberammergau sind Zentralorte eines umfassenderen Landschafts- und Ideengefüges, in dem in noch größerem Rahmen natürliche Prägung und die (vor)alpine Umgebung, Kunst, Kultur und Religion, Tourismusmarken und geschichtspolitische Intentionen zusammenspielen und Außenwirkung entfalten. Die Rede ist vom bereits angesprochenen Gebilde des «barocken Bayern». Auch wenn es im Einzelnen vielgestaltiger ist, mehrere Schwerpunkte besitzt – unter anderem im «Bamberger Klösterland» am oberfränkischen Mainlauf um Vierzehnheiligen und Banz oder in der Residenzstadt Würzburg – und obendrein zahlreiche überregionale/-nationale Beziehungen (nach Italien, Böhmen oder ins Tessin) aufweist, so verdichtet es sich doch räumlich im südbayerischen sogenannten «Pfaffenwinkel» zwischen Lech und Loisach. In dessen Umriss befinden sich nicht nur Berge, Königsschlösser und Herrgottschnitzer, sondern mit der Wieskirche und Klöstern wie Benediktbeuern, Rottenbuch, Wessobrunn, Ettal, Andechs oder Polling tatsächlich Kunst- und Frömmigkeitszeugnisse des Barock und Rokoko in hoher Zahl und Qualität. Von Grundprofil und Zuschreibung her umfasst dieses süddeutsche Barock-Bayern als Typus aber etwa auch das Werdenfelser Land als bayerisches «Riesenschatzkästlein», das Tegernseer Tal als «Inbegriff Oberbayerns», das Berchtesgadener Land als «schönste Ecke Bayerns» oder Chiemgau und Rupertiwinkel als «Gesamtkunstwerke im Dreivierteltakt».[57]

Diese Regionen wurden und werden nicht nur sehr erfolgreich touristisch gelabelt. In vielen Interpretationen bilden sie auch die entscheidende räumliche Basis des bayerischen «Volkscharakters». Mit ihrer harmonischen Einheit von besonders «reich gesegneter» Natur, katholischer Fundierung und Prägung durch die starke und weise politische Führung der Wittelsbacher erwüchsen hier die «Grundlagen der Kulturentwicklung», bilde sich nachhaltig die bayerische «Stammesart» und die spezielle «geistige Physiognomie» der Bayern aus, werde das Wesen Bayerns als eigenständiger schöngeistiger Kulturstaat verankert. So hat es der Doyen und Hauptinterpret bayerischer Landesgeschichte, Max Spindler, formuliert, ebenso sein gelehriger und journalistisch einflussreicher Schüler Benno Hubensteiner. Diese Deutung ist auch deshalb interessant, weil damit der «Ruf» eben dieses «barocken Bayern» gegen seine lange Zeit etablierte Diskreditierung «gerettet» und mit neuem Vorzeichen versehen wurde. Aufklärung, Liberalismus und Säkularismus hätten den katholischen Barock ungerechtfertigterweise als Epoche «geistiger Verkümmerung» und abergläubischen, unproduktiven «Mönchssinns» herabgewürdigt. Spindler und seine Schüler hielten diesem Verdikt die natürliche und kulturelle Blüte der «bayerisch-österreichischen Kultureinheit» mit katholischer Aufklärung, einer vitalen Akademiebewegung und Klöstern als «Kulturzentren» und Ausgangspunkte «gewaltigen geistigen Wandels» entgegen. Der Ausgriff wurde sogar noch übernational dimensioniert, Bayern sei produktiver Teil der «alten, großen und weiten katholisch-romanischen Welt» in enger «Fühlung mit Frankreich, Italien und Spanien».[58]

Die «andere» Welt, der «Norden», die Reformation, spielen zwar ebenfalls immer eine Rolle. Sie geben Impulse, bilden das Widerlager, bewirken erst die Restituierung der barocken Kirche und Frömmigkeit, haben auch Einfluss im süddeutschen Raum mit der reformatorischen Bewegung in den pfälzischen Territorien und den Reichsstädten. Aber sie stehen doch am Rande und werden im Letzten eher als wesensfremd charakterisiert. Für Spindler etwa ist Bayern ausdrücklich das ländliche Bayern mit den Bergen und der «Einheitlichkeit und Übersichtlichkeit des bayerischen Alpenvorlands». Dies sei der «Bildung eines großflächigen Territoriums» förderlich gewesen mit Burgen, Bauern, Klöstern und einer fürsorglich-dominanten Dynastie: «Nicht die mauerumwehrten Städte, deren Zahl gering war», und nicht «die Entfaltung einer Stadtkultur […] bestimmten den Charakter des Landes». Vielmehr waren es der «alte Glauben» und «Hof und Dorf, Kirche und Burg, nicht die Bürger, sondern die Bauern und Grundherrn». Weder die fürstlichen Städtegründungen noch die Bischofsstädte änderten «die bäuerliche Grundstruktur des Landes». Regensburg sei ohnehin untypisch-solitär, Nürnberg und Augsburg nicht von ungefähr in einer Randlage, und das galt auch für die Tendenzen, die man mit der bürgerlich-urbanen Welt verband.[59]

Durchgehend wird an den Ausführungen die große Bedeutung der Wittelsbacher bei der Erfindung des «barocken Bayern» deutlich. Das meint in diesem Kontext, mehr als deren Mäzenatentum, noch grundsätzlicher ihre raumkonstruierende Präsenz in den Bergen und Voralpengebieten. Der «Pfaffenwinkel» war immer auch ein «Königswinkel». Mit ihren Schlössern, Landsitzen, Jagden oder Wanderungen schufen sie die südbayerischen (Tourismus-)Landschaften mit. Seit 1810 diente das säkularisierte Augustinerchorherrn-Stift Berchtesgaden als königlicher Nebenwohnsitz der Wittelsbacher; die gleichfalls säkularisierte Benediktinerabtei Tegernsee ging mitsamt Wildbad Kreuth in den Besitz der herzoglichen Linie über. Im Oberallgäu und Berchtesgadener Land lagen die bevorzugten Jagdgebiete und «Pirschhäuser auf freier Bergeshöhe», zumal des passionierten Jägers und populären Landesvaters Prinzregent Luitpold. Maximilian II. erschloss die Region durch seine große ethnographische Tour am Alpensaum von Lindau nach Berchtesgaden (den bereits erwähnten und auch heute noch als Tourismusziel beworbenen «Maximiliansweg»), machte außerdem Schloss Hohenschwangau zu seinem Sommersitz und errichtete in den 1850er Jahren am Herzogstand ein Jagdhaus. Und bei Ludwig II. war Neuschwanstein nur Teil einer größeren Kunst-Schlösserwelt im Hochland von Wettersteingebirge (mit dem Schachenhaus im Schweizer Chalet-Stil) und Graswangtal (mit Linderhof). Die diversen historistischen Bauwerke, orientalischen Traumgespinste und Stein gewordenen Herrschaftsphantasien waren bewusst inszeniert vor alpiner Bergkulisse, eingepasst in eine Natur-Bühne von finsteren Schluchten, pittoresken Wasserfällen, monumentalen Alpengipfeln und «wilden Felsengebirgen»; «denn auf den Bergen ist Freiheit und überall, wo der Mensch nicht hinkommt mit seiner Qual».[60]

Die alpinen Landschaften und ihre Berge werden also in vielerlei Hinsicht mit dem barocken Bayern in Verbindung gebracht. Jedoch kennt diese Melange auch ihre Grenzen; sie ist zu relativieren und zu ergänzen um alternative Deutungen und Vorstellungen. Denn zum einen ist Bayern landschaftlich deutlich facettenreicher – es kommt

Das werbeträchtige Kitschklischee vom alpinen Edelweiß-Königsbayern: Ludwig II. und seine Schlösser, Seen, Berge, Blumen (Ansichtskarte / Lithographie des Kunstverlags J. Silberstein München, um 1900)

eben nicht überall immer ein Berg. Zum anderen sind die Alpen selbst ein höchst komplexer Natur-, Kultur- und Sozialraum von ausgesprochen überregionalem Zuschnitt. Er lässt sich nicht auf Bayern oder Bayernklischees beschränken. Manche Kulturhistoriker handeln vom grenzüberschreitenden «homo alpinus». Klimatologen oder Geologen identifizieren unterschiedliche «Ökotypen», Siedlungsformen oder Naturzonen, die zwar allesamt den alpinen Raum binnengliedern, aber gar nichts mit Bayern oder politischen Grenzziehungen zu tun haben. Auch mentalitätsgeschichtlich ordnen viele die Alpen als «wesensprägendes»

Gesellschaftselement vor allem der Schweiz oder Tirol zu und kaum Bayern; Österreich nennt sich «Alpenrepublik»; das «Edelweiß» als alpine Symbolblume schlechthin zierte bzw. ziert den österreichischen Schilling und den Schweizer Franken. Und auch der Barock umschreibt, wie erwähnt, ein nations- bzw. regionenübergreifendes Phänomen und kein exklusiv bayerisches.[61]

Wälder, Seen, Flüsse – zwischen Nationalcharakter und Regionalspezifik

Noch komplizierter wird es beim zweiten wichtigen Naturbildensemble, das jedenfalls partiell dem Sehnsuchtsraum des Bayerischen zugeschlagen wird, beim Wald. Abgesehen davon, dass auch dieser erst der romantischen Umdeutung bedurfte, ehe er zum Ideal von Naturfreunden, «Wandervögeln», völkischen Propagandisten und Touristikern werden konnte, gilt er vornehmlich als nationales Landschaftssymbol, weniger als bayerisches. Der «deutsche Wald» ist ein «deutscher Erinnerungsort», überfrachtet von Mythen, Metaphern, Symbolen und eng verbunden mit dem «nationalen Identitätshaushalt» – vom «ewigen Wald» und «deutscher Eiche» über Deutschlands «grünen Dom» und märchenhaften «Hallraum deutscher Seele» bis zu «Eichenlaub und Führerkreuz» oder der hitzigen Debatte ums «Waldsterben».[62]

In vielen Kontexten passt der nationale Erinnerungsort Wald aber eben auch in die Erzählungen und Visualisierungen *bayerischer* Sehnsuchtslandschaften. Bereits König Ludwig I. bedachte bei der Inszenierung seiner Denkmäler Walhalla und Befreiungshalle die Wirksamkeit der identifikatorischen Natur- und Landschaftskomponente Wald. Ausdrücklich bestimmte er beispielsweise als Stifter der Befreiungshalle, der Kelheimer Michelsberg solle «künftighin nur Eichen und Buchen tragen», um die Wirkung des Monumentalbaus als Teil eines Gesamtkunstwerks zu steigern: eines von Weltenburg bis zur Walhalla reichenden Miteinanders aus Fels, parkähnlichen Anlagen und Hängen voll «ausgedehnter Waldmassen [...], deren ungleichalterige Bestände sich kulissenartig ineinanderschieben». In beinahe allen Reiseführern wurde darauf Bezug genommen. Die «Ruhmestempel Befreiungshalle und

Walhalla» leuchteten nur in der «wundervollen Reinheit aus der Kulisse grüner Wälder in die deutschen Lande».[63]

Noch breitenwirksamer funktionierte die Walderzählung in Verbindung mit den Bergen, oft auch mit den als besonders bayerntypisch verkauften Beschäftigungen der Wilderei und der Jagd. Mit Prinzregent Luitpold findet diese Kombination ihre herrscherliche Personifizierung, in Ludwig Ganghofers in «wundersamen Bergwaldshallen» eingerahmten Jägergeschichten zeigt sie sich massenliterarisch. Dass der späte «Monarch» Franz Josef Strauß im Thurn-und-Taxis-Wald bei Regensburg am Rande einer Jagdsause zusammenbrach, passt gut ins Bild, wenngleich seinerzeit dort in der dramatisch-gefahrvollen Variante. Auch im Bereich der Geschichtsvermittlung können wir das Zusammenspiel von Wald und Bayern greifen: Das Haus der Bayerischen Geschichte stellte im Jahr 2018 eine ganze Landesausstellung im Kloster Ettal unter den Titel «Wald, Gebirg und Königstraum» und versuchte, mit diesem speziellen Dreiklang dem «Mythos Bayern» auf die Spur zu kommen. Die Leitperspektive der Ausstellung ging vom oberbayerischen Klischee-«Naturraum» aus und erklärte in diesem Zusammenhang flugs den «Mythos Wald [...] ein Stück weit auch [zum] Mythos Bayerns. Der bayerische Wildschütz verkörpert die Freiheit und steht als Symbol der Widerstandsfähigkeit. [...] Der Gebirgswald der Zugspitz-Region hat die Idee der Nachhaltigkeit geboren und bis heute ist diese Idee tief im Selbstverständnis der Menschen verankert.»[64]

Durchgehend blieben und sind die Wälder eines der Hauptziele der Naherholung wie des überregionalen Tourismus in Bayern und entfalten Wirkung auch jenseits des alpinen Jagd- und Königsklischees. Davon zeugen die Besucherstatistiken ebenso wie die frühen Gründungen von Wald-, Wander- und Verschönerungsvereinen in ganz verschiedenen Waldregionen Bayerns. Neben dem Alpenverein waren das 1876 der Rhönklub, 1883 der Bayerische Wald-Verein, 1884 der Spessartverein, 1888 der Fichtelgebirgsverein, 1901 der Fränkische-Schweiz-Verein, 1902 der Pfälzerwald-Verein und 1913 der Spessartbund. Deren tatsächliche Landschaftserschließungen mit Wegmarkierungen wie ihre «symbolischen Landschaftseroberungen» mit Erzählungen von romantisch-wilden, mitunter «obskuren» Wald- und Grenzräumen ließen sich regionsweise durchaus politisieren, einbauen etwa in die Ostmarkideologie seit dem Ersten Weltkrieg. Der Wald als Inspirations- und Vitalisierungsquelle konnte hier zunächst der Stärkung der Heimatfront dienen. Expressis verbis geschah das etwa im Umfeld der Einwohnerwehren nach 1918 und in den Veröffentlichungen des Forstwissenschaftlers Georg Escherich, im weiteren Fortgang und zumal seit 1933 dann in der «heiligen Mission» zur Bildung eines «völkisch-kulturellen Identifikationsraumes» im Volkstumskampf gegen die slawische Gefahr, wie ihn sich zunehmend beispielsweise auch die Akteure des Bayerischen Wald-Vereins auf die Fahnen schrieben. Weit weniger politisiert, gehören in diesen Kontext aber auch komödiantische Räubergeschichten wie, am bekanntesten, diejenige vom «Wirtshaus im Spessart», 1827 verfasst von Wilhelm Hauff und 1958 verfilmt mit Liselotte Pulver. Oft genug dienten dergleichen Walderzählungen einfach als Stoff für populäre Unterhaltung mit leicht verträglichem Gruselfaktor.[65]

In einer längeren ideengeschichtlichen Perspektive muss man überdies ein weiteres Mal auf die Bedeutung Wilhelm Heinrich Riehls verweisen. Gerade der Wald galt ihm als zentraler Faktor und Chiffre für gesellschaftliche Charaktere. Riehl ging stets aus von einem «natürlichen» Gegensatz von «Wald und Feld» und stellte damit unberührte, erhabene, vitale Natur einer verdorbenen städtischen Kultur und der «Zivilisation» gegenüber: «In unseren Walddörfern [...] sind unserem Volksleben noch die Reste uranfänglicher Gesittung bewahrt, [...] in ihrem naturfrischen Glanze». Der Wald sei die «notwendige Ergänzung zum kultivierten Feldland», wobei der spezielle «deutsche Waldcharakter» getragen werde von «Laubholzwäldern» und nicht von «künstlichen [...], kurzlebigen Nadelwäldern». Und wie schon an anderer Stelle zitiert: Die Bewohner des «rechten, heiligen Waldes» seien «ehrlich, rauh und zäh» und von frischer «Ursprünglichkeit». Man müsse den Wald erhalten, «nicht bloß damit uns der Ofen im Winter nicht kalt werde, sondern auch damit die Pulse des Volkslebens warm und fröhlich weiter schlagen, damit Deutschland deutsch bleibe». Riehls Charakteristiken bezogen sich auf die nationale Ebene, besaßen aber auch einen bayerischen Erfahrungshintergrund.[66]

Gerade bayerische Waldgebiete wie der erwähnte Spessart oder der

Steigerwald mit ihren großen Laubholzbeständen erschienen daher als Inbegriff gesunder, «volkstypischer» und daher schützenswerter Wälder. Und nicht selten, vornehmlich in den ostbayerischen Waldregionen, teilweise auch in den Gebieten des Pfälzerwaldes, bildete sich tatsächlich das Selbst- wie Fremdbild des «Waldlers» heraus. «Wald» wurde zum Synonym für die verschiedenen Teile des Bayerischen Waldes, teilweise auch für den Böhmerwald. Die Bewohner der Region waren «im» oder «vom Woid dahoam» und bezeichneten sich auch selbst als «Waldler»/«Waidler»/«Woidler». Das konnte pejorativ interpretiert werden als «eine besondere Gattung [...], die am besten nur in ihre abgelegene Waldwirniß sich verkriecht» (so der frühe Ethnograph Josef Friedrich Lentner, einer der Macher der «Bavaria») und durch die Beklemmung «immerwährenden Waldes» in einer «sibirischen Wüstenei» geprägt sei (so der Statistiker Joseph von Hazzi in seiner Volksbeschreibung des Jahres 1805), hartleibige und hartnäckige Menschen, «wild [...] wie ihre Wälder, wild wie die Kalabresen, Sardinier und Korsen» (so ein Reisebericht Karl Julius Webers von 1828). Entsprechend herablassend waren auch manche Skizzen von Tölpeleien, wenn die Waldbewohner städtisches Umfeld betraten, Bahn fuhren oder auf dem Oktoberfest auftauchten. Der Begriff konnte aber durchaus auch positiv verstanden werden als besonders enge Identifizierung der Einheimischen mit ihrer Region, als Ausdruck des lokalen Stolzes und als Ausweis authentischer «Natürlichkeit», nicht verdorben von «Kunst, Politik und Ueberbildung» (so ein früher Reiseführer von 1846 oder auch die berühmten Schilderungen Adalbert Stifters). Der Bayerische Wald-Verein romantisierte auf seinen Heimatabenden den «waldlerischen Alltag» als «ursprünglich und schön» und den Bayerwald als «majestätische» Umgebung. Um die lokale Dichtergröße Maximilian Schmidt, der zugleich zeitweilig als Generalsekretär des «Landesverbandes zur Hebung des Fremdenverkehrs» fungierte, wurde ein ganzer «Waldschmidt»-Kult gewoben und der Held mit seinen Lobeshymnen auf die sylvanen Naturschönheiten gar zum «Apostel des bayerischen Waldes» stilisiert. Wurden traditionelle Gepflogenheiten im Umgang mit dem Wald, besonders solche der kommunitären Waldnutzung durch kapitalistische Eigentumsvorstellungen oder staatliche Forstordnungen verletzt, so konnte das zu erheblichen Konflikten führen. Im spektakulären Fuchsmühler Forststreit von 1894 etwa ging es sicher primär um harte, «reale» Nutzungskonkurrenzen, sie waren aber verwoben mit allgemeineren Zuschreibungen, die den Wald als Gut von besonderer, symbolischer Qualität definierten. Die Ostmark-Ideologen wiesen den «Waldlern» eine heroische Verteidigungsrolle zu. Die Diskussionen um die Einrichtung des Nationalparks seit den 1970er Jahren zeigten ebenfalls viel Verbundenheit mit dem Wald und führten zur Einschätzung, «Waldverlust» bedeute «Heimatverlust» (so eine Aussage von 2019).[67]

Die Beachtung des Waldes lässt sich bis in die bayerische Verfassung von 1946 hinein nachvollziehen, in der es in Artikel 141, Absatz 2 in der ursprünglichen Fassung hieß: Neben den «kennzeichnenden Orts- und Landschaftsbildern» sowie «heimischen Tier- und Pflanzenarten» sei vor allem auch der «deutsche [sic!] Wald» «möglichst zu schonen und zu erhalten». Absatz 3 sicherte im sogenannten Schwammerlparagraphen außerdem den freien Zugang zu Naturschönheiten, darunter explizit auch «Wald und Bergheide», sowie die «Aneignung wildwachsender Waldfrüchte in ortsüblichem Umfang». In der revidierten Fassung von 1984, veranlasst nicht zuletzt durch die Debatte zum «Waldsterben», wurde dann das «deutsch» gestrichen und allgemeiner formuliert, der «Wald [sei] wegen seiner besonderen Bedeutung für den Naturhaushalt zu schützen und eingetretene Schäden möglichst zu beheben und auszugleichen». Der dritte Absatz blieb in der Grundaussage, wurde nur ergänzt um das Gebot des «pfleglichen» Umgangs mit «Natur und Landschaft». Tatsächlich hat Bayern einen überdurchschnittlichen Anteil von Waldfläche an der Bodenfläche: Während der Waldanteil für Gesamtdeutschland bei 29,8 Prozent liegt, sind es für Bayern 35,3 Prozent (im «Waldland» Österreich freilich fast 48 Prozent).[68]

Neben Gebirge und Wald zählen auch Gewässer zu den symbolisch aufgeladenen, nicht selten ideologisierten «Landschaftsausschnitten». Im bayerischen Kontext sind es sicher die Seen in den touristischen Kernzonen des «barocken Bayern»: Tegernsee, Schliersee, Starnberger See, Königssee mit ihren malerischen Ufern, Inseln und Panoramen, vielfach inszeniert als Bilderbuchlandschaften. Vor allem aber evozieren auch in Bayern manche Flüsse und Flusslandschaften einflussreiche

Raumbilder, wie sie Lucien Febvre in seiner klassischen Studie zum Rhein als «Produkt menschlicher Geschichte» beispielhaft analysiert hat. Mit den Flüssen wurden Mentalitäten verbunden und Nationen imaginiert, angeblich «natürliche Grenzen» konstruiert, Leidenschaften und Hass erregt.[69]

Formen einer solchen kulturellen Vereinnahmung oder «Politisierung der Landschaftsstimmung» (M. Warnke) kann man durchaus auf die bayerische Flüsseszenerie übertragen. Das gilt etwa für die Metaphorik des mächtigsten (wenngleich, bezogen auf das bayerische Territorium, nicht längsten) Flusses, der Donau. Sie besitzt als nach der Wolga zweitlängster europäischer Fluss, mit ihrer exklusiven West-Ost-Fließrichtung und einem Flusslauf durch zehn Länder Dimensionen weit über Bayern und Deutschland hinaus. Man hat ihr aber auch innerhalb Bayerns eine wichtige Rolle zugeschrieben: in ökologischer Hinsicht als sehr «komplexes Abflußregime» für sämtliche wasserreichen Flüsse aus den Alpen (Iller, Lech, Isar mit Loisach, Inn mit Salzach) und den bayerischen Mittelgebirgen (Regen, Naab mit Waldnaab, Altmühl); in ökonomischer Hinsicht als zentrale Schifffahrtsstraße und als «Dachmarke» der touristischen Werbung; zeitweise in politischer Hinsicht als Referenzgröße für föderative Staatsmodelle und eine bayerisch-österreichische Verbindung jenseits des kleindeutschen Nationalstaats («Donauföderation»); in kultureller Hinsicht als Bestandteil des skizzierten Natur-Kunst-Denkmal-Ensembles zwischen Weltenburg und Walhalla (unter Ludwig I.) oder jüngst mit einer Initiative, die 2011 die «niederbayerische Donau» zwischen Regensburg und Passau als privilegierten «Natur- und Kulturraum» zur Aufnahme in die Liste der UNESCO-Welterbestätten vorschlug.

Manchmal wird auch über Flusstemperamente und den Einfluss des «danubischen Systems» (K. Bosl) auf die Gesellschaft räsoniert und nach den «menschlichen Tiefendimensionen» der Flusslandschaften gefragt – für die «majestätische» Donau ebenso wie für ihre kraftvollen alpinen Zuflüsse mit ihren eigenen Herausforderungen («Zähmung») wie Lebenswelten (Flößerei). So heißt es etwa bei Wilhelm Diess: «Die Donau ist behäbig, ungeachtet aller kraftvollen Strömung. Sie eilt und rennt nicht, sie bewahrt ihre Ruhe auch in den Zeiten, in denen sie alljährlich da und dort über ihre Ufer tritt.» Im Gegensatz dazu sei der Inn ein «nervöser, rassiger Fluß, bildsauber und draufgängerisch; […] er zeigt überall ein heroisches Auftreten». Selbstverständlich hatte auch da wieder Riehl schon Ähnliches geschrieben und postuliert, die Altbayern seien geprägt durch die «einigende Hauptwasserstraße Donau» und die wuchtig-kraftvollen «Alpenströme». Karl Bosl billigte der Donau den Charakter des «mütterlichen Stroms Staatsbayerns» zu. Und der Lech galt vielen als «Fluss der Extreme», der zugleich manchen Wandlungen in der Landschaftswahrnehmung unterworfen war. Zuerst war er eine Gefahr mit ungenützten Kraftpotentialen, die zu «zähmen» waren, dann ein zu schützendes Naturareal, in jedem Fall aber ein langfristiges «Raumelement der schwäbischen Geschichte» und eine bedeutende Kulturgrenze in «Geschichte, Sitte, Mundart» zwischen Bayern und Schwaben.[70]

Für den Main, mit 407 Kilometern gegenüber den 380 Kilometern der «bayerischen» Donau der längste Fluss auf bayerischem Boden, kann man Vergleichbares festhalten. Auch er nimmt zahlreiche Zuflüsse (Regnitz/Rednitz/Pegnitz, Fränkische Saale, Aisch, Tauber) auf und leitet sie Richtung Rhein, ist eine ökonomisch bedeutsame Wasserstraße, sichert über den Rhein-Main-Donau-Kanal die Verknüpfung zwischen Altbayern, Nordbayern und Westdeutschland und stellt damit eine wichtige Komponente der wirtschaftsgeographischen Neuausrichtung Bayerns nach 1945 dar. Und auch mit ihm verbinden sich mentalitäts- bzw. kulturgeschichtliche Aspekte sowie Formen der Ideologisierung und Politisierung. Der Begriff «Mainfranken» wurde schon erläutert. Er sollte einen spezifischen, von den Hoch- bzw. Erzstiften Würzburg, Bamberg und Mainz/Aschaffenburg geprägten kunsthistorischen Stil zwischen Romanik und Rokoko umschreiben. Der Main mit seinen «Nebenflüssen» galt dem Wortschöpfer Fritz Knapp als «Schlagader», an der sich geistiges Leben und Schöpferkraft ausformten, gleich «mächtigen Lebensbäumen, überspannt von vielfältigem Gezweig». Der Fluss sei struktur- und stilbildend für ganz Franken, ein «bedächtiger, nicht leidenschaftlicher» Fluss, wie es die tosenden Gebirgsflüsse seien, jedoch biegsam die diversen Bergvorsprünge umfließend und mit großer Beharrlichkeit die «Richtung nach Westen» wahrend. Biegsam war dieses «Mainfranken» freilich auch in seiner Funktionalisierung: In Verbindung mit dem (romantisierenden) Bild vom Weinland Franken, das sich an die Hänge des Mainlaufs anschmiegte, gab es ein hervorragendes touristisches Werbelabel ab, musste aber auch herhalten für die ideologische Bezeichnung eines NS-Gaus. Außerdem wurde die «Mainlinie» als Synonym für eine mögliche kulturelle, sprachliche oder hegemoniale Grenze zwischen der preußisch-nord-/mitteldeutschen Zone und dem eher «großdeutsch» gesinnten Süddeutschland gebraucht. Für manche bildete die Linie daher auch die äußerste Ausdehnung des sogenannten «Weißwurstäquators».[71]

Allerdings war auch bei den Flüssen die regionalistische politische oder touristische Indienstnahme nicht eindeutig und einfach. So markierte die Rede von «Mainfranken» gerade ein alternatives ideologisches Regionalordnungsprinzip zur gängigen staatsbayerischen Territorialgliederung. Ludwigs I. Natur-Kunst-Repräsentationen an der Donau zielten neben der bayerisch-dynastischen Selbstdarstellung vornehmlich auf eine «teutsche Kulturnation», inszeniert an den Ufern der «teutschen Donau». Vielfach wurde die Donau als «Fürstin von Deutschlands Strömen» bezeichnet und diente wie der Rhein der Typisierung eines «deutschen» Flusses («Mutter Donau, Vater Rhein»). Die entscheidenden räumlichen Referenzgrößen waren auch da kaum partikular-bayerische, sondern eher deutsch-nationale. Obendrein galt zumal die Donau als Fluss, der weit über regionale und nationale Grenzen hinauswies. Im Nibelungenlied war sie der Strom nach Pannonien, auf den Balkan, ins wilde Reich Attilas hinein. Im Kontext von «K.u.K.-Donaumonarchie» und «Donauwalzer» wurde sie zum «österreichischen Fluss». Und nicht wenigen war sie ein Musterfall einer transnationalen Zusammengehörigkeit, eine «europäische Lebensader», ein «universaler» Fluss.[72] Man musste also – wie bei den Bergen oder den Wäldern, so auch bei den Flüssen – schon hart daran arbeiten, wollte man ihre Bayernbezüge wirksam werden lassen.

Das romantisch-mittelalterliche Franken-Bayern

Es gibt einen weiteren touristischen Komplex in Bayern, der sich wesentlich aus naturräumlichen Bezügen speist, aber noch mehr als dies aus Erzählungen und Bildern von historischen und kulturellen Traditionen. Wir nennen ihn hier das «romantisch-mittelalterliche fränkische Bayern», gruppiert um die ehemaligen Reichsstädte Nürnberg und Rothenburg ob der Tauber sowie die Landschaft von Fichtelgebirge und «Fränkischer Schweiz». Sie alle sind ebenfalls Besuchermagneten und seit dem 18. Jahrhundert Projektionsflächen von Sehnsüchten und Ideologien, perfekt vermarktet und vielfach instrumentalisiert. Wichtige Agenturen, Agenten und Instrumente für dieses (touristische) Mapping kennen wir schon: Auch in diesem Fall sind es an der Spitze Dichter, Reiseliteraten, Landschaftsmaler und Genrezeichner sowie die üblichen Verschönerungs- und Wandervereine: der «Fichtelgebirgsverein» (1888), der «Fränkische-Schweiz-Verein» (1901) oder der «Verein zur Förderung des Fremdenverkehrs in Nürnberg und Umgebung» (1904). Dennoch werden mit dem «romantischen Bayern» die bisher skizzierten Tourismusbilder noch einmal geweitet, teilweise auch etwas kontrastiert. Denn anders als beim barocken «Berg-, Wiesen- und Seen-Bayern» und noch stärker als beim «Wald- und Fluss-Bayern» beziehen sich diesmal die Images gar nicht auf vermeintlich für Bayern repräsentative Räume oder Themen, sondern auf Vorstellungswelten, die man dezidiert mit der deutschen Geschichte verbindet. Die bayerischen Tourismusräume sind mithin facettenreicher, als das die Alpenklischees suggerieren, und oft weit mehr von Besonderheiten lokaler Bezüge abhängig denn von angeblich partikular-bayerischen Erinnerungsmustern. Mitunter war allein die örtliche Lage bayerisch, während das Tourismusmarketing mit regionsspezifischen Traditionen des Alten Reiches oder mit Landschaftsbildern operierte, die dem Rheinland oder Schwarzwald näher standen als dem (alpinen) Bayern.[73]

So verkaufte sich die «Fränkische Schweiz» als «romantisch verklärtes Idealbild» in der Mitte Deutschlands: eine Mischung aus friedlich-pittoresker Natur mit grünen Hügeln, schroffen Felsen, schaurigen Höhlen und volksnaher Kultur mit historischen Burgen, markanten Ruinen, alten Mühlen und lieblichen Marktflecken voll Fachwerk und altdeutscher Gemütlichkeit. Bis weit ins 18. Jahrhundert hinein war die Region des nördlichen Jura entlang der Wiesent, zwischen Bayreuth, Bamberg und Erlangen mit ihren je eigenen Herrschaftstraditionen, nur das «Gebürg», zerklüftet, wasserarm und von kargem Lebenszuschnitt. Erst die Romantiker erfanden den Zauber eines Idealraums im Zusammenspiel von Naturschönheit und Kultur – zunächst, wie bereits erwähnt, die Wanderer Wilhelm Heinrich Wackenroder und Johann Ludwig Tieck mit ihren Reiseberichten aus den 1790er Jahren, dann die Erlanger Studenten, Höhlenforscher, Landschaftsmaler, schließlich die frühen Touristiker mit ihren Wanderführern, Illustrationen und Photographien. 1812 tauchte in einer «Historisch-topographisch-statistischen Beschreibung von Erlangen» erstmals die Bezeichnung «Fränkische Schweiz» auf – mit der «Schweiz» als generellem Label für ländlichen Tourismusreiz abseits von Lärm, Verkehr und Stress. Keinem galt sie dabei als spezielle bayerische Idylle, allen vielmehr als eine der «reizendsten und angenehmsten Gegenden Deutschlands» (so repräsentative Wander- und Kunstführer 1829/90). Die KdF warb für ihre Fahrten mit den «Schönheiten unserer deutschen Heimat» und der «Fränkischen Schweiz [...] als kleinem Garten Eden inmitten einer brandenden Welt». Von Anfang an war das keine Wildnis, sondern ein modernes Refugium stadtferner Erholung in einer gestalteten *Kultur*landschaft, beworben von einer rührigen Tourismusindustrie, gelenkt von Bewirtungsbetrieben, Wanderkarten und Ratgebern zur Höhlenerkundung.[74]

Aufs Engste verbunden mit diesem Ensemble ist Rothenburg ob der Tauber, eine ehemalige Reichsstadt im westlichen Mittelfranken. Mit ihren mittelalterlichen Mauern, malerischen Gassen, spitzen Giebeln und Fachwerkfassaden wurde sie zur Inkarnation altdeutscher Heimatlichkeit und biedermeierlicher Idylle stilisiert. Wilhelm Heinrich Riehl «entdeckte» in der Stadt in den 1860er Jahren das Urbane noch im richtigen, verträglichen, weil anti-großstädtischen Maß. Schon früh wurde Rothenburg Ziel des Fremdenverkehrs und ist es mit jährlich an die 2,5 Millionen Besuchern bis heute. Entsprechend intensiv wurde es von örtlicher Honoratiorenschaft, Denkmalpflege und Historischem Vereinswesen («Verein Alt-Rothenburg» 1899) gefördert, in Szene gesetzt (unter

Romantische Landschaft wie gemalt: die Fränkische Schweiz als touristischer Sehnsuchtsort – Postkarte um 1919 mit den Tüchersfelder Felsen bei Pottenstein

anderem mit dem historischen Festspiel des «Meistertrunks») und seit 1873 auch infrastrukturell durch eine Eisenbahnanbindung erschlossen. Die Völkischen und Nationalsozialisten haben diese Sehnsuchtsbilder weiter genährt und in ihre Propaganda von deutscher Rassereinheit eingebaut. Aus den putzigen Häusern hingen früh die Hakenkreuzfahnen. Die Raumbezüge waren dort ebenfalls kaum bayerisch konnotiert, vielmehr figurierte Rothenburg als «*national* icon», «as a type of collective hometown for the new German nation». Dabei verdankt sich im heutigen Stadtbild vieles dem Wiederaufbau nach 1945: Rothenburg war zu 40 Prozent kriegszerstört. Zahlreiche Gebäude wurden nach dem Krieg im historischen Stil und im «Sinne des konservativen Heimatschutzgedankens» nachgebaut, um das verkaufsträchtige Gesamtbild nicht zu stören. Selbstverständlich macht auch die schon erwähnte, seit 1950 touristisch vermarktete «Romantische Straße» in Rothenburg Halt, ebenso wie in einer ganzen Reihe ähnlich pittoresker Kleinstädte wie Wertheim, Dinkelsbühl oder Nördlingen – eine Perlenschnur von «German Home Towns» auf bayerischem Boden.[75]

Das bedeutendste städtische Zentrum des «romantisch-altdeutschen»

Sehnsuchtsraums auf bayerischem Boden freilich ist Nürnberg. Die Stadt selbst gilt kanonischer noch als Rothenburg als «deutscher Erinnerungsort». Die Wurzeln der Vermarktung und Wirkung Nürnbergs lagen ein weiteres Mal in den Erzählungen der Romantiker um Tieck und Wackenroder. Sie gaben das Image vom Albrecht-Dürer-Hans-Sachs-Butzenscheiben-Lebkuchen-«Alt-Nürnberg» vor und begannen, es über die Landesgrenzen hinaus zu popularisieren. In den Opern Richard Wagners, vor allem den «Meistersingern», fand das seine künstlerisch-musikalische Ausformung. Die diversen Tourismusagenturen taten ein Weiteres, ebenso die Instrumentalisierung der Stadt im Kaiserreich wie im Nationalsozialismus. Nürnberg wurde gepriesen als «deutscheste aller Städte» (so der NS-Oberbürgermeister Liebel), als Inbegriff des romantisch gewendeten Mittelalters und starker frühneuzeitlicher Traditionen, von gediegener Reichsherrlichkeit (des «Reiches Schatzkästlein»), protestantisch-nationalen Einigungsbestrebungen und zeitweilig sogar imperialer Größe Deutschlands, zugleich von deutschem Handwerksfleiß («Nürnberger Tand geht in alle Land»), künstlerischer Bedeutung und bürgerlicher Selbstvergewisserung. Im 19. Jahrhundert wurde das auch bewusst in den bayerischen Rahmen gestellt und dem neuen Staat einverleibt, zunächst mit der integrativen Denkmalspolitik Ludwigs I. Später wurde dann der Verweis auf die lokale Gewerbekultur wichtiger, die einen Nukleus für die mittelfränkische Städteregion als neuem staatsbayerischen Wirtschaftsmotor darstellte und entsprechend in Industrie- und Gewerbeausstellungen gesamtbayerisch präsentiert wurde. Aber die deutsch-nationalen Bezugsgrößen blieben doch weiterhin dominant. Zu keiner Zeit zeigte sich das mehr als unter der Ägide der Nationalsozialisten und der Inszenierung der «Stadt der Reichsparteitage», auf die bereits ausführlich eingegangen wurde.[76]

«Intellektuelle sind auf der ganzen Welt zu Hause, aber die meisten Menschen leben an einem bestimmten Ort.»
Tony Judt[1]

IV
Bayern und die Welt, Bayern in der Welt

«Bayern kann es auch allein» – mit diesem Paukenschlag bajuwarischer Selbstgewissheit trat im Jahr 2012 der ehemalige Chefredakteur des «Bayernkurier» Wilfried Scharnagl an die Öffentlichkeit. Er bot eine Erzählung bayerischer Eigenständigkeit, die von der «Gewissheit» des schönen «naturräumlichen Seins» ausging, auf den ökonomischen «Standortfaktoren» ruhte und die Option der Unabhängigkeit des Landes beschwor. Der Verlust bayerischer Souveränität 1870/71 galt ihm als Sündenfall, die Einmischungen aus Bonn, Berlin und Brüssel betrachtete er als Beengung und Bürde, die Eigenstaatlichkeit als Lösung. Im Grunde war es ein Plädoyer für Separatismus.[2]

Damit bediente Scharnagl ein patriotisches Narrativ, das sich in unterschiedlichen Nuancen das gesamte 19. und 20. Jahrhundert über nachzeichnen ließe – von den Souveränitätsideen Ludwigs I. und den semiabsolutistischen Vorstellungen Ludwigs II. über Stellungnahmen der Bayerischen Patriotenpartei in den Landtagsdebatten um 1870 und den Partikularismus der Bayerischen Volkspartei in der Weimarer Zeit bis hin zum Selbstverständnis von Bayernpartei und CSU nach 1949. Überzeugend ist es dennoch nicht. Zwar kann man durchaus eine Art bayerischen Eigensinn konstatieren, die Kraft des Föderativen und Regionalen. Aber zum einen gab es auch in Bayern mindestens ebenso viele Gegenpositionen zu den Partikularismen: die nationalen Ideen der Vormärzzeit, die Reichsbegeisterung der bürgerlich-städtischen und zumal fränkisch-protestantischen Schichten, die eifrig ihre Sedanfeiern begingen und Bismarck-Denkmäler aufstellten, auch in Altbayern, die nationalliberale Geschichtsteleologie kleindeutscher Aktivisten wie Sigmund von Riezler oder Karl Theodor von Heigel, die nationalen, ja globalen Aktivitäten bayerischer Unternehmen und Unternehmer. Prinzipieller noch und vor allem jedoch: Bayern stand immer in mannigfachen Beziehungen zu seiner Umgebung und Außenwelt, war von ihnen beeinflusst und abhängig. Staatlich wie wirtschaftlich, soziokulturell, sprachlich wie naturräumlich war es stets Teil übergeordneter Raum- und Staatseinheiten, ein Gebilde mittlerer Größe und Pracht, das sich immer anpassen, arrangieren und unterordnen musste, sich darin aber auch entfaltete und von diesen Zusammenhängen profitierte. Bayern konnte und kann es bis heute also nie allein, und das ist überhaupt kein Makel oder Problem.

Durchgehend existierten und existieren mehrere räumliche Zugehörigkeits-, Abhängigkeits- und Loyalitätsebenen nebeneinander, sich ergänzend, manchmal in Reibung zueinander und mit unterschiedlichen Wertehierarchien, jedoch niemals als exklusive Größen. Oftmals verschoben sich räumliche Dimensionen und Aggregatzustände, zumeist überlagerten sie sich. Nicht selten kam es zu Ungleichzeitigkeiten, wurden mit einem Begriff auch unterschiedliche politische Räume adressiert. Das war beispielsweise so, wenn man von «national» sprach. Das konnte deutsch-zentralstaatlich meinen, aber im Sinne der «föderativen Nation» eben auch bayerisch-partikulares «Nationalbewusstsein» bedeuten und den Zentralismus dann eher nach innen kehren und staatsbayerisch gegen substaatliche lokal-regionale Identitäten wenden. Es zeigte sich in der Existenz vieler sich überlappender Kontakt- und Mischzonen verschiedenster Art. Es wurde greifbar in Einflusssträngen, Ideentransfers und Verflechtungen, die die Welt nach Bayern brachten und ebenso Bayern hinaus in die Welt, die den Blick weiteten, manchmal auch zu schwierigen und immer komplexen, oft stereotypen, mitunter sogar pathologischen Wahrnehmungen des «Fremden» und des «Eigenen» führten.

Um diese Zusammenhänge geht es im letzten Kapitel: um den Raum als überregionale «Kontaktarena» (J. Osterhammel) und die Geschichte der entsprechenden Interaktionen, um das Land der Bayern in seinen «Weltbeziehungen» und mithin um Dimensionen des Räumlichen und Regionalen, die jenseits der administrativen Grenzen oder staatspolitisch definierter «Identitäten» liegen. Zuerst: Auf welchen Feldern und auf welchen Wegen vollzogen sich die Kontakte über weite räumliche Entfernungen hinweg, wer waren die bayerischen «Welt-Läufer», die sie prägten und aktivierten, welche Fremd- und Selbstbilder wurden geformt? Sodann: Wie sahen die Verflechtungszonen und Kontakträume aus, die sich aus diesen Beziehungen neu ergaben, teilweise aber auch schon in langer Tradition oder struktureller natur-, kultur- oder wirtschaftsräumlicher Prägung bestanden und die Grenzziehungen des Staatsraumes relativierten? Und zuletzt: Wie gestalteten sich die außenpolitisch-institutionellen Beziehungen und die Positionierung Bayerns in den Diskussionen um «Föderalismus» und «Regionalismus» in Deutschland und Europa?[3]

1. Zitherspiel am Nil, Völkerschau daheim: Bayern und die fremden Welten

Am 20. Januar 1838 war es so weit. Die Chronik der Stadt München vermerkte für den Tag, «heute Vormittags 9 Uhr» habe Herzog Maximilian in Bayern seine große «Reise nach dem Orient» angetreten. Der Herzog hatte sich vorbereitet durch die Lektüre einschlägiger Reiseschriftsteller wie Jean-François Champollion («Briefe aus Ägypten und Nubien»), Hermann Fürst von Pückler-Muskau («Semilasso in Afrika») oder Pater Maria Joseph von Geramb («Pilgerreise nach Jerusalem»). Begleitet wurde er unter anderem von dem Genremaler Heinrich von Mayr und dem Zithervirtuosen Johann Petzmayer. Mayrs «Malerische Ansichten aus dem Orient» erschienen 1839/40 als visuelle Dokumentationen zum ebenfalls publizierten Reisetagebuch des Herzogs mit dem Titel «Wanderung nach dem Orient». Dass auch ein Zitherspieler mitgenommen wurde, ist durch Max' persönliche Passion zu erklären. Der Spross einer wittelsbachischen Nebenlinie, Vater der berühmten Sisi, war selbst Zitherspieler – Spitzname: «Zither-Maxl».[4]

Ein Herzog auf großer Fahrt

Die Reise verlief zunächst über die Alpen nach Venedig und Triest, dann per Schiff nach Alexandria. Von dort fuhr man den Nil aufwärts nach Kairo und Oberägypten, besuchte Luxor und Assuan und reiste weiter bis in den Sudan hinein nach Abu Simbel. Danach ging es zurück über die Wüste nach Palästina zu den heiligen Stätten, in den Libanon und nach Syrien, schließlich über die klassische Bildungsroute Neapel, Rom, Florenz heim nach München, wo man Mitte September 1838 eintraf. Der Charakter des Unternehmens changierte zwischen adeliger Grand Tour, Bildungsreise und Pilgerfahrt. Es kann uns als beispielhafter Spiegel für unterschiedliche Transfervorgänge dienen: für den Export von Bavarismen in die Ferne, für zeitgenössische Formen der Wahrnehmung des Fremden, nicht zuletzt auch für das schwierige «Nachleben» der Expedition in der Heimat, die spezifische Inbesitznahme und Zurschaustellung des «Anderen» in Bayern.

Die erste Annäherung ist Bewunderung und Überwältigung, «so überraschend neu [...] und originell ist dieses majestätische Panorama». Die Reisenden betraten eine «Welt mit den fremdartigsten Menschen von gemischter Gesichtsfarbe und in die eigenthümlichsten und buntesten Trachten gehüllt». Aufgeregt beschrieben sie die Denkmäler und Naturszenerien, den Alltag auf Bazaren, die Eindrücke ungewohnten Essens, exotischer Kleidung, unbekannter Sitten. Sie wurden aufgesogen vom «Gepräge des Orients», dem Duft des «herrlichen Citronen-Waldes» und der Gewürze, des mächtigen Schauspiels der Nilkatarakte, wähnten sich in den «Sagen der Tausend und Einen Nacht», begaben sich in den langsamen Rhythmus des «ächten orientalischen Lebens», verbrachten Tage damit, «türkische Pfeife zu rauchen und Kaffee zu trinken». Zugleich wurden stets die Irritationen durch das Fremde vermerkt: neben den Unannehmlichkeiten des heißen Klimas, von Ungeziefer und schwer verdaulicher Kost vor allem die «zudringlichen Bettelkinder», die «betäubende Musik», der «unharmonische und taktlose Gesang», der «unzüchtige Tanz». Scharf verurteilt wurden Formen des «Aberglaubens» und «frevelhaften Unsinns», wie sie sich vornehmlich in den «seltsamsten Ceremonien der Derwische» und deren «konvulsivischen Bewegungen» zeigten. «Ich glaubte mich in ein Tollhaus versetzt, dergestalt brüllten, schrien und wirbelten sich diese bemitleidenswerthen Menschen vor mir im Kreise herum.»[5]

Unterlegt wurden die Schilderungen außerdem durch rassische Stereotypisierungen: «Die Nubier sind verläßiger [...] als die Araber. [...] Ein Hauptzug des nubischen Charakters ist, daß sie sich des Diebstahls enthalten. [...] Die Weiber unterscheiden sich wenig von den Araberinnen, blos daß sie noch häufiger als Jene Ringe in der Nase tragen. Des Nubiers Hautfarbe ist beinahe ganz schwarz.» Die Form ihrer Gesichtszüge, «namentlich ihre schwächlichere Bauart», nähere sich dementsprechend bereits den «schwarzen» Menschen. Durchgehend wurde deutlich gemacht, wo man bei aller Begeisterung über die ägyptischen oder sudanesischen Tempel und Pyramiden die eigentlichen zivilisatorischen Referenzgrößen sah. Wohl übertreffe die ägyptische Baukunst an «kolossaler Größe», am «Ehrfurcht gebietenden, grandiosen Styl», am «frappanten Eindruck des [...] fast übermenschlichen Kraftaufwands» sogar das Griechische. Dieses stehe jedoch an Ebenmaß eindeutig darüber. Und frage man «nach der Art und Weise und nach den Beweggründen, welche die Werke beider Nationen schufen, so gewinnt jedenfalls die Kunst der Griechen oder Römer, die, selbst freie Männer, aus freiem Antrieb zur Ehre ihres Vaterlandes oder um dasselbe verdienter Männer, oder zur Anbetung der Götter ihre Tempel und Triumphbögen erhoben, während bei den alten Egyptiern mehr oder weniger Eitelkeit und der Despotismus ihrer Herrscher vorwaltete [...].» Zum Ethnischen trat Politkulturelles und verstärkte die zivilisatorische Distanz.[6]

Entsprechend positiv leuchtet die zweite Reiseetappe ins Heilige Land. In Jerusalem, Betlehem und Nazareth fänden sich «geweihte Erde» und Stätten, angesichts derer sich «unser Aller tiefe Rührung bemächtigte», «fromme Ehrfurcht» und «geheiligte Stimmung», die auf den Reiseetappen davor «lange [...] nicht mehr empfunden» worden seien. In dieser Umgebung erschienen nicht nur die «Sitten und Physiognomien» mit «jüdischem Gepräge [...] reiner [...] als Jene der Egyptier». Sie wurde darüber hinaus auch topographisch mit der Heimat verbunden und bot Gelegenheit zur Projektion vertrauter Landschaften in die Fremde: Der Anblick Gazas und der «wahrhaft reizenden» Gebirge Judäas erinnerte den Herzog «lebhaft an die schöne Gegend um Regensburg. Ich glaubte mich einen Augenblick im bayerischen Vaterlande, so wie überhaupt der Charakter des Ganzen mich an Gegenden Deutschlands mahnte. Ueberall zeigten sich Olivenbäume und wilde Feigen.» Und beim See Genezareth fiel ihm als «trefflichster Vergleich» der Genfersee ein, «nur verherrlichter durch die magische Beleuchtung der Sonne Asiens».[7] Von Gaza und Genezareth, den Oliven und Feigen nach Regensburg oder Genf – das waren bemerkenswerte Querverbindungen. Zu erklären sind sie nur durch die betont positiven Einordnungen, durch religiöse Emphase und das Empfinden kultureller Nähe. Bei der Betrachtung von Kairo oder des Nils dagegen überwogen Eindrücke der Fremdheit und der Alterität. Aber hier wie dort gilt grundsätzlich: Man sah, was man sehen *wollte.*

Um Heimat in die Fluten des Nil zu projizieren, bedurfte es freilich schon eines Kombinationsakts eigener Art: des Zitherspiels vor orientalischer Kulisse. Der Kunsthistoriker Hyacinth Holland berichtet, die Zithern seien «am Fuße der Pyramiden» erklungen, und «verdutzt horchte der alte Vater Nil auf die zu seinen Ehren benannten Walzer». Tatsächlich gibt es einen von Petzmayer komponierten «Nilfahrt-Walzer». Zudem «zitterten die kunstvollen Weisen» offenbar in gemeinsamen Auftritten des Herzogs mit Petzmayer «durch die vom träumerischen Mondlicht versilberten Tempelruinen von Luxor und Karnak». Man habe sowohl «den beiden Memnon's eine Serenade» gebracht als auch «auf der Insel Philae und über den Katarakten» gespielt; «selbst an der Grenze Nubiens äußerten die braunen Söhne der Wüste freudiges Erstaunen und Entzücken über das Spiel des ‹deutschen Pascha› und seines Capellmeisters.» Andere Hinterlassenschaft der Reisegruppe würde man heute als grobe Sachbeschädigung bezeichnen: Mehrmals ließ der Herzog in «Graffitis» seinen Namenszug einmeißeln, etwa auf einer der Kolossalfiguren Ramses' II. an der Fassade des Großen Tempels von Abu Simbel oder auf einer Granitsäule an der Grenze zwischen Afrika und Asien.[8]

Den noch viel problematischeren Kulturkontakt allerdings stellte der Umgang mit Sklaven dar. Öfter besuchte die Reisegruppe Sklavenmärkte. Der Herzog bekundete dabei stets seine Abscheu. Er sei ein Gegner der

Sklaverei. Es sei empörend zu sehen, «wie mehrere Hundert von Schwarzen aller Art auf der Erde umher kauern» und «Menschen gleich dem Vieh verkauft» würden. «Sie müßen beim Verkaufe ihre Zunge weisen; man untersucht die Zähne [...] und befühlt sie, gleichwie es die Fleischer auf unsern Viehmärkten zu thun pflegen. Bei den Zähnen muß man genau acht haben, ob sie spitz oder stumpf geformt sind. Die Ersteren verrathen gewöhnlich einen schlimmen, die Letzteren einen guten Charakter.» Bei aller Distanz wurde die Szenerie also doch mit «großem Interesse» angegangen, garniert mit Genrebeschreibungen der bunten Bazare und abermals kombiniert mit ethnosozialen Stereotypen: «Im ersten Augenblicke glaubte ich Affen vor mir zu sehen, denn mehrere von ihnen saßen zu oberst des Gemäuers und spielten zusammen unter den drolligsten Gebärden. Sie sind nicht sehr theuer. Die schönste Waare, die Georgierinnen und Cirkassierinnen, bekömmt man nicht zu sehen.» Der Herzog hatte auch keine Bedenken, selbst Sklaven zu erstehen. Lakonisch notierte er: Auf dem großen Kairoer Sklavenmarkt «kaufte ich mehrere [vier] dieser Schwarzen, um sie mit nach Europa zu nehmen.» Und drei Wochen später wurde «von einem arabischen Kaufmann» ein weiterer Sklave erworben, ein Knabe «von neun Jahren», «so hübsch, wie ich in ganz Kairo keinen gesehen». Er habe nur «die geringe Summe von 72 Gulden» gekostet.[9]

Aufs Ganze gesehen: Das ungläubige Staunen, die Irritation über das Fremde und die Beschreibungen von Sehenswürdigkeiten waren durchgehend geprägt von eigenen Wertkategorien. Sie waren bestimmt vom «touristischen Blick», wie er sich in der zeitgenössischen Mode der Orientreise verfestigt hat und bereits in den mitgeführten Reiseführern kanonisiert war; von der griechisch-lateinisch geprägten Perspektive des «weißen Mannes», die als Referenzgröße von Kultur und Zivilisation galt, an der die indigenen Sitten klassifiziert wurden und die im Fall unserer bayerischen Reisegruppe noch eine spezifisch philhellenistische Note bekam; von christlichen Maßstäben, die die letzten Wahrheiten definierten und festlegten, was sicherer, vertrauter Glaube und was verunsichernder, abschreckender Aberglaube war. Das gab die Richtung vor, markierte, was man sah. Im Mittelpunkt standen weniger Neuentdeckungen, sondern weit mehr Affirmationen.[10]

Herzog Max und seine Gefährten waren da Teil einer langen, bis ins 20. Jahrhundert währenden kolonialistischen Weltwahrnehmung. Sie unterschieden sich darin nicht von anderen reisenden Zeitgenossen. Am wohl berühmtesten im bayerischen Kontext waren zwei Naturforscher, die zwischen 1817 und 1820 in Brasilien unterwegs waren, der Botaniker Carl Friedrich Philipp von Martius und der Zoologe Johann Baptist von Spix. Bei ihnen und vielen Weiteren zeigten sich dieselben Ambivalenzen: Auf der einen Seite standen Distanzierung von den menschenverachtenden Praktiken, Schaudern und Mitleid, patriarchalische Fürsorge und neugieriges Interesse an Ungewöhnlichem und Berührendem. Andererseits bekommen wir Zerrbilder der «primitiven» Wilden vermittelt, die zwischen naturverbundener, naiver Unschuld, fauler, unproduktiver Trägheit und gefährlicher, animalischer Zügellosigkeit changieren, können wir oftmals schamlosen Voyeurismus und ein Überlegenheitsgefühl ohne Selbstkritik greifen.

So liest man bei Geramb und Pückler, deren Bücher Herzog Max' Reiselektüre bildeten, von der Frechheit «muthwilliger» Indigener und von «Geschöpfen», die «ihre erniedrigende Lage nicht fühlten», weil sie «auf einer so niedrigen Stufe stehen, dass sie im Gegenteil froh sind, gekauft zu werden». Spix und Martius betonten explizit die moralische «Würde und Hoheit» der Europäer, die ihnen durch «die Herrlichkeit der Religion und ächte Wissenschaft» zukämen und sie «aus höherer Humanität» zu schützender Herrschaft über die Weltteile legitimierten. Denn in diesen agierten teilweise «Menschenfresser», die in «roher bacchantischer Begierde» lebten und ansonsten dem «lüderlichsten Nichtsthun ergeben» seien. Deshalb billigten die beiden auch dem «grausamen und die Menschenrechte verletzenden Institut» des «Sclavenhandels» eine Notwendigkeit zu; nur so sei «jener erniedrigten, in ihrem Lande selbst verwahrlosten Raçe die erste Schule für Menschenbildung» zu geben.[11] Wie tief verwurzelt dergleichen Vorstellungen waren, zeigt das Beispiel einer weiteren Reisenden aus der Wittelsbacher Familie. Die Tochter des Prinzregenten Luitpold, Prinzessin Therese, die in den 1870er bis 1890er Jahren Fahrten nach Afrika, Russland, in den Orient und nach Brasilien unternahm und die so zur respektierten Naturforscherin wurde, war zwar um Vieles zivilisationskritischer und empathischer im Umgang mit «den Fremden». Aber auch sie verbreitete das Bild angeblich primitiver Völker, denen die «europäische Kultur» fehle, oder ergründete Charaktere aus physiognomischen Klassifizierungen («niedriges Gesicht», «breite Nasenflügel», «affenartiges Gebaren»).[12]

In jedem Fall wirkten die Reisen und ihre Wertungen nach. Die Welt kam nach Bayern, das «Fremde» wurde in die «Heimat» gebracht und dort zur Schau gestellt – in den Reisebeschreibungen, Tagebüchern und Forschungsberichten mitsamt den zahlreichen Lithographien oder Stichen, vornehmlich aber in musealen Sammlungen, die massenhaft fremde Güter in die Heimatländer transportierten. Im Fall Herzog Max' war das sogar ganz leibhaftig zu verstehen. Der nahm nämlich auch seine Sklaven als «Reisesouvenirs» mit nach Bayern. Dort sorgten die fünf heidnischen «Mohrenknaben», wie sie zeitgenössisch genannt wurden, für erhebliches Aufsehen. Höhepunkt war die sogenannte «Mohrentaufe» am Karsamstag 1839 – ein Volksspektakel der endgültigen Einverleibung des Fremden. Der etwa 12-jährige Thinneh wurde auf den Namen seines herzoglichen Paten Maximilian getauft. Der ca. 15-jährige Badià Akafètè Dallè wurde nach seiner Patin Theodoline von Leuchtenberg zu Theodo, der 12-jährige Nubier Morgàn zu Alexander, die beiden anderen Knaben, Ghiàlo Djondan Arréh und Salim Kais Motekudù, zu Karl und Georg.

Thinneh/Max verschenkte der Herzog anschließend an den Herren von Schloss Burgellern bei Bamberg, dem Familiensitz seines Reisegefährten Friedrich Carl von Buseck. Dort arbeitete er als Gärtner, bis man ihm seinen Abschied gewährte und sich seine Spur verliert. Die übrigen vier erhielten vom Prinzenerzieher und Sprachforscher Karl Tutschek Unterricht. Zugleich dienten sie ihm als Untersuchungsobjekte und Lehrer ihrer Sprachen. Mit ihrer Hilfe war es dem Linguisten möglich, ein erstes Lexikon der Oromo- bzw. Galla-Sprache samt Grammatik zu verfassen (1844/45 posthum erschienen). Badià Akafètè Dallè/Theodo verstarb bereits im Mai 1841 nach kurzer Krankheit. Ghiàlo Djondan Arréh/Karl trat als Freiwilliger in die Bayerische Armee ein und diente später als Wachtmeister in einem Dillinger Chevaulegers-Regiment, wo er eines Tages verschwand, aber im Krieg 1870/71 plötzlich als Gefangener der Franzosen wieder auftauchte und als auffallender «schwarzer Spahi wie stolzer Fez- und Burnusträger mit echter Münchener Mundart» beschrieben wurde. Morgàn/Alexander blieb offenbar zeitlebens der treueste Diener des Herzogs. Eine zeitgenössische Karikatur von Franz von Pocci zeigt ihn, wie er seinem Gebieter als «tabakfreudigem, trinkfestem Schnell-Compositeur» eine Maß Bier reicht. Ein weiterer (sechster) Sklave namens Karl Abdallah wurde von Herzog Max in die Obhut des Grafen Hugo Philipp Waldbott von Bassenheim gegeben. Jener Karl Abdallah war es auch, der am ehesten erahnen lässt, wie es im Inneren der jungen Menschen aussah: Aus dem Jahr 1843 ist die Notiz überliefert, «der Herr Graf hat mir versprochen, mich wieder nach Aegypten zurückzuschicken, wenn ich erwachsen und gebildet bin und dann noch Lust habe. Ich träume oft von meiner Heimath, wer weiß, ob ich sie nicht einmal wiedersehe.»[13]

Herzog Max brachte von seiner Tour überdies eine umfängliche orientalische Sammlung mit. Sie wurde seit 1839 in Räumen des Klosters Banz untergebracht. Auch damit stand der Herzog in einer langen Tradition. Die Wittelsbacher waren durchweg passionierte Sammler, zu deren Portfolio auch die Einrichtung von Wunderkammern gehörte. Dabei ging es zunächst nicht um wissenschaftliche Systematik, sondern ums dilettierende Horten. Schon Pater Geramb hatte Anfang der 1830er Jahre notiert, «daß man, von einer Reise in Egypten zurückkehrend, sich nicht schicklich in Europa zeigen kann, ohne in der einen Hand eine Mumie und in der andern ein Krokodil zu haben». Ein entsprechendes Durcheinander ist auch die Sammlung in Banz: mit Kunstgegenständen, diversen Naturalia (inklusive den konservierten Krokodilen) und vielen Exotica bis hin zu einer «Mumie aus den Katakomben des libyschen Gebirges», dem Schädel eines Derwischs und zwei Schrumpfköpfen, darunter dem eines ägyptischen Kindes. Die Ausstellung dieser Form kolonialistischer Kulturaneignung ist bis in unsere Tage zu besichtigen, und das erscheint doch für sich bemerkenswert. Denn sie präsentiert eine Ansammlung von Kuriositäten rein aus der Warte des von seinen Absonderlichkeiten faszinierten weißen Sammlers – weithin unbeeindruckt vom aktuellen postkolonialen Diskurs und dem mittlerweile gewandelten, 2013 auch museologisch normierten Umgang mit menschlichen Überresten. Manchen gilt sie daher als «Bayerns peinlichste Schau».[14]

Völkerkunde, Völkerschauen, Kolonialismus

Im 19. Jahrhundert war eine solche Präsentation allerdings nichts Außergewöhnliches. Da genügt ein Blick auf die Völkerkundemuseen, die in vielen deutschen Städten gegründet wurden. Ihre Ausstellungen versuchten, Fremdheit in Objekten zu veranschaulichen, und erschlossen der Heimat die Welt in ähnlicher Weise wie das Banzer Kabinett. Obendrein waren sie Ergebnis naturforscherlicher Gelehrsamkeit und verbanden dies durchaus mit dem Ethos, weltumspannende Zusammenhänge zu dokumentieren und Verständnis füreinander zu wecken. Auch im Münchner Fall war das so. Dort formulierte der Japanforscher Philipp Franz von Siebold, als er 1835 König Ludwig I. vom Bau eines Völkerkundemuseums überzeugen wollte, der Zweck eines ethnographischen Museums sei die «Verbreitung der Kenntnisse von Ländern und Völkern im allgemeinen»; der Besucher solle sich mit der «fremden Außenseite» seiner Mitmenschen vertraut machen und auf diese Weise zu gerechteren Urteilen gelangen; so werde man im Menschen exotischer Länder Eigenschaften entdecken, «um deretwillen wir ihn höher achten müssen». Siebolds Anlauf scheiterte. Erst 1868 wurde die Münchner «Ethnographische Sammlung» gegründet und war im Galeriegebäude der Hofgartenarkaden untergebracht; 1912 wurde sie in «Ethnographisches Museum», 1917 dann in «Museum für Völkerkunde» umbenannt; 1926 zog es in den alten Bau des Bayerischen Nationalmuseums an der Maximilianstraße; seit 2014 heißt es «Museum Fünf Kontinente».[15]

Das Museum vereinte viele seit dem 16. Jahrhundert zusammengetragene Objekte aus Asien, Ozeanien, Afrika und Amerika. Einen Grundstock des Hauses bildete dabei die umfängliche Sammlung der erwähnten Martius und Spix, erbeutet auf ihrer dreijährigen Brasilienexpedition. Versehen mit einem expliziten Forschungsauftrag der Bayerischen Akademie der Wissenschaften sollten sie auf dieser Reise alles zusammentragen, «was über den Culturzustand und die Geschichte der Ureinwohner [...] Licht verbreiten könnte oder sich auf die Topographie und Geographie jenes so wenig bekannten Landes bezieht». Die beiden erfüllten ihre Aufgabe wahrlich. Sie brachten Abertausende Insekten, eine ganze Menagerie von Affen, Papageien und Schildkröten, «mehrere Hundert der seltensten Scelette» und mehr als 200 000 Pflanzenexemplare mit nach München und darüber hinaus zahlreiche Alltags- und Ritualgegenstände, die in besagte Ethnographische Sammlung eingingen, und (wie Herzog Max) auch einige menschliche Überreste. Weitergetragen wurde die Präsenz Brasiliens in Bayern obendrein in zahlreichen Publikationen, unter anderem einem monumentalen, dreibändigen Reisebericht der beiden Forscher sowie zwei reich bebilderten Großwerken zur Botanik.[16]

Die schon angesprochene Zweischneidigkeit wird auch in diesen völkerkundlichen Sammlungen deutlich: Wir haben Entdeckergeist, das Bestreben, das «Wissen über fremde Völker» zu vermehren und dadurch das Bild von den angeblich «primitiven Naturvölkern» zu differenzieren. Zugleich sind die Museen immer Spiegel ihrer Protagonisten und Zeiten, abhängig von deren Kategorien und Hierarchisierungen. Völkerkundemuseen waren «Wissensinstitutionen», die selbst die «regionalen Weltbeziehungen wesentlich formten» und soziale Wertungen vornahmen, «imaginierte Stammeseigenschaften» vermittelten und die Position des Eigenen in der Welt definierten. Heute gelten sie daher nicht zuletzt als «begehbare Schaufenster kolonialzeitlicher Aneignungspraktiken».[17]

Mit Kolonialismus und Kolonialbewegung seit den 1880er Jahren war der Handlungs- und Wahrnehmungsrahmen außerdem noch einmal neu vermessen worden. So erweiterten sich dadurch ganz praktisch die Erwerbsmöglichkeiten, sie ließen nicht wenige Völkerkundemuseen anschwellen «wie trächtige Flußpferde» (Leo Frobenius). Allerdings war gerade das Münchner Haus in dieser Hinsicht vergleichsweise zurückhaltend und stellte die Präsentation der deutschen Kolonien keineswegs ins Zentrum. Was sich aber auch für das Münchner Museum oder Bayern insgesamt veränderte, das war allgemein der öffentliche Resonanzraum für das Thema Kolonialismus.

Obwohl ein aktives kolonialpolitisches Engagement in Bayern eher kein Massenphänomen war, fand der kolonialistische Blick auf die Welt auch da Ausdrucks- und Plattformen. So hatten sich auch in Bayern über 70 Lokalorganisationen der «deutschen Kolonialgesellschaft» gegründet. Außerdem gab es vermehrt öffentliche Stimmen, die den eigenen Raum im kolonialen Sinn deuteten und etwa, wie der Nationalökonom Moritz Julius Bonn in einem Festvortrag anlässlich des 90. Geburtstags Prinzregent Luitpolds 1911, die Affinität zwischen Alpinismus und kolonialem Entdeckertum propagierten. Angesichts der «großzügigen Bergwelt» besitze gerade die bayerische Bevölkerung ein tieferes Verständnis für die «Lockungen der mächtigen Natur, [...] die koloniale Länder so verheißungsvoll gestaltet hat und [die sich] so schwer erobern lässt». Tatsächlich sahen einige ihre Aufgabe im kolonisierenden Siedlungswerk in Afrika. Ein Beispiel sind die Gebrüder Georg und Otto Weilhammer aus Rottach am Tegernsee, die es Anfang des 20. Jahrhunderts ins ostafrikanische Hochland verschlug und deren Eindrücke in die Heimat rückgespiegelt wurden (z. B. in Zeitungsberichten über «unsere Tegernsee'r in Uhehe»). Sie transportierten aber auch Bayern nach Afrika und erinnerten da ein weiteres Mal an Herzog Max, wenn sie in der Ferne Zither spielten und Tegernseer Jodler sangen. Zum Besuch des kolonialbegeisterten bayerischen Prinzen Leopold und wieder anlässlich des 90. Geburtstags von dessen Vater Luitpold wurde in Windhoek in «animiertester Stimmung» ein Volksfest mit Schuhplattlern «unter den Kameldornbäumen der Brauerei Schmidt» gegeben, gleichfalls mit entsprechender Berichterstattung zuhause. In Swakopmund wurde 1914 unter Patenschaft der Prinzessin Marie Gabriele, der Frau Kronprinz Rupprechts, und getragen vom Engagement des bayerischen Landesverbands des «Deutschen Frauenvereins vom Roten Kreuz für die Kolonien» das Prinzessin-Rupprecht-Heim eingeweiht. Es sollte Frauen, Kindern und Familien eine Erholungsstätte bieten, «die nach längerem Aufenthalt in der trockenen und dünnen Höhenluft des südwestafrikanischen Hochlandes Erholung an der See suchen». Andersherum waren die Kolonien in vielen bayerischen Städten gegenwärtig: in den Kolonialwarengeschäften, in der Namensgebung von Straßen, Plätzen oder ganzen «Kolonialvierteln» wie in München-Trudering oder in der Benennung von Gaststätten («Klein Kamerun» in Ochsenfurt oder «Gasthaus zur Kiautschau» in München), in Umzügen und Faschingsfeiern (etwa dem Bamberger «Kolonialkarneval» 1884/85 oder dem Augsburger Mottoball «Ein Tag in Kamerun» von 1908).[18]

Besonders spektakulär waren schließlich sogenannte «Völkerschauen», also Inszenierungen mit lebenden Menschen und exotischen Tieren in

Eingeborenenmodelldörfern, Zirkusdarstellungen oder «freak shows». Zwischen 1870 und 1940 zählte man in Deutschland mehr als 300 solcher Menschengruppen aus aller Welt, die an unterschiedlichen Standorten täglich bis zu 60 000 Besucher anlockten. Auf dem Münchner Oktoberfest gab es beispielsweise 1876 «Lappländer Polarmenschen», 1879 «Hagenbeck's Nubierkarawane» oder 1903 ein afrikanisches «Aschanti-Dorf» und im Jubiläumsjahr 1910 eine Völkerschau mit «Eingeborenen unserer Kolonie Samoa unter Führung des Häuptlings Fürst Tamasese». Dort konnten gegen Eintrittsgeld 26 Samoaner bestaunt werden, die in einem Dorf in tropischer Landschaft «lebten»; die Männer führten Tauchkünste und Ringkämpfe vor, die «Dorfjungfrauen» Tänze in Baströckchen, dazwischen wurden «auf glühenden Steinen» Schweine nach samoanischem Rezept gebraten. Ein Prospekt pries die «Völkertruppe» wegen der «schön gebauten Männer und Frauen und der allerliebsten Kleinen». Das Samoanerdorf war ein Publikumsrenner. Auch Prinzregent Luitpold und sein Sohn Ludwig kamen, ließen sich vom Fürsten Tamasese mit einer Königsmatte beschenken und die Tätowierungen erläutern. Seit 1901 war der wichtigste Organisator dieser Münchner Schauen Carl Gabriel, der obendrein im Münchner Zentrum ein «Internationales Handels-Panoptikum» mit ca. 2000 Schauobjekten und teilweise ebenfalls lebenden «Völkerracentruppen» betrieb. Seine Inszenierungen ließ er sich in der Regel von auswärtigen Unternehmern wie Carl Hagenbeck in Hamburg oder den Brüdern Marquardt zusammenstellen. Dort wurden die Gruppen gebucht und fanden sich nicht nur auf dem Oktoberfest, sondern auch im Münchner Volksgarten oder im Circus Krone, im Augsburger Schießgraben und auf vielen kleineren Jahrmärkten in der Provinz.

Auch solche Schauen besaßen immer mehrere Facetten. Sie dienten als Instrumente der Selbstdefinition durch Abgrenzung, nicht selten mit rassischem oder kolonialistischem Grundtenor und der Betonung klischeeartiger Unterschiede zu «den Wilden». Zugleich appellierten sie aber auch an die Anziehungskraft faszinierender Exotik und weckten Interesse am Fremdartigen. Nicht zuletzt waren sie Teil einer neuen Unterhaltungsindustrie, die jedes und alles verkaufte, zumal wenn es die Sensationsgier der Menschen befriedigte. Die Übergänge waren dabei verstörend fließend: Die ausgestellten «Samoaner» oder «Nubier» stan-

«Hagenbecks oberbayerische Karawane in Nubien» – ein ironisch-karikierender Kommentar zur zeitgenössischen Mode der «Völkerschauen», aus den «Fliegenden Blättern» von 1885

den, so erinnerte sich Oskar Maria Graf, in einer Reihe mit Abnormitäten wie der Frau ohne Unterleib, der hypnotisierenden «Miß Wahago» oder der «Pantherdame Usamba-Wamba», mit Fischverkauf und Ochsenbraterei. Allerdings ließ sich das auch kritisch-ironisch brechen: Eine Karikatur aus den «Fliegenden Blättern» von 1885 verkehrte mit «Hagenbecks oberbayerischer Karawane in Nubien» die Welt. In dem Bild waren es nun plötzlich die bayerischen Trachtler, Biertrinker und (ein weiteres Mal) die Zitherspieler, die eingesperrt waren und begafft wurden von Eintritt zahlenden «Schwarzen». Bildunterschrift: «Man führt uns in neuerer Zeit fremde Völker zum Studium vor. Müsste es nicht von ungemein bildendem Einfluß auf die Wilden sein, die civilisirten Völker in der gleichen Weise kennen zu lernen?»[19]

Beten für Tansania, Jodeln in Chicago: Missionare, Kaufleute und Weltausstellungen

Nicht nur Herzöge und Prinzessinnen, Forscher oder Kolonialisten überwanden Grenzen, begegneten Fremden, brachten Sammlungen und Eindrücke mit nach Hause. Es gibt weitere wichtige «Welt-Läufer», die unter den modernen Kommunikationsbedingungen zunehmend agiler und einflussreicher wurden.

Aufmerksamkeit verdienen in diesem Zusammenhang etwa die Missionare, katholische wie evangelische. Sie gehörten zu «der wahrscheinlich am besten vernetzten Berufsgruppe» überhaupt, bildeten einen wichtigen globalen «Transmissionsriemen, über den nicht nur Altötting nach Addis Abeba, sondern auch Addis Abeba nach Altötting kam und sich [...] dadurch beides nachhaltig veränderte». Ihre Missionsstationen rund um die Welt wurden markante «Umschlagplätze für Waren, Wissensbestände und wechselseitige Imaginationen über das Leben». Sie wirkten über ein weit ausgreifendes Missionsnetzwerk mit eigenen Zeitschriften oder Spenden- und Werbeaktionen bis hin zur Diashow tief in die Heimatgesellschaften hinein. Afrika oder Indien bzw. Gegenstände, Erzählungen, Bilder davon gelangten so auch in die abgelegensten ländlichen Gegenden und erfuhren dort vermehrte Resonanz.[20]

Für Bayern sind auf der evangelischen Seite am bedeutsamsten die Missionswerke in Neuendettelsau und Hersbruck (mit dem tonangebenden «Nürnberger Missions-Blatt»). Sie waren mit ihrem Engagement in Neuguinea und Ostafrika vermutlich am engsten mit der Kolonialbewegung verbunden bzw. wurden von dieser als «protestantische Missionsherde, von denen das Feuer [...] zuerst nach unseren Kolonien gebracht worden ist», vereinnahmt. Katholischerseits erscheinen vor allem die Missionsbenediktiner der Erzabtei St. Ottilien als aussagekräftiges Beispiel. Sie repräsentierten, seit 1887 mit dem regionalen Tätigkeitsschwerpunkt auf «Deutsch-Ostafrika» bzw. Tansania, «transnationale Sozialräume», schufen Verbindungen über weite Distanzen und brachten Exotik in die bayerische Provinz. Dazu gehörten auch mitunter irritierende Vermittlungspraktiken, etwa der – für heutige Ohren völlig indiskutabel klingende, aber den damaligen Zeitgeist recht bezeichnend spiegelnde – sogenannte «Nickneger», eine Art Spendenbox in Kirchen in Gestalt dunkelhäutiger Figuren, deren Kopf sich bewegte, wenn Geld für die Mission gespendet wurde. 1922 wurde in St. Ottilien das sogenannte «Afrika-Museum» eingerichtet. Es sollte «die Tätigkeit [...] der Missionare veranschaulichen [...], noch mehr Interesse für diese Aufgabe wecken» und ein Bild «vom Leben und Treiben der fremden Völker» vermitteln, wie es in zeitgenössischen Werbeschriften hieß. Die ethnographische Sammlung unterschied sich dabei nicht von den bereits beschriebenen, und das galt auch für vergleichbare Missionsmuseen, etwa dasjenige der niederbayerischen Benediktinerabtei Schweiklberg.[21]

Nicht zuletzt Kinder wurden von den diversen Missionsmedien angesprochen, zumeist mit einem feststehenden Duktus: Sie sollten über Patenschaften und Spenden beitragen, ihren Altersgenossen in der Fremde ein besseres Leben zu ermöglichen und die «kleinen Heidenkinder» zu bekehren, «auf dass ihre Fröhlichkeit in gottgefällige Bahnen gelenkt würde». So erinnert sich ironisierend Hermann Unterstöger, damals Klosterschüler in Schweiklberg, noch aus eigener Anschauung in den 1950er Jahren und fährt fort: «Meine missionarische Leistung bezifferte sich auf 21 DM, eine für mich aberwitzige Summe, die ich, in freier Anwendung des Prinzips ‹compelle intrare› [nötige (sie) einzutreten, BL], zum größten Teil bei den frömmeren meiner Tanten eintrieb. Mit diesem Geld kaufte ich am 24. Januar 1958 das nach mir benannte Heidenkind Hermann Josef, dessen Nachnamen ich nie erfuhr [...]. Dafür bekam ich ein Foto meines Täuflings. Es zeigt einen properen Buben in einer beigefarbenen gelben Hose, der vor einem Strauch steht und mir einen Teller mit allerlei Früchten des Landes entgegenhält. Er strahlt übers ganze Gesicht, und ich war mir seinerzeit sehr sicher, dass dies das Lachen eines Erlösten ist und dass er es mir verdankt.» Ähnliche Erzählungen und Wahrnehmungen finden sich in äußerst auflagenstarken Missionszeitschriften mit Titeln wie «Das Heidenkind», der «Heidenkindkalender» oder «Das Missionsglöcklein», alle erscheinend ab den ausgehenden 1880er Jahren. Initiiert werden sollten «Gefühlsgemeinschaften» in einer Mischung aus Nächstenliebe und Barmherzigkeit einerseits, christlicher Bekehrung und heldenhafter Zivilisierung durch Religion andererseits. Es gehe darum, so formulierte es Erzabt

Norbert Weber von St. Ottilien (1902–30), dass «reife Menschen» die «wilden, jugendlichen, kindlichen» Völker christianisieren und «zu höherer Gesittung führen». Und eine Münchner Missionsaktivistin beschrieb den Mechanismus der Kindermission mit einigermaßen befremdlichen Worten gar als Puppenspiel: Mädchen müssten sich fortwährend um ihre Puppen kümmern. «Könnten sie nicht auch ein kleines schwarzes Negerlein kleiden?»[22]

Sodann erschlossen natürlich Kaufleute die Welt. Sie brachten Kolonialwaren nach Bayern und präsentierten sie auf den Landesgewerbeausstellungen, zugleich fanden als typisch angesehene bayerische Produkte vermehrt europäische und überseeische Abnehmer. Die Ausfuhr bayerischer Brauereien, vor allem der Handel mit untergärigen Lagerbieren «Münchener Art», verzeichnete enorme Zuwachsraten. Allein die Löwenbrauerei produzierte rund ein Zehntel des gesamten Bierexports des Deutschen Reiches, war nach Beck und Pilsener die drittgrößte Exportmarke, weit vor Heineken oder Carlsberg. Dank besserer Kühltechniken und Transportmöglichkeiten wie gezielter Werbung gingen die Lieferungen bis nach New York, Buenos Aires und Jakarta. Bier und Biertempel wie das Hofbräuhaus wurden zum allzeit erkannten Markensymbol für Bayern und bayerische Lebensart, nicht selten in Kombination mit der maßkrughaltenden Bavaria-Figur als werbeträchtiger Landesmutterikone. Und das Oktoberfest, zunehmend professionell international vermarktet, war nicht nur ein Tourismusmotor zuhause; schon 1910 war die Rede von «weit mehr als einer Million frohgestimmter» Besucher, darunter «Hunderttausende von Fremden». Das Unternehmen wurde darüber hinaus zum Exportschlager außerhalb Bayerns und etwa in den USA oder Südamerika nachgestellt; 1910 fand im brasilianischen Porto Alegre ein eigenes Oktoberfest statt. Auch auf den Weltausstellungen inszenierte man das eigene Regionalimage bzw. das, was man als spezifisch dafür ansah. So transportierte die übernational tätige Münchner Galerie Wimmer mit ihrem Schwerpunkt auf Genrebildern von Franz von Defregger oder Felix Schlesinger 1867 in Paris vor allem das ländlich-alpine Bayernbild (inkl. Tirols). Auf der Weltausstellung 1893 in Chicago war im sogenannten «deutschen Dorf» eine bäuerliche oberbayerische Szene zu bestaunen. Sie wurde natürlich auch hier wieder begleitet vom Genuss bayerischer Biere und untermalt von den Aufführungen des Schlierseer Trachtenballetts, das davor bereits 1895/96 erfolgreich durch die USA getourt war und eine «Völkerschau aus Bayern» aufgeführt hatte, eine «schenkelklatschende Folklore» gleichfalls mit dem Fokus vornehmlich auf dem Alpenländischen. Im Jahr 1904 installierte man in St. Louis eine Anlage mit Dorfszenerie vor «tirolerischem» Gebirgshintergrund, montiert von der Baufirma Boswau & Knauer aus Drahtputz und Holz. Und auf der Brüsseler Weltausstellung von 1935 konnte man im «Löwenbräu»-Zelt hinter der Blaskappelle eine grandiose Mittenwald-Kulisse bewundern. Wie eklektizistisch diese Inszenierungen freilich insgesamt waren, zeigte sich 1893 am zentralen «Deutschen Haus». Es stellte in ungenierter Stilmischung ein Gebilde dar, das vor allem von der Rothenburger Fachwerk-Romantik inspiriert war und das dortige Rathaus nachahmte.

Im Laufe des 20. Jahrhunderts und zumal nach dem Zweiten Weltkrieg verstärkte sich dieser Trend zur Internationalisierung und Vernetzung der Unternehmen und Warenströme weiter und brachte neuartige Mischungsverhältnisse zwischen Globalem und Lokalem hervor. Dass diese Veränderungen auch Auswirkungen auf Repräsentationsformen des Bayerischen im Ausland hatten, zeigt die heftige Debatte um ein Revival eines «bayerischen Trachtenballetts». Als ein solches in den 1960er Jahren im Auftrag auswärtiger Kulturpolitik auf einer Asientournee unterwegs war, erhob sich lautstarke Kritik an den «folkloristischen Altertümeleien», und da nützte es auch nichts, dass die Tradition in einer modernisierten Aufmachung mit Pantomime und klassischem Ballett daherkam. Dennoch verfolgte man die Strategie mitunter weiter. Im Februar 1978 beispielsweise fand im Moskauer Sokolniki-Park die Ausstellung «Bayern – Land und Leute» als Begleitprogramm bilateraler Wirtschaftsförderung statt. Bei minus 18 Grad und Schneebergen rückten abermals Trachtengruppen in Lederhosen an, ließen im Dienst des bayerischen Gewerbes die Goaßln schnalzen und alpenländische Weisen erklingen – Motto: «Jodler werben für Bayerns Industrie»![23]

Graf in New York, Fernost in den Bergen: Auswanderer, Touristen, Künstler

Schon etwas angeklungen ist der Kontakt zwischen Auswanderern und Heimat. Er spielt nicht nur für die Kolonialzeit der 1880er Jahre eine Rolle. Schon davor gab es viele Emigranten, in manchen strukturschwachen Regionen wie der Pfalz, Teilen Frankens und Schwabens oder dem Bayerischen Wald sogar in erheblicher Zahl. Nach amtlicher Statistik wanderten zwischen 1835 und 1890 über 608 000 Menschen aus Bayern aus, über 250 000 allein aus der Pfalz. Es wurde errechnet, dass Bayern zwischen 1834 und 1871 gut 41 Prozent des Geburtenüberschusses durch Abwanderung verlor. Danach waren die Zahlen rückläufig; am höchsten lagen sie im Jahr 1883 mit mehr als 15 000 Überseeauswanderern, zur Mitte der 1890er Jahre pendelte sich die Zahl bei rund 2000 bis 3000 Überseeauswanderern pro Jahr ein. Insgesamt hat man also unterschiedliche Konjunkturen mit drei Höhepunkten in den Phasen 1846 bis 1857 (1,1 Mio. Emigranten aus Deutschland und über 140 000 aus Bayern), Ende der 1860er/Anfang der 1870er Jahre (mit etwas niedrigeren Zahlen) und in der Zeitspanne 1881 bis 1893 (1,8 Mio. Emigranten aus Deutschland und 170 000 aus Bayern).

Die Motive variierten ebenfalls. Weit überwiegend erfolgte die Auswanderung aus ökonomischen Gründen nach Missernten, mit dem Absterben der Heimindustrie oder während wirtschaftlicher Krisen. Zeitweise waren aber auch politische Rahmenbedingungen ausschlaggebend – etwa in Folge der Revolution von 1848 oder während des NS-Terrors in den 1930er Jahren. Hinzu kamen religiös-konfessionelle oder missionarische Motive, beispielsweise bei der vom «fränkischen Diakonissenvater» Wilhelm Löhe initiierten Gründung evangelischer Gemeinden in Wisconsin und Michigan oder der von Mettener Benediktinern gegründeten Erzabtei St. Vincent in Pennsylvania (beides in den 1840er Jahren).[24]

Rund 90 Prozent der Auslandsmigranten gingen nach Nordamerika. Nicht wenige davon spiegelten ihre Eindrücke nach Hause zurück, mitunter remigrierten sie auch. Für Bayern gibt es einige prominente Beispiele, an der Spitze Emerenz Meier, die 1906 aus dem ärmlichen Bayerischen Wald nach Chicago auswanderte und dort 1928 auch starb, sowie Oskar Maria Graf, der von den Nationalsozialisten ins Exil gezwungen wurde und sich 1938 in New York niederließ, wo er 1967 starb. Für beide blieb das Verhältnis zur «Heimat» angespannt, beide aber bezogen sich vielfach darauf und verbanden in gewisser Weise die Welten miteinander.

So findet sich an zahlreichen Stellen in Meiers Werk der Bayerische Wald als identitätsbildender Sehnsuchtsort; in ihm verberge sich als «Seele der Heimat» ein «holdes, unbegreiflich liebliches Elfenwesen, die Seele des Waldes». Symbolisch verkoppelte Meier diese Gefühle mit den Bildern ihrer neuen Heimat Chicago, oft als Traumgebilde, manchmal aber auch in Ergänzung oder als Vergleichsgröße und Gegenpol: etwa in dem Gedicht «Kurzsichtigkeit» mit der Gegenüberstellung von Tannenwald, Bergen und Lerchen hier, Schlachtbetrieben, Fabrikschloten und Flugzeugen dort. Überdies blieben ihre Verbindungen ins bayerische «Heimatland» in einer langjährigen Korrespondenz mit Hans Carossa, Auguste Unertl und anderen verknüpft. In diesen Briefen bildeten Erinnerungen an die «alte Waldheimat» um den Dreisessel mit «Tannenrauschen», «Moosboden», «Schwammerl» und dem Dialekt der Menschen den oft verklärend-sehnsüchtigen Grundtenor, der sich abwechselte mit den neuen Eindrücken aus Amerika.

Von Oskar Maria Graf ist ebenfalls bekannt, dass er im Exil ganz bewusst seinen bayerischen Habitus nicht ablegte, beharrlich seine Lederhose trug, in New York seit 1943 einen deutsch-bayerischen Stammtisch etablierte und die Bayernbezüge in seinem Werk wachhielt. Graf kehrte zwar nach 1945 gelegentlich wieder nach Bayern zurück, doch blieben Entfremdungen, Ängste und Irritationen. Wenn man so will, lebte er in einer Art Zwischenraum zwischen bayerischem «Lebensgestus», dauerhafter Exildiaspora und Distanz zur alten Heimat. Diese habe den Emigranten zumeist als vaterlandsverräterischen «Hitlerfrischler» mit dem Ruf von «zweifelhafter» Zuverlässigkeit betrachtet und für ihn eine Remigration ausgeschlossen, aber auch einen selbst ernannten «Schwebezustand des Provisorischen» bedeutet: «Vaterland gibt's gar keins und sogar ‹Heimat› ist recht was Relatives».[25]

Auch jenseits dieser Prominenz gab es durch briefliche Kontakte und Berichte Rückwirkungen in die verlassene Heimat, wurden Bilder, persönliche Eindrücke, nicht selten auch Stereotype vom Fremden aus der amerikanischen Ferne nach Bayern transportiert: von den langen Schiffspassagen, die erst die enormen Raumdistanzen greifbar machten; von ebenso faszinierenden wie beschwerlichen Landschaften, vom Rohstoffreichtum wie von Naturkatastrophen (wie dem Erdbeben in San Francisco von 1906); von den politischen Vorzügen wie Problemen der «freien Staatsform» in den USA; von den «Indianern», die man stets im Zaume zu halten habe, andernfalls könne jederzeit «die wilde Natur» erwachen; überhaupt von der Vielfalt der «Völker», etwa von «Amerikanern, Indianern, Mexicanern» und den «vielen Chinesen» in Kalifornien, die «doch komische, aber industriöse fleißige Burschen seien»; von unbekannten Religionen, wo man «Gottes oder Gözen Dienst» vermutete, der zuhause «die ganze Kürche voll ins Zuchthaus» bringen würde. Mit diesen Beschreibungen verwoben sich Klagen über «Heimweh», über Gefühle von Fremdheit und Kulturbrüchen. Dementsprechend groß war auch der Bedarf nach Kompensation der Sehnsüchte, wie sie sich in vielen örtlichen «Bayern-Vereinen» oder «Bayern-Abenden» mit Tracht und weiß-blauer Fahne, Blasmusik und Volkstanz in New York, Chicago, Cincinnati oder Philadelphia ausdrückten. Da entstand eine «bayerisch-amerikanische Subkultur», die sogar eine umgedichtete Bayern-Hymne hervorbrachte: «Überm Meer – in weiter Ferne liegt das schöne Bayernland / Wo wir froh als Kinder lebten, wo das Vaterhaus einst stand. / Ach, das Schicksal hieß uns wandern weit hinweg vom Heimatgau / Doch es zogen mit die Farben unseres Himmels – weiß und blau.»[26]

Nach 1945 dominierten dann weit mehr die Einwanderer nach Deutschland und Bayern das Bild und weniger die Auswanderer. Das begann mit Flucht und Vertreibung (und ihren epochalen raumprägenden Wirkungen), setzte sich zwischen Mitte der 1950er und Anfang der 1970er Jahre fort mit der Arbeitsmigration der sogenannten «Gastarbeiter» aus dem Mittelmeerraum und nahm schließlich mit den seit den 1990er Jahren fortlaufenden Gewaltmigrationen aus dem Balkanraum und anderen globalen Kriegs- und Krisengebieten noch weitere Dimensionen an. Auch solche Phänomene der Massenimmigration gab es zwar phasen- und regionsweise schon früher, etwa mit dem Zuzug von Hunderttausenden Polen in die westdeutschen Industriegebiete im ausgehenden 19. Jahrhundert. Aber erst mit den forcierten Migrationsbewegungen im Laufe der zweiten Hälfte des 20. Jahrhunderts wurde Bayern zum Einwanderungsland. Fast 20 Prozent der bayerischen Bevölkerung besaßen zu Anfang des 21. Jahrhunderts einen Migrationshintergrund aus einem nichtdeutschen Land. Das hatte und hat nicht nur Folgen für die gesellschaftlichen Grundlagen, es veränderte auch tiefgreifend und dauerhaft die Parameter der Raumvorstellungen, der räumlichen Selbstverortungen und den Zuschnitt der täglichen Lebenswelten.[27]

Die Emigranten Emerenz Meier und Oskar Maria Graf mochten eine spezifische Art von erzwungenem transnationalen Kulturkontakt repräsentieren. Darüber hinaus konnte für Künstler ganz generell gelten, dass sie in die Welt blickten, sich vom Fremden inspirieren ließen, Ideen über weite Räume hinweg bewegten. In recht spezieller Mischung traf das im Bereich der Bildenden Kunst wohl für die Gruppe «Blauer Reiter» zu. Wassili Kandinsky, Gabriele Münter, Franz Marc oder August Macke adaptierten in ihren Werken einerseits bewusst die lokale Volkskunst und nahmen ihr Künstlerdomizil im oberbayerischen Murnau. Auf der anderen Seite rezipierten sie afrikanische Kunst, machten sie zum Teil ihrer Bildsprache und damit in Bayern, Deutschland und Europa präsent. Franz Marc etwa blieb «erschüttert an den Schnitzereien der Kameruner hängen, die vielleicht nur noch von den erhabenen Werken der Inkas überboten werden». August Macke postulierte, «die Bronzegüsse von Benin in Westafrika, die Idole von den Osterinseln aus dem äußersten Stillen Ozean, der Häuptlingskragen aus Alaska und die Holzmaske aus Neukaledonien reden dieselbe starke Sprache wie die Schimären von Notre-Dame und der Grabstein im Frankfurter Dom».[28]

Unweit von Murnau findet sich noch eine weitere besonders eigentümliche Form, fremde Kunst und Kultur – jedenfalls das, was man dafür hielt – in Bayern zu vergegenwärtigen. Gemeint sind die imaginierten, aber eben auch architektonisch umgesetzten fremden Welten Ludwigs II. im Großkomplex um Schloss Linderhof, in dem der König inmitten der romantischen Berglandschaft des Graswangtals einen maurischen Kiosk und ein marokkanisches Haus errichten ließ. Jeweils eigens konstruiert für die Pariser Weltausstellungen von 1867 bzw. 1878, erwarb Ludwig die Gebäude, ließ sie in Einzelteilen nach Oberbayern kutschieren, dort wieder aufbauen und mit manchen Ergänzungen nach eigenem Gusto versehen: einem Pfauenthron, neuen Glasfenstern nach Vorlagen von Kairoer Moscheen und einem Rauchabzug in Form eines Minaretts. Es handelte sich also um mehrfach transponierte Kunst- und Traumgebilde, bei denen es in erster Linie um individuelle Raumerlebnisse des Monarchen ging. Der König war sein eigener «Regisseur, Schauspieler und Zuschauer», schlürfte dazu «Pyramidenbowle» und verzehrte «Datteltörtchen». Erst nach seinem Tod 1886 bekam diese Inszenierungen der Fremdartigkeit auch das gemeine Volk zu sehen. Dann aber wurden sie rasch zur touristischen Attraktion und Bestandteil des bereits skizzierten Wahrnehmungskomplexes um Neuschwanstein, Oberammergau und Bergeshöhen.[29]

Die Orientalismus-Mode, wie sie sich in Linderhof spiegelt, kann für sich auf eine längere Tradition zurückblicken; mit einem Beuteobjekt wie dem osmanischen «Zelt des Großwesirs» aus den sogenannten «Türkenkriegen» Max Emanuels reichen die Bezüge sogar bis ins ausgehende 17. Jahrhundert zurück. Dieses prächtig gestaltete Zelt wurde zusammen mit weiteren Beutestücken in den 1680er Jahren nach Bayern gebracht, diente dort der höfischen Inszenierung und erlebte seitdem eine eigendynamische Geschichte von Geschichtsprojektion und Erinnerungskultur. Vielfach wurde es prominent präsentiert und steht heute als ein Ausstellungshighlight im Bayerischen Armeemuseum Ingolstadt, wird dort aber auch in seiner verwickelten Rezeptionsgeschichte kritisch reflektiert.

In einer interessanten Wendung ist das Eigenleben der Orientalismusbilder auch noch einmal seit den 1960/70er Jahren greifbar. Da transportierte die Hippiekultur mit ihrer Sehnsucht nach esoterischer Inspiration stets auch Facetten einer «globalen Guru-Bewegung». Diesmal zwar nicht getrieben von royalen Herrschaftsphantasien, sondern von den Logiken der kapitalistischen Konsumgesellschaft, reichten die Netzwerke einer geschäftstüchtigen Industrie um Bhagwan und Yoga auch in die bayerische Provinz und führten vermeintlich «östlich-indisches» Gedankengut mit sich. Von den zahlreichen «Rajneesh Meditation Centers» war eines in Margaretenried bei München beheimatet. Zahlungskräftige bayerische Ich-Suchende konnten sich da in Therapiegruppen in fernöstlicher Gelassenheit üben und Tonkassetten oder Sannyas-Magazine mit Guru-Vorträgen kaufen. Wirkliche Raumtransfers waren das also wohl nicht, eher egomanische Selbstbespiegelungen. Räumlich noch näher an Ludwigs Graswangtaler Spielwiese lag ein anderes Refugium, geprägt vornehmlich von der Steiner'schen Anthroposophie, aber aufs Ganze in eine ähnliche Richtung esoterischer Sinnsuche weisend. Bernhard Müller-Elmau hat in einem berühmten Hotel inmitten des Werdenfelser Landes die «Kräfte aus der Stille», «transzendentale Meditation» und «das Gewahrsein unseres Selbst» gesucht und all das, ziemlich teuer, verkauft. Der Ort wurde 2015 und 2022 als Tagungshotel für zwei G7-Gipfel genutzt, gleichfalls auf der Suche nach Erleuchtung zwischen fernöstlicher Weisheit und bayerischer Bergschönheit.[30]

Weit über Linderhof und Elmau hinausgehend wird man, wenn von Kontaktschleusen zwischen «Heimat» und «Welt» die Rede ist, grundsätzlich auf den Tourismus verweisen müssen, der zeitgenössisch nicht zufällig Fremdenverkehr hieß. Das Phänomen klang bereits mehrfach an – mit den Besucherströmen ins «barocke Bayern», nach «Isar-Athen» und Rothenburg oder mit Riehls ethnologischen Studien, Ludwig Thomas Satiren oder Oskar Maria Grafs autobiographischen Werken, in denen plastisch von den Begegnungen der Einheimischen mit den «Gästen» gehandelt wurde. Aber die Wahrnehmungswege verliefen auch in die andere Richtung. Die ausländischen Touristen transportierten ihre Bilder von Bayern zurück in ihre jeweiligen Heimaten.

Manch prominenter Besucher verstärkte dabei die gängigen Reiseführer-Images von den «typischen» bayerischen Landschaften. Mark Twain etwa notierte während seiner Aufenthalte 1878/79 und Anfang der 1890er Jahre in München, Bad Tölz, Nürnberg und Bayreuth «Bavarian Gemütlichkeit and Lebkuchen», zeigte sich angetan von den Münchner Museen, Kirchen und dem Schäfflertanz und beschrieb überdies die «Phänomene der Pilgerschaft» nach Bayreuth. Edward Elgar, der immer wieder auf Sommerfrische in Garmisch weilte, verarbeitete seine Eindrücke der alpinen Gegend und des dortigen Menschenschlags musikalisch in den «Scenes from the Bavarian Highlands»; darin spiegelten sich altbayerische Folklore, Schnadahüpfl, Schuhplattler und Zwiefache. Und der amerikanische Schriftsteller Thomas Wolfe betonte in seinen Essays, Briefen und Tagebüchern, die auf mehrmaligen Deutschlandreisen zwischen 1926 und 1936 entstanden, gleichfalls die Bedeutung der bayerischen Alpenlandschaft, von barockem Passionsspiel, Schnitzkunst und bäuerlicher Gebirgsbevölkerung, der «mountaineers» mit ihren bunten Trachten; «the world that existed beyond their mountains had no real existence for them at all.»

An diese Bayernklischees lagerten sich jedoch auch andere Eindrücke an und führten mitunter in eigener Akzentuierung zu bemerkenswerten Kombinationen und Deutungen, abhängig von Reisezeitpunkt, kultureller Perspektive und Grundstimmung. Der Japaner Mori Ōgai etwa kam als 22-Jähriger zu medizinischen Studien auf dem Feld der Hygieneforschung nach Deutschland, lebte zuerst in Berlin, Leipzig und Dresden, von März 1887 bis April 1888 dann in München und Umgebung. Er pflegte Kontakt zu Kollegen, unter anderem zu Pettenkofer, zugleich beobachtete er Land und Leute. Auch bei ihm hören wir von den üblichen Streifzügen durch Kunstmünchen, von Ausflügen zu den oberbayerischen Seen, vom Besuch des Oktoberfests. Er profilierte sein Bayernbild allerdings durch interessante Vergleiche zur Heimat: Im Münchner Karneval meinte er einige «unserer Bon-Tänze aus alter Zeit» zu erkennen, und auf dem Oktoberfest erschien es ihm «wie früher bei uns auf dem Feuerwehrplatz in Kanda». Gleichzeitig wurde er immer wieder selbst als Exot bestaunt. Während eines Spaziergangs durch Nymphenburg, den er zusammen mit einem japanischen Freund und zwei Bettelkindern unternahm, riefen Passanten der Gruppe nach: «‹Vier Japaner, […] vier Zigeuner!› Sie konnten nicht zwischen den Zigeunern und uns Japanern unterscheiden.» Spezielle Erfahrungen resultierten zudem aus den Umständen der 1930er Jahre, in denen sich für die auswärtigen Besucher Regionaltypisches mit den Eindrücken des NS-Regimes vermischte. Samuel Beckett war während seiner Deutschlandfahrt 1936/37 ziemlich abgestoßen. Bayern blieb ihm vornehmlich als Teil mittelalterlich-romantischer Kultur in Erinnerung. Nicht das süddeutsche Barock-

Bayern stand für ihn im Zentrum, sondern der Besuch des Regensburger Schottenportals (dessen naturalistisch anmutende Modernität er anerkannte), des Bamberger Doms und des Dürer-Veit-Stoss-Nürnberg. Für Beckett war das meiste davon sentimental, «schmerzlicher Überfluss», «schrecklich zunftmäßiges und selbstgefällig eifersüchtig-eifriges Kunsthandwerk» – mit fließendem Übergang zum NS-Deutschland. Der junge John F. Kennedy, der auf einer Europareise ebenfalls 1937 München, Nürnberg, Garmisch und Oberammergau besuchte, lobte zwar ausdrücklich den Jesus-Darsteller der Passionsfestspiele und das Münchner Hofbräuhaus, aber auch seine Gesamteindrücke waren dominiert von der romantischen Welt Frankens (und des Rheinlandes), weniger negativ als bei Beckett, jedoch gleichfalls immer mit Querbezügen des «romantischen» deutschen Wesens zum «Faschismus». Auch Wolfe baute sein alpin konnotiertes Bayernbild bruchlos ein in seine Vorstellungen vom schaurig-romantischen Deutschland, von der «dunklen Verzauberung der deutschen Wälder, die mehr sind als nur Bäume». Außerdem hielt er dem Oktoberfest den ethnologischen Spiegel vor. Auf ihm sei nicht nur urtümliches bäuerliches Publikum im städtischen Umfeld zu bestaunen. Vielmehr werde vor allem ein «einziger gewaltiger Schlund» sichtbar und ein uniformierendes, animalisches Massenerlebnis, bei dem die Beteiligten mit zunehmendem Bierkonsum, Blasmusiklärm und dem Aufputschmittel des Bierzeltschunkelns «lost themselves and became a part of the great beast around them». Wie bei Beckett und Kennedy spielt da für die «Ethnografie der Barbarei» die NS-Erfahrung eine Rolle, bei Wolfe war es darüber hinaus noch ein ganz leibhaftig-persönliches Erlebnis: 1928 geriet er auf der «Wiesn» in eine Rauferei und wäre beinahe erschlagen worden.

Gerade der jüdische, 1913 in München geborene und 1935 nach Palästina emigrierte Religionsphilosoph Shalom Ben-Chorin, der an diesen Barbareien am meisten zu leiden hatte, eröffnete schließlich noch eine andere Sicht. Für ihn blieb der Raum nicht auf einen konkreten Ort beschränkt, er vermaß ihn vielmehr grundsätzlich transkulturell und überwand damit die stereotype Beschreibung von vermeintlichen lokalen Eigenheiten. Auf die Frage nach seiner Heimat antwortete er: das «Zweistromland» zwischen Isar und Jordan. «Aus diesem geographisch nicht zu begrenzenden Raum bin ich eigentlich nie ausgewandert. […] Isar und Jordan sind weit voneinander entfernt, doch sie münden in ein Herz. So seltsam spielen Geographie und Anthropologie ineinander.»[31]

2. Arge Alp, Bayerische Tapas und Grüne Bänder: Übergangsräume und Verflechtungszonen

Mit den persönlichen oder institutionellen Kontakten, Transfers und Beziehungen veränderten sich die Raumgefüge. Gleich ob Forschungs- oder Handlungsreisende, Missionare oder Künstler, Kolonisten oder Touristen – sie alle trugen dazu bei, Bayern mit der Welt zu verbinden. Nach 1945 haben sich diese Prozesse noch weiter dynamisiert, mit den enormen Migrationswellen, der steigenden Mobilität, den Wirkungen von Massentourismus wie Massenmedien, den wachsenden grenzüberschreitenden Handelsströmen oder der Europäisierung der Politik.

Das hat nachhaltige soziale Interdependenzen geschaffen. Internationale Einflüsse waren (und sind) zunehmend unmittelbar im regionalen oder lokalen Alltag zu greifen, bis hinein ins kleinstädtische oder dörfliche Leben. Die große Welt spiegelte sich mehr und mehr auch in der kleinen vor Ort, hat sie verändert und zu bemerkenswerten «glokalen» Mischungsverhältnissen auch dort geführt, wo vermeintlich enge, «heimatliche» Bezüge und Gefühle vorherrsch(t)en. Das Brüsseler Agrarrecht bestimmte die Handlungsbedingungen der bayerischen Bauern. Amerikanische «Besatzer», schlesische, ostpreußische oder sudetendeutsche «Flüchtlinge» und «Vertriebene», italienische, jugoslawische oder türkische «Gastarbeiter» und ihre Familien wurden Bestandteil der lokalen Lebens- und Arbeitswelt. Die veränderten Familien-, Vereins- oder Schulstrukturen prägten Siedlungs- und Ortsbilder neu oder wandelten das Gesicht von Stadtvierteln. Der amerikanische Way of Life drang ein in Freizeit und Konsum. Eine neue landsmannschaftliche, dialektale, religiöse oder kulturelle Herkunft brach althergebrachte Milieus und Gewohnheiten, ließ Moscheen neben Kirchen entstehen, veränderte die Moden, die Speisekarten und das Lebensmittelangebot. Das Gleiche galt für die Präsenz multinationaler Unternehmen, gleich ob ausländischer oder inländischer Wurzel – von MacDonald's bis Amazon, von Audi bis zum FC Bayern München; mit ihnen internationalisierten sich die Belegschaften und Märkte. Jugendaustauschprogramme, Städtepartnerschaften oder Weltkirchentage eröffneten Einblicke in andere Kulturen. Mittelständische Fabriken, wie das exemplarisch für das Waginger Käseunternehmen Bergader untersucht wurde, exportierten Produkte aus Bayern in die Welt und vermarkteten sie gleichermaßen als regionale Schöpfungen, verbunden mit bavaristischen Folklorebildern von Kühen und Bergen, wie englischsprachig als «Bavaria Blu». Mit dem FC Bayern München wurde, wie schon andernorts erwähnt, eine Regionalbezeichnung zum globalen Verkaufsschlager. Im hintersten Ruhpoldinger oder Inzeller Winkel trafen sich die internationalen Athleten zum Biathlon oder Eisschnelllauf, von den Touristenmassen aus allen Weltregionen ganz zu schweigen. «Wo ich lebe», sei früher Bayern gewesen, jetzt herrsche hier die Welt, so formuliert es Herbert Achternbusch in der Vorrede zu seinem surrealistischen Filmbuch «Die Olympiasiegerin».[32]

All das vollzog sich nicht konfliktlos, rief zeitweise politische Sondervertretungen wie Vertriebenenparteien auf den Plan und provozierte kontroverse Diskussionen um «Heimat», Herkunftsidentitäten, Asyl- und Arbeitsrecht, den Umgang mit «Ausländern» oder «Globalisierung», um Integration, Anpassung und Eigenständigkeit. Zeit- und milieuweise führte das zur Zunahme von Abgrenzung und Xenophobie, ließ Stereotype eher wachsen als verschwinden. Fritz Schäffer etwa hatte schon in der unmittelbaren Nachkriegszeit gegen die borussianische «Aufnordung» Bayerns polemisiert; italienische Gastarbeiter waren «Itaker», «Spaghettifresser» oder «Katzelmacher»; die rassistisch-fremdenfeindliche NPD zog 1966 für eine Legislaturperiode in den Bayerischen Landtag ein, später taten sich in dieser Weise «Die Republikaner» hervor, heute die AfD. Außerdem verliefen die Entwicklungen in lokal oder regional unterschiedlichen Tempi und Intensitäten, gab es manche Ungleichzeitigkeiten und Phasenverschiebungen, existierten immer auch Zonen der Abgeschiedenheit und eingeschränkter Kontakte. So hat Wilhelm Heinrich Riehl für das 19. Jahrhundert festgehalten, einige «schwäbische, bayerische und österreichische Bauern des

Alpenvorlandes» wüssten wenig von der Welt und die komme auch nicht zu ihnen; zumal in Orten ohne Eisenbahnanschluss herrsche «Totenstille und Verödung». Und Oskar Maria Graf erinnerte sich, «fremde Menschen» tauchten in seinem Dorf am Starnberger See lange Zeit nur «ganz selten auf». Aufs Ganze jedoch überwog die Veränderungsdynamik bei weitem und bezog eben gerade auch die scheinbar abgelegenen Gegenden ein, die Riehl oder Graf im Alpenland lange Zeit zu identifizieren meinten. Entstanden sind so kraftvolle Verflechtungszonen und Kommunikationsräume von ganz eigener Signatur und langfristiger Wirkung. Manche sprechen auch von «Transitionsräumen» oder «Third Spaces». In ihnen verschwanden Regionalität und Lokalität keineswegs, ebenso wenig die Mechanismen von ortsbezogener Selbstverständigung oder der «Stolz» auf die eigene «Heimat» – so wie in den weltweit exportierten Marken die erwähnten lokalen Bayernbilder zitiert und genutzt werden. Aber die Grenzen wurden fließender, die Sphären beeinflussten sich gegenseitig und das ehedem «Fremde» fand vermehrt Eingang in das vermeintlich «Eigene» – in der «realen» Präsenz von Menschen, Waren und Praktiken, in denen sich die interkulturellen Raumbezüge materialisieren, wie in der Kraft von Eindrücken und Erzählungen, Vorstellungen und Symbolen, in denen sie gespiegelt werden.[33]

Alpine Welt und europäische Flüsse: grenzüberschreitende Naturräume

Dergleichen Verflechtungszonen gab es auch in längerer, gleichsam unterschwelliger Tradition und dauerhafter, struktureller Dimensionierung – vornehmlich um sie soll es in diesem Kapitel gehen. Ein erstes Beispiel sind hier naturräumliche Zusammenhänge. Wir haben bisher die Alpen und Berge, die Wälder und Flüsse in erster Linie behandelt als Faktoren, regionale Eigenheit zu umschreiben und ein profitträchtiges Marketingprodukt des Bayerischen zu etablieren. Man kann die Geschichte aber auch anders erzählen. Im Mittelpunkt steht dann nicht das Merkmal der Bavarität einer Berg- oder Waldlandschaft und der Besitzerstolz seiner Bewohner. Vielmehr gehören die Naturräume gerade nicht einer (Partikular-)Nation, Region oder Stammesgruppe, sondern sind Musterfälle für grenzüberschreitende Räume, in denen jeder auf den anderen angewiesen und Bayern nur ein sehr kleiner Bestandteil eines viel größeren Ganzen ist.

Für den 180 000 Quadratkilometer großen Natur-, Kultur- und Sozialraum der Alpen von Savoyen bis Slowenien ist das besonders evident und wird entsprechend wissenschaftlich analysiert, gesellschaftspolitisch bewertet und teilweise auch in staatlich-institutionelle Strukturen gegossen. So betonen Ökologen, Klimatologen, Geologen, Ökonomen wie Kulturwissenschaftler und Historiker einhellig, die Alpenregion sei eine verwobene transnationale Landschaft. Alle verweisen auf den hohen Grad an ökologischen und ökonomischen Abhängigkeiten, die zahlreichen kulturellen oder sprachlichen Mischformen, die es unmöglich machten, in dem Raum ein «allein verbindliches Modell» einer Grenze zu definieren; «*die* Grenze» gebe es dabei nicht, man habe es mit größeren «Landschaftsräumen» oder «Korridoren» zu tun, mit «Übergangsräumen, wo *rue* und *rites de passages* zusammen fanden». Manche thematisieren in diesem Kontext sogar «ideologische» Facetten und mögliche Konstruktionsmerkmale eines übergreifenden «homo alpinus […] im kulturell-mentalen Sinn», freilich ohne die Homogenisierungen zu übertreiben und die Definitionsprobleme zu leugnen.[34]

Mit der Gründung der Internationalen Alpenschutzkommission Cipra im Jahr 1952 im bayerischen Rottach-Egern oder der 1972 erfolgten Etablierung der «Arge Alp» fanden die Zusammenhänge auch eine gewisse politische Institutionalisierung. Cipra verband rund 100 nichtstaatliche Organisationen aus allen Alpenanrainergebieten und verstand sich als übernationale Plattform, die für eine ökologisch und sozial nachhaltige Entwicklung der Alpen eintrat. Im Rahmen der 1991 unterzeichneten Alpenkonvention und ihrer Gremien besitzt sie einen offiziellen Beobachterstatus. Die Alpenkonvention ihrerseits ist ein völkerrechtlicher Vertrag der EU und der Alpenstaaten zur Koordinierung der Entwicklung des Alpenraums. Die Arge Alp ist etwas kleiner dimensioniert. Ihr gehören insgesamt zehn Länder, Provinzen oder Regionen an, darunter auch Bayern. Sie möchte vor allem das gemeinsame Verantwortungsgefühl für den sensiblen Lebensraum Alpen stärken und gilt als gutes Beispiel für die Kombination von Regionalismus unterhalb der Nationalstaatsebene und raumbezogener Kooperation im europäischen Kontext. Ergänzt wurden diese Instanzen noch durch eher projektbezogene ökonomische Partnerschaften zur Entwicklung von Verkehrs- und Energieinfrastruktur wie das «Internationale Brennerkomitee» (seit Anfang der 1950er Jahre) zum Bau der Brennerautobahn oder das Gremium «Interalp» (seit 1964) zur Förderung der transalpinen Öl- und Gas-Pipelines.[35]

Ähnliche Dimensionen von Zusammengehörigkeit und Abhängigkeit zeigen sich auch im Naturraum des bayerisch-böhmischen Mittelgebirges zwischen Fichtelgebirge und Passau. Auch das war ein vielschichtiger «Kreuzungsraum» mit zahlreichen Übergängen und gegenseitigen Befruchtungen, der die Menschen diesseits und jenseits der politischen Grenzen schon aufgrund der gemeinsamen Umweltbedingungen und Kulturlandschaften zumindest bis 1945 eng miteinander verband. Das galt zumal in den Teilregionen zwischen Waldsassener Stiftsland und Egerland und zwischen Šumava und Bayerischem Wald. Ähnlich wie man das für den «homo alpinus» versucht hat, wurden daher auch dem «Waldler» – gleich ob in Bayern oder Böhmen – grenzüberschreitend bestimmte, von dem rauhen Klima, den schlechten Böden, dem unwegsamen Wald und den langen Wintern geprägte Charaktereigenschaften zugeschrieben. Und ebenfalls vergleichbar mit dem Alpenraum kann man auch für das bayerisch-böhmische Mittelgebirge Beziehungsgeflechte von sehr langer Dauer identifizieren: die Handelstraditionen des Goldenen Steiges und der Goldenen Straße von und nach Prag/Budweis; den Austausch der Schmuggler, Wanderarbeiter, Glasmacher, Musikanten, Künstler noch weit vor den modernen Touristenströmen; den intensiven Transfer von Kultpraktiken, wie er sich in der gemeinsamen Marienverehrung ebenso zeigte wie in dem nach Westen und Osten blickenden «Doppelten Nepomuk» als Ausdruck böhmisch-oberpfälzischer Verbundenheit im sogenannten «Zwei-Herren-Land» um Schönsee; ferner manche gemeinsame Dialektmuster und Sprachkontakte im deutsch-böhmischen Siedlungsgebiet sowie Homogenitäten in der Entwicklung von Dorf-, Flur- und Hausformen oder der Gewerbestruktur (Holz, Glas, Handel).

Allerdings kann man an diesem Beispiel auch gut erkennen, dass Konvergenz und Verflechtung nicht automatisch eine wirklich homogene «Wahrnehmungs- und Identitätsregion» bedeutet und sich das entsprechend flächendeckend im kollektiven Raumgedächtnis verankert hätte. Zu sehr zerfiel das Gebiet in unterschiedliche Subregionen (Egerland, Stiftland, Oberpfälzer Wald, Böhmerwald/Šumava, Mühlviertel). Teilweise variierten in den Beschreibungen, Statistiken oder Kartenwerken des 18. oder 19. Jahrhunderts sogar die naturräumlichen Bezeichnungen, verstand man unter Bayerischem Wald in erster Linie den «Vorderen Wald» vom Regen bis zur Donau, während der «Bayerische» Wald den Böhmerwald meinte und dann «Hinterer» oder «Innerer (Bayerischer) Wald» hieß oder nochmals unterschieden wurde vom «Unteren Bayerischen Wald» nach Passau hin. Nicht zuletzt zeigte das Beziehungsgeflecht immer auch Brechungen und Phasen prekärer politischer Anspannung. Schon in der Frühen Neuzeit haben wir erhebliche dynastische oder konfessionelle Konkurrenzen. Unter den Auspizien des aggressiven «Volkstumskampfs» verschärften sich Konflikte spätestens seit den 1920er Jahren und radikalisierten sich endgültig unter dem Nationalsozialismus. Auch Kalter Krieg und «Eiserner Vorhang» nach 1945 schufen komplizierte Konstellationen. So wurde einerseits eine Grenze mit martialischen Sperranlagen errichtet, andererseits entstanden seit Ende der 1960er Jahre gewisse Durchlässigkeiten im kleinen Reise- und Warenverkehr oder in zarten Versuchen einer ökologischen Kooperation. Sie wurden nach 1989/90 auf der Ebene der bayerischen und tschechischen Nationalparkverwaltungen rasch institutionalisiert und konnten da wieder an die naturräumliche Grundtatsache anknüpfen, die der Nationalparkleiter Hans Bibelriether 1988 so formulierte: «Wer am Kamm des Böhmerwalds an der deutsch-tschechischen Grenze steht, erkennt keinen Unterschied im Wald oder Moor diesseits und jenseits. [...] Pflanzen und Tiere kennen keine von Menschen gezogenen Grenzen.»

Überhaupt finden sich nach 1989/90 auch in dieser Region Formen aktiver politischer Zusammenarbeit unter dem Schlagwort vom «Europa der Regionen». Mit der «Euregio Egrensis» wurde 1993 ein Verbund geschaffen, um durch infrastrukturelle Maßnahmen, kulturpolitische Projekte und gezieltes «Identitätsraummanagement» (z. B. Schüleraustausch, Ausstellungen, Tourismuswerbung) einen «binationalen Verflechtungsraum» zu schaffen. Ebenfalls ins Jahr 1993 datiert die Einrichtung der trinationalen Euregio «Bayerischer Wald-Šumava/Böhmerwald-Mühlviertel». 2012 kam dazu noch die Europaregion «Donau-Moldau». All das bot einen neuen Rahmen für Kooperationen bis hin zu Stilisierungen des Waldgebiets zum «Grünen Dach Europas» und zum Teil eines europaweiten ökologischen Großverbunds des «Grünen Bandes». Es bleibt indes die Frage, wie und wie weit solche hochmächtigen Aktivitäten «von oben» soziale Praktiken und Mentalitäten «unten» beeinfluss(t)en und im konkreten Alltag wirk(t)en.[36]

Schließlich müsste man, wenn von übergreifenden Naturräumen die Rede ist, auch noch auf die großen Flusssysteme verweisen. Auch sie gehörten nicht einer Region oder markierten einfach Grenzen, sie stellten vielmehr Kommunikationsadern dar, die Gebiete über weite Strecken verbanden. Am deutlichsten ist das bei der Donau, die eben nicht nur der «mütterliche Strom Staatsbayerns» (K. Bosl) war, sondern eine Verbindungslinie zwischen dem Westen und der Mitte Europas mit Südosteuropa bis hin zum Schwarzen Meer. Der Fluss mit seinen Subsystemen war Ausdruck gerade für translokale Abhängigkeiten, Umwelt- und Wirtschaftsbeziehungen. Er wurde daher in langer ideengeschichtlicher Tradition auch als «universaler» Fluss tituliert, als «Blaues Band», mit dem «fließend Grenzen» überwunden wurden. Die Donau galt als ein «europäischerer Fluss als der Rhein» (E. Hanisch) und als «Strom, der Mitteleuropa erzeugt und zusammenfasst» (C. Magris). Die viel beschriebene sogenannte «habsburgische Donaukultur» war Fundament eines multinationalen Vielvölkerstaats, ebenso wie die bereits erwähnten Ideen einer «Donauföderation» einen übernationalen, «mitteleuropäischen» Bezugsrahmen besaßen. Auch in der Kunst wurde das evoziert. So betonte Friedrich Hölderlin in seinem bekannten Gedicht «Am Quell der Donau», der «melodische Strom» stehe für die Verbindung Deutschlands mit dem Orient und Europas mit Asien. Und im berühmten Vierströmebrunnen Berninis auf der römischen Piazza Navona erscheint die Donau als skulpturale Personifikation Europas, freilich nicht als Frau, sondern als herkulisch wirkender Mann.[37]

«Böfflamott» – Sprache, Essen, Kultur und Wirtschaft jenseits von Grenzen

Wie Naturräume (und oft in Konnex damit), so können auch Kulturräume Grenzen überschreiten und Verflechtungen eigener Art verbürgen, die sich nicht an politische Schlagbäume oder Zäune halten. Das beginnt bei Sprachformen, Dialekten oder Speisegewohnheiten und endet in der Konstruktion größerer transregionaler Geschichtsregionen und Kulturlandschaften, von denen teilweise bereits die Rede war. Als «ethnisch-sprachlich-historischen grenzüberschreitenden Regionalismus» bezeichnete der Politische Philosoph Hermann Lübbe dergleichen Phänomene.[38]

Zwar können Sprache und Dialekt fraglos Mittel regionaler oder lokaler Identifikation sein, aber sie halten sich nie an enge administrativ-politische Grenzen. So haben wir sprachgeschichtlich beispielsweise zahlreiche Mischformen und Wechselwirkungen am Lechrain als «sprachlicher Saumlandschaft zwischen den süddeutschen Großmundarten Bairisch und Schwäbisch-Alemannisch». Ähnliches finden wir im Übergangsraum zwischen dem Bairischen und Böhmischen/Tschechischen mit deutschen Dialekten in Tschechien wie mit Lehnwörtern aus dem Slawischen im bairischen oder fränkischen Sprachgebrauch; vor allem die sogenannten «Altstraßen» wie der «Goldene Steig» wirkten dabei als Austauschkorridore. Über weitere Distanzen hinweg könnte man außerdem an die Einflüsse des Französischen im Bairischen denken, von Trottoir und Chaiselongue bis zu Boeuf à la Mode (oder bajuwarisiert: «Böfflamott») und Rouladen, teilweise auch an die Übernahmen aus dem Jiddischen, Italienischen oder Slowakischen.[39]

Auch «Essensräume» und Speisegewohnheiten gelten als Ausweis von «Heimatlichkeit» und «Regionalität», mitunter werden damit sogar dezidiert nationale Selbst- und Fremdbilder verhandelt; man denke nur an «Italiens Pasta-Chauvinismus», an die mythologisierte französische Haute Cuisine oder an despektierliche Zuschreibungen wie «Spaghetti-/Froschschenkel-Fresser» oder «Krauts». Zugleich besitzen Essen, Kochen und Geschmack aber ebenfalls immer grenzüberschreitende Dimensionen. Das gilt exemplarisch abermals für die vielen Mischungen in der bayerisch-böhmischen bzw. -österreichischen Küche mit Mehlspeisen, Innereien, Knödel, Bier und Begriffsübernahmen wie Powidl für Pflaumenmus oder Kren/Křen für Meerrettich. Manche sprechen von einem «bayerisch-österreichischen Block» ausgeprägter «Milch-Mehl-Kost» (im Gegensatz zur norddeutschen «Fleisch-Gemüse-Kost») und stellen die These auf, dass dadurch nach 1945 den Sudetendeutschen das Ankommen in Bayern erleichtert worden sei. Vergleichbare Verbindungen können wir in der alpinen Küche zwischen Bayern, Tirol/Südtirol und Norditalien feststellen – hier lautet das zeitgeistige Stichwort: «Alpenkulinarik». Hinzu kommen auch auf diesem Feld Transfers über weitere Räume hinweg. Die gab es mit Pfeffer, Kartoffeln und Gewürzen natürlich schon länger, aber im 19. und 20. Jahrhundert wurden die Zusammenhänge enger. Sie brachten mit kolonialen Kontakten und Massenmigrationen, der Anwerbung von «Gastarbeitern» und den vermehrten Urlaubsreisen zuerst diverse «Kolonialwaren», dann Pizza, Pasta und Gelato, schließlich «das Gyros», «den Döner» oder «die Tapas» nach Bayern, etablierten Facetten einer sogenannten «Gastarbeiterküche», teilweise auch einer ostdeutschen «Vertriebenen»-Küche. In jedem Fall führten sie zu einer «Internationalisierung» der westdeutschen Esskultur. Gelateria, Pizzeria, Balkan-Grill und griechische Taverne wurden zu einem alltagsrelevanten transnationalen Begegnungs- und Imaginationsraum mit sozialem Austausch und «ethnic performances» gleichermaßen. Bayern, zumal die größeren Städte, hatte daran vor allem mit Blick auf die italienische und die «Balkan»-Küche großen und frühen Anteil. In Würzburg wurde 1952 die wohl erste Pizzeria in Deutschland eröffnet, das «Sabbie di Capri», deren Padrone zunächst vor allem amerikanische GIs bewirtete (teilweise auch mit bemerkenswerten übernationalen Mischformen, etwa «Spaghetti with meatballs»). In den 1980er Jahren lag der Anteil von Restaurants in ausländischer Hand in München bei etwa 25 Prozent, in Nürnberg sogar bei annähernd 50 Prozent, wiederum ein Drittel davon von Italienern geführt. Schon in den 1960er Jahren hatte München damit doppelt so viele italienische Restaurants wie Berlin. Daneben verfügte es über ein besonders großes Angebot jugoslawischer Lokale, in denen man mit Djuveć-Reis und Ćevapčići die Erinnerung an Urlauberabende wachhielt. Seit den 1970er/80er Jahren konnte man das auch in unzähligen «Zorbas» und «Poseidons» tun.[40]

Ein guter Indikator für die Wandlungen der Koch- und Ernährungsmoden sind außerdem Kochbücher. Das «Kochbuch der Donauschwaben» von Magda Waigand verbreitete zu Beginn der 1960er Jahre alte Hausmannsrezepte der Donauschwaben in Bayern und transportierte damit auch Sehnsüchte nach der verlorenen Heimat. 1955 erschien als erstes italienisches Kochbuch Hans Debeljaks «Italienische Küche» mit Pizza- und Pastarezepten; es wurde auch in Bayern viel nachgefragt, wobei die «Pizza Napoli» zunächst noch vorsichtig «Napoletanisches Törtchen» hieß. Selbst ins seit 1909 (in bislang 56 Auflagen) erscheinende kanonische «Bayerische Kochbuch» drangen Neuerungen. Ursprünglich wurde es als Lehrkochbuch von der Wirtschaftlichen Frauenschule in Miesbach begründet und trug einen weithin regionalen Charakter, geprägt von Rezepten der ländlich-oberbayerischen, dann bürgerlich-süddeutschen Küche. Seit den beginnenden 1930er Jahren versuchte man den provinziellen Touch etwas einzufangen. Es finden sich erstmals Gerichte wie Italienische Leber, Spaghetti oder Porridge. Allzu fremd sollte das damals aber auch noch nicht klingen, daher schrieb man «Spaghettifeingericht» bzw. «Haferflocken englische Art». Die NS-«Ernährungsschlacht» unterbrach den sanften Trend; in der Auflage von 1938 ging es wieder mehr darum, deutsche Haushalte auf deutsche Kost aus deutschem Boden zu verpflichten. Aber spätestens mit den Auflagen von 1958 und 1971 hielt die Wirtschaftswunder-Tourismuswelt Einzug, mit Curryreis, Gin-Fizz und Toast Hawaii, Irish Stew, Pizza Napoli und Tomaten-Chutney; auch das «Spaghettifeingericht» nannte sich nun «Spaghetti Pasta asciutta». Gleichzeitig tauchten neue regionsuntypische Bezeichnungen auf, hochdeutsche «-chen»-Diminutivsuffixe wie Hörnchen oder Brötchen. Erst mit der 55. Auflage von 1998 kam übrigens die Bayerische Creme ins Kochbuch. Anders als der Name suggeriert, stammt das Dessert nämlich aus der französischen Küche, als «Crème Bavaroise» angeblich erfunden am französischen Hof. Die Adaptionsvorgänge waren also mitunter verwickelt, aber durchgehend kam es zu gegenseitigen Befruchtungen mit bemerkenswerten kulinarischen Weiterungen der bayerischen Kochkünste. Manchmal resultierten daraus interessante Küchen- und Geschmacksfusionen von Bayerischen Tapas über Weißwurst-Carpaccio bis zum Blaukraut-Kimchi. Stets jedoch waren es Prozesse der moderierten Anverwandlung des «fremden Essens». Entsprechend hybrid und heterogen waren die Ergebnisse, vielfach modifiziert etwa durch Veränderung der Zutaten, Gewürze und Kochvorgänge, transformiert von den Phantasien der Urlauber, die nur «in gewissen Abständen ihre Erinnerungen über den Magen» betanken (O. Marquard), letztlich aber nicht ganz auf die Sicherheit der gewohnten Geschmäcker verzichten wollten. So wie Pizza und Chicken Masala in München oder Schweinfurt doch ganz anders schmecken als in Neapel oder Mumbai.[41]

Transregionale/-nationale Raumverflechtungen können sich schließlich auch in noch umfassenderen historisch-kulturellen Geistes-Landschaften zeigen, so diese entsprechend aktiviert und akzentuiert wurden. Wir haben öfter schon vom «barocken Bayern» gesprochen, das zur besonders wirksamen Selbstvergewisserung und Eigenwerbung des Regionalen gehörte. Mindestens ebenso stark allerdings verortete sich Bayern damit in einem viel größeren internationalen Kontext: demjenigen des romanisch-katholischen europäischen Kunst- und Kulturraums, der neben Süddeutschland vor allem Spanien, Italien, Frankreich und die Habsburger Territorien umfasste. Als weit ausladende «geistige Physiognomie» wurde das bei Spindler und Hubensteiner beschrieben und zum polyglotten, anti-nationalistischen, europäischen Fundament des Wittelsbacher Kulturstaats erklärt. Das war sicher eine glättende geschichtspolitische Interpretation, war doch «der Barock» keineswegs überall und allzeit ein positiv besetzter Verflechtungsbegriff. Die Aufklärer sahen das anders, aber auch den protestantischen Böhmen war der Barock nach 1620 zunächst ein hegemonialer, gegenreformatorischer, «fremder, ja feindlicher Stil». Dennoch besaß die «positiv-europäische» Lesart eine reale geistes-, alltags- und wirtschaftsgeschichtliche Basis. Da genügen Hinweise auf die Netzwerke von Bauleuten, Architekten, Stukkateuren und Malern zwischen Bayern, Böhmen, Oberitalien und dem Tessin oder auf die strukturelle Bedeutung der großen Kirchen-, Kloster- oder Residenzbauprojekte.[42]

Es gab weitere «Geschichts- und Geisteslandschaften», mit denen sich überregionale Transfers ausdrücken ließen. Man könnte etwa an den Philhellenismus denken, wie er sich mit der Walhalla im größeren Kunst-Natur-Raum zwischen Vorwald und Donau oder im urbanen Münchner Kontext im 19. Jahrhundert materialisierte. Wie beim «barocken Bayern» verbanden sich auch da Projektionen einer internationalen Zusammengehörigkeit, aktive bayerische Geschichtspolitik und regionales Marketing. Selbst das Konzept der «Stämme», das ja vornehmlich ein Vehikel zur Binnenintegration Bayerns war, bot die Möglichkeit zur Konstruktion von «Außen»-Verflechtungen, oder besser: zu einer Art retrospektivem kulturellen Kolonialismus. Durch die «geschichtliche Angliederung der Pfälzer, Franken und Schwaben» sei nicht nur die Weltläufigkeit der Bayern gesteigert worden, so Karl Schottenloher. Sie habe auch den «kulturellen Besitz Bayerns an Kulturgütern unendlich bereichert und [...] die Geschichte des Landes nach rückwärts gewaltig erweitert. So dürfen wir [...] ohne Bedenken einen Albrecht Dürer oder einen Hans Holbein als zum jetzigen Besitz Bayerns gehörig hereinnehmen, so wie wir auch die stolze Geschichte Nürnbergs oder Augsburgs mit der bayerischen Geschichte verbinden dürfen.» Dadurch sei die Anbindung Bayerns an die Weltgeschichte verstärkt worden.[43]

Einen letzten räumlichen Verflechtungstypus repräsentieren größere Wirtschaftslandschaften (so man sie nicht als Variable der kulturellen Zusammenhänge begreift). Damit sind zunächst Regionen gemeint, deren Ökonomie durch einen bestimmten Branchen-, Boden- und Rohstofftypus oder durch eine historisch gewachsene Industrie- und Handelskultur geprägt und zusammengebunden wird: also etwa durch eine spezifische Form der Land- oder Forstwirtschaft (Weidewirtschaft, Ackerbauzonen, Weinland) oder den Charakter eines speziellen Gewerbes (Montan-, Kohle-, Textilrevier, Glas- und Porzellanindustrie, Fremdenverkehr) oder durch etablierte wechselseitige Handels- und Konsumbeziehungen (Salzhandelswege). Der Begriff besagt aber zugleich, dass die entscheidenden Definitionskriterien für räumliche Zusammengehörigkeit nicht solche staatlich-administrativer Art sind. Vielmehr handelt es sich um vernetzte ökonomische Raumstrukturen, die staatliche Grenzen überwölben oder komplementär dazu funktionieren.

So gab es in Bayern seit dem 19. Jahrhundert vielfältige Formen der Binnenarbeitsmigration, die ländliche Zonen auch jenseits der Staatsgrenzen mit industriell-gewerblich-urbanen Zentren verknüpften. Die Textilindustrieregion des Vogtlandes verklammerte bis 1945 das östliche Oberfranken eng mit dem südwestlichen Sachsen, dem südlichen Thüringen und dem nordwestlichen Böhmen, die Glasindustrie den Bayerischen Wald mit Böhmen. Nordbayern und Nürnberg waren ökonomisch verflochten mit Mitteldeutschland und beispielweise der Messestadt Leipzig. Die dynamische Gewerberegion des Rhein-Main-Gebiets um Frankfurt und Ludwigshafen bezog durchgehend die Betriebe im Raum Aschaffenburg mit ein, und dieser Trend verstärkte sich noch, als mit der Neuausrichtung der Verkehrsinfrastruktur nach 1945 die bayerische Blickachse nach Westen weiter an Bedeutung gewann. Die Oberpfalz galt von alters her als prädestiniertes «Paßland, das […] durch wichtige West-Ost- bzw. Ostwesttrassen zwischen Nürnberg und Prag sowohl in das Donausystem wie in das (ost)mitteleuropäische Verkehrsnetz eingegliedert war». Und auch für den bereits umrissenen alpinen Raum gab es neben den natürlichen stets markante ökonomische Verbindungen.[44]

Vom «Eisernen Vorhang» zum «Grünen Band» – Grenzwandlungen

Nimmt man all diese – natürlichen, kulturellen und ökonomischen – Facetten von Verflechtungs- und Kontakträumen zusammen, muss man sicher auf einer grundsätzlichen Ebene auch Begriff und Vorstellungen von «Grenzen» differenzierter behandeln: nicht immer als starre, ideologisierte und politisierte Trennlinien, sondern weit mehr als fluide und vielfach verwobene «Borderlands», als Grenz*zonen* und größere Bewusstseinskomplexe jenseits der territorialpolitischen Distinktion, als Markierungen von zumindest partieller Flüchtigkeit und Dehnbarkeit innerhalb umfassenderer Austauschgebiete. Schon Jacob Grimm hatte in diesem Sinn 1843 vor der Preußischen Akademie der Wissenschaften darauf hingewiesen, «die grenze […] müsse nicht bloss als trennendes, sondern zugleich als einigendes princip behandelt werden, aus welchem neben der nothwendigen scheide ein band der nachbarschaft und gemeinschaft sich entfaltete [...].»

Neuere «Borderland-Studies» sprechen analytischer von Orten dauerhafter Interaktion zumal angesichts moderner Migration, Mobilität und zerfallender Imperien im 19. und 20. Jahrhundert, von «spaces-in-between, where identities are often malleable». Es handele sich meistens um multiethnische, multisprachliche Zonen mit je starken «Minoritäten», vielen verwandtschaftlichen Beziehungen, situationsabhängigen politischen Loyalitäten und übergreifenden kulturellen Traditionen. Gerade wegen ihrer Uneindeutigkeiten dienten sie den nationalistischen oder partikularistischen Propagandisten, gleich ob in der Politik oder in Denkmalsvereinen, als bevorzugte Ziele für ideologische Grenzziehungen und die Verengung auf bestimmte Zugehörigkeiten. Es bedurfte also erst gezielter ideologischer Vereinnahmung und eines bewussten «Frontier Activism», um den Übergangsräumen harte Grenzen einzuziehen – einem Automatismus oder einer «natürlichen» Notwendigkeit entsprang das nicht. Die Natur allein und von sich aus machte keine Grenzen, auch wenn sich diese an den Verlauf von Bergen oder Flüssen knüpfen mochten. Auch die bayerische Konstitution von 1808 übrigens verfuhr entsprechend, indem von der Einteilung des neuen Staates «in möglichst gleiche Kreise und, so viel thunlich, nach *natürlichen Grenzen*» die Rede ist.[45]

Wohl an keinem anderen Ort sind diese Zusammenhänge besser zu erfassen als an der 775 Kilometer langen bayerischen Grenze «zum Osten», nach Böhmen, Sachsen und Thüringen hin. Dort bündeln sich die Ambivalenzen, zeigen sich aber auch unvorhersehbare Kontingenzen. Aus einem vitalen Übergangsraum mit engen Wirtschafts-, Kultur- und Alltagsbeziehungen und teilweise sogar Aspekten wirtschaftsräumlicher Zentralität wurde im Kalten Krieg ein abgelegenes, strukturschwaches «Zonenrandgebiet» mit lebensgefährlichen Grenzbefestigungen. Auch wenn es selbst da noch Übergänge und «semipermeable» Durchlässigkeiten gab, so wurde sie für die meisten doch «der Eiserne Vorhang [...] am Ende der Welt» (R. Heigl). Zugleich jedoch entstand dort – erst unterschwellig, dann ab 1989/90 sichtbar – ein «Grünes Band», ein übergreifender Naturraum quer durch Europa.

Nach Öffnung des «Vorhangs» wurden räumliche Verbindungen revitalisiert und neue politische, ökonomische, soziale, touristische, ökologische Kooperationsmöglichkeiten geschaffen. Außerdem veränderten sich die qualitativen Zuschreibungen an den Raum und die «Grenze»: sie wurden noch komplexer und facettenreicher.[46]

Denn einerseits lebten auch nach 1990 überkommene Vorstellungen von der Grenze und deren Artefakte fort. Der «spezifische Kommunikationsraum» und die «zentrale Symbolkraft des metaphorischen ‹Eisernen Vorhangs› als Frontlinie des Kalten Krieges blieben virulent und manifestierten sich etwa in Gedenkstätten oder Museen. Die längerfristigen «Entfremdungen» und die «Last der Erinnerung» waren weiter greifbar. Oder besser: Sie wurden gezielt wachgehalten, etwa in der Erinnerungskultur der Vertriebenenverbände oder in der Inszenierung mancher, oft religiös konnotierter Gedenkorte im bayerisch-tschechischen Grenzraum (Kapellen, Holzkreuze, Schreine). Es gab weiterhin die Herausforderung, die strukturschwachen Gebiete zu fördern. Mit der Rede von der Ostmarkstraße, der Existenz einer Ostmarktankstelle, dem in den Sammlungsprofilen mittelbaren Weiterwirken von Ostmarkmuseen hielten sich Spurenelemente der Ostmarkidee. Vielfach war weiterhin ein spezielles «Grenzlandbewusstsein» vorhanden, das als spezifische «Identitätskonstruktion im Zeichen des Ost-West-Konflikts» sogar eine «eigensinnige» mentalitätsgeschichtliche Klammer diesseits und jenseits der Grenze bilden mochte. In Bayern jedenfalls wurden noch in den 1960er Jahren eine «Miss Grenzland» gekürt, eine florierende «Grenzlandbar» betrieben und die 1936 begonnenen «Grenzlandfeste» der Stadt Zwiesel sowohl nach 1945 wie nach 1990 ziemlich bruchlos fortgefeiert. Ähnliche Beharrungskraft besaßen die heimatpflegerischen «Nordgautage» mitsamt der Erinnerung an «Vertreibung» wie an grenzüberschreitende Gemeinsamkeiten von Oberpfalz und böhmischem Egerland. In historischen Festspielen wie dem «Further Drachenstich», dem «Trenck der Pandur» in Waldmünchen und dem «Hussenkrieg» in Neunburg vorm Wald arbeitete man sich ebenfalls an der Grenze und den historischen Auseinandersetzungen mit den «Anderen» aus dem vermeintlich gefährlichen Osten ab – den Hussiten, den ungarischen Panduren oder dem symbolischen «Drachen aus Böhmen».

Oft spiegelte man damit nur das Grenzlandbewusstsein und die Ängste des Kalten Krieges zurück in die Zeit der Hussitenkriege der 1430er Jahre (Furth, Neunburg) oder des Österreichischen Erbfolgekriegs der 1740er Jahre (Waldmünchen). Am prominentesten tat das sicher der «Further Drachenstich». Dessen Tradition geht (im Kontext der Fronleichnamsprozession) zwar bis ins 16. Jahrhundert zurück. Aber seine charakteristische Ausprägung als Volksschauspiel fand er erst mit den Drehbüchern zu Anfang der 1920er Jahre und aus dem Jahr 1951, jeweils ganz im Zeichen der tschechischen Gefahr nach dem Ersten bzw. der Belastungen des «Eisernen Vorhangs» nach dem Zweiten Weltkrieg: «Grenze, Herr Kardinal, / Armut, Herr Kardinal, / der Boden ist gut für den Drachen!» – so lautet eine Schlüsselstelle des Festspiels. Nicht zuletzt kann man auch das apostrophierte «Grüne Band» selbst als Langzeitfolge eines Grenzregimes bezeichnen. Es markiert dessen europaweiten «ökologischen Fußabdruck».[47]

Allerdings zeigt das «Grüne Band» mindestens ebenso deutlich die neuen, 1989/90 geänderten Optionen der Aneignung von Raum und Grenze, eröffnete es Wege, wieder an alte Verflochtenheiten anzuknüpfen und diese neu zu akzentuieren. Im Niemandsland zwischen den Blockfronten hatte sich ein breiter Streifen von Finnland bis zur Adria herausgebildet, in dem in einem eigentümlichen «Paradox […] die hochgerüstete und lebensbedrohliche Grenze eine friedliche Koexistenz mit der natürlichen Umwelt einging und empfindliche Ökosysteme gerade dadurch schützte, dass sie ihre zivile Nutzung und Entwicklung behinderte». Dort wurde Natur zugleich zerstört (durch Rodungen, Grenzbefestigungen und das Ausbringen von Herbiziden, um freie Sicht zu garantieren) *und* geschaffen (indem man sie im wachsenden «Todesstreifen» der ökonomischen Nutzung entzog). In einer politisch induzierten «‹Atempause› für die Natur» konnten sich so ungewollt grenzüberschreitende Landschaftsformen und Ökosysteme von hoher Biodiversität entwickeln, Flora und Fauna gleich einer extensiven Grünlandnutzung regenerieren wie kaum andernorts. Man kann das konkret nachvollziehen an den Vogelpopulationen oder der Ausdehnung von Feuchtgebieten. Was so entstand, war ein «grenzgeprägter» ökologisch-landschaftlicher Verflechtungsraum sui generis. Für seine Existenz war es weniger wichtig, dass er von einer Grenze durchschnitten, sondern dass er von ihr hervorgebracht wurde. Entsprechend sensibel reagierten seit Herbst 1989 auch Naturschutzverbände angesichts der neuen Mobilitäten und der Ausflügler, die in den Gegenden herumtrampelten.

Aus diesen Impulsen heraus entsprang das «Grüne Band» als Umweltschutzvorhaben. Es schaffte es auf die EU-Agenda und wurde von einigen gar als «ökologisches Rückgrat Mitteleuropas» angesehen. 1992 wurde das «Grüne Band» als 1393 Kilometer langer Nord-Süd-Korridor mit zuletzt 146 Habitaten in ein europaweites Netz von Naturschutzgebieten («Natura 2000») integriert und unter Labels wie «Vom Todesstreifen zur Lebenslinie» oder «Grenzen trennen, Natur verbindet» vermarktet. Weitere grenzüberschreitende Naturschutzbündnisse schlossen sich an, beispielsweise Initiativen für ein «Biosphärenreservat Rhön» zwischen Bayern, Hessen und Thüringen. Derzeit gibt es Bestrebungen des BUND Bayern, das «Grüne Band» insgesamt zum UNESCO-Welterbe zu erklären.

Und auch auf anderen Ebenen veränderten sich die Wahrnehmungen der Grenze, man könnte fast meinen, parallel dazu: So wird seit 2006/07 der erwähnte «Further Drachenstich» nach einem neuen Drehbuch aufgeführt. Es kommt nicht nur modernen Seherwartungen mit spektakulären Stunts und einem technisch avancierten Drachen nach, es versucht auch, inhaltlich differenzierter zu verfahren. Das heißt in diesem Fall: näher an den historischen Tatsachen und Charakteren der Hussitenzeit zu bleiben, sie weniger tagespolitisch zu vereinnahmen, weniger schroff die Grenze zu betonen. Stattdessen werden nun mehr generelle Fragen adressiert wie diejenigen nach dem verantwortungsvollen Umgang der Menschen mit der «Schöpfung» oder das Problem religiösen Fanatismus'. Auch darin spiegelt sich natürlich Zeitgeist, aber eben ein gewandelter.[48]

3. Eigensinn und Unterordnung: Die Kraft des Regionalen und Föderativen in Deutschland und Europa

Verflechtungen gab es nicht nur in naturräumlicher, kultureller oder wirtschaftlicher Hinsicht. Auch staatlich-politisch war Bayern das gesamte 19. und 20. Jahrhundert hindurch als ein Staat mittlerer Größe und Einflussmöglichkeiten immer untergeordneter, zugeordneter bzw. komplementärer Teil größerer staatenbündischer, nationaler oder europäischer Einheiten. Es war mit ihnen verwoben und von ihnen abhängig, musste sich arrangieren und mit den eigenen Interessen und Ambitionen behaupten. Die entsprechenden territorialen Verschränkungen und politischen Beziehungen wurden im Laufe der Zeit in unterschiedlichen Verfassungskonstruktionen institutionalisiert und eröffneten zwei grundsätzliche Entwicklungs- und Handlungsstränge: einerseits Integrations- und Angleichungsprozesse, Formen der Kooperation, Abhängigkeit und Vereinnahmung (wie etwa nach Gründung des Kaiserreichs 1870 oder mit den Einflüssen der europäischen Einigung seit den 1950er Jahren); andererseits Strategien und Instrumente, föderative oder regionalistische Eigenständigkeit zu bewahren und auf verschiedenen Wegen – partei- und verfassungspolitisch, diplomatisch oder symbolpolitisch – zu dokumentieren (wie etwa mit den Sonderwegen der BVP und CSU oder den Narrativen von Bayern als «Hort des Föderalismus» und vom «Europa der Regionen»). Das waren gewissermaßen die beiden großen Pole, zwischen denen die bayerische Staatlichkeit und das Reden darüber fortwährend changierte.

Vom Rheinbund zur Bundesrepublik: der «nationale» Handlungsrahmen

Nur in groben Strichen wollen wir die Chronologie der Einbindung Bayerns in nationale oder supranationale Ordnungen skizzieren.[49] Mit dem Ende des Alten Reiches war Bayern zunächst Profiteur der engen Verbindungen zum napoleonischen Frankreich, aber auch Bestandteil eines von 1806 bis 1813 währenden französisch dominierten Bündnis-, ja Hegemonialsystems. Gemeint ist der Rheinbund, konstituiert mit der Rheinbund-Akte vom 12. Juli 1806, die anfänglich 16 süd- und mitteldeutsche Staaten unter erheblichem äußeren Druck unterzeichnet hatten. Unter seinem Dach stieg Bayern zwar zum Königreich auf, vollzog die Herausbildung einer konstitutionellen Staats- und Rechtsordnung, löste sich von alten Reichsbindungen und gewann nicht nur umfangreiche neue Territorien hinzu, sondern auch gewisse außenpolitische Handlungsspielräume. Auf der anderen Seite jedoch geriet es durch dieses Bündnis in Abhängigkeit zur imperialen Politik Frankreichs, musste französische Berater und Soldaten ins Land lassen, wurde in sein Besatzungsregime einbezogen mit entsprechenden Konfliktpotentialen wie in Tirol und hatte auch Kontingente etwa für den verheerenden Russlandfeldzug zu stellen (in dessen Verlauf ca. 30 000 bayerische Soldaten getötet wurden). Bei allen Entwicklungen hin zur staatlichen Eigenständigkeit, prestigeträchtigen Rangerhöhung und etatistischen Binnenmodernisierung – frei und ungebunden war Bayern im Rheinbund zu keiner Zeit, abgesehen von den langfristigen Bindungen durch die im Krieg angehäufte Schuldenlast, die von künftigen Generationen zu tilgen war (nach 15 Mio. Gulden Staatsschulden 1799 über 108 Mio. Gulden 1811).

Nach der Abwicklung der napoleonischen Herrschaft mit Wiener Kongress, Deutscher Bundesakte vom 8. Juni 1815 und Wiener Schlussakte vom 15. Mai 1820 folgte die Phase des Deutschen Bundes. Dabei handelte es sich um eine relativ lose staatenbündische Ordnung, in deren Rahmen die Souveränität bei den 39 beteiligten Einzelstaaten blieb. Aufs Ganze sah sie für Bayern in unserer Zeitspanne den höchsten Grad an Aktionsfreiheit und die geringsten direkten politischen Einschränkungen «von außen» vor. Nach Artikel 2 der Bundesakte diente der Deutsche Bund «zur Erhaltung der äußeren und inneren Sicherheit Deutschlands und der Unabhängigkeit und Unverletzbarkeit der einzelnen deutschen Staaten». Artikel 57 der Wiener Schlussakte hielt fest, der Bund bestehe, «mit Ausnahme der freien Städte, aus souverainen Fürsten», in deren Territorien «die gesammte Staatsgewalt in dem Oberhaupte des Staats vereinigt bleiben [solle], und der Souverain […] durch eine landständische Verfassung nur in der Ausübung bestimmter Rechte an die Mitwirkung der Stände gebunden werden» könne. In den Zitaten klingt indes schon an, dass sich auch in diesem System manche, wenn auch fein gewobene Abhängigkeiten ergaben und daraus Notwendigkeiten zur Abstimmung in einem innenpolitisch-parlamentarischen bzw. außenpolitisch-föderativen Miteinander resultierten. Sie institutionalisierten sich – neben dem Entstehen von Konstitutionen und Parlamentskammern innerhalb der Einzelstaaten – in Ansätzen einer Bundeskriegsverfassung, in einem begrenzten staatenbündischen Interventionsrecht (nach Artikel 53 Wiener Schlussakte bei «hinreichend begründeten Anzeichen», wenn «übernommene Verbindlichkeiten» nicht erfüllt seien) und vor allem in einer Bundesversammlung («Bundestag») als koordinierendem Gesandtenkongress unter Vorsitz Österreichs. Bayern hatte in seinem engeren Rat eine von 17 Stimmen, im sogenannten «Plenum» für Strukturfragen vier von 69 Stimmen – genauso viel wie auch Österreich, Preußen, Württemberg oder Sachsen.

Auf längere Sicht zeigten sich jedenfalls auch im Rahmen dieses Deutschen Bundes Tendenzen zur politischen Kohäsion, zunächst etwa mit den von Metternich betriebenen restaurativen Beschlüssen (1819 ff.) und dann am wohl spektakulärsten mit den progressiven Aktionen der Nationalbewegung und den Verfassungsdebatten in der Paulskirche 1848/49 (mitsamt ihren 71 bayerischen Abgeordneten). Die nationalen Gedanken waren danach nicht mehr aus der Welt zu bringen, auch wenn die Revolution selbst scheiterte. Mindestens ebenso wichtig waren daneben die Dynamiken der zunehmenden wirtschaftlichen Verflechtung: zuerst mit der Gründung des auch von Ludwig I. unterstützten Deutschen Zollvereins 1834 und etwas später mit dessen Modernisierung und Politisierung unter fester preußisch-kleindeutscher Führung nach dem «Deutschen Krieg» 1866 (Zollbundesrat und Zollparlament). Die transregionalen ökonomischen Entwicklungen veränderten die Wirtschaftsstrukturen der Einzelstaaten und bestimmten nachhaltig deren Gewerbeförderungs-, Verkehrs- oder Steuerpolitik mit. Die Eisenbahnen erwiesen sich als «stählerne Sehnen» und Verbindungsmotoren der entstehenden Nation. Was allerdings weiterhin bestehen blieb, war die formale staatsrechtliche Souveränität der Einzelstaaten, die zumal für Bayern auch außen- und symbolpolitisch markante Ausdrucksformen fand. Das war zu greifen im Auftreten König Ludwigs I. mit seiner eigenständigen Griechenlandpolitik und Propaganda für eine föderative Kulturnation, die er antizentralistisch definierte und immer an die Existenz des einzelstaatlichen monarchischen Prinzips band. Seine Geschichts- und Konfessionspolitik mit Walhalla, Befreiungshalle oder der dezidierten Protektion des «katholischen Deutschland» sind da beredte Beispiele. Zwischen 1849 und den frühen 1860er Jahren wurde danach unter seinem Sohn, König Max II., und der Regie seines Ministers Ludwig von der Pfordten die Konzeption der sogenannten «Triaspolitik» wichtig, also die Idee eines von Bayern geführten «Dritten Deutschland», das den föderativen Einfluss mittelgroßer Einzelstaaten neben den dominanten Großmachtblöcken sichern und Österreich als antipreußisches Gewicht einbinden wollte.

Ein tiefgreifend verändertes institutionelles Arrangement bedeutete dann natürlich die Gründung des Deutschen Kaiserreichs 1870/71. Auf den Weg gebracht mit dem Krieg gegen Frankreich und den Novemberverträgen von 1870, die den Beitritt der süd-/mitteldeutschen Staaten zu einem neuen Reich regelten, wurde es rechtlich fixiert mit Erlass der Reichsverfassung vom 16. April 1871. Bayern wurde damit Gliedstaat eines Bundesstaates und musste wesentliche Souveränitätsrechte abgeben; Fundament und Tektonik bayerischer Staatlichkeit wurden grundlegend neu justiert. Bei konkurrierender Gesetzgebung brach künftig Reichsrecht das Landesrecht. Außenpolitik, Bündnisrecht und Militärrecht waren vom Kaiser und von Preußen bestimmt, die Befehlsgewalt im Mobilisierungs- und Kriegsfall sowie die Entscheidung über Krieg und Frieden standen ebenfalls dem Kaiser zu. Von «Finis Bavariae» und «furchtbarem Schicksal» sprachen nicht wenige katholisch-konservative Patrioten vom Schlage eines Joseph Edmund Jörg – als «Bayerische Patriotenpartei» bezeichnete sich bis 1887 der bayerische Ableger der Zentrumspartei. Sie stellte von 1871 bis 1918 durchgehend die Landtagsmehrheit und propagierte einen selbstbewussten Föderalismus, an manchen Parteirändern mit fließenden Übergängen zum Partikularismus. Noch für Winfried Scharnagl blieb das Jahr 1871 die Urkatastrophe Bayerns.[50]

Man muss freilich ebenso sehen, dass die Reichsverfassung relativ starke föderative Elemente beließ. Staatsrechtlich erwuchs sie einem Zusammenschluss selbständiger Einzelstaaten, die ein «unentziehbares Recht auf Existenz» und daran hängende Mitgliedsrechte im Nationalstaat reklamieren konnten. Das hatte nicht zuletzt legitimistische Gründe, das monarchische Prinzip zu wahren und ein möglichst starkes Gegengewicht gegen unitarisch-parlamentarische Tendenzen zu sichern. Es war daher der Bundesrat, der mit seinen 25 Mitgliedern formal als oberstes Reichsorgan galt. Das Königreich Bayern war mit sechs (von 58) Stimmen an ihm beteiligt, hatte außerdem den Stellvertretenden Vorsitz und den Ständigen Vorsitz im Bundesratsausschuss für auswärtige Angelegenheiten inne. Grundsätzlich verfügte Bayern bei allen Souveränitätsverlusten auch nach 1870/71 über die klassischen Elemente von Staatlichkeit: Staatsvolk, Staatsgebiet, ein eigenes Staatsrecht mit Staatsverfassung sowie genuine Hoheitsrechte in Landesgesetzgebung, Gerichtsbarkeit und Verwaltung. Es behielt sogar seine eigene Armee sowie Gesandtschaften im Ausland und auswärtige Vertretungen in München.[51] Auch die Finanzverfassung war föderalistisch strukturiert, das Reich wurde weitgehend über einzelstaatliche Matrikularbeiträge finanziert. Für Bayern speziell kamen außerdem noch sogenannte Reservatrechte hinzu: beispielsweise die militärische Befehlsgewalt in Friedenszeiten, die Eigenständigkeit im Eisenbahn-, Post- und Telegraphenwesen und im Niederlassungsrecht, teilweise auch im Versicherungs- und Verbrauchssteuerwesen, ferner eine eigene höchste zivilrechtliche Revisionsinstanz (das Bayerische Oberste Landesgericht).

Allerdings zeigte sich doch seit den 1870er Jahren ein unumkehrbarer Trend zur nationalen Vereinheitlichung, viel weitergehend als im Deutschen Bund. Die meisten Sonderrechte erwiesen sich «mehr als Beruhigungspillen [denn] als wirkliche Souveränitätselemente». Der Bundesratsausschuss für auswärtige Angelegenheiten spielte, als es 1914 darauf ankam, keine Rolle. Der Reichstag wurde politisch deutlich bedeutsamer als der Bundesrat und entfaltete starke unitarische Kraft. Das umgriff auch diejenigen politischen Parteien, die dem Hohenzollern-Reich anfangs skeptisch gegenübergestanden waren, darunter sogar die Mehrheit der erwähnten Bayerischen Patriotenpartei. Sie nannte sich seit 1887 nicht von ungefähr «Bayerisches Zentrum» und rückte damit näher an die gesamtdeutsche Mutterpartei. Auch die preußenkritischen Föderalisten akzeptierten das Reich, arbeiteten in seinen Institutionen mit, pflegten einen im Ganzen pragmatischen Umgang. Einen ähnlich unitarisierenden Sog entfaltete die Reichsgesetzgebung (Münz-, Maß- und Gewichtsvereinheitlichungen, Zollrecht, Straf- und Zivilrecht, Sozialversicherungsgesetze etc.). In diesem Zug wurde auch die Finanzverfassung sukzessive zugunsten des Reiches umgestaltet (Einführung neuer direkter Reichssteuern, Erhöhung der Reichszölle, «Septennat» bzw. «Äternat» für den Militäretat). Mit alldem gewannen die Reichsinstitutionen stetig an Einfluss, stieg insbesondere das Gewicht Preußens und seiner Behörden.

Nicht zu unterschätzen ist außerdem, dass es auch im Königreich Bayern starke Kräfte einer bürgerlichen Gesellschaft gab, die die fortschreitende nationale Einigung von Herzen begrüßten. Wohl blieb die kollektive Gemütslage in Bayern vielschichtig, hielten sich partikularistische Ressentiments vor allem im ländlich-katholischen Altbayern, echauffierte man sich über das arrogante Auftreten Wilhelms II. und bestand auf der Loyalität zur eigenen Staatstradition und Dynastie. 1880 wurden mit Selbstbewusstsein das 700-jährige Wittelsbacherjubiläum und 1906 das 100-jährige Monarchiejubiläum gefeiert, in gewisser Konkurrenz zu den nationalen Kulten und skeptisch beäugt von preußischer Seite. Jedoch gab es eben zugleich und meistens komplementär oder vergnüglich miteinander verflochten mannigfaltige Ausdrucksformen nationaler Begeisterung und Identifikation, zumal in Neubayern, in städtischen, protestantischen oder unternehmerischen Kreisen, aber auch weit darüber hinaus. Man beging in Neu- wie Altbayern Sedanfeiern, die bewusst den landesherrlich-dynastischen Rahmen sprengten, errichtete Bismarck-Denkmäler, glorifizierte Wilhelm I. oder trug Marineanzüge. Unternehmer wie Arbeiter profitierten vom größeren nationalen Markt ohne Zollgrenzen. Und seit 1866 waren die bayerischen Regierungen (jedenfalls bis 1912) ausgesprochen nationalliberal und kleindeutsch orientiert. Chlodwig von Hohenlohe-Schillingsfürst propagierte nach 1866 die Annäherung Bayerns an den Norddeutschen Bund; Johann von Lutz stand im Kulturkampf eng an Bismarcks Seite; Krafft von Crailsheim und Clemens von Podewils verstanden sich ebenfalls als enge Partner des Reichs; Ludwig II. wurde von Bismarck durch finanzielle Zuwendungen gekauft; unter Obhut des «Landesvaters» Prinzregent Luitpold wurden die Elemente einer integrativen politischen Kultur in einer «glücklichen» Zeit gar zum Markenzeichen.[52]

Nach dem verlorenen Ersten Weltkrieg wurde der Weg eines eher konservativ grundierten Föderalismus im Rahmen des nationalen Bundesstaates verlassen. Die von Hugo Preuß konzipierte Weimarer Reichsverfassung vom 11. August 1919 sollte bewusst eine republikanische Alternative darstellen und sah dafür die Form eines viel stärker unitarisierten Nationalstaats oder «dezentralisierten Einheitsstaats» vor. Darin nahmen die Zuständigkeiten des Reichs zu Lasten der föderativen Mechanismen zu, die Einzelstaaten wurden zu einfachen Ländern als untergeordnete Staatsteile. Die alten bayerischen Hoheits- und Sonderrechte wurden abgeschafft, die bayerischen Gesandtschaften im Ausland geschlossen (mit Ausnahme derjenigen beim Heiligen Stuhl bis 1934), die ausländischen Vertretungen in München zu Konsulaten. Die Finanzreform Matthias Erzbergers höhlte die bisherige Finanzhoheit der Länder aus und machte sie zu Kostgängern des Reiches. Allerdings war die Existenz der Länder selbst nicht umstritten. Ihnen standen nach wie vor eigene Kompetenzen zu, die auch durch ein zentrales Reichsorgan abgesichert waren: Über den Reichsrat, in dem Bayern mit 11 von 66 Stimmen vertreten war (die zweitmeisten nach Preußen mit 26 Stimmen), konnten die Länder Einfluss nehmen auf die Gesetzgebung und mittelbar auch auf die Reichsverwaltung. Jedoch war der Weimarer Reichsrat um einiges schwächer als der kaiserzeitliche (wie auch der bundesrepublikanische) Bundesrat.[53]

In Bayern provozierte dieses republikanisch-unitarische Arrangement starke Gegenbewegungen, mitunter mit ausgesprochen disruptivem Charakter, in jedem Fall aber mit durchweg ambivalenten Wirkungen: Gleich zu Beginn unter Kurt Eisner verband sich ein partikularer Föderalismus mit linken, räterevolutionären Ideen. Eisner suchte in der Eigenstaatlichkeit seine neue, antimonarchistische wie antimilitaristische Profilierung und fand dafür die Formel vom «Freistaat» Bayern. In der Ära Gustav von Kahrs 1920/21 wurde das dann nach rechts gewendet und unter anderem im Kampf gegen die Erzberger'sche Finanzreform gebündelt. In diesem Zusammenhang entwickelte sich auch der seit den 1880er Jahren eingeschlagene parteipolitische Weg des bayerischen Zentrums wieder von der nationalen Schwesterpartei weg. Die Arbeitsgemeinschaft im Reichstag wurde aufgelöst, mit Gründung der Bayerischen Volkspartei (BVP) der Schritt zu einer separaten antirevolutionären und antisozialistischen Regionalpartei vollzogen. Vor allem in deren agrarisch-genossenschaftlichem Flügel um Georg Heim betonte sie partikulare Interessen und grenzte sich dezidiert vom Reichszentrum ab. Heim hatte schon gegen die Annahme der Weimarer Verfassung gestimmt und entschieden vor einem «Zentralstaat mit Allmacht» gewarnt. Mit Blick auf die 1930er Jahre mochte das durchaus Berechtigung haben, in der tagespolitischen Praxis aber schlug es nicht selten um in destruktive Formen jenseits eines staatsförderlichen Föderalismus und schwächte auch die Republik, bis hin zur Mitverantwortlichkeit an deren Scheitern. In besonderer Weise gilt das für das Verhalten Heims und der BVP bei der Reichspräsidentenwahl von 1925, als man gegen den demokratischen Zentrumskandidaten Wilhelm Marx agitierte und damit erst die Wahl des alten Monarchisten Paul von Hindenburg ermöglichte.

Allerdings muss man genauso hervorheben, dass sich der seit 1924 amtierende bayerische Ministerpräsident Heinrich Held auf dem Fundament föderalistischer Anschauungen um konstruktivere Umgangsformen mit dem Reich bemühte und das föderative Verhältnis Bayerns zum Reich insgesamt stabilisierte. Auch Held wollte Bayerns Eigenständigkeit stärken und strebte eine entsprechende Revision der Weimarer Verfassung, insbesondere eine Föderalisierung der Finanzordnung an. Aber er tat das konzilianter, maßvoller, weniger konfrontativ als zuvor etwa Heim, und er verstand die Verteidigung föderativer Zuständigkeiten immer auch als Beitrag der Demokratiesicherung gegen Radikalisierungstendenzen wie den sogenannten «Preußenschlag» von 1932 und gegen die aufstrebende NSDAP. Insgesamt gesehen, konnte der bayerische Föderalismus der Weimarer Zeit also in zwei Richtungen wirken: Er konnte ein Faktor im Kampf gegen das republikanische «Berlin» werden wie als demokratiefördernde Institution gegen diktatorischen Zentralismus dienen. In letzterem Sinne, als Bollwerk gegen die Diktatur, erwies sich die föderale Struktur dann in der Tat als zu schwach.

In der NS-Diktatur wurden die föderalistischen Traditionen Deutschlands weitgehend abgebrochen und die Länder «gleichgeschaltet». Die Entwicklung begann am 28. Februar 1933 mit der Reichstagsbrandverordnung, ging über die beiden Gesetze zur Gleichschaltung der Länder mit dem Reich vom 31. März und 7. April 1933 (unter anderem mit der Installierung von Reichsstatthaltern) und endete mit dem Gesetz über den Neuaufbau des Reichs vom 30. Januar 1934, das die Länderhoheiten auf das Reich übertrug, sowie einem weiteren Gesetz vom 14. Februar 1934, das den Reichsrat aufhob. Damit gab es keine Länder oder Landesregierungen mit originären Hoheitsrechten mehr. Entstanden sind stattdessen untergeordnete Reichs(verwaltungs)provinzen in einem Einheitsstaat. Man sprach vom «Land Bayern», nicht mehr vom «Freistaat». An der Spitze standen neuartige Vollzugsorgane wie Reichskommissare bzw. Reichsstatthalter. In Bayern war das nach dem erzwungenen Rücktritt der Regierung Held seit März 1933 General Ritter von Epp. Er hatte «für die Beobachtung der vom Reichskanzler aufgestellten Richtlinien der Politik zu sorgen». Jedoch nahm Epps Einfluss rasch ab. Bedeutsamer wurde, dass die «einzelstaatlichen» Instanzen der weiter bestehenden bayerischen Landesregierung als «Reichsmittelbehörde» überlagert wurden von solchen der Parteiorganisation: Neben Minister und Regierungsbezirke traten Gauleiter und Gaue mit eigenen regionalen Zuschnitten. Sie ergänzten, erweiterten oder unterminierten die traditionellen Formen administrierter Staatlichkeit, setzten daneben Vorstellungen von völkisch-rassisch, ethnisch-kulturell oder geostrategisch definierten, ideologisierten Raumeinheiten («Ostmark», «Westmark»). Letztlich entscheidend für den politischen Einfluss waren durchweg die Kombination von Ämtern und die personalen Beziehungen zum «Führer» – maßgeblich wurden Figuren wie Adolf Wagner oder Hans Schemm, die zugleich «Alte Kämpfer», Minister, Gauleiter und Parteimultifunktionäre waren. Die alten föderal-staatlichen Referenzgrößen und die Selbstverständigung als Einzelstaat in historischer Tradition spielten demgegenüber allenfalls eine nachrangige Rolle.

Dass der Föderalismus nach 1945 eine Renaissance erlebte, lag an den unmittelbaren Erfahrungen von Weimarer Republik und Nationalsozialismus. Die föderativen Strukturen der bundesdeutschen Verfassung waren eine «Lehre» aus dem Scheitern der ersten deutschen Republik. Nicht zuletzt bayerische Politiker waren auf diesem Feld aktiv, auch weil sie das spezielle Argument der langen Tradition historischer Einzelstaatlichkeit in die Waagschale werfen konnten. Hinzu kam, dass Bayern in der formativen Phase zwischen 1945 und 1949 Teil der amerikanischen Besatzungszone war. Dieses Besatzungsregime bedeutete zunächst das vorübergehende Ende von Staatlichkeit, den Übergang von Oberhoheit auf alliierte Instanzen und die strikte Kontrolle, Begrenzung oder Mediatisierung politisch-administrativer Befugnisse. Der letzte BVP-Generalsekretär, Vorsitzende des Herrenchiemseer Verfassungskonvents und Leiter der bayerischen Staatskanzlei (1946–50) Anton Pfeiffer, «einer der wichtigsten Traditionsübermittler föderalistischer Politik nach 1945», formulierte drastisch: Mit Ende der NS-Herrschaft sei «Bayern kein staatsrechtlicher Begriff mehr, sondern nur noch Traditionsname». Aber gerade die USA stärkten föderative und kommunitäre Politikansätze. Unter ihrer Obhut vollzog sich der neue Aufwuchs staatlicher Existenz bewusst von «unten nach oben». Die Länder besaßen die zentrale strukturbildende Funktion und wurden recht früh auch «als Staaten» bezeichnet. Wilhelm Hoegner griff das als bayerischer Ministerpräsident im Herbst 1945 sofort auf: Auf Bayern und die Länder müsse man aufbauen, «bevor wir an ein Reich denken können». Hoegners Nachfolger im Ministerpräsidentenamt Hans Ehard argumentierte ähnlich, die Länder bestünden vor einem neu zu gründenden Bund, daher seien sie die eigentlichen «Baumeister des [künftigen] Reiches». Nach den jüngsten Erfahrungen erschien allen Entscheidungsträgern ein gestärkter Föderalismus ohne Alternative.[54]

Das bedeutete freilich nicht, dass die genauere Gewichtung nicht durchaus umstritten blieb, der Grad des Föderalismus nicht unterschiedlich bewertet wurde. Das Grundgesetz der Bundesrepublik Deutschland war um Einiges föderalistischer strukturiert als die Weimarer Verfassung. Es fußte auf den Prinzipien der Bundesstaatlichkeit, fixierte feste Formen der Länderbeteiligung, definierte die Bereiche der «konkurrierenden» Gesetzgebung und «zustimmungspflichtiger» Gesetze, auch wenn nach Artikel 31 GG der Satz «Bundesrecht bricht Landesrecht» weiterhin galt. Der Bundesrat war deutlich stärker als der Reichsrat; Bayern war darin mit der höchstmöglichen Zahl von fünf Stimmen vertreten. Die Finanzausstattung der Bundesländer gestaltete sich in einer Art mischfinanzierter «aufgeteilter Finanzhoheit» ebenfalls länderfreundlicher. Die Artikel 104 bis 109 GG regelten die Verteilung des Steueraufkommens zwischen Bund, Ländern und Gemeinden und betonten einschlägige Mitwirkungsrechte des Bundesrats. Ein Föderalismus vom Schlag der alten Bismarck'schen Reichsverfassung wurde jedoch nicht restituiert. Da war der neue Bundesrat schwächer als der alte, die «bundesstaatliche Homogenität» höher als im Kaiserreich. Die Bundesländer waren auch keine teilsouveränen Einzelstaaten vorrepublikanischer Ordnung, unbeschadet der in Artikel 6 der Bayerischen Verfassung vorgesehenen «Bayerischen Staatsangehörigkeit».[55]

Bayern hatte am Zustandekommen dieser Verfassungsordnung prägenden Anteil. Männer wie Anton Pfeiffer, Hans Ehard oder Wilhelm Hoegner organisierten die Etappen auf dem Weg zum Grundgesetz maßgeblich mit, um den eigenen föderalistischen Positionen so viel Einfluss wie möglich zu verschaffen, etwa auf der Münchner Ministerpräsidentenkonferenz im Juni 1947 oder dem Herrenchiemseer Verfassungskonvent im August 1948. Aber das vollzog sich nicht konfliktfrei, und das Urteil über die gefundenen Lösungen fiel sehr zwiespältig aus. Auch unabhängig von separatistischen Positionen der Bayernpartei oder des Hundhammer-Flügels der CSU blieben für viele erhebliche Bedenken, ob die neue Verfassung eine schleichende tagespolitische Aushöhlung der Länderkompetenzen verhindern könne. Vor allem die Finanzverfassung erschien unzureichend föderalistisch. Daher kam es am Ende zu dem Paradoxon, dass der bayerische Landtag das Grundgesetz mehrheitlich ablehnte, seine Rechtsverbindlichkeit aber anerkannte und die deutsche Staatshoheit akzeptierte. Die von Ehard ausgegebene Formel lautete: «Nein zum Grundgesetz und ja zu Deutschland!»

Überblickt man die Weiterentwicklung des Föderalismus in Deutschland und die Rolle Bayerns darin, so zeigen sich mehrere Entwicklungsstränge:[56] Zum einen kam es – wie nach 1871 – zum Einleben in ein weithin akzeptiertes und funktionierendes System. Gerade die bayerischen Bundestagsabgeordneten und Bundespolitiker wie Fritz Schäffer und Franz Josef Strauß erwiesen sich als Katalysatoren für einen konstruktiv-pragmatischen, nicht partikularen Weg der Zusammenarbeit von Bundes- und Landesebene. Bei allen Reserven etablierte sich da ein Arrangement, das man – je nach Akzentuierung – als «Verbundsföderalismus» (Winfried Steffani), «kooperativen Föderalismus» (Ulrich Scheuner) oder «Verhandlungsdemokratie» (Gerhard Lehmbruch) bezeichnete. Darin wurden die Hoheiten von Länder- wie Bundesseite gleichermaßen berücksichtigt, oft auf dem Weg exekutiv-administrativen Aushandelns. Auch föderale Clearinginstanzen wie Bundesrat, Vermittlungsausschüsse oder Minister(präsidenten)konferenzen bewährten sich angesichts eines hohen Grades an zustimmungspflichtigen Gesetzen.

Parallel dazu entwickelte sich innerhalb der bayerischen Regierung, Verwaltung und Legislative ein aktives System der Repräsentation im Bund. Ende 1962 wurde ein bayerisches Ministerium für Bundesangelegenheiten eingerichtet (unter Franz Heubl 1962–78, danach bis 1998 Peter Schmidhuber). Der Minister fungierte als Bevollmächtigter Bayerns in Bonn/Berlin und führte bei Abwesenheit des Ministerpräsidenten die Stimme im Bundesrat. Außerdem baute der Freistaat schon 1955 eine Ständige Landesvertretung am deutschen Regierungssitz auf, nannte sie ganz offensiv «Bayerische Botschaft» und nutzte sie zur politischen Einflussnahme. Nicht zuletzt gab es die einflussreiche «Bonner/Berliner Landesgruppe» der CSU. Sie wurde einerseits ein effektives «Instrument zur Durchsetzung bayerischer Interessen im Bund» und betrieb gleichermaßen «Föderalismus und Lobbyismus» (Grenzlandförderung, Straßenbau, Industrieförderung etc.). Andererseits wirkte sie vielfach moderierend mit kooperativ-bundespolitischen Perspektiven nach Bayern zurück. Hinzu kamen die bewusste Inszenierung von Staatsbesuchen auswärtiger Gäste in Bayern (stilbildend 1962 bei de Gaulle und 1965 bei Königin Elizabeth II., ferner 1987 bei Erich Honecker oder 2006 bei Papst Benedikt XVI.) sowie von stolzen Auftritten des bayerischen Ministerpräsidenten auf Bundesebene oder im Ausland. Dank aufwendiger Repräsentationsformen, einem quasi-souveränen Gepräge mit Bayernhymne, Staatszeremoniell und ausgefeiltem Protokoll sowie einer geschickten Mischung aus etatistischer Bedeutsamkeit (roter Teppich, Motorradeskorte, Staatsbankette) und populären Folklorismen (Gebirgsjäger, Trachtengruppen, Landschaftspanoramen) entwickelten sich Formen und Mittel einer informellen «Nebenaußenpolitik» von gewisser Eigenständigkeit und erkennbarem föderativem Eigensinn.[57]

Dass das Bund-Länder-Verhältnis dennoch immer wandelbar und umstritten blieb, das Grundgesetz mit den Worten Hans Ehards «bestenfalls ein labiles Gleichgewicht» geschaffen hatte und die von ihm prognostizierten Gefahren einer Aushöhlung der Länderkompetenzen «durch übersteigerte zentralistische Ansprüche» durchaus real waren, erwies sich im konkreten Austarieren der föderativen Gewichte. Vor allem mit den Reformen 1969 ff. (Große Finanzreform, «Gemeinschaftsaufgaben» nach Artikel 91a/b GG) übernahm der Bund unter Maßgabe einer effizienteren Mittelplanung und langfristigen Strukturpolitik neue Zuständigkeiten im Gesetzgebungsverfahren. Er griff in ehemalige Länderhoheiten ein, sicherte sich Mitwirkungsrechte etwa in Fragen des Hochschulausbaus, der Raumordnung oder des Umweltschutzes und beschränkte auf bestimmten Feldern auch die finanzpolitische Verfügungsautonomie der Länder. Franz Josef Strauß war dabei ein einflussreicher Akteur – und zwar mehr auf Bundes-, denn auf Landesseite.

Überhaupt besaßen die Reformaktivitäten um 1970 eine eigentümliche Dialektik. Denn *innerhalb* Bayerns wurden solche strukturpolitischen Modernisierungseingriffe in der Ära des Föderalisten Goppel mit ganz ähnlichen Schlagwörtern wie «Steigerung der Planungseffizienz» ebenfalls von «oben» nach «unten» vorgenommen, führten zu Zentralisierungen und hebelten regionale, subsidiäre Selbständigkeiten aus. Und nicht zuletzt profitierte Bayern auch ganz handfest von Förderprogrammen aus Bundesmitteln. Überschlägt man die Maßnahmen für regionale Strukturpolitik insgesamt, so kassierte Bayern allein zwischen 1960 und 1970 844 Millionen DM vom Bund; aus Landesmitteln wurden zur selben Zeit 1,039 Milliarden DM verausgabt. Hinzu kamen die Mittel aus dem 1955/58 reformierten Länderfinanzausgleich, die sich noch 1970 auf gut 150 Millionen DM beliefen und von denen Bayern bis 1987 profitierte.[58]

Seit Ende der 1990er Jahre schlug das Pendel allerdings auch wieder in die andere Richtung aus: Unter Führung Edmund Stoibers wurde ein neuer «Wettbewerbsföderalismus» propagiert, der den bisherigen «kooperativen Beteiligungsföderalismus» ablösen sollte. Seit 1998 tagte dazu eine Enquête-Kommission zur «Reform des Föderalismus». Deren Bericht vom März 2002 empfahl eine Revision mancher Reformschritte von 1969 und die Stärkung der Einflüsse von Ländern und Länderparlamenten. Die Reform kam 2005 zum Abschluss, verlagerte Kompetenzen etwa im Bildungswesen und Hochschulbereich zurück auf die Länder. Zugleich freilich verringerte sich der Einfluss des Bundesrates dadurch, dass die zustimmungspflichtigen Gesetze reduziert wurden (von 60 auf 30–40 Prozent).

Europäische Einigung und Europäisierung

In der zweiten Hälfte des 20. Jahrhunderts kam ein dritter, immer mehr an Bedeutung gewinnender Einflussfaktor zu diesem bayerisch-deutschen Mit- und Gegeneinander hinzu, und zwar der europäische. Bis Anfang der 1950er Jahre bewegte man sich (abgesehen von der außerordentlichen Periode des Besatzungsregimes) vor allem zwischen zwei territorialen Größenordnungen: der «nationalen» Ebene und einer «subnationalen» von regionalen Raumeinheiten mittlerer Größe und föderativen oder partikularen, «einzelstaatlichen» oder «partikularnationalen» Charakters. Die «kommunale» Ebene, die durchaus ein zusätzliches Eigengewicht besaß und besitzt, haben wir hier einmal subsumiert (die Realität ist also noch komplexer). Seit den 1950er Jahren aber entfaltete zudem «Europa» mit seinen eigenen «supranationalen» bzw. «transnationalen» Logiken und Dynamiken Wirkung. Zwar gab es solche übernationalen europäischen Zusammenhänge in Ansätzen auch schon früher; man denke nur an den vormodernen Verbund des «Alten Reiches». Aber erst mit den Institutionalisierungen der Europäischen Einigung ab 1951/52 bekamen die politischen Abhängigkeiten, rechtlichen Einflüsse und praktischen Rückkopplungseffekte eine derartige Kraft, dass sie die staatsräumlichen Beziehungen strukturell veränderten und auf Dauer um eine Ebene weiteten. Der Umgang mit «Europa» und die Europapolitik schufen ein konkurrierendes und/oder komplementäres, in jedem Fall einflussreiches Handlungsfeld mit je eigenen Akteuren und Institutionen, Verflechtungen und Abgrenzungen, Chancen, Herausforderungen und Selbstverständigungsstrategien – für die Nationalstaaten ebenso wie für regionalstaatliche Einheiten wie Bayern.[59]

So erhöhte die Integration auch auf dieser Ebene die Handlungs- und Profitmöglichkeiten bayerischer Unternehmen im größer werdenden Wirtschaftsraum. Mehr als die Hälfte der bayerischen Ausfuhren ging 1993 in EG-Staaten, 69,3 Prozent in die des sich abzeichnenden Europäischen Wirtschaftsraums. Grenzüberschreitende «Euregio»/«Interregio»-Programme wie diejenigen von Bayerischem/Böhmerwald oder transregionale Zusammenschlüsse wie die «Arge Alp» wurden wichtige Einheiten ökonomischen Austauschs und politischer Verständigung jenseits der nationalstaatlichen oder bayerischen Grenzverläufe. Zugleich wuchsen aber auch die Bindungen an übernationale Vorschriften bis hin zur Benutzung von Mülltonnen oder gemeindlichen Baulandvergabe. Nachdem in den Gründungsvorgängen zur Montanunion 1951/52 und zu EWG/Euratom 1957 (Römische Verträge) Bundesländer als eigene Einflussfaktoren praktisch nicht vorkamen und die Vertragswerke auch keinerlei Berücksichtigung subsidiärer regionaler Größen vorsahen, änderte sich das in der Folge langsam. Schon im Ratifizierungsprozess der Römischen Verträge konnten die Länder durchsetzen, dass künftig der Bundesrat über EWG-Vorhaben «laufend [...] unterrichtet» werde; dazu wurde auch ein eigener Bundesratsausschuss für europapolitische Belange unter Vorsitz des bayerischen Ministerpräsidenten Hanns Seidel installiert. Seit 1958 waren außerdem Länderbeobachter des Bundesrats in Europäischem Rat und Europäischer Kommission vertreten. Seit Mitte der 1980er Jahre institutionalisierten sich einige Foren interregionaler Zusammenarbeit wie die «Versammlung der Regionen Europas» VRE mit 270 Mitgliedsregionen aus 35 Ländern und 16 interregionalen Mitgliedsorganisationen (z. B. Arge Alp). Außerdem gab es Verbindungsbüros der Länder bei der EG. Im September 1987 eröffnete Bayern sein eigenes «Informationsbüro» in Brüssel. Seit 1994 heißt es anspruchsvoll «Vertretung des Freistaats Bayern bei der Europäischen Union» und wuchs sich zu einer äußerst repräsentativen Landesvertretung aus, mit der weit über Bayern hinaus die «weiß-blaue Flagge gezeigt» werden sollte. Mit dem Umzug in die Gebäude des Institut Pasteur, dem «Schloss Neuwahnstein», im Jahr 2004 geschah das noch markanter.

Sukzessive wurde so ein ganzes Geflecht neuer Institutionen geschaffen. Eine wachsende Europa-Beamtenschaft, ein eigenes bayerisches Europaministerium (1994 zunächst in Personalunion mit dem Leiter der Staatskanzlei, 1998 verselbständigt, zumeist in der Kombination «Bundes- und Europaangelegenheiten») und daneben zahlreiche informelle Kontakte zwischen Landesbeamten und Brüsseler Spitzenpersonal dokumentierten die bayerischen Europaaktivitäten. Sie bewegten sich zwischen prinzipieller Föderalismuspolitik und regionalem Lobbyismus im Kampf um Informationen und Subventionen (z. B. aus dem «Europäischen Ausrichtungs- und Garantiefonds» EAGFL oder dem «Europäischen Fonds für Regionale Entwicklung» EFRE) in der Verteilungskonkurrenz mit anderen europäischen Regionen. Auch die Europagruppe bayerischer Abgeordneter, europhile Bundespolitiker wie Theo Waigel (mitunter im Konflikt mit den Landespolitikern) oder bayerische Funktionsträger in der EU-Kommission (wie Peter Schmidhuber als Kommissar für Regionalpolitik und Marktwirtschaft unter Jacques Delors) waren wichtige Akteure.

Diese «Europäisierung» veränderte die politischen Raumgefüge auch für Bayern. Sie implementierte planungspolitische Ansätze im Bereich der Agrar-, Infrastruktur- und Industriepolitik, führte zu tiefen «institutionellen Wandlungen im deutschen Föderalismus» und hatte vielfältige Rückwirkungen auf die öffentlichen Debatten. Manchen, wie etwa Winfried Scharnagl oder Peter Gauweiler, galt sie als bedrohliche Mediatisierung und Bürokratisierung, als demokratieschädigende Doktrination mit fehlender Bürgernähe und als ein zweites «Finis Bavariae» nach 1870/71. Auf der anderen Seite bekamen die Länder im Ringen um europäische Konzepte, Kompetenzen und Kompetenzabgrenzungen aber auch neue Bedeutung. Der kooperative Föderalismus wurde zwar transformiert, aber stellenweise sogar eher gestärkt denn ausgehöhlt – sei es mit institutionellen Lösungen zur Sicherung des Ländereinflusses oder allgemeiner von «Subsidiarität» unterhalb der nationalen Ebene, sei es mit der Verankerung von Leitbildern wie «Europa der Regionen» (von finanziellen Transfers nach Bayern ganz zu schweigen).[60]

Grundsätzlich profilierte sich Bayern auch in diesem Kontext mit dezidiert föderalen Ansprüchen und betrachtete dabei nicht zuletzt das

Prinzip dezentraler Subsidiarität als Bauprinzip für ein «bürgernahes» Europa. Bezeichnend in diesem Zusammenhang war etwa die im Oktober 1989 auf Einladung Max Streibls in München veranstaltete Konferenz «Europa der Regionen» mit dem Tenor: «Föderalismus und Subsidiarität müssen die Architekturprinzipien Europas sein.» Die Mitsprache der Regionen in Brüssel sei verlässlich zu installieren, ebenso wie innerhalb Deutschlands die Mitsprache der Bundesländer an europapolitischen Materien verfassungsrechtlich garantiert werden müsse. Tatsächlich etablierte sich auf EU-Ebene seit Anfang der 1990er Jahre ein beratender «Ausschuss der Regionen» (als Gremium der regionalen und lokalen Gebietskörperschaften mit 353 Mitgliedern aus den 28 Mitgliedsstaaten), ferner die sogenannte «Europaministerkonferenz». Außerdem wurde das Prinzip der Subsidiarität unter Einbeziehung der nationalen, «regionalen und lokalen Ebene» als konzeptionelle Leitlinie im Artikel 5 des Maastricht-Vertrags vom 29. Juli 1992 festgeschrieben. Gleichfalls 1992 hat man im neu eingefügten Europa-Artikel 23 des Grundgesetzes die Mitwirkungsrechte der Länder in Europafragen (via Bundesrat) formell fixiert: «Zur Verwirklichung eines vereinten Europas wirkt die Bundesrepublik Deutschland bei der Entwicklung der Europäischen Union mit, die demokratischen, rechtsstaatlichen, sozialen und föderativen Grundsätzen und dem Grundsatz der Subsidiarität verpflichtet ist [...]. Der Bund kann hierzu durch Gesetz mit Zustimmung des Bundesrates Hoheitsrechte übertragen.» Bei grundrechtsändernden Eingriffen ist eine Zweidrittelmehrheit des Bundesrats nötig, der überdies Klagerecht beim EuGH besitzt. In seiner Regierungserklärung 1993 wurde diese Ergänzung des Grundgesetzes von Edmund Stoiber gar als «bedeutendste Stärkung des Föderalismus seit Bestehen der Bundesrepublik Deutschland» bezeichnet. Im Jahr 1998 wurde zudem die Bayerische Verfassung um einen Europa-Artikel (3a) ergänzt. Mit ihm bekennt sich Bayern zur Zusammenarbeit «mit anderen europäischen Regionen» und zu «einem geeinten Europa, das dem Grundsatz der Subsidiarität verpflichtet ist, die Eigenständigkeit der Regionen wahrt und deren Mitwirkung an europäischen Entscheidungen sichert».[61]

Diskurse, Begriffe und Leitbilder regionaler politischer Selbstvergewisserung

Im gesamten bisherigen Überblick ist es schon angeklungen: Die institutionelle Ausgestaltung der nationalen oder europäischen Raumgefüge war durchgehend auch das Produkt von Weltanschauungen. Es waren damit normative politische Aussagen verknüpft, wie man sich die Zuordnungsverhältnisse zwischen großen und kleinen räumlichen Einheiten vorstellte, und wurden historische Erinnerung und Erzählungen beschworen, um Solidarität und Loyalität zu erzeugen. Wir wollen daher abschließend noch einmal einen Perspektivenwechsel vollziehen. Nach dem Blick auf die institutionell-rechtlichen Zusammenhänge soll es nun um die dahinterstehenden Begriffe und Debatten, ihre Leitbilder, Semantiken und ideengeschichtlichen Wurzeln gehen sowie um deren Relevanz für Bayern. Drei Zugänge bzw. Themen- und Begriffsfelder können dabei unterschieden werden.

Zentrale Bedeutung kommt – zunächst und erstens – dem Begriff «Föderalismus» zu. Beinahe das ganze 19. und 20. Jahrhundert hindurch inszenierte sich Bayern als dessen «Hort», «Vorort», «Hüter», «Wächter», «Lordsiegelbewahrer». Das setzt ein mit den Vorstellungen einer eigenständigen «föderativen Partikularnation» aus monarchischem Selbstverständnis, besonders stark unter Ludwig I. und seiner Idee einer föderalen «Kulturnation», und geht weiter mit der «Triaspolitik» in den 1850er Jahren. Später spiegelt es sich im Schlagwort vom «Freistaat Bayern» oder in der bayerischen Verfassung von 1946 mit ihren Staatlichkeitsideen sowie in den Leitlinien der bayerischen Mehrheitsparteien BVP wie CSU, und es dauert an bis zu den Reden der heutigen Ministerpräsidenten. «Föderalismus» gilt durchgehend und bemerkenswert parteiübergreifend als Kern bayerischer Staatsräson. Man denke nur an die bayerischen Sozialdemokraten Georg von Vollmar, Wilhelm Hoegner oder Waldemar von Knoeringen, die sich deutlich vom unitarischen Kurs der «nationalen» Genossen absetzten. Dabei speist sich die legitimatorische Kraft des Begriffs bzw. Konzepts aus verschiedenen argumentativen, ideologischen und geschichtspolitischen Quellen.[62]

Die Basis ist sicherlich die Erzählung von der langen Dauer der bayerischen Eigenständigkeit und historisch bewährten Staatlichkeit. Weitere Versatzstücke wurden damit verknüpft und machten den «Föderalismus» zu einer «Weltanschauung» (P. Heil): die Positionierung gegen nationalistischen Zentralismus, zumal gegen «Preußen» und dessen militaristischen Weg, die nach 1945 grundsätzlicher noch als Antitotalitarismus gewertet wird; in diesem Zusammenhang die Distanzierung zum Nationalsozialismus, der ein gewaltsamer Bruch der bayerischen Staatlichkeitstraditionen gewesen sei; dazu Exilerfahrungen mit dem kantonalen Schweizer Modell (z. B. bei Hoegner); mittelbar auch die Ideen der christlichen bzw. katholischen Subsidiaritätslehre und teilweise (berufs-)ständischer Ordnungen im «organischen Ganzen» des «Abendlandes»/«Westens» gegen Tendenzen einer «Uniformierung» oder «Atomisierung» der Gesellschaft (Constantin Frantz, Edgar Julius Jung, u. a.). Diese Melange findet sich in manchen ikonischen Aussagen von Politikern, beginnend mit Wilhelm Hoegners viel beachteter Ansprache vom 25. November 1945 im Münchner Prinzregententheater. Hoegner beschreibt darin den Föderalismus als grundlegendes «staatliches Aufbauprinzip». Nur eine vernünftige föderative Gewaltenteilung mit starken Ländern könne verhindern, «dass je wieder Millionen von Deutschen auf Befehl eines Tyrannen in stummdumpfen Gehorsam einschwenken und sich bis ans Ende der Welt treiben lassen». Außerdem leite sich eine solche Ordnung fast naturnotwendig aus der bayerischen Geschichte her, sei Bayern doch der einzige Stamm, der auf einen fast 1500 Jahre alten Staat zurückblicken könne. Bei Hans Ehard und Alfons Goppel klingt das ganz ähnlich, ebenso bei Alois Glück, Edmund Stoiber (etwa im Rahmen der Debatten um eine Föderalismusreform) oder mit eigenem, deutlicher bundespolitisch akzentuiertem Zungenschlag bei Franz Josef Strauß. Auch bei ihnen lauten die Argumente: Der Föderalismus erwachse logisch aus der Geschichte des bayerischen Staates, als «bündisches […] Ordnungsprinzip» zudem aus der Geschichte des Alten Reichs. Er gehöre zu den Bauprinzipien bayerischer Territorialität seit Tassilo III., sei «Wesenskern» bayerischer Politik, tief verankert im lebendigen «Bewußtsein der Bevölkerung für die geschichtlich gewachsene Eigenart des Landes» wie in einer «gefühlsmäßigen Bindung an Heimat und Geschichte». Und er sei prinzipielles Bollwerk «einer freiheitlichen Ordnung» gegen obrigkeitsstaatlichen und diktatorischen Machtmissbrauch.[63]

Für den Historiker besonders bemerkenswert erscheint ein weiteres Mal die Rolle, die die bayerische Landesgeschichtsschreibung für diese Argumentation gespielt hat und wie bewusst sie das im Verbund mit den politischen Protagonisten getan hat. Damit ist vor allem die BVP- bzw. CSU-nahe Schultradition von Michael Doeberl, Max Spindler, Benno Hubensteiner und Andreas Kraus gemeint. Im Kern gilt diese Aussage aber auch für die Vertreter einer «zeitgeistigeren» Strukturgeschichte wie Karl Bosl oder Friedrich Prinz. Sie alle betonten die Bedeutung einer kontinuierlichen Staatlichkeit in Bayern vom frühen Mittelalter bis zur Gegenwart, die gleichsam «immer war und ist» (M. Spindler) und die Würde einer «älteren, vornationalen, durch Naturgegebenheit und Geschichte legitimierten» Raumeinheit (F. Prinz) verbürge. Daraus erwüchsen das Bewusstsein von Eigenständigkeit ebenso wie das Selbstbild, «ganz anders» zu sein als «alle anderen deutschen Länder» (A. Kraus), in «besonderer Intensität» und in «sonst nicht leicht anzurührende[n] Tiefen seelischer Schichten» wissend um die eigene Vergangenheit. In zahlreichen Publikationen, Vorträgen oder Radiobeiträgen wurden diese Thesen intensiv vermittelt und direkt auch mit der bayerischen Regierung abgestimmt. So formulierte etwa Spindler mehrmals gegenüber Ministerpräsident Ehard, es gehe ihm vor allem darum, die profilierte Eigenstaatlichkeit Bayerns wie die Eigengewichtigkeit der Länder historisch verlässlich nachzuzeichnen und einzuordnen. Bayern habe da ein Vorkämpfer des Föderalismus zu sein, und eben da liege auch die vornehmste politische Aufgabe der Landeshistoriker. Sie hätten beim «Neubau des bayerischen Staates» die Einzelstaatstradition als Ordnungselement der Gegenwart zu legitimieren und der Landespolitik entsprechend überzeugende Argumente zuzuführen.[64]

Interessant ist in diesem Kontext nicht zuletzt das Wirken von aktiven Transmittoren zwischen Wissenschaft und Politik: Protagonisten wie Karl Schwend, Ernst Deuerlein oder Karl Böck waren nicht nur bei der BVP bzw. CSU engagiert und als hohe Beamte in Bayerns Regierungszentrale tätig – Schwend als Leiter der Staatskanzlei 1950 bis 1954, Deuerlein seit 1949 als Redenschreiber Ehards, Böck als langjähriger

Amtschef des Kultusministeriums. Sie alle waren auch landeshistorisch ausgebildet, hatten bei Doeberl oder Spindler studiert bzw. waren von ihnen promoviert und geprägt worden. Sie verkörperten in ihren beruflichen Funktionen gleichsam den politischen Auftrag des Landeshistorikers im Sinne ihrer Lehrer und betonten dieses Selbstverständnis in nicht wenigen Veröffentlichungen.[65]

Ein zweites großes Diskursfeld umkreist den Begriff des «Regionalismus». Er ist eng verwoben mit dem «Föderalismus», aber weniger auf die deutschen Einzelstaatstraditionen beschränkt. Vielmehr nimmt er die europäischen Gesellschaftsverhältnisse insgesamt in den Blick. Wenn wir einem frühen Stichwortgeber der deutschsprachigen Debatten nach 1945 folgen, dem bereits erwähnten Philosophen Hermann Lübbe, der wie Hoegner einen persönlichen Schweizer Erfahrungshintergrund besaß, so kann man unter «Regionalismus» zweierlei verstehen: Das ist zum einen die Institutionalisierung von Kooperationen, die nationale Grenzen überschreiten und zumeist von nicht-souveränen Gebietskörperschaften getragen werden (wie etwa der Arge Alp); darauf wurde schon hingewiesen. Wir konzentrieren uns hier auf das zweite, grundsätzlichere Verständnis von «Regionalismus» als einer «Bewegung raumbezogener politischer Verselbständigung historisch-ethnisch identifizierbarer Bevölkerungsgruppen», die teilweise ebenfalls über (national)staatliche Grenzen hinweg erfolgen konnte. Dieses Phänomen wird von Lübbe vornehmlich als Handlungsmodus interpretiert, mit «Emanzipationszumutungen» und «Schädlichkeitsnebenfolgen» von Fortschritt und Modernisierung umzugehen. Wie der Historismus, also die Suche nach historischer Selbstvergewisserung, wird auch der «Regionalismus» (und komplementäre Begriffe wie «Heimat»), also die Suche nach vertrauten, begrenzten räumlichen Bezugsgrößen, als Mechanismus verstanden, den «änderungsbedingten kulturellen Vertrautheitsschwund» der Moderne kompensatorisch in den Griff zu bekommen. Allerdings distanziert sich Lübbe entschieden von der «Bornierung» des Regionalismus und der Annahme «monokausaler Identitätsmuster» oder «kultureller Superioritäten». Es gibt für ihn keine fixen «homogenen» Herkunftsprägungen.[66]

Dennoch schwingen in dem Begriff ethnische und historische Dimensionen mit, die ihrerseits in größeren ideengeschichtlichen Zusammenhängen stehen. Das kann im partikularnational-bayerischen oder national-deutschen Rahmen verbleiben: in den Formen der nach «Stämmen» gegliederten Binnenregionalismen in Bayern oder der föderativen staatenbündischen bzw. bundesstaatlichen Ordnungen. Für nicht wenige gilt der Föderalismus als «reifste Form» eines Regionalismus, in dem der Zentralstaat nicht abgeschafft, sondern strukturell gerahmt, subsidiär gestützt, gleichermaßen kontrolliert und durch «Bürgernähe» gestärkt werde. Bei beiden Ausprägungen, der binnenregionalen wie der föderativen, besäßen Raumeinheiten kleinerer oder mittlerer Größe unterhalb oder jenseits des Nationalstaats Gewicht, deren «materielles Substrat» in einem längeren «territorialpolitischen» oder mentalitätsgeschichtlichen Prozess entstanden sei. Darüber hinaus wurde aber gerade der «Regionalismus»-Begriff dezidiert auch europäisch geweitet. Mit dem Schlagwort vom «Europa der Regionen» wurde er zur Grundlage eines europapolitischen Konzepts gemacht, das die föderativen oder binnenregionalistischen Modelle auf die supranationale Ebene hob.[67]

Auch in diesem Zusammenhang spielen historische subnationale Territorialtraditionen («patrie régionale») eine maßgebliche Rolle und ebenso die Idee, diesen wohne ein gewisser ethnischer Kern inne; gebündelt wird das im Komplementärbegriff vom «Europa der Ethnien». Und wie im Diskursfeld «Föderalismus» finden sich auch hier weitere angelagerte ideengeschichtliche Versatzstücke: das Verständnis einer personalistischen Gesellschaft und eines «berufsständisch» aufgebauten Gemeinwesens, wie es aus der christlich-katholischen Soziallehre stammte; bis in die 1950er/60er Jahre hinein das Idealbild vom «christlichen Abendland» als zusammengehörigem paneuropäischen Kulturraum; die Vorstellung von Europa als pluralem Gegenmodell zum diskreditierten Nationalismus wie zu Zentralismus und Totalitarismus, aber auch zum liberalen Kapitalismus.

Die Konzeptionen reichten zurück bis zum «integralföderalistischen Diskurs» der 1920er/30er Jahre, wie er vornehmlich im französischen und deutschen Sprachraum zumeist in katholischen Kreisen geführt wurde (in Zeitschriften wie «Ordre Nouveau» oder «Hochland»). Sie wurden dann teilweise im Widerstand gegen den Nationalsozialismus aufgenommen. Maßgeblich gebündelt wurden die Stränge nach 1945 von dem Schweizer Philosophen Denis de Rougement und dem französischen Völkerrechtler Guy Héraud. Der Erste argumentierte vor allem gegen Nationalstaaten, diese seien «trop petits et trop grands à la fois» (zu klein und zu groß zugleich); die großen Aufgaben solle man künftig einem «Europe des régions» überlassen, die kleinen den Regionen unmittelbar. Der Zweite propagierte die Existenz relativ homogener ethnischer Regionen («Europe des ethnies») und meinte ebenfalls, diese seien am besten in einer europäischen Föderation zu sichern.

Viele Facetten der erwähnten bayerischen Geschichtserzählung erwiesen sich auch in diesem Rahmen als höchst anschlussfähig (und wurden wieder von Stichwortgebern wie Max Spindler oder Ernst Deuerlein bayerischen Politikern vermittelt). Bayerns Vernetzungen als eigenständiger Faktor im Beziehungsgeflecht der europäischen Staaten und Dynastien vor allem zwischen Österreich/Habsburg und Frankreich/Bourbon gehörten zu den Leitthemen klassischer Landesgeschichtsschreibung. Dasselbe galt für seine Teilhabe am romanisch-katholischen Ideen- und Kulturraum, einer übergreifenden «abendländischen Kulturgemeinschaft», die obendrein ein Alternativmodell zum engeren «preußischen» Weg bildete.[68]

So verwundert es nicht, dass der Begriff «Europa der Regionen» spätestens seit den 1960er/70er Jahren unter föderalismuspolitischen Auspizien genutzt wurde, insbesondere von Protagonisten der CSU. Nach frühen Interventionen durch Hans Ehard in der für die Länder sehr schwierigen Anfangsphase der Europapolitik in den 1950er Jahren geschah das in intensivierter Weise zunächst durch Alfons Goppel. Er betonte seit Beginn seiner Amtszeit 1962, Bayern verstehe sich als integraler Teil Europas, sein Land sage «aus ganzem Herzen Ja zum europäischen Zusammenschluß». Allerdings habe der europäische Regionalismus das «föderalistische Strukturprinzip der europäischen Zusammenarbeit» zu sein. Goppel schlug einen «Bundesstaat Europa» vor, der sich deutlich von bürokratischem Zentralismus, «einem überzogenen Egalitarismus» und einem «obsolet gewordenen Souveränitätsbegriff» zu distanzieren habe. Es gehe stattdessen um die Sicherung dezentraler, subsidiärer Strukturen, um die eigenen Interessen zu garantieren und für eine möglichst «organische Zusammenfügung» zu sorgen, für «Vielheit in Einheit». Sie solle durch «mehrere autonome und konkurrierende Entscheidungszentren mit unterschiedlichen Zuständigkeiten und sachgerechten und regional angepaßten [...] Entscheidungsmöglichkeiten» gekennzeichnet sein. So müssten etwa in der Agrarpolitik regional unterschiedliche Betriebsformen nebeneinander bestehen bleiben, in Bayern die «bäuerlich-mittelständische Landwirtschaft». Nur in einer solchen regionalistischen Differenzierung könne man glaubhaft in der Systemkonkurrenz mit dem totalitären «Osten» bestehen, ebenso wie im globalen Wettbewerb mit den USA. Nur so lasse sich ein klarer Schnitt zu den Nationalismen vor 1945 ziehen und eine «stärkere Machtkontrolle» garantieren. Nur so schließlich sei in den viel älteren, historisch gewachsenen Regionen die Loyalität für Europa sicherzustellen. Franz Heubl, erster bayerischer Europaminister, formulierte es 1970/71 noch deutlicher, aber in gleicher Richtung: Die selbstbewussten außenpolitischen Kontakte Bayerns zur EG-Kommission seien «Manifestation einer gewissen Eigenständigkeit», mit der die Souveränität des alten Königreichs «im neuen Freistaat Bayern abgeschwächt» fortlebe. Max Streibl und Edmund Stoiber verschoben in den 1990er Jahren dann etwas die Akzente. Sie wiesen weg von einem europäischen Bundesstaat mit föderativer Binnenstruktur, aber doch auch eigener Handlungsfähigkeit etwa im globalen Rahmen gegenüber den USA, und gingen hin zur noch stärkeren Betonung der regionalen Pluralitäten und der Subsidiaritätsidee mit fest verankerten Einflüssen der «dritten Ebene», grundiert überdies oftmals von einer erkennbaren Skepsis gegenüber der «Eurosklerose» und den Brüsseler «Techno-Bürokraten».[69]

Die Ideen wurden in mancherlei institutionellen Zusammenhängen aufgegriffen und konkretisiert. So wurden – neben den skizzierten Ansätzen zu grenzüberschreitender Regional-Kooperation – sogenannte europäische «Gateway Regionen» entworfen. Sie waren Teil des 1999 verabschiedeten Europäischen Raumentwicklungskonzepts (EUREK), mit dem transnationale Makroregionen installiert werden sollten. Vorgesehen waren etwa der Alpenraum und seine Randgebiete, aber auch die «europäischen Metropolregionen» Nürnberg und München. Davor bereits hatte der holländische Geschäftsmann Alfred Heineken die Bildung von 75 großen europäischen Regionalverbünden ins Gespräch gebracht. Die Vision wurde 1992 unter dem Titel «The United States of Europe (a Eurotopia?)» publiziert. Bayern war darin in zwei größere Verbünde geteilt: im Norden «Frankenland, Nürnberg» und im Süden «Bayern, München».[70]

Man wird indes immer sehen müssen, dass «Europa der Regionen» selbst ein zeitbedingtes, perspektivenabhängiges und sehr bewusst eingesetztes Konzept ist. Es vermittelt durchaus umstrittene Subströmungen und ist ideologiekritisch zu reflektieren. Eingebettet in den Ideenkosmos vom christlichen Abendland war damit nicht selten ein ständischer, antiliberaler und kulturkritischer Zungenschlag verbunden. Problematisch sind überdies die essentialistischen ethnischen Facetten, die der Regionalität oftmals unterlegt wurden. Nicht zuletzt sind gerade im deutschen Kontext manche Entschuldungsmechanismen nach 1945 unverkennbar, in Bayern mit dem Pochen auf seinen spezifischen antipreußisch-europäischen Weg noch besonders. Man kann daher den regionalistischen «Integralföderalismus» durchaus auch als konservativen «Exkulpations- und Integrationsdiskurs im westlichen Nachkriegsdeutschland» interpretieren.[71]

Eine dritte, modernere, aber auch etwas bemühte Begriffsvariante könnte man schließlich in den Überlegungen zu einem europäischen «Mehrebenensystem» sehen. Sie entspringen einem analytisch-wissenschaftlichen Diskurs mit – im Vergleich zu den Schlagworten «Föderalismus» und «Regionalismus» – deutlich begrenzterer Rezeption, sind weniger politisch wirksam, machen insgesamt einen eher akademischen und artifiziellen Eindruck. Vor allem die Politik-, Sozial- und Rechtswissenschaften haben einen solchen Ansatz der «multi-level governance» entwickelt und zumal seit den Debatten um den Maastricht-Vertrag von 1992 vorangetrieben. In letzter Zeit wird das Konzept aber auch von Vertretern der bayerischen Landesgeschichte aufgegriffen und für die eigenen Deutungen genutzt. Begriff und Konzept gehen von einem räumlich-institutionellen «Ordnungsmodell mit unterschiedlichen Ebenen und ihren Entscheidungs- und Handlungskompetenzen sowie ihren Verflechtungen und Kooperationsformen» aus, thematisieren dabei in erster Linie die europäischen Entwicklungen nach dem Zweiten Weltkrieg und erkennen für eine «föderal organisierte Staatlichkeit» vornehmlich «drei Lagen»: eine supranational-europäische, eine nationalstaatliche und eine subnationale Ebene. Die letzte wiederum sei unterschiedlich verfasst in Ländern (als «Gliedstaaten»), Regionen/Regionalverbünden und kommunalen Körperschaften (Städte, Gemeinden, Bezirke, Kreise). Alle Ebenen seien eng miteinander verflochten, mit gegenseitigen Einflüssen und Rückkopplungseffekten. Die Länder etwa bildeten wirksame europapolitische Institutionen und Instrumente aus: eigene Europaministerien und Auslandsvertretungen, die Mitarbeit in transnationalen Ausschüssen oder transregionalen Arbeitsgemeinschaften, handfesten Lobbyismus vor Ort in Brüssel oder indirekte Einflüsse etwa über den Bundesrat. Gleichzeitig hätten europäische Normen und Institutionen modifizierende Rückwirkungen auf die Landespolitik. Zumeist verliefen die Einflussstränge in komplexen Bahnen. Die Ebenen seien «von unterschiedlicher Kohärenz und Konsistenz», sie stünden «keineswegs immer in einer hierarchischen Zuordnung zueinander». Vielmehr habe sich eine «administrative Praxis über die Ebenen hinweg [mit] eigenen Dynamiken», zahlreichen informellen Kooperationsformen und inkrementellen Verfahren entwickelt.[72]

Interessant sind diese Thesen zum europäischen Mehrebenensystem in unserem Kontext in erster Linie deshalb, weil die vielen Arbeiten der letzten 30 Jahre wieder selbst als zeitgenössische, wertende Quelle zur Verortung der «Länder und europäischen Regionen im Prozess der Europäisierung» zu lesen sind. Denn letztlich wird immer die gleichrangige Bedeutung aller Ebenen des politischen Arrangements akzentuiert, geht es um die subsidiär-föderativen Bezüge und Abhängigkeiten. Das verankert mittelbar die Rolle der Länder und Regionen (wie Kommunen) als unabdingbare Größen in dem Mehrebenen-Komplex, der als Ganzes zusammenbräche, würde man ein tragendes Element herausschneiden und etwa die Zentralstaatlichkeit dominieren lassen. Damit ginge nicht zuletzt die Anbindung der «bürger- und zivilgesellschaftlichen Akteure» verloren, die nur über die Landes- und Kommunalebene zu organisieren seien. Deshalb – als Möglichkeit wissenschaftlicher Legitimation und nicht nur wegen der analytischen Anregungen – ist das

Interpretament des Mehrebenensystems so attraktiv für eine Landesgeschichtsschreibung, die die Stärkung der bayerischen Staatlichkeit zu ihren politischen Kernaufgaben zählt.

Anders formuliert: Mit den Überlegungen zum «europäischen Mehrebenensystem» können manche «Verlustdiskurse» schwindender Einflüsse des deutschen Föderalismus aufgefangen werden. Als «subnationale Korporativakteure» bekommen die Länder wesentliche Funktionen zugewiesen; der europäische Regionalismus gehört zum Kern des Mehrebenensystems. Dieses ist zwar vor allem «exekutivföderal-intergouvernemental» akzentuiert, aber es stabilisiert eben auch die «regionale Dimension» und nimmt die Entwicklung pluraler Herrschaftsstrukturen auf, die ein «Charakteristikum der europäischen Geschichte» seien. In ihnen würden «Subsidiarität und Föderalismus als Instrumente zur Diversifizierung von Macht» und damit als «Voraussetzung für Frieden in Europa, zur Vertiefung von Demokratie, zu mehr Bürgernähe, zur Erweiterung von Partizipationsmöglichkeiten und zur Fortentwicklung kultureller Vielfalt» (F. Kramer) legitimiert. Im Umkehrschluss dient die Interpretation der Delegitimierung «der im 19. Jahrhundert entwickelten Nationalstaaten», ihrer Machtfülle und Hegemonialansprüche. In Variation eines bekannten Diktums des Wirtschaftshistorikers Alan S. Milward könnte man vielleicht von einer «European Rescue of the Regions», einer europäischen Rettung der Regionen (und nicht nur «of the Nation State», des Nationalstaates), sprechen. Das Konzept des «Mehrebenensystems» ist dafür ein Vehikel, auch wenn es über weite Strecken doch eher als hermetische, etwas abstrakte Expertendebatte von begrenzter öffentlicher Wahrnehmungskraft daherkommt.[73]

Schlussbemerkung: Geschichte und Geschichten vom Land der Bayern

Das Land der Bayern gibt es in vielen Versionen. Die Spannweite reicht vom kühlen Blick der technokratischen Staatsgründer, Landesvermesser und Raumplaner über das traditionsbewusste Verständnis von Regionalität Ludwigs I. bis zu den Bilderwelten des virtuellen Bayern auf den heutigen Internetplattformen oder Instagram-Posts; von den Genrezeichnungen der Landschaftsmaler über die touristischen Werbeprospekte bis hin zu den Hinterlassenschaften des Nationalsozialismus mit schuldbehafteten Orten und kontaminierten Landschaften; vom Sarkasmus Lion Feuchtwangers, der in seinem Roman «Erfolg» das «Land Bayern» zu seinem Helden erklärt und «Getier und Gemensch» auf der «bayerischen Hochebene» leben, saufen und huren lässt, bis zu den Gebirgs-Wald-Alm-Jäger-Geschichten Ludwig Ganghofers, der in einem repräsentativen Photographienband von 1919 nicht nur alle idyllischen Landschaftsklischees aufbot, sondern auch unseren Titel vom «Land der Bayern» vorwegnahm.[1] In allen Fällen wird Bayern abgebildet oder von ihm gesprochen – und doch werden ganz unterschiedliche Facetten akzentuiert, Stimmungen aufgerufen und Wertungen abgegeben. Feuchtwanger wie Ganghofer, die Könige wie die Bayernurlauber, die Statistiker wie die Maler beziehen sich auf den gleichen Raum, seine Natur, Kultur, Gesellschaft und Geschichte, aber verstehen doch jeweils Verschiedenes darunter und schreiben ihre je eigenen Geschichten.

Von diesen Zusammenhängen und Brüchen handelte unser Buch. Es hat sich Begriffe und Vorstellungen, Vereinnahmungen und Nutzungen,

Wahrnehmungen und Wirkungen von Raum, Landschaft und Natur in einer zeitlich langen Perspektive angesehen und versucht, sie zu analysieren und einzuordnen. Das setzte ein mit der Periode der Normierung, Kartographierung und Binnenorganisation des modernen Staatsbayern nach 1800 und führte uns bis zu den modernen föderalistischen oder regionalistischen Verortungen Bayerns in Deutschland, Europa und der Welt. Was mit Montgelas und Napoleon begann, endete mit Edmund Stoiber und Jacques Delors, und dazwischen lagen zahlreiche weitere Modelle und Herausforderungen, konstruktive Wege und pathologische Irrwege räumlicher Ordnungsideen und -politik.

Wir haben zum Einstieg des ersten Kapitels schon einmal den Geographiehistoriker Hans-Dietrich Schultz mit seiner Formulierung zitiert: «Räume sind nicht, Räume werden gemacht.»[2] Am Schluss des Buches können wir konstatieren, dass sich diese Aussage in vielem und grundsätzlich bestätigt hat – und doch zu ergänzen ist, weil sie bei allem konstruktivistischen Einverständnis zu pauschal erscheint. Man müsste, bezogen auf unseren Untersuchungsgegenstand, besser sagen: Bayern ist *und* Bayern wird gemacht.

Denn einerseits gibt es einen handfesten territorialen Bestand des Staates Bayern, der trotz der revolutionären Formierungsphase und beharrlicher Binnenregionalismen bis heute vergleichsweise stabil blieb, sowie materiell-räumliche Realitäten, die das Land und seine Gesellschaft durchgehend prägten. Bis auf die sukzessive Ablösung der Rheinpfalz seit 1918 hat sich der Staatsraum Bayerns in seiner Flächigkeit, Ausdehnung und komplexen Topographie kaum verändert; das bestimmte die Grundlagen von Infrastrukturpolitik, darin lagen Chancen wie Herausforderungen von Landesplanung. Zwischen 1945 und 1989/90 existierte freilich mit dem «Eisernen Vorhang» eine Außengrenze, die alte territoriale Zusammenhänge politisch, ökonomisch, sozial und mental teilte. Das bedeutete einen tiefen Einschnitt, gleichfalls aber ein raumbestimmendes Faktum mit enormen Folgen für die Binnenstrukturierung Bayerns, für seine Verkehrslinien und Raumgewichtungen.

Auch die so oft als regionstypisch beschworenen Berge, Wiesen und Seen, Schlösser, Klöster und Kapellen sind keine Fata Morgana. Sie sind zu besteigen, zu durchwandern, zu durchschwimmen, zu besichtigen, als Orte der Kunst oder des Gebets zu nutzen. Man kann von ihnen abstürzen, sie bieten Futter für Tiere, sie machen leibhaftig nass oder staunen oder andächtig. Sie haben durch ihre Form und natürliche Materialität, durch Bodenbeschaffenheit, Bodenschätze und Klima, durch ihre Präsenz im Raum Wirkungen auf Individuen, Gesellschaft und Kultur. Sie bestimmen die Rahmenbedingungen für das Wirtschaften und den Tourismus mit, befördern oder behindern Austausch und Mobilität, definieren räumliche Ungleichheiten. Da ist nicht alles Konstruktion oder Traumwelt, ebenso wenig wie im wirklichen Bayern überall ein Berg kommt oder ein See liegt.

Dennoch drängen jene Berge und Seen in der Binnen- wie Fremdwahrnehmung imagebildend in den Vordergrund, kann ihre ungleiche Verteilung, wie das Helmut Qualtinger einmal so schön formuliert hat, als eine Ungerechtigkeit empfunden werden. Dass das so ist, verweist auf die andere, die zweite Seite unserer Geschichte. Es verweist darauf, dass Räume und Raumbeziehungen stets auch Variablen ihrer kommunikativen oder propagandistischen Vereinnahmung sind, Produkte kartographischer Konstruktion, (geschichts)politischer Deutung oder touristischer Inszenierung. Mit anderen Worten: dass sie tatsächlich «gemacht», erfunden und teilweise sogar erträumt werden. Erst damit wurden Möglichkeiten für räumliche Identifikation und politische Loyalität geschaffen – sei es bezogen auf Gesamtbayern, auf eine bayerische Subregion oder auf eine lokale Umgebung. Entscheidend sind dann weniger die natürlichen, materiellen oder baulichen «Realitäten», sondern weit mehr die Wünsche und Sehnsüchte, Ideen und Ideologien, die man ihnen unterlegt, ihnen zuschreibt und in sie hineinprojiziert.

Schon am Beginn des modernen bayerischen Staates stand ein «Machen» von Räumen, ein Gründungsakt, mit dem Gebiete ungleicher Herkunft in machtpolitischer Zufälligkeit zusammengekommen waren und dann mit unterschiedlichen Strategien zusammengebunden wurden – nicht weil das von alters her immer so gewesen oder historisch bestimmt, logisch vorgegeben oder alternativlos gewesen wäre, sondern weil man es wollte und diplomatisch so durchgesetzt hat. Eine wesentliche Funktion spielten überdies Begriffe wie «Landschaft» oder «Landsmannschaft», «Stamm» oder «Gau», «Heimat» oder «Natur». Sie beschrieben ebenfalls nichts «Naturnotwendiges», sondern waren bewusste Wortschöpfungen, eingelassen in größere Konzepte und Erzählungen. Sie waren das Ergebnis gezielter Steuerung, aktiver Nutzung und affirmativer Bestätigung. Aus ihnen erwuchsen politische Programme – von Stämmen oder historisch-politischen Landschaften oder Grenzgauen, ihrem Wesen und ihren Traditionen. Mit ihnen wurde der bayerische Binnenregionalismus legitimiert, moderiert, kontrolliert oder kritisiert. Sie waren verbunden mit Deutungsmustern wie «Föderalismus» und «Regionalismus». Es wurden Verbindungen hergestellt zwischen Natur und Volkscharakteren. Man hat regionale und lokale Gesellschaftsprofile, Individualtypen oder sogar Gesichtsformen aus natürlichen Raumverhältnissen destilliert und ideologisiert. Und auch die Natur selbst wurde nicht einfach unvoreingenommen entdeckt und bestaunt. Man erwanderte oder nutzte sie stets mit bestimmten Perspektiven und Vorstellungen, die sich im Laufe der Zeit auch geändert haben. Erst musste sich etwa das Verständnis von Bergen, Wäldern und Wildnis von Gefahr- zu Sehnsuchtsorten wandeln, bevor sie attraktiv wurden und als Imageprodukte taugten.

In jedem Fall gilt auch da wieder: Je nach Akzentuierung und Wertung wurden ganz unterschiedliche Geschichten erzählt. Es wurden Loblieder des Gebirges und des Wanderns in unberührter Natur gesungen und Kämpfe für die Bewahrung der Umwelt ausgefochten, aber auch Forderungen nach der «Zähmung» und effizienten Nutzung der rohen und sonst unnützen Natur erhoben. Man konnte die Bedeutung der einzelregionalen Kräfte betonen oder aber ihre gesamtbayerische Verbundenheit oder beides mischen. Es wurde gleichermaßen die Stärkung des partikularen Bayern wie die Solidarität Bayerns mit der Nation gefordert, wobei schon «Nation» je Zeit und Kontext wieder etwas Unterschiedliches meinen konnte – die deutsche, zentralstaatliche oder eben die bayerische, partikulare. Daraus resultierte einmal die Erzählung von der glücklichen kleindeutschen Nation oder aber eine «andere deutsche Geschichte» von der «föderativen Nation».[3] Immer wurde um den Raum gerungen, nie war er selbstverständlich, stets besaß er unterschiedliche Ebenen und Deutungsmöglichkeiten.

Entscheidend war bei alldem die Rolle der aktiven Raummacher und

«Identifizierer».[4] An der Spitze stand hier der Staat mit seinen Bürokraten, Kartographen, Statistikern, Landes- und Verkehrsplanern. Sie vermaßen und erfassten, vereinheitlichten und hierarchisierten den Raum und erschufen ihn damit erst. Zugleich vermittelten und institutionalisierten sie Vorstellungen von staatsräumlicher und gesellschaftspolitischer Identität, Loyalität und Homogenität, definierten das Mischungsverhältnis von nötiger Integration in das Staatsganze und gemeinverträglicher Integrität regionaler oder lokaler Selbstbestimmung bzw. kritisierten diejenigen Formen, die als separatistisch oder partikularistisch galten. Daneben und oft in enger Kooperation mit dieser Akteursgruppe waren durchgehend Ethnologen und Kulturgeographen, Maler, Literaten und Photographen, Historiker und Historische Vereine, Heimat-, Denkmal- und Naturschützer, Wander-, Wald- und Verschönerungsvereine oder Touristiker am Werk. Auch sie bestimmten über räumliche Zusammenhänge, Landschaftsbilder, Naturvorstellungen, prägten Stil und Profil des Umweltschutzes, unterfütterten und legitimierten die Raumerzählungen geschichts- und identitätspolitisch, erschlossen über Reiseprospekte, Wanderkarten oder Wanderwege die natürliche Umgebung, machten Gegenden attraktiv und sagten, was als schützenswert oder sehenswert zu gelten hatte und was nicht und dann verändert oder beseitigt werden konnte. Schließlich wurde der Einfluss der Protagonisten und Propagandisten auch auf der (partei)politischen Ebene erkennbar, etwa in der Wahlwerbung, den Wahlplakaten oder den Programmen der Parteien, die gezielt Heimat- und Landschaftsbilder instrumentalisierten und mit Vorstellungen regionsverträglichen Fortschritts und regionstypischer Kultur kombinierten.

Bemerkenswert erscheinen dabei die schwierigen Kontinuitäten mancher Raumordnungs-, Landesplanungs- oder Naturschutzansätze über das 19. und 20. Jahrhundert hinweg, einschließlich der NS-Zeit. Das betrifft Personen ebenso wie Inhalte und Konzepte. Wir haben zwar fraglos Brüche hinsichtlich der Rahmenbedingungen und normativen Bezüge; so änderten sich Mobilitäten und Verkehrsachsen; Rechtsstaatsnormen, die Bayerische Verfassung von 1946 oder das Grundgesetz von 1949, gaben der Raumplanung andere Leitbilder vor, als es die NS-Rassen- und Gewaltideologie tat. Dennoch blieben viele Logiken und

Dynamiken der modernen Experten für räumliche Staats- und Gesellschaftsordnung oft zeit- und systemübergreifend gleich, nicht selten waren sogar die Protagonisten dieselben.

Das führt uns zu einem abschließenden Punkt: In vielen Zusammenhängen werden an unseren Beispielen die für Modernisierungsprozesse allgemein charakteristischen Paradoxien und Ambivalenzen sichtbar. Der Grat zwischen Beglückung und Zwang, derjenige zwischen Vermessung und Vermessenheit war oftmals fließend. Mitunter brachten zeitgemäße Problemlösungen auf lange Sicht selbst erst neue Problemlagen mit tiefgreifender Wirkung hervor.[5] Das ist uns auf ganz unterschiedlichen Feldern begegnet.

Die aufgeklärten Bürokraten und Technokraten schufen den Staatsraum, vereinheitlichten die Gesellschaft und ordneten das Gemeinwesen. Aber sie provozierten in ihrem planungspolitischen Machbarkeitsfuror und ihrem Selbstbewusstsein, alles für das Staatsganze Wichtige und Gebotene zu wissen und zu machen, auch Gegenreaktionen von Leuten, die sich ihre alten Lebenswelten, Gewohnheiten und Loyalitäten nicht nehmen lassen wollten und sich gegen das «Diktat von oben» wehrten. Dasselbe galt für die Landesplaner und Gebietsreformer des 20. Jahrhunderts. Auch sie bezweckten zumeist rational begründbare und konzeptionell durchdachte Anpassungen an die Moderne, um die Lebensverhältnisse anzugleichen oder Effizienz zu steigern. Jedoch zeitigte auch das gesellschaftliche Kosten und provozierte Konflikte, weil es vertraute Umgebungen in Frage stellte. Für die NS-Raumplaner mit ihrer von vorneherein auf brutale Ausgrenzung und Eliminierung setzenden Idee einer «Volksgemeinschaft» traf das noch einmal in spezifischer Weise zu. In jedem Fall führten Entfremdungen und «Vertrautheitsschwund» zu Kompensationsbewegungen: in Form von Heimat- und Naturschutz, von «Regionalismus» und «Kommunalismus», von «Historismus», geschichtlicher Rückversicherung und Wahrung historischer Bräuche und Denkmäler. Das war nicht einfach nur reaktionär oder unmodern, sondern beinhaltete immer auch Forderungen nach Partizipation und kommunitärer Mit- oder Selbstbestimmung gegen staatliche Bevormundung.[6]

Ohne solche Formen der gesellschaftlichen Identifikation kam auch die moderne Staats- und Raumplanung nicht aus. Deshalb gehörte die gezielte Förderung historischer und regionaler Traditionen bis hin zur sensiblen «Sprachpolitik» oder die Rede vom Gewicht der bayerischen «Stämme» und «Geschichtslandschaften» spätestens seit König Ludwig I. auch zu den Kernstrategien, um gesamtbayerische Loyalität zu sichern. Das schien so erfolgreich und attraktiv, dass nach 1945 sogar ein ganz neuer «Stamm» erfunden und in die alten integriert wurde, der «vierte Stamm» der Sudetendeutschen. Allerdings hatte auch diese Strategie ihre Haken: Die Förderung regionaler Identitätsanker etwa mit dem Historischen Vereinswesen vor Ort, mit der Restaurierung von Bauten, Brunnen, Domen, auf die eine Region oder Stadt mit Stolz blicken sollten, oder mit der bewussten Stiftung von Denkmälern für Lokalhelden, die zum Vorbild taugten, konnte auch den regionalen oder lokalen Eigensinn und partikulare Dynamiken stärken, «ein gefährliches Wiederaufwachen des Provinzialgeistes» befeuern.[7]

Zwiespältig zeigte sich auch der Umgang mit der Natur: Deren Schutz gewann seit dem ausgehenden 19. Jahrhundert peu à peu an Relevanz, zugleich aber erfolgten Naturzerstörungen gerade in der modernen Gesellschaft bis heute in ebenfalls zunehmendem Ausmaß. Ähnliche Ambivalenzen kann man für den Umgang mit den «Anderen» und «Fremden» konstatieren: Mit steigender Mobilität erschlossen sich neue Räume und Welten. Man reiste interessiert herum, wollte Neues kennenlernen und in Museen vorgeführt bekommen, zeigte sich dabei oft auch bemüht um eine differenzierte Haltung gegenüber «den Völkern». Gleichzeitig wurden das «Andere» und «Fremde» aber nicht selten in irritierenden Formen voyeuristisch zur Schau gestellt, angeeignet, kolonialisiert und hierarchisiert. Angesichts von Migration, Europäisierung und Globalisierung kam die Welt – bei allen unterschiedlichen Intensitäten der Begegnungen – auch in die hintersten Winkel Bayerns. Daraus resultierten aber nicht nur Bereicherung und Inspiration, sondern auch Fremdheitsgefühle und Verunsicherungen.

Eine letzte Paradoxie betrifft die Rolle meiner eigenen Profession, der bayerischen Landesgeschichtsschreibung. Sie verstand sich einerseits immer als Wissenschaft mit dem Anspruch, exakt die Quellen zu studieren, objektiv Geschichte zu schreiben und eine «wahrheitsgemäße»

Historie zu bieten. Zugleich jedoch war sie eine Macherin und Erfinderin von Räumen par excellence. Sie war mit ihren Deutungen und Erzählungen eine sehr bewusste geschichtspolitische Agentin von Staats- und Raumbildung. Es ging ihr – zumal in der prekären Situation nach 1945 – nie nur um Beschreibung, sondern stets um die Konstruktion kohärenter und stabilisierender Raumzusammenhänge aus der Geschichte, um die Rechtfertigung des bayerischen Staates, die Sicherung seiner Stellung in einem föderalen nationalen wie europäischen System und die aktive Unterstützung der bayerischen Landespolitik. Nicht wenige definierten (und definieren) sie als Legitimationswissenschaft und wiesen (und weisen) ihr explizit eine staatspolitische Aufgabe zu. Das erweist nicht nur den grundsätzlichen Wert, sich mit der Geschichte der eigenen Disziplin zu beschäftigen – als Schule heilsam-kritischer Selbsteinschätzung. Es zeigt ein weiteres Mal, wie eng Geschichte und Geschichten zusammengehören, gerade auch bei den Profis fürs Geschichtenerzählen.

Dank

Wie jedes Buch hat auch dieses seine eigene Geschichte. Erste Überlegungen gehen zurück auf das Jahr 2011, seitdem hat mich das Manuskript im geschäftigen Universitätsalltag begleitet. Ich habe währenddessen immer wieder Unterstützung erfahren und daher vielfach Dank zu sagen. Ich danke den Studierenden, die sich in Vorlesungen und Seminaren Vorstufen des Textes anhören durften und mit ihren Nachfragen zumindest mittelbar zu dessen Wachsen und Gedeihen beigetragen haben. Bei vielen Kollegen und Freunden bedanke ich mich für anregenden Gedankenaustausch und Verbesserungsvorschläge. Namentlich und stellvertretend genannt seien Franz Bauer, Walter Hartinger und Daniel Drascek, ferner die verlässlichen Gesprächspartner Karl-Ulrich Gelberg, Jörg Skriebeleit, Bianca Hoenig, Thomas Götz, Georg Köglmeier und Jörg Zedler. Überhaupt habe ich dem Team meines Lehrstuhls zu danken: Brigitte Gutbrodt, Franziska Leibl, Patricia Lippert, Christoph Kaindl, Eva-Maria Schreiner und Michael Zimmermann haben manche Recherche-, Korrektur- und Registerarbeit geleistet. Außerdem gaben in der Endphase Stefan von der Lahr und Martin Hallmannsecker vom Verlagslektorat wichtige Hinweise und haben den Abschluss des Werkes ebenso professionell wie wohltuend navigiert. Der größte Dank allerdings gebührt meiner Frau und meinen Kindern. Inken, Jakob und Philipp haben mir nicht nur Urlaube für etliche Schreibklausuren genehmigt, sondern grundsätzlicher noch ertragen, dass ich über ein Jahrzehnt hinweg, jedenfalls in Gedanken, dauernd durchs Land der Bayern gereist bin. Ihnen ist das Buch von Herzen gewidmet.

Regensburg, zu Ostern 2024 *Bernhard Löffler*

Anmerkungen

Einleitung: Land, Landschaft, Räume – oder: Die Ungerechtigkeit der Welt beginnt mit der Verteilung der Berge

1 Vgl. FAZ vom 5. 7. 2016; SZ vom 28. 11. 2017.

2 Zu den Begriffen Weichhart, Identität; ferner Assmann, Schatten, S. 221; Osterhammel, Verwandlung, S. 131 ff.; Said, Orientalismus («imaginative geography»); Gregory, Imaginations; durchgehend schließlich Schlögel, Im Raume, S. 72 ff., 86 ff., 282–291, u. ö., mit dem letzten Zitat S. 248; sowie Blackbourn, Landschaften, bes. S. 25 ff., 30 f., 207–210, 219 ff., 273–276, u. ö.

3 Kraus, Zerstörung, S. 164.

4 Erker, Keine Sehnsucht.

5 Hausenstein, Liebe zu München, S. 134 (aus dem Text «Sinn und Verhängnis einer Stadt» von 1929); Feuchtwanger, Erfolg, S. 15, 67 f., 315, 513; Götz, Stadt, S. 9 (das letzte Zitat); ferner Loibl, Bayern.

6 Zitat Bayerische Landesplanungsstelle, 16. 4. 1953, bei Schlemmer/Woller (Hg.), Bayern im Bund I, S. 103 (Beitrag S. Deutinger); Kupper, Wildnis, S. 39–42, 59 f., 72–77, u. ö. Zu den Tourismusstatistiken vgl. etwa https://www.destatis.de/DE/ZahlenFakten/Wirtschaftsbereiche/BinnenhandelGastgewerbeTourismus/Tourismus/Tourism us.html (27. 10. 2017); https://www.statistik.bayern.de/statistik/tourismus/index.php (27. 10. 2017).

7 Generationenstudie 2009 (inkl. Vergleichszahlen von 2003), durchgeführt von der Hamburger Gesellschaft für Markt- und Sozialforschung i. A. der Hanns-Seidel-Stiftung, hier S. 18 ff., 26, 28; ganz ähnliche Ergebnisse etwa in zwei «Bayernstudien» des Bayerischen Rundfunks, 2012/2015: http://www.br.de/nachrichten/bayernstudie-2012-hintergrund-100.html (27. 10. 2017); http://www.br.de/presse/inhalt/pressemitteilungen/bayernstudie-2015-100.html (27. 10. 2017).

8 Zu Raisting HLB online (Hascher, Erdfunkstelle Raisting); allgemein zur Bedeutung der visuellen Präsentation von «Landschaft» Löffler, Meisterbilder, S. 33–39. – Strauß-Reden unter dem Titel «Strauß teilt aus, Teil 1» unter https://www.youtube.com/watch?v=pvfyjLjoIVY, hier min. 2.04–2.55 (27. 10. 2017); ironisch zur CSU als «die Partei, die das schöne Bayern erfunden hat», Riehl-Heyse, CSU, S. 76 ff.; Fiedler, Mia san Mia, S. 354–372. – Das Zitat Hoegner bei Lanzinner/Henker (Hg.), Landesgeschichte, S. 9.

9 Urry/Larsen, Tourist Gaze.
10 Vgl. Koselleck, Zeitschichten, S. 9 f., 79–89; Osterhammel, Wiederkehr, S. 374 f., 379–382; Ders., Raumerfassung, S. 54, 58 ff., 63 ff., 67 f.; Schlögel, Im Raume, S. 9–12, 36 ff., 44 ff., 52–59.
11 Osterhammel, Raumerfassung, S. 53 f., 70 f.; Speitkamp, Erinnerungsorte.
12 Vgl. Kap. II/4; davor Osterhammel, Wiederkehr, S. 374 f. (mit Zitat); Ditt, Strategien, S. 17–21.
13 Vgl. Febvre, Rhein (1935); Braudel, Mittelmeer, Bd. 1 (1949), Zitate S. 20 f., 31; zu den französischen Ansätzen und bes. zu Lefebvre Rau, Räume, S. 39–52, hier S. 48 f.; Osterhammel, Raumerfassung, S. 54 f., 67–70.
14 Nora (Hg.), Erinnerungsorte, bes. die Einleitung von E. François mit den Zitaten S. 9 f., 18; François/Schulze (Hg.), Deutsche Erinnerungsorte, 3 Bde.; ferner Assmann, Erinnerungsräume, S. 11–23, 298–339; zur Landesgeschichte Speitkamp, Erinnerungsorte.
15 Zum sog. «spatial turn» hier aus der Flut von Publikationen exemplarisch Schlögel, Im Raume; Osterhammel, Wiederkehr; Bavaj, Spatial turn.
16 So etwa Ott, Raumkonzepte, S. 114 f., der sich von den relativistischen Bedenken des «spatial turn» absetzen möchte, allerdings auch versucht, das Konzept der Containerräume zu reflektieren.
17 Brubaker, Ethnizität, S. 9–95, Zitat S. 68. Vgl. zudem etwa Schulze Wessel, «Loyalität», mit dem Zitat zur «identitären Essenz» S. 10; Lübbe, Welt, bes. S. 12 f., 17–20.

I
«Allen Untertanen ein gemeinsames Vaterland»: Bayern 1800–2000

1 Schultz, Räume.
2 Vgl. zum Vorhergehenden HdbG IV/1, S. 9–12, 16–20, 23, 27 f., 36 f., 43 f., 96 ff., Zitat S. 96.
3 Vgl. Spindler (Hg.), Geschichtsatlas, S. 36; Götschmann, Wirtschaftsgeschichte, S. 23–34; materialreich auch Brockhaus' Konversations-Lexikon, 14. Aufl. Berlin/München 1894, hier Bd. 2, S. 553–583, Zitat S. 553.
4 Rudhart, Zustand, Bd. 1, S. 1–7, Zitat S. 5 ff.
5 HdbG IV/1, S. 97 f.
6 Botzenhart, Schattenkönig, S. 57 ff., 212 ff., Zitat Sigl S. 58; Reichold/Endl, Welt, S. 195–201.
7 HdbG IV/1, S. 315, 417 ff.
8 Vgl. Stoll, Bayern, S. 21 f. (Lindau); HLB online (Hambrecht, Vereinigung Coburgs mit Bayern).
9 Vgl. dazu im Folgenden HdbG IV/1, S. 101, 470, 488 f., 536, 832 ff.; Ullrich, Deutschland 1923, S. 231–237; Rumschöttel/Ziegler (Hg.), Staat und Gaue, S. 109–112 (Beitrag W. Ziegler); ferner Applegate, Heimat, bes. S. 152 ff., 202–268, dort auch das nachstehende Zitat Bürckels S. 227; John u. a. (Hg.), NS-Gaue, S. 334–337; Mergel, Staatlichkeit, S. 285–288; ferner Kap. II/2 und 5.
10 Eckert, Zonenrandgebiet, hier S. 14 f., 18, 20 ff.; Meinke, Bayern; HdbG IV/1, S. 982 ff.

11 Kehlmann, Vermessung, S. 42, 196, 268. Im Wesentlichen finden sich die Ausführungen dieses Kapitels schon in Löffler, Kartographie; für nähere Belege siehe immer auch dort.
12 Osterhammel, Verwandlung, S. 53.
13 Vgl. Simmel, Soziologie, S. 226–229; Schneider, Macht, S. 7 das Zitat der Kartographischen Vereinigung (Hervorhebungen B. L.). Zu den Grundsatzfragen etwa Schlögel, Im Raume, S. 9–13, 36–71, 86 ff., 149–153, u. ö.; Dipper/Schneider (Hg.), Kartenwelten.
14 Vgl. Schneider, Macht, S. 36–49, 64–77, 108–131; Schlögel, Im Raume, S. 96–107, 189–210, 220–224, 453–462, 304–313; Gugerli/Speich, Topografien, S. 114–170, 192–210, u. ö.
15 Zitat bei Schlögel, Im Raume, S. 169; allgemein siehe etwa Behrisch (Hg.), Vermessen; zum Kontext bayerischer Politik HdbG IV/1, S. 4–9, 45–95, 149–180; Weis, Montgelas; Schlögl, Staat.
16 Vgl. Schlögel, Im Raume, S. 167–176; Dipper/Schneider (Hg.), Kartenwelten, S. 94–109.
17 Zur Entwicklungsgeschichte der Kartographie in Bayern immer Seeberger, Bayern; Habermeyer, Landesaufnahme; Volkert, Handbuch, S. 161–164, 338 f.
18 Vgl. Seeberger, Bayern, Zitat S. 52 (Grundsteuergesetz, § 61). – Die zitierten internationalen Einschätzungen des französischen Physikers Pierre-Simon Laplace und des Präsidenten der Royal Geographic Society, 1841, bei Jehle, Recht, S. 731.
19 Vgl. Osterhammel, Verwandlung, S. 45–62; Denzel, Professionen; Zollvereinsvertrag vom 22. 3. 1833, Art. 22, in: Döllinger, Sammlung, Bd. 14/1, hier § 33, S. 63; ferner Volkert, Handbuch, S. 86 f.; HLB online (Lorenz, Amtliche Statistik); zur «Bavaria» unten Kap. II/3; zu den Physikatsberichten HLB online (Speckle, Physikatsberichte); Bergmeier, Wirtschaftsleben, Zitat S. 8.
20 Zu den Zusammenhängen etwa Osterhammel, Verwandlung, S. 57–62, Zitat S. 57; Gugerli/Speich, Topografien, S. 22–28, 61–67, 84 ff., 114–147, u. ö.
21 Vgl. Blessing, Staatsintegration, S. 636; Maier, Consigning, S. 816; ferner Schlögl, Staat, S. 251–259; Weis, Montgelas, Bd. 1, S. 341–345; HdbG IV/1, S. 8, 20.
22 Rheinwald zitiert bei Habermeyer, Landesaufnahme, S. 52; Schiegg zitiert bei Wolff, Bayern, S. 230; Utzschneider bei Jehle, Recht, S. 720 ff.
23 Hazzi, Aufschlüsse, hier Bd. 1, S. II–V.
24 Rudhart, Zustand, Zitate aus der Vorrede zu Bd. 1, S. III–VI, und zu Bd. 2, S. VI.
25 Blessing, Staatsintegration, S. 633 ff.; zum Bild der «Vermessenheit» (auch in der Kapitelüberschrift) das Heft «Weltkarten. Eine Vermessenheit» der Zeitschrift für Kultur «du», Nr. 11/12, Dezember 2005/2006.
26 Vgl. eingehender Kap. II/4. – Zitate Spindlers aus HdbG II, S. 67 sowie aus Briefen an Ehard von 1947 bei Kraus, Bedeutung, S. 10, und Vollhardt, Staatstradition, S. 124. – Zum «Historischen Atlas» Hiereth, Gerichts- und Verwaltungsorganisation, S. 2 f.; Ott, Raumkonzepte, S. 118 ff.; Wüst/Gunkel (Hg.), Atlas, S. 255–268.
27 Zitate bei Certeau, Kunst, S. 218; Rau, Räume, S. 60 ff., 152 ff., S. 160; Bavaj, Spatial turn, S. 457–484, Zit. S. 475; vgl. auch Kaschuba, Überwindung, S. 14–17, 50–61; Koselleck, Zeitschichten, S. 90–96; sowie durchgehend mit weiteren Belegen Löffler, Verkehrsräume.

28 Vgl. Spindler (Hg.), Geschichtsatlas, S. 109 f.; Götschmann, Wirtschaftsgeschichte, S. 52 f., 115 f.; Behringer, Zeichen, S. 442 f., 534–546, 605 f., 664 f.; die folgenden Angaben aus Diez, Postbuch, S. 233, 287, 294 ff., 299 f., 381.

29 Behringer, Zeichen, S. 436–487, 511 ff., 666 ff., Zit. S. 437, 450; Kaschuba, Überwindung, S. 43–51, 75 ff.

30 Spindler (Hg.), Geschichtsatlas, S. 110; Deutinger, Eisenbahn, S. 250–254; Götschmann, Wirtschaftsgeschichte, S. 107–114; Volkert, Handbuch, S. 256–261.

31 Eisenbahn-Kursbuch 1889/90, Nr. 1, 6, 10, 21, 25, 46, 49, 51, 262; ebd., Sommerdienst 1893, S. 284; Hendschels Telegraph, Kleine Ausgabe Nr. 3, Mai 1914, Nr. 549, 1420, 1790, 1840, 1850, 1925, 1950; Amtliches Kursbuch, Winter 1956/57, I/3b, 3c, 7, 8, 11, 62, C1, E2 sowie IV/402, 413, 425; www.db.de (30. 9. 2019). – Die Angaben der Verbindung München-Berlin im Jahr 1889 und 1914 via Leipzig, 1956 via Halle, 2018 Schnellstrecke via Erfurt versus Trasse via Leipzig.

32 Zur Pfalzproblematik Haan, Hauptstaat, Zitat S. 30 (Organisationsgutachten Armanspergs, 11. 12. 1815); Scharf, Staatsdiener, S. 106–115, 221–225, 352–359; zu den Zeitangaben siehe Diez, Postbuch, S. 293; Kursbuch 1889, Nr. 127 ff., 187, 200; Kursbuch 1893, Nr. 282; Hendschels Telegraph 1914, Nr. 1517, 1550, 1680; Kursbuch 1956, I/17, III/279; www.db.de (30. 9. 2019).

33 Vgl. Götschmann, Wirtschaftsgeschichte, S. 111 f., 349 f.; Kaschuba, Überwindung, S. 79–85, 131, 174 ff., 219 f.; Kursbuch 1889, Nr. 17, 239–245 (mit weiteren Beispielen).

34 Vgl. Götschmann, Wirtschaftsgeschichte, S. 49 f., 53–56, 128–135, 291–300, 349, 471 f.

35 Götschmann, Wirtschaftsgeschichte, S. 349, 444, 467 ff.; Gall, Straßen (2005); Ders., Straßen (2001), S. 119–204, dort zum Straßenbau v. a. S. 171–187; Hamm u. a. (Hg.), Wald, S. 194–198.

36 Kaschuba, Überwindung, S. 127–133, 146–154, 215 ff., 227 ff., Zit. S. 77, 91 (Steinheil); Götschmann, Wirtschaftsgeschichte, S. 114 ff.; HLB online (Kelly, Post- und Telegrafenwesen 19./20. Jahrhundert).

37 Zitate bei Behringer, Zeichen, S. 477 (Göttinger Fahrgast 1817); Kaschuba, Überwindung, S. 74 (Jean Paul), 90 (Heine); Moser, Demokratisierung, S. 449 (Eichendorff); Götschmann, Wirtschaftsgeschichte, S. 58 (Ludwig I.); zum Kontext auch Schivelbusch, Geschichte, S. 35–40.

38 Simmel, Soziologie, S. 221–242, Zit. S. 232 ff., 240; davor Sieferle, Fortschrittsfeinde, S. 87–117, Zitat S. 115; Deutinger, Eisenbahn, S. 263 ff.; Gall, Straßen (2001), S. 183–187; Schivelbusch, Geschichte, S. 37–60; Kaschuba, Überwindung, S. 108–112, 140–145.

39 Thoma, Erster Klasse, in Ders., Gesammelte Werke, Bd. 6, S. 215–256, hier S. 217, 219; Diess, Winkelholzerin, S. 73–96, Zit. S. 73 (aus «Die Konkurrenz» [Erstdruck 1947]); Heimpel, Violine, S. 63–99, bes. S. 65 f., 70.

40 Rede Stoibers auf dem Neujahrs-Empfang der CSU München vom 21. 1. 2002, nachzuhören auf: https://www.youtube.com/watch?v=f7TboWvVERU (1. 3. 2023).

41 Thoma, Erster Klasse, in: Ders., Gesammelte Werke, Bd. 6, S. 221 f.; Behringer, Zeichen, S. 501–511, 658–688, 785–819, bes. 668 f., 682 f. (Lévi-Strauss); Dipper/Schneider (Hg.), Kartenwelten, S. 77–93 (Beitrag W. Behringer).

42 Thoma, Auf bayerischen Bahnen [1907], in: Ders., Gesammelte Werke, Bd. 7, S. 415–418; Ders., Die Lokalbahn [1901], in: Ebd., Bd. 6, S. 53–129, hier S. 56 ff.

43 Riehl, Land und Leute, S. 82; vgl. auch Deutinger, Eisenbahn, S. 258–261, 265 f.; ferner Spindler (Hg.), Geschichtsatlas, S. 109 f.; Scharf, Staatsdiener, S. 107–113, Zit. S. 111 (zur Pfalz).

44 Vgl. Götschmann, Wirtschaftsgeschichte, S. 439–473, speziell zur Verkehrspolitik S. 465 ff.; ferner Gall, Straßen (2001), S. 129–187, 201 f., Zitate S. 134, 137 (aus den 1950er Jahren), zur Stilllegung von Nebenstrecken ebd., S. 155–170; sowie Ders., Straßen (2005), S. 207–227. – Zur Landesplanungspolitik das folgende Kap. I/4.

45 Vgl. Deutinger, Eisenbahn, S. 254 ff.; Götschmann, Wirtschaftsgeschichte, S. 84, 152–164.

46 Gall, Straßen (2005), S. 228–272, 277–289, dort Zahlen S. 233 ff., 242, 246 f.; Götschmann, Wirtschaftsgeschichte, S. 462 ff.

47 Diess, Madeleine Winkelholzerin, S. 74 f. (aus «Die Konkurrenz» [1947]); Behringer, Zeichen, S. 484 f., 666; Götschmann, Wirtschaftsgeschichte, S. 116; literarisch dazu etwa auch Thoma, Andreas Vöst, S. 139 ff., 151 ff.

48 Zehetner, Basst scho, S. 120 f.; Daschner, Mobilität, S. 47 ff., 221 ff.

49 Vgl. immer Spindler (Hg.), Geschichtsatlas, S. 110 f.; Deutinger, Eisenbahn, S. 265 f.; Götschmann, Wirtschaftsgeschichte, S. 50, 59, 471; Ksoll-Marcon, Eisenbahnverbindungen; Gall, Straßen (2001), S. 155–170.

50 Graf, Gelächter, S. 415; Ders., Gefangene, S. 42–51; Christ, Erinnerungen, S. 40–44, 135 ff.; davor Wolfe, Oktoberfest, S. 25, 29; für die tourismusgeschichtliche Bedeutung der Eisenbahn Deutinger, Eisenbahn, S. 261 ff.; oder Ganghofer (Hg.), Land, Bd. 1, S. 44–47.

51 Vgl. etwa Graf, Leben, S. 146 ff.; Thoma, Münchnerinnen, hier S. 14, 23–45 (Landpartie); Ders., Münchner, S. 38 ff., 125–128 (Zitat aus «O Natur!»); Diess, Mensch, S. 99–115, hier S. 99, 101 (aus «Frau Bas» [1947]); Lena Christ, Die Stadtleut, bei Tworek (Hg.), Sommerfrische, S. 183–188; Thoma, Lausbubengeschichten, S. 45–52, 83–94 («In den Ferien», «Der vornehme Knabe»).

52 Zitat aus der Regierungserklärung vom 9. 5. 1843, bei Götschmann, Wirtschaftsgeschichte, S. 108 f., dort auch S. 51, 205–210, 230 f., 439–473; ferner Deutinger, Eisenbahn, S. 251 ff., 265 f.; sowie Wysocki (Hg.), Integration, S. 39–63 (Beitrag D. Ziegler).

53 Vgl. Maier, Consigning, bes. S. 808 f., 816 830.

54 Christaller, Orte, Zitate S. 21, 23, 27, zu München/Nürnberg S. 165–199; daneben Böventer, Struktur. – Erörterung bei Kegler, Raumplanung, S. 11–33, 53–89, 118–123, 367–375, Zitat S. 12; Leendertz, Ordnung; Ditt, Strategien, S. 13 ff.; Grüner, Wirtschaftswunder, S. 226–233, 367–378.

55 Vgl. exemplarisch Pollard (Hg.), Region.

56 Vgl. etwa Frey, Entwicklung, bes. S. 226–234; Kaelble/Hohls, Wandel, S. 118 ff., 130 f., 200–203, 350–354; Grüner, Wirtschaftswunder, S. 301–309; davor Erker, Keine Sehnsucht, mit dem Zitat S. 495; ferner Flachenecker/Kießling (Hg.), Wirtschaftslandschaften; zur längeren Perspektive Bosl, Industrialisierung; Götschmann, Wirtschaftsgeschichte.

57 Vgl. zum Kontext Wysocki (Hg.), Integration, S. 101–127 (Beitrag D. Petzina);

Frey, Entwicklung, S. 218 ff., 230 f.; ferner Grüner/Mecking (Hg.), Wirtschaftsräume, hier S. 5 f., 9 ff., 171–190, 255 f.

58 HdbG IV/2, S. 19 f., 24 ff., 29 ff., 37 f.; Blackbourn, Landschaften, S. 210–220, 223–230; Ders., Eroberung, S. 97–146, 175–195; Magath, Spessart, S. 117–133, u. ö.

59 HdbG IV/2, S. 34–64; Löffler, Wandel; Götschmann, Wirtschaftsgeschichte, S. 107–116, 184–231, u. ö.; HLB online (Krapf, Eingemeindung); Hundert Jahre Flurbereinigung; ferner Kap. I/3 (Verkehrsinfrastruktur) und III/2 (Umwelt- und Naturschutz).

60 Vgl. Kegler, Raumplanung, S. 139–166, 297–308, Zitat S. 297; Rössler, Institutionalisierung, S. 177–182, 185 ff., dort S. 179 Zitate aus dem Erlass zur Einrichtung der RAG; Heil, Selbstbild, S. 93 ff.; Zitate zu Zielkatalog und Raumtypen in HdbG IV/2, S. 21 f., 35; zuletzt v. a. Benz u. a. (Hg.), Planen, Bd. I, S. 5–11.

61 Vgl. v. a. Kegler, Raumplanung, S. 16 ff., 124 ff., 139–308, Zitate S. 124, 298; Fahlbusch u. a. (Hg.), Handbuch, Bd. 1, S. 123–128; ferner Rössler, Institutionalisierung, S. 183–188 (zur Uni Erlangen); zum Kontext Benz u. a. (Hg.), Planen, Bd. I, S. 8 ff., 327–424; Bd. IV, S. 1198, 1217.

62 Überblick in HdbG IV/2, S. 25 f., 35 f., 68 f.; Rumschöttel/Ziegler (Hg.), Staat und Gaue, S. 91–99, 101–108, 245–294 (Beiträge W. Ziegler, P. Erker); HLB online (Link, Ludwig-Siebert-Programm). – Zur Rhön: zeitgenössisch etwa Haßlinger, Dr. Hellmuth-Plan, Zitate S. 4 ff.; Erörterung bei Angerer u. a. (Hg.), Volk, S. 273–284 (Beitrag S. Fechter). – Zur Ostmark: zeitgenössisch Wächtler (Hg.), Ostmark, S. 72–154; Erörterung bei Haller, «Wald Heil!», S. 149–363; Bald, Braun, S. 141–155, 439–467. – Zur Ideologie der Gaue vgl. Kap. II/2.

63 Zu den Grundlagen hier und in der Folge die Bände des Forschungsprojekts «Bayern im Bund» des Instituts für Zeitgeschichte München, hier v. a. Schlemmer/Woller (Hg.), Bayern im Bund I, S. 10–24, 33–204; Schlemmer, Industriemoderne, S. 244–268; Grüner, Wirtschaftswunder, bes. S. 216–270, 318 ff., 365–383, 419–431; Gall, Straßen (2005), S. 106–164; zudem Hofmann, Industriepolitik, S. 210–369; Götschmann, Wirtschaftsgeschichte, S. 430–485; zur Wirkung des «Eisernen Vorhangs» Eckert, Zonenrandgebiet, S. 59–72, 80–92, 109–112.

64 Vgl. zu den Zusammenhängen Bauer, Flüchtlinge; HLB online (W. Ziegler, Flüchtlinge und Vertriebene); Endres (Hg.), Stamm; zur Integration der Sudetendeutschen Kap. II/5.

65 Hier zum Kontext Schildt u. a. (Hg.), Dynamische Zeiten, S. 362–401; Frese u. a. (Hg.), Demokratisierung, S. 247–491, dort Zitat (von H. G. Hockerts) «Planung als Reformprinzip» S. 247; Schlemmer/Woller (Hg.), Bayern im Bund I, S. 14–19, 134–151 (Beitrag A. Gall).

66 Vgl. v. a. die erwähnte Denkschrift Bayerisches Staatsministerium für Wirtschaft und Verkehr, Grundlagen, bes. S. 7–13 (dort auch die Zitate); zu Goppels Regierungserklärungen vom 29. 10. 1964 und 28. 11. 1967 siehe HdbG IV/1, S. 866 ff., 876 ff. – Ergänzung des Artikels 3 der Bayerischen Verfassung (Bayern als «Rechts-, Kultur- und Sozialstaat»), dessen Absatz 2 seit dem 1. 1. 2014 lautet: «Der Staat schützt die natürlichen Lebensgrundlagen und die kulturelle Überlieferung. Er fördert und sichert gleichwertige Lebensverhältnisse und Arbeitsbedingungen in ganz Bayern, in Stadt und Land.» (Gesetz vom 11. 11. 2013: GVBl. Nr. 21/2013,

S. 638). Ähnlich Art. 72 in Verbindung mit 74, 75 und 106 GG, wo seit der Wiedervereinigung 1990 das Ziel der «Herstellung der Gleichwertigkeit der Lebensverhältnisse im Bundesgebiet» genannt wird.

67 Kegler, Raumplanung, S. 12–18, 33, 311–473, Zitat S. 468; Fahlbusch u. a. (Hg.), Handbuch, Bd. 1, S. 126; HdbG IV/2, S. 23 f.; Volkert, Handbuch, S. 327 ff. (Planungsregionen nach 1976); das Landesentwicklungsprogramm Bayern 1976, als Anlage zur Verordnung über das Landesentwicklungsprogramm vom 10. 3. 1976 im Anlagenbd. zum GVBl. Nr. 8/1976, hier bes. S. 121–371; Verordnung über das Landesentwicklungsprogramm Bayern vom 12. 3. 2003 (GVBl. Nr. 7/2003, S. 173–259, hier S. 178–187, 253 f., u. ö.).

68 Überblick bei Schlemmer/Woller (Hg.), Bayern im Bund I, S. 18 ff.; zum Straßenbau Kap. I/3, zur Gebietsreform Kap. II/2; zur Atomkraft Hasenöhrl, Zivilgesellschaft, S. 200–234; zur veränderten «Wirtschaftsgeographie» Eckert, Zonenrandgebiet, S. 73 f.; zu Ostbayern und Ingolstadt: Rieder, Armenhaus; Schlemmer, Industriemoderne.

69 Zitate bei Erker, Industriewirtschaft, S. 49; Wysocki (Hg.), Integration, S. 123–126 (Beitrag D. Petzina); Borries, Grundlagen, S. 77; zur eher skeptischen Einschätzung auch Hofmann, Industriepolitik, S. 245–261, 357–369; Frey, Entwicklung, S. 212 f., 218 ff., 230 f.; Grüner, Wirtschaftswunder, S. 310–320.

70 Vgl. etwa Grüner, Wirtschaftswunder, S. 396–418; Schlemmer/Woller (Hg.), Bayern im Bund I, S. 19–24 und 98–118 (Beitrag S. Deutinger); ferner zum Thema Natur/Umwelt Kap. III/2.

71 Grüner, Wirtschaftswunder, S. 95, dort auch die Aussage Jaumanns auf S. 412 mit Anm. 70; Überblick in HdbG IV/2, S. 23 f., 27 f., 36 f., 41 ff.; zum Begriff der Kulturlandschaft auch Kap. II/4; zur europäischen Dimension der Kulturlandschaftspflege, fixiert in der sog. Europäischen Landschaftskonvention vom 20. 10. 2000, vgl. Kelm u. a., Wege, S. 2–7, 31 ff.; Magath, Spessart, S. 37–47, 219–350.

72 Kegler, Raumplanung, S. 480–484, u. ö.; Heil, Selbstbild, S. 102–105, u. ö.; Rössler, Institutionalisierung, S. 191 ff.

II
Regionen, Identitäten und Geschichte

1 Jureit, Ordnen, S. 7.

2 Zum Themenaufriss von Regionalismen und Loyalisierung in Bayern immer noch inspirierend Blessing, Staatsintegration; ferner Brubaker, Ethnizität; Schulze Wessel, «Loyalität»; Osterhammel, Verwandlung, S. 154–157; Weichhart, Identität.

3 Faber, Geschichtslandschaft; Gollwitzer, Landschaft. Vgl. auch Paulmann, Regionen, S. 664–667; Magath, Spessart, S. 28–37, u. ö.; zum Konzept der «föderativen Nation» Langewiesche, Reich, S. 1–13, 23–59; Ders./Schmidt (Hg.), Föderative Nation, S. 215–242.

4 Denkschrift Spindlers zum «Gegenstand der bayerischen Geschichte» an das Kultusministerium, zitiert bei Böck, Auftrag, S. 9 f.; ferner etwa Spindler, Grundlagen, S. 12 f.; HdbG I, S. VII f.; oder Bosl, König Ludwig I.; Ders., Was sind Stämme; mehr zur bayerischen Landesgeschichtsschreibung in Kap. II/4.

5 Kraus, Bedeutung, S. 16.

6 Vgl. Vollhardt, Heimatpolitik, S. 369–435, Zitate S. 369; Groschwitz (Hg.), Ostbayern, S. 14 ff. (Beitrag D. Schmid); zu Ludwig I. das folgende Kap. II/2.

7 Vgl. HLB online (Finger, Gau/NSDAP); zu Gaustruktur und -ideologie immer Kap. II/2; zur ‹Vorgeschichte› vor 1933 v. a. Jaworski, Grenzlage; Haller, «Wald Heil!», S. 149–228.

8 Vgl. zum Thema Hamm u. a. (Hg.), Wald, S. 63–68; Hartinger, König Max II.; Löffler, Dünner Boden; Ders., Meisterbilder, S. 37 ff., 45; speziell zur Nachkriegsära Stoll, Bayern, S. 34–37; Reithmeier, «Landesvater», S. 99–105; Riehl-Heyse, CSU; Blessing, Pompe, mit dem Zitat zu Strauß S. 312; ferner Mergel, Staatlichkeit, S. 315 ff., 319–330, Zitat S. 323 («herrscherlicher Gestus»).

9 Vgl. hier und in der Folge Weigand (Hg.), Heimat, S. 17–30 (Beitrag H.-M. Körner), Zitate S. 20 ff.; Hamm u. a. (Hg.), Wald, Zitat S. 79 (Beitrag M. Krauss); Knoch (Hg.), Erbe, S. 13–18, Zitat S. 16; Lübbe, Welt, Zitat S. 12 («Vertrautheitsschwund»); Ders., Recht, Zitate S. 47, 49 (dort auch der vom Psychoanalytiker Paul Parin geprägte Begriff der «seelischen Plombe»); ferner Köstlin/Bausinger (Hg.), Heimat, S. 17–23, u. ö.; Egger, Heimat; Magath, Spessart, S. 178–218; Applegate, Heimat, Zitate S. 9, 15, 128; Dies., Localism, S. 233–247.

10 Vgl. durchgehend Vollhardt, Staatstradition, dort S. 119, 128, 134, 136 Zitate zur bayerischen Verfassung, zum Landesverein für Heimatpflege und zur Selbstbeschreibung der schwäbischen Heimatpflege 1928; Dies., Heimatpolitik, dort etwa S. 164–169, 256–263 zur Bezirksheimatpflege und S. 321–368 zum «Bayerischen Heimattag/Heimatparlament»; zu regionalen Aspekten bes. Steber, Gewissheiten, S. 235–251, 388–405 (Schwaben); Applegate, Heimat, bes. S. 53–77, 107–125, 162 ff., 176 ff. (zum «pfälzischen Heimatsinn»); zum «Heimatministerium» etwa Horst Seehofers Beitrag «Heimat» in FAZ vom 30. 4. 2018, S. 6, oder SZ vom 10./11. 2. 2018, S. 6.

11 Weber, Wirtschaft und Gesellschaft, S. 240, 242; vgl. auch Kunz, Geschichte, S. 36, 38 ff.; Schulze Wessel, «Loyalität», S. 10, 14, 18, u. ö.; Brubaker, Ethnizität, bes. S. 46–95.

12 Bayerische Landeszentrale (Hg.), Verfassung, S. 81 ff. (Beitrag B. Löffler zu Art. 9).

13 Vgl. zum Thema HdbG IV/2, S. 87 ff.; Volkert, Handbuch, S. 36–40, Zitat S. 36; Ders., Kreise, Zitate S. 310 (aus dem Organischen Edikt zur Schaffung der Kreise, 21. 6. 1808).

14 Hier und in der Folge Volkert, Kreise, Zitate S. 315, 318 (aus einem Memorandum Ludwigs I., 3. 4. 1834, und der Präambel zur Verordnung, die Eintheilung des Königreichs Bayern betr., 29. 11. 1837).

15 Vgl. Löffler, Dünner Boden.

16 Kegler, Raumplanung, S. 118–123, 182–188, 369 ff., 566, bes. S. 187, 370; HdbG IV/1, S. 533 ff.; Groschwitz, (Hg.), Ostbayern, S. 21 ff. (Beitrag D. Schmid); zur Initiative von 2020 vgl. Bayerische Landeszentrale (Hg.), Verfassung, S. 81 ff. (Beitrag B. Löffler).

17 Das Buch der deutschen Gaue [1938], hier S. 237–250, 280–322. – Vgl. im Folgenden immer Rumschöttel/Ziegler (Hg.), Staat und Gaue, bes. S. 77–125, Zitat S. 78 (Beitrag W. Ziegler); Ziegler, Gauleiter, S. 439–453; ferner Kap. II/1 (Semantik «Mark»/«Gau») und I/4 (Landesplanung).

18 Rumschöttel/Ziegler (Hg.), Staat und Gaue, S. 94–99 (Beitrag W. Ziegler); Ziegler, Gauleiter, S. 440 f., 448 f.; HLB online (Schott, Mainfranken); Keß, «Mainfranken».

19 Rumschöttel/Ziegler (Hg.), Staat und Gaue, S. 84–87, 91–94, 99 ff., 112–125, Zitate S. 84, 87 (Beitrag W. Ziegler); Ziegler, Gauleiter, S. 439–453; Buch der deutschen Gaue, hier S. 280–304, 315–322, Zitat S. 315; zum Gauverständnis in Schwaben bes. Steber, Gewissheiten, S. 321–482.

20 Zur Westmark und zu Bürckel vgl. Rumschöttel/Ziegler (Hg.), Staat und Gaue, S. 109–112 (Beitrag W. Ziegler); ferner Applegate, Heimat, S. 218–268, hier zur Weinstraße S. 253 f.; John u. a. (Hg.), NS-Gaue, S. 334–347 (Beitrag W. Freund); zeitgenössisch wieder Buch der deutschen Gaue, S. 237–250 (Beitrag H. Foerster zum «Grenzgau Saarpfalz, das Bollwerk im Westen»).

21 Zum Vorhergehenden die Propagandaschrift Trampler, Ostmark [1933], Zitat S. 47; sowie als weitere zeitgenössische Einblicke Ders., Ostmark [1934]; Deutschland, die bayerische Ostmark ruft [1935]; Wächtler (Hg.), Ostmark [1937], Zitat «Bollwerk und Brücke» S. 36; Buch der deutschen Gaue [1938], S. 305–314 (Beitrag H. v. Esebeck); davor Haller, «Wald Heil!», S. 149–363, Zitate S. 29 («Identifikationsraum»), 194 (Heuwieser zum Institut für Ostbairische Heimatforschung 1927), 198–201, 204 (zur «heiligen Mission» des Wald-Vereins aus dessen eigenen Programmschriften 1931); Ders., Ostmark, Zitat Trutzlied S. 71; Jaworski, Grenzlage, Zitat S. 269 (zur Weimarer Zeit); sowie Rumschöttel/Ziegler (Hg.), Staat und Gaue, S. 101–108, Zitat S. 101, 106 (Beitrag W. Ziegler); Burgstaller, Inszenierung, bes. S. 77–84 (zu «Ostmarkschauen»). – Erörterungen bei Hofmann, Oberfranken, S. 298–307, 314–329, 379 ff.; Schaller, Geschichte, bes. S. 221–332; Bald, Braun, dort v. a. zur Zentralität Bayreuths S. 156–402; Angerer u. a. (Hg.), Volk, S. 57–70 (Beitrag B. Jaunerig zu Trachten).

22 Bürckel bei Applegate, Heimat, S. 227; Wächtler (Hg.), Ostmark S. 6; «Führer durch die Ostmarkschau» von 1938, zitiert bei Burgstaller, Inszenierung, S. 80 («Stammesfuge»); zu Wagner Rumschöttel/Ziegler (Hg.), Staat und Gaue, S. 118 f. (Beitrag W. Ziegler).

23 Rumschöttel/Ziegler (Hg.), Staat und Gaue, S. 41–44, 77–85, 118–125, hier Zitate Wagner S. 44, 119 ff. (Beiträge H. Rumschöttel und W. Ziegler); HdbG IV/1, S. 531–544, 609 f., Zitat «Gaupartikularismus» S. 609 (W. Ziegler); ferner John u. a. (Hg.), NS-Gaue, bes. S. 199–217, 254–262, 334–347 (Beiträge A. Nolzen, W. Ziegler und W. Freund), hier Zitat S. 217 (A. Nolzen zur «Verstaatlichung des Gauleiter-Amtes»).

24 Vgl. etwa Lübbe, Welt; Blickle, Kommunalismus; Blessing, Staatsintegration, S. 648 ff.; Kunz, Geschichte, S. 16–25, u. ö.

25 Im Überblick Volkert, Handbuch, S. 40–48, 87–101; HLB online (Mattern, Gebietsreform).

26 Rumschöttel/Ziegler (Hg.), Staat und Gaue, S. 443–504 (Beitrag T. Forstner).

27 Vgl. zum Trend: Schildt u. a. (Hg.), Dynamische Zeiten, S. 362–401 (Beitrag M. Ruck); Frese u. a. (Hg.), Demokratisierung, S. 379–471; ferner Mecking/Oebbecke (Hg.), Effizienz; Grüner/Mecking (Hg.), Wirtschaftsräume, S. 77–89. – Zu Christaller Kap. I/4.

28 Vgl. zum Gesamtvorgang Volkert, Handbuch, S. 46 ff.

29 Zahlen bei HLB online (Mattern, Gebietsreform).

30 Volkert, Handbuch, S. 90 f., 94 f.; HLB online (Mattern, Gebietsreform); Mattern, Dörfer; Holtmann/Killisch, Identität; Mecking/Oebbecke (Hg.), Effizienz, S. 14–22; ferner Strauß, Erinnerungen, S. 654–657.

31 Vgl. HdbG IV/1, S. 256 f., 291 f., 813 f., 875 ff., 887 f., 893 f., 906–914, 941; HdbG IV/2, S. 90–94; Volkert, Handbuch, S. 40–48; HLB online (Krapf, Eingemeindung); Hundert Jahre Flurbereinigung; Götschmann, Wirtschaftsgeschichte, S. 564 ff. (dort die Zahlen zur Flurbereinigung).

32 Zitiert bei Volkert, Kreise, S. 315, 318, und oben Kap. II/2; zu den Zusammenhängen eingehend Murr, Konstruktion; Ders., Geschichtspolitik; Ders., Mittelalter, S. 188–195; Körner, Staat, bes. S. 114–126, 171 f., 188–196, 204 ff., 564 ff., 571–575.

33 HLB online (Volkert, Bayerisches Wappen); Mergel, Staatlichkeit, S. 305 f.; zur Abschaffung 1936 vgl. Bay. Gesetz- und Verordnungsblatt 1936, 159, Nr. 6.

34 Vgl. Bosl, König Ludwig I., S. 230; zum Kontext v. a. Kunz, Geschichte, S. 55–74, 323–341.

35 Vgl. v. a. wieder Murr, Konstruktion; Ders., Geschichtspolitik; Ders., Mittelalter; Körner, Staat, S. 116–126, 172–188, u. ö.; zum Festwesen Köstlin/Bausinger (Hg.), Heimat, S. 81–122.

36 Warnke, Landschaft, S. 24 ff., 47 f., 54 f., 112–116, 138–144; Löffler, Monument.

37 Lommel/Bauer, Königreich; Fischer, Bayern; Riehl (Hg.), Bavaria; Erörterung etwa bei Weid, Popularisierung, S. 30–44; zu Riehl mehr unter Punkt III/1.

38 Vgl. hier und in der Folge HLB online (Seifert, Trachtenbewegung); Haus der Bayerischen Geschichte (Hg.), Phänomen Trachten; oder exemplarisch Appl/Wax (Hg.), Tracht; ferner z. B. Egger, Heimat, S. 176–189; Bayerland 73 (1971) Nr. 3, S. 95 f. (P. E. Rattelmüller zu Luitpold); Hamm u. a. (Hg.), Wald, S. 241–245, 270–276, 307 ff., u. ö.; Weigand (Hg.), Heimat, S. 165–178 (zum Verhältnis Dynastie und Tracht).

39 Hartinger, König Max II., bes. S. 353–362, mit den Zitaten S. 357, 362, 370; Hanisch, Fürst, bes. S. 29–40, 137 ff., 320–409; Murr, Monarchie; Weid, Popularisierung, S. 26–30.

40 Ziegler, Hitler, S. 72–94; Haus der Bayerischen Geschichte (Hg.), Phänomen Trachten, S. 37–41; Sünderhauf, Hitler's Dress Code; zeitgenössisch etwa Hoffmann, Hitler in seinen Bergen (1935); Deutsche Hauptstädte, unpag. (abschließende Bildtafel zum München-Teil); Wächtler (Hg.), Ostmark, S. 9 ff., 128 ff.

41 Zum größeren Kontext etwa Vollhardt, Staatstradition; Dies., Heimatpolitik, S. 164–169, 256–263; zum «Heimat»-Diskurs vgl. Kap II/1.

42 Allgemein Kunz, Geschichte, S. 47 f., 78–158, 323 ff., Zitat S. 325; zum Begriff der «Regionalisierung» staatslegitimierender Geschichtspolitik vgl. Körner, Staat, S. 574; Murr, Geschichtspolitik, S. 209; für die Pfalz Applegate, Heimat, S. 39–45, 53–77, 107–125, 145–178, Zitate S. 75, 151.

43 Stellungnahme der Akademie vom 7. 7. 1836 (Referat von Koch-Sternfelds) zitiert bei Stetter, Topographie, S. 241; Gesandtschaftsbericht in Schmid (Hg.), 1806, S. 181; zu den genannten Museen die Homepages: https://museum-franken.de/; https://www.museum.bayern/museum.html (31. 12. 2023).

44 Zitat Applegate, Heimat, S. 252; für das Folgende Löffler, Landesgeschichtsschreibung; Speitkamp, Erfindungen, S. 19–25; Ders., Erinnerungsorte, S. 29–38; Wolfrum, Geschichtspolitik; Mergel, Staatlichkeit; Vollhardt, Geschichtspolitik; Dies., Staatstradition.

45 Ackermann u. a. (Hg.), Bayern, S. VIII (Vorwort A. Kraus); Kraus, Bedeutung; davor etwa Kunz, Geschichte; Weigand (Hg.), Historiker; Löffler, Dünner Boden, S. 182 f.; Volkert/Ziegler (Hg.), Dienst, S. 307–350.

46 Zitate Spindlers aus dessen Schreiben an Ministerpräsident Hans Ehard, 1947, bei Kraus, Bedeutung, S. 10, sowie aus einem Brief Spindlers an Kultusminister Ludwig Huber 1969, zitiert bei Böck, Auftrag, S. 4 f.; besonders einflussreich der Vortrag Spindler, Grundlagen der Kulturentwicklung in Bayern (1946 vor dem Bayerischen Landesverein für Heimatpflege); einordnende Zitate aus Vollhardt, Heimatpolitik, S. 69, und Dies., Staatstradition, S. 119–123, hier S. 120; zur Verfassungspräambel ferner Kramer, Eingedenk, S. 27 ff.

47 Schmid, Landesgeschichte, S. 19; HdbG IV/2, S. V–IX, hier S. VI, VIII (Vorwort A. Schmid); Bayerische Staatszeitung vom 12. 11. 2004, S. 4 (F. Kramer, «Keimzellen bayerischer Identität. Zur Funktion der Professuren für bayerische Landesgeschichte»).

48 Zitate SZ vom 23. 7. 2017, S. 42 (H. Kratzer, «Kaderschmiede für den Freistaat», darin auch die Rede Spaenles anlässlich des 70-Jahres-Jubiläums der Institutsgründung); gleichlautend SZ vom 23. 6. 2022, S. 34 (H. Kratzer, «Am Puls des Freistaats»); Weigand (Hg.), Historiker, hier S. 266–269, Zitat Spindlers S. 259 (Beitrag F. Kramer zu Spindler und Bosl); das Spindler-Zitat von 1962 zum Haus der Bayerischen Geschichte in Treml u. a., Geschichte, S. 620 f.; ferner Vollhardt, Geschichtspolitik, S. 42–49, 73–83, 102–161; Dies., Staatstradition, S. 123 f., 132–141; Wolfrum, Geschichtspolitik, S. 365–393; Mergel, Staatlichkeit, S. 335–338, u. ö.; Volkert/Ziegler (Hg.), Dienst, S. 407–436; Schmid, Neue Wege, S. 38–44. – An Namen von Institutsabsolventen mit öffentlicher Wirkung wären neben Ludwig Spaenle etwa zu nennen Benno Hubensteiner, Gertrud Diepolder, Helmut Dotterweich, Dieter Wieland, Hubert Glaser oder der erwähnte SZ-Journalist Hans Kratzer.

49 Vgl. zur Argumentation mit den «Stämmen» oben Kap. II/1. – Die vorhergehenden Zitate von Spindler und Andreas Kraus alle nachgewiesen in Löffler, Landesgeschichtsschreibung, S. 206 ff.

50 Kraus, Bedeutung, S. 8 ff., 14 f., mit Zitat S. 10 (Spindler an Ehard 1947); zu den Formulierungen auch HdbG II, S. 67; HdbG IV/2, S. V–IX; Weigand (Hg.), Historiker, S. 268 ff. (Beitrag F. Kramer); Hiereth, Gerichts- und Verwaltungsorganisation, S. 2 f. (Programmschrift zum Historischen Atlas); zum Atlas ferner Kap. I/2.

51 Schmid (Hg.), Konstitution, S. 7–15, Zitat S. 8; vgl. auch (kritisch) François/Schulze (Hg.), Deutsche Erinnerungsorte, Bd. 1, hier S. 472 (Beitrag F. Prinz); ferner Kraus, Geschichte, S. 42 f.; oder Hubensteiner, Geschichte, S. 31–35; davor Spindler an Ehard, 9. 11. 1947, zitiert bei Vollhardt, Staatstradition, S. 124 mit Anm. 23.

52 Vortrag Spindlers (1954) zit. bei Böck, Auftrag, S. 4; ferner Spindler, Erbe, S. 116, 169 f. – Zum Thema Ziegler, Landesgeschichte, S. 853 ff.; Weigand (Hg.), Historiker,

S. 265 f., 271–274 (Beitrag F. Kramer); Ders., Landesgeschichte in europäischer Perspektive, S. 212 ff.; Wolfrum, Geschichtspolitik, S. 364 f., 369–374; ferner Kap. III/1; zum Kulturlandschaftsbegriff Magath, Spessart, S. 14–68, 178 ff., bes. S. 28–37; zu Bosls «anthropologischer» Geschichtsbetrachtung Bosl, Geschichte, S. 9–13, 25; zu seinen tatsächlichen NS-Verstrickungen Kedar/Herde, Bosl.

53 Vgl. zur Problematisierung dieser Zusammenhänge etwa Speitkamp, Stadt, S. 129 f., 141 f., 145–148; Bavaj, Spatial turn, S. 473–476.

54 Spindler, Grundlagen, bes. S. 4–14, 21 ff., Zitate S. 3, 7, 13, 22; Ders., Erbe, hier S. 172; Ders., Ruf; besondere Betonung des kulturellen Aspekts auch bei Hubensteiner, Geschichte; vgl. ferner Ziegler, Exkursion; Vollhardt, Staatstradition, S. 119–122; zum «barocken Bayern» Kap. III/3.

55 Vgl. dazu z. B. Rutz, Doing territory; Speitkamp, Erfindungen; davor Vollhardt, Staatstradition, S. 122 f.; Wolfrum, Geschichtspolitik, S. 352–357, 366–372; zum Begriff der «Bildermaschine» vgl. Groebner, Geschichtsgebrauch, S. 409.

56 Riehl, Die Pfälzer (3. Aufl. 1907), hier S. XI, 15, 83–92, 234, 243; Rudhart, Zustand, Bd. 1, S. 5 ff.; Haan, Hauptstaat, S. 30 (Armansperg); ferner Applegate, Heimat, S. 48–53, mit Passagen aus einem Gutachten Riehls «über die Pfälzer» für König Max II. (1854).

57 Vgl. immer Gollwitzer, Landschaft, S. 536 ff., 540 ff., folgendes Zitat S. 537; Blessing, Staatsintegration, S. 688–698; Applegate, Heimat, S. 26 ff., 32–45, 53–79, 92 ff., 145–178, u. ö.; Dies., Localism, bes. S. 226–233; zur Beamtenschaft Scharf, Staatsdiener, S. 213–264; Überblick bei Ruppert, Pfalz, S. 219–227, 239–259, u. ö.

58 Vgl. Kap. I/1 und 3; Zitat Michel aus dem «Weltbühne»-Beitrag «Pfalz, Bayern, Deutschland» vom 15. 11. 1923 bei Ullrich, Deutschland 1923, S. 231.

59 Zitiert bei Wachter, Nürnberg, S. 365.

60 Kunz, Geschichte, S. 323, 326. Die einschlägige Literatur zu Franken ist reichhaltig. Vgl. hier und in der Folge immer HLB online (Weiß, Franken/Begriff); die diversen Beiträge W. K. Blessings; Kirmeier u. a. (Hg.), 200 Jahre Franken; Endres, Franken; Paulus u. a. (Hg.), Franken.

61 Gollwitzer, Landschaft, S. 535 f. (mit Zitat aus Diezel, Baiern und die Revolution, Zürich 1849, S. 243 f.); Blessing, Franken (2003), S. 340–358, auf S. 361 mit Anm. 64 das Zitat von Schneider. – Siehe darüber hinaus etwa auch Ders., Franken (2005), S. 279–297; Bosl, Bayern, S. 78–83; Paulus u. a. (Hg.), Franken, S. 18–36, 44–51; zum NS Hambrecht, Bastion.

62 Vgl. Gollwitzer, Giech, S. 102 f., 131–141, Zitat S. 103; Blessing, Staatsintegration, S. 646 ff.

63 Blessing, Franken (2005), S. 299 ff.; Ders. u. a. (Hg.), 200 Jahre Franken, S. 90–124, 157–166; Kirmeier u. a. (Hg.), 200 Jahre Franken, S. 101–155; Paulus u. a. (Hg.), Franken, S. 204–225.

64 Blessing, Staatsintegration, hier S. 657 ff., 678 ff., Zitat S. 657; Kirmeier u. a. (Hg.), 200 Jahre Franken, S. 244 ff.; Wachter, Nürnberg, S. 366 ff., 377 ff.

65 Zitate Blessing, Franken (2003), S. 348, 359; Ders., Franken (2005), S. 297 f.; Kirmeier u. a. (Hg.), 200 Jahre Franken, S. 17; ferner Endres, Franken, bes. S. 5–9, 98 ff.; Meinhart, Franken, S. 42 ff.; Bosl, Bayern, S. 80 ff.; zu den Beamten Schärl, Zusammensetzung, S. 33 f., 79 f.

66 Vgl. Wendehorst, Hundert Jahre; Volkert/Ziegler (Hg.), Dienst, S. 145–160, 236–247; Blessing, Franken (2005), S. 299; zu den Museen oben Kap. II/3 mit Anm. 43.

67 Blessing, Franken (2005), S. 297 ff.; Ders. u. a. (Hg.), 200 Jahre Franken, S. 133–138, 171 ff.; HLB online (Weiß, Franken/Begriff).

68 Heller, Regionalidentität, Zitate S. 382, 387 f.; Brückner, Region, S. 35 f.; ferner Meinhart, Franken; sowie die heutige Webseite www.frankenbund.de (4. 10. 2022); davor Franconia. Illustrirte Zeitschrift für Geschichte, Kunst, Alterthums- und Volkskunde Frankens 1, Rothenburg 1882, S. 1; insgesamt auch Blessing, Franken (2003), S. 359 ff.

69 Vgl. Lübbe, Welt, S. 19, zitierend aus «wir selbst. Zeitschrift für Nationale Identität» 5 (1980), S. 46; ferner Endres, Franken, S. 99 ff.; Wachter, Nürnberg, S. 368 ff.; Meinhart, Franken; Blessing u. a. (Hg.), 200 Jahre Franken, S. 181–186; Reichold, Warum, S. 29; SZ vom 3. 1. 2011, S. 37 (H. Kratzer, «Höchste Zeit für den Franken-Tatort»). – Zu den beiden Vereinigungen: www.arbeitsgemeinschaft-franken.de; www.fraenkischer-bund.de (4. 10. 2022); zum Schlagwort «Europa der Regionen» Kap. IV/3.

70 Vgl. zum Thema Fried (Hg.), 50 Jahre, S. 18 ff., Zitat auf S. 19; Ders. (Hg.), Probleme der Integration, S. 9–16, 84–90; Gollwitzer, Landschaft, S. 533 ff., 543–547; Bosl, Bayern, S. 83–89.

71 Vgl. zur SFG Fried (Hg.), 50 Jahre, hier S. 1–25, Zitate S. 3, 9; Volkert/Ziegler (Hg.), Dienst, S. 161–169, 229–235; zur Heimatpflege etwa Vollhardt, Staatstradition, S 128–131, 139 f., Zitat Merkt S. 128 («Seele des schwäbischen Menschen»); Dies., Heimatpolitik, S. 164–175, 256–263; Fassl u. a. (Hg.), Forschungen, dort Zitat zu Weitnauer S. 547, 550; Ders. u. a. (Hg.), Bayern, S. 285–288, 399 ff.; ferner Steber, Gewissheiten, S. 221–275, 388–405, mit den Zitaten S. 222, 261, 272 (v. a. aus den 1920er Jahren); sowie Heintze (Hg.), Region.

72 Steber, Gewissheiten, S. 12 f. (mit dem Zitat), 42–53; Fassl u. a. (Hg.), Forschungen, S. 543–551; Ders. u. a. (Hg.), Schwaben, S. 65–74; Fried (Hg.), Forschungen, S. 175–180, 235–315; Schmale/Stauber (Hg.), Menschen, S. 210–227 (F. Kramer zur fluiden Grenzregion «Lechrain»); Bosl, König Ludwig I., S. 228.

73 Steber, Gewissheiten, S. 20 ff., 35 ff., Zitat S. 21; Mergel, Staatlichkeit, S. 288 f. (mit dem Zitat Fegers aus dessen Programm «Schwäbisch-alemannische Demokratie»); Blickle, Kommunalismus; Blessing, Staatsintegration, S. 648 ff.; Fried (Hg.), 50 Jahre, S. 18.

74 Steber, Gewissheiten, S. 12–70, 133–162, 221–320, 406–467, 482–492, Zitate S. 12 (Riehl), 18, 484 f.; Gollwitzer, Landschaft, S. 543 f.; Feger, Demokratie; zur Gauideologie Wahls Kap. II/2.

75 Zitate Lübbe, Welt, S. 20; Osterhammel, Verwandlung, S. 174; zur Komplexität des «Sudetenlandes» etwa Franzen, Stamm, S. 17–36, 308–312, 320 ff., u. ö.

76 Vgl. zum Thema v. a. Franzen, Von ungeliebten Fremden, Zitate S. 290, 293 (Reden Ehards vom 5. 6. 1954 bzw. Hoegners vom 26. 1. 1956); Ders., Stamm, S. 180–276, Zitat «Magna Charta» S. 321; Endres (Hg.), Stamm; Bosl, Bayern, S. 69, 96; zum Nordgautag oben Kap. II/1.

77 Zitate aus Reden Ehards vom 5. 6. 1954, Hoegners von 1955 und 26. 1. 1956, zitiert bei Franzen, Von ungeliebten Fremden, S. 289 f., 292 f.; ferner Ders., Stamm,

S. 277–322, dort S. 287 f. die Rede Goppels vom 17. 5. 1970 und S. 322 die Passage von Simon.

78 Vgl. Franzen, Von ungeliebten Fremden, S. 297 ff., 322–390, 436–440; Ders., Stamm, S. 289–307, S. 318 f.; zu den Problemen im Integrationsprozess etwa Endres (Hg.), Stamm, S. 5–20, 183–214.

79 Vgl. Bosl, Bayern, S. 70–78, 90–95, Zitate S. 91; Decker/Krah (Hg.), Skandal; Krah (Hg.), Bayern.

80 Inspirierend, an Beispielen der Antike, Zimmermann, Orte, Zitat S. 143.

81 Vgl. hier und in der Folge im Überblick Spindler (Hg.), Geschichtsatlas, Karten 26 und 40 mit S. 89–93, 115; Wüst, Landschaften; exemplarisch Appl/Knedlik (Hg.), Klosterlandschaft; oder Magath, Spessart, S. 36 f., 83–86.

82 Arnim zit. bei Tworek (Hg.), Sommerfrische, S. 10, 209 f.; zum Kontext Holzfurtner, Altötting, S. 41 f., 51–54, Zitat S. 54; Wiebel-Fanderl, Wallfahrt, bes. S. 6 ff., 20–27, 114 ff., 134 ff., u. ö.; Bauer, Wallfahrt, S. 97–103, 129 ff., Zitat Maximilian I. S. 99; Czerny, Wittelsbacher, bes. S. 74 ff., 127 ff., 156–241.

83 Vgl. im essayistischen Überblick Rogasch, Bayern, S. 229–239; ferner Utz/Tyroller, Wallfahrten im Bistum Regensburg; HLB online (Hübner, Evangelische Kirche 19./20. Jahrhundert).

84 Vgl. zu den Zusammenhängen v. a. Kap. II/4 und III/3.

85 Knapp, Mainfranken, Zitate S. VII f., 1 ff.; vgl. auch Brückner, Region, S. 22 ff., 44 ff. – Womöglich ließe sich als Beispiel für eine flussbezogene Kunst- und Kulturlandschaft noch das geschichtspolitische Kunst-Natur-Ensemble Ludwigs I. an der Donau zwischen Weltenburg und Walhalla oder die Rede von der künstlerischen «Donauschule» (Albrecht Altdorfer) anführen.

86 Vgl. neben Kap. II/2 Keß, «Mainfranken»; Mainfränkisches Jahrbuch für Geschichte und Kunst 1 (1949), hier S. 242 f.; ferner Freeden, Erbe, S. 188–191, Zitat S. 191.

87 Vgl. insgesamt François/Schulze (Hg.), Deutsche Erinnerungsorte, Bd. 3, S. 549–566, mit den Zitaten S. 551 ff. (H. Münkler zu «Richard Wagner»); ferner Rogasch, Bayern, S. 245 ff.; Bald, Braun, S. 42 ff., sowie Hofmann, Oberfranken, bes. S. 314–322, 327 ff., 379 ff. (zu Bayreuth und Coburg).

88 Zitate bei Pollack, Landschaften, S. 20; Besucht Bayern (1930); Ender u. a. (Hg.), Landschaftslektüren, S. 15, 80, 90; Benz u. a. (Hg.), Planen, Bd. I, hier S. 6, 175 (Zitate zum «politisierten Bauen»); zum Thema insgesamt ebd., Bd. I, S. 16–23, 31–36, 210–216, und Bd. II, S. 656–670, 678–682, 690–696; Paulus, Zeiten, S. 225–233; Large, Hitlers München, S. 159–244, u. ö.; Heusler, Haus, S. 49–126; Rosenbaum, Tourism, S. 176–188; klug abwägend Ziegler, Hitler.

89 Large, Hitlers München, S. 287 ff., 320–333, 345–352, Zitate S. 287; HLB online (Heusler, Hauptstadt der Bewegung), dort Zitate aus den Hitler-Reden; Heusler, Haus, S. 139–151, 201–235; Ziegler, Hitler, S. 41 f., 48–59; zeitgenössisch Deutsche Hauptstädte, unpag. [Teil I zu München], dort Zitat Hitlers zur «Lieblingsstadt».

90 Vgl. wieder Besucht Bayern (1933); Hoffmann, Hitler in seinen Bergen (1935); sowie Deutsche Hauptstädte, unpag. (abschließende Bildtafel zum München-Teil), dort das letzte Zitat; ferner Weithmann, Alpen, S. 339–356; Keller u. a. (Hg.), Hitler, S. 8–47; zu Hitlers Vereinnahmung von örtlichen Traditionen Ziegler, Hitler, S. 42, 67 ff., 72–94.

91 Baedeker, München (39. Aufl. 1935), S. XI, 15, 18, 32 f., 110, 282, 285; Baedeker, Südbayern (Aufl. 1942), S. 12 (zur Gedenkroute), 26, 30, 109 (zu Landsberg), 296, 300 f.; Trautwein, Führer durch München, bes. S. 59–67, 83 f., 91 f., 94 f., Zitate S. 59, 67; Erörterung bei Rosenbaum, Tourism, S. 181 f., 186–207.

92 Vgl. Deutsche Hauptstädte, unpag. [Teil II zu Nürnberg]; Lutze, Nürnberg, S. 11; Wirsching, Nürnberg, mit Zitat S. 390; François/Schulze (Hg.), Deutsche Erinnerungsorte, Bd. 1, S. 68–85 (Beitrag A. Kosfeld); Rosenbaum, Tourism, S. 187 f., 207–227, dort Zitat S. 215 mit Anm. 184 (Broschüre 1938); Ders., Timeless, S. 48–53; Brockmann, Nuremberg, S. 32–130.

93 Vgl. Dietzfelbinger/Liedtke, Nürnberg, S. 29–92; Schmidt, Reichsparteitagsgelände; Brockmann, Nuremberg, S. 131–219, 256–289.

94 Strauß, Erinnerungen, S. 656; zum Hesselberg HLB online (Greif, Hesselberg); Greif, Wallfahrt, S. 273–301, 307–315, 319–378, Zitate S. 333, 352; zu Franken insgesamt Hambrecht, Bastion; Hofmann, Oberfranken; Ziegler, Hitler, S. 42 ff., 59 f.

95 Vgl. insgesamt Asmuss/Hinz (Hg.), Umgang, S. 21–37, 45–79 (Einleitung, Beiträge F. Sonnenberger und V. Dahm), dort Zitate S. 47 f., 56, 66 zu Nürnberg; Benz u. a. (Hg.), Planen, Bd. III, S. 1085–1093, 1137–1149; sowie die Homepages und Kataloge der Gedenk-/Dokumentationsinstitutionen. – Zu München: Large, Hitlers München, S. 436–449; Nerdinger (Hg.), München. – Zu Nürnberg: Dietzfelbinger/Liedtke, Nürnberg, S. 93–144; Brockmann, Nuremberg, S. 256–289; zur Kontroverse um ein «Operninterim» etwa SZ vom 2./3. 7. 2022, S. 63; 10. 12. 2021, S. 34 – Zum Obersalzberg: Drecoll, Obersalzberg, Zitate S. 445, 461 f.; Ders./Feiber/Keller, Idyll, Zitat S. 158; Keller u. a. (Hg.), Hitler (Katalog zur neuen Dauerausstellung).

96 Vgl. Skriebeleit, Flossenbürg, Zitate S. 427, 439, 441; Ders. Erinnerungsort; für Dachau Asmuss/Hinz (Hg.), Umgang, S. 199–206 (Beitrag B. Distel); davor Assmann, Erinnerungsräume, S. 328 ff.; insgesamt zur KZ-Architektur Benz u. a. (Hg.), Planen, Bd. II, S. 723–767.

97 Vgl. die Bände «Orte der Demokratie in Bayern» als Hefte 1 und 2 der ZBLG 81 (2018), Zitate im Vorwort von F. Kramer S. 1–4; oder etwa Haus der Bayerischen Geschichte (Hg.), Rebellen; Hamm u. a. (Hg.), Wald, S. 99–107 (M. Trummer).

98 https://www.orte-der-demokratie.bayern/ (3. 10. 2022).

99 https://www.bavarikon.de/ (3. 10. 2022).

100 Vgl. neben Kap. III/3 Rau, Räume, S. 176 f.; Gugerli, Welt; Urry/Larson, Tourist Gaze; Speitkamp, Erfindungen, S. 19–25.

101 François/Schulze (Hg.), Deutsche Erinnerungsorte, Bd. 1, S. 471–483, Zitate S. 478 f., 481 (Beitrag F. Prinz); zeitgenössisch z. B. die Ideologisierung des «Äquators» in Aretin, Handbuch (1810).

102 Vgl. Hort, Repräsentation; Paulus, Herz; Kock, Maximilianeum.

III
Hohe Berge, Touristenträume und Wasserwerfer: Natur, Landschaft und Umwelt im Bild des modernen Bayern

1 Feuchtwanger-Zitat in Wittmann (Hg.), «Erfolg», S. 15.

2 Vgl. dazu im Näheren mit Belegen die Einleitung sowie Kap. II/4 (zur Geschichtsschreibung) und Kap. III/3 (zu Landschaftsmalerei, Film, Literatur etc.); ferner Haus der Bayerischen Geschichte (Hg.), Selbstbewusst, S. 126–131 (Beitrag E. Greipl zur «Marke Bayern»).

3 Vgl. exemplarisch Hoenig, Berge, S. 15–23, 204–207, Zitate S. 16, 209, dort bes. auch zum Aspekt der Nutzungskonkurrenzen und Eigentumskonflikte zwischen Weide-/Forstwirtschaft, Tourismus und Naturschutz; ferner eingehend Blackbourn, Landschaften, bes. S. 207–210, 219 ff., 273–276; Lekan, Imagining, S. 1–18; Hanisch, Landschaft, S. 19–110; Warnke, Landschaft, S. 109–150; Kupper, Wildnis.

4 Vgl. Altenbockum, Riehl, S. 1–9, 61 ff.; Weigand (Hg.), Historiker, S. 95–118 (Beitrag W. Siemann); Hartinger, König Max II., S. 363–366; Hanisch, Fürst, S. 112–123.

5 Vgl. Riehl, Land und Leute, bes. S. 16 ff., 26 f., 40 ff. (mit Zitaten); Ders., Wanderbuch, S. 1–33, Zitat S. 284; Ders., Auge.

6 Vgl. HdbG IV/2, S. 4–9; Götschmann, Wirtschaftsgeschichte, S. 24–34; Weithmann, Alpen, S. 15–36.

7 Karl, Handbuch, Bd. 1, S. 5.

8 Vgl. dazu die Ausführungen in Kap. I/3, dort auch zu den oft stereotypen Wahrnehmungsmustern.

9 Riehl, Land und Leute, bes. (mit den Zitaten) S. 47–54, 56, 58, 79 ff., 87–90, 100, 139, 202–205, 210, 215 ff., 233–239, 244 ff., 277 f., 280, 290; Ders., Die Pfälzer, hier zit. aus der Neuaufl. 1973, S. 30, 175, 187, 191, 202; Ders., Wanderbuch, S. 181–216 (zur Pfalz bzw. zum «Rheingau»); Erörterung bei Applegate, Heimat, S. 45–53, 97 f.

10 Riehl, Land und Leute, S. 57 f., 72, 137 f., 220–225.

11 Thoma, Vöst, S. 157–177; Ders., Münchnerinnen, S. 12 ff., 41; Reichold, Warum, S. 37 ff. (Schönwerth); zu Diess Kap. III/3; ferner Beispiele bei Gockerell, Bayern, S. 11–40, 67–89.

12 Braudel, Mittelmeer, Bd. 1, S. 20 f., 31; Febvre, Rhein; Simmel, Soziologie, S. 227 f.; Bosl, Franken, S. 6; Schlögel, Im Raume, S. 12 ff., 128–136, 260 ff., 325 ff., 492–504, Zitat S. 287 («Trägheit»); Weichhart, Identität; Zurfluh, Homo Alpinus.

13 Vgl. etwa Ritter, Einleitung, hier S. 153, 171 f., 181, 188 f.; Ratzel, Anthropogeographie, Teil 1, 2. Aufl., hier S. 55 ff., 73–134; Ders., Glücksinseln, dort die «Altbayrischen Wanderungen» S. 261–292, Zitat S. 271; zu Ipsens Riehl-Rezeption Weigand (Hg.), Historiker, S. 96 f. (Beitrag W. Siemann). – Allgemein zur Einordnung etwa Blackbourn, Landschaften, S. 227 f., 262–268; Applegate, Heimat, S. 109 f., 159, 256 ff., Zitat S. 47; Schlögel, Im Raume, S. 52–59, Zitat S. 56; Osterhammel, Wiederkehr, S. 374 f., 379–382.

14 Zitate aus Kötzschkes «Nationalgeschichte und Landesgeschichte» (1923/24) und Aubins «Aufgaben und Wege der geschichtlichen Landeskunde» (1925), in Fried

(Hg.), Probleme und Methoden, S. 32 ff., 49 ff. Vgl. Speitkamp, Erinnerungsorte, S. 24 ff.; Ditt, Strategien, S. 16–21.

15 Hellpach, Physiognomik, zum «Methodischen» S. 177–184, zu Franken, Schwaben und Altbayern S. 46–87, 99–107, mit den Zitaten S. 48, 51 f., 78 ff., 99 f., 103 f, 107; ähnlich Lendvai-Dircksen, Volksgesicht (1932), S. 150–163.

16 Riehl, Land und Leute, S. 16 ff., 26 f., 40 ff., u. ö.

17 Vgl. dazu Kap. II/4; Zitate aus Spindler, Grundlagen, S. 4–14, 21 ff.

18 Landschaftskonvention, hier Präambel, Abs. 4 und 5, sowie Art. 5, online unter https://www.admin.ch/opc/de/official-compilation/2013/1379.pdf (5. 12. 2017), erörtert auch bei Kelm u. a., Wege, S. 1–11, 31–53, 62 ff.

19 Ratzel, Glücksinseln; zur neueren Forschung etwa Said, Orientalismus; Gregory, Imaginations; zum Kontext Blackbourn, Landschaften, S. 205–230, 273–287; Schlögel, Im Raume, S. 154–166, 243–248, 282–291.

20 Vgl. Blackbourn, Landschaften, S. 218 ff., 227–230, Zitat S. 228; Ders., Eroberung, S. 9–25; Hölzl, Naturschutz, S. 6–33; das Zitat des Vorsitzenden des Pfälzerwald-Vereins, Lorenz Wappes, von 1928 bei Applegate, Heimat, S. 88 f.; ferner Kupper, Wildnis, S. 12–15, 77–81, 289–293, mit dem letzten Zitat S. 15.

21 Riehl, Land und Leute, S. 45–86, Zitat S. 62; Ders., Auge, S. 57, 79; Kobell, Wildanger, S. 409; zum Kontext Blackbourn, Landschaften, S. 210–217, 223–228, dort Zitat S. 228 («geometrische Uniformität»); sowie Sieferle, Fortschrittsfeinde, S. 30–64, 149 ff., mit Zitat S. 57; Hölzl, Naturschutz, bes. S. 9–14, 63–75, mit Zitat «Alpenpanorama» auf S. 11.

22 Vgl. allgemein Lübbe, Welt; zum Verhältnis Globalität/Lokalität etwa Kupper, Wildnis, S. 98–102, oder Hoenig, Berge, S. 14–20, 199–206; zum Zusammenhang Natur/Landschaft – Identität siehe etwa Lekan, Nature; Ders., Imagining, S. 1–18; zur transregionalen Komponente von Natur Kap. IV/2.

23 Zu Bamberg Stolberg, Recht, S. 47–108; zu frühen Umweltdebatten Sieferle, Fortschrittsfeinde, S. 57–64, 161 ff.

24 Zum Walchenseekraftwerk eingehend Linse u. a., Bittschrift, S. 63–127 (Beitrag R. Falter), Zitat Seidl aus dem Jahresbericht des Isartalvereins von 1906, S. 73 f.; Füßl, Walchenseekraftwerk; Löffler, Kammer, S. 328–340; zum Isartalverein etwa Hölzl, Naturschutz, S. 35 ff.; Schmoll, Erinnerung, S. 203–208; vgl. allgemeiner zur Wasserkraft-Debatte Krauss u. a., Lech, bes. S. 91–147.

25 Die Zitate vom Naturschützer G. Eigner und «Heimatschutz»-Propagandisten E. Rudorff bei Eigner, Schutz, S. 374, und Schmoll, Erinnerung, S. 232; zum DAV François/Schulze, Erinnerungsorte, Bd. 3, S. 532 (Beitrag U. Linse); ferner Sieferle, Fortschrittsfeinde, S. 162 ff.; zum Verhältnis von Naturschutz und Bergtourismus Hasenöhrl, Zivilgesellschaft, S. 163–199, 326–374, dort Zitate S. 166 und 183 (1949/54/63 zur Seilbahn-Diskussion aus Naturschutzkreisen); aus erster Hand Kraus, Zerstörung, S. 200 ff., 209–215.

26 Zu den Zusammenhängen im Überblick immer HLB online (Hölzl, Naturschutz, und Mailänder, Deutscher Alpenverein); Hölzl, Naturschutz, S. 25–33, 63–75, 79 ff., u. ö.; Hasenöhrl, Zivilgesellschaft, S. 38–51, 74–91; Berg Heil, bes. S. 199–217; Andersen, Heimatschutz; Schmoll, Erinnerung, S. 203–229; Haller, «Wald Heil» (Bayerischer Wald-Verein).

27 Zum Landesausschuss (Zahlen 1913) Hölzl, Naturschutz, S. 33–75; zum Isartalverein mit dem Zitat aus der 10-Jahresfestschrift von 1912 vgl. Schmoll, Erinnerung, S. 203–208, Zitat S. 204.

28 Vgl. Sieferle, Fortschrittsfeinde, S. 161–173, Zitate S. 167; Knaut, Natur, bes. S. 27–64, 349–429; Hölzl, Naturschutz, S. 14–33, 93 ff.; Schmoll, Erinnerung, S. 387–455; Lekan, Imagining, S. 19–24, 49–73, 121–141.

29 Eigner, Naturpflege, S. 6–17, 31 ff., 60–108, das letzte Zitat S. 60; Ders., Schutz, S. 369–379, 417–426, Zitat Riehl S. 375. – Davor zum «Heimatschutzstil» Weigand (Hg.), Heimat, S. 245–261 (Beitrag A. Knaut), S. 251 das Zitat aus Satzung und BVVV-Mitgliederschrift 1902/03; Hamm u. a. (Hg.), Wald, S. 77–83 (M. Krauss zur «antimodernen ‹Hochland-Ideologie›»).

30 Hölzl, Naturschutz, S. 46 f., 79–93.

31 Auch hier wieder Sieferle, Fortschrittsfeinde, S. 193–224; Hölzl, Naturschutz, S. 93–134; ferner Berg Heil, S. 218–312, Zitat S. 255; Keller, Apostles, S. 121–151, 183–212; Haller, «Wald Heil!», S. 197–216, 265–317. – Allgemein zum Thema Blackbourn, Eroberung, S. 307–376; Radkau/Uekötter (Hg.), Naturschutz.

32 Zu Seifert siehe neben Seifert, Zeitalter, hier S. 9–50, 87–90, 114–117, v. a. Radkau/Uekötter (Hg.), Naturschutz, bes. S. 273–307 (Beitrag T. Zeller), S. 221 das Zitat von O. Kraus aus dem Jahr 1943; Zeller, Straße, S. 77–209; Lekan, Imagining, S. 212–234, 261 f.; Hölzl, Naturschutz, S. 117–132.

33 Riehl, Land und Leute, S. 50; Seidl im Jahresbericht des Isartalvereins von 1906, bei Linse u. a., Bittschrift, S. 73, und Frohn/Schmoll (Bearb.), Natur, S. 117; Eigner, Naturpflege, S. 35, 60; Radkau/Uekötter (Hg.), Naturschutz, S. 243, sowie Zeller, Straße, S. 89 (mit Seifert-Zitaten von 1936 und 1942); ferner Blackbourn, Landschaften, S. 226 ff.

34 Lense, Naturschutz, S. 248.

35 Vgl. zu den Kontinuitäten Schmoll, Erinnerung, S. 212–224, Zitat S. 216; Radkau/Uekötter (Hg.), Naturschutz, S. 361–404, Zitat S. 370 (Beitrag J. I. Engels); Eigner, Schutz, S. 379 ff., 415 ff.; Zitate Kraus bei Blackbourn, Landschaften, S. 277, und Kraus, Zerstörung, S. 9–63, hier S. 11, 17 ff., 25, 27, 32; für Bayern v. a. Hasenöhrl, Zivilgesellschaft, S. 67–113, Zitat zu Kraus S. 79; Hoplitschek, Bund Naturschutz, S. 88–129, 175–202, 274–282.

36 Vgl. Blackbourn, Eroberung, S. 390–406, Zitat S. 400; Hasenöhrl, Zivilgesellschaft, S. 13–17, 34 ff., 257–282, 400–405, 296–301, 490 ff.; Frohn/Schmoll (Bearb.), Natur, S. 65–73 (Beitrag H.-W. Frohn), 445–533 (Beitrag J. I. Engels); Ditt, Anfänge; Mauch/Patel, Umwelt, S. 111 f., 116–122; Schlemmer/Woller (Hg.), Bayern im Bund I, S. 107–118 (Beitrag S. Deutinger).

37 Hoplitschek, Bund Naturschutz, S. 98–122, 163 ff., 179 ff., 286–290, 332–348; Hasenöhrl, Zivilgesellschaft, S. 73, 254 ff., 283–325, 494–503; HLB online (Hasenöhrl, Natur- und Umweltschutz, sowie Mauritz, Bund Naturschutz in Bayern); Schlemmer/Woller (Hg.), Bayern im Bund I, S. 22; Berg Heil, S. 313–318, 417 ff., Zitat «Alpenraum» S. 419; Gruhl, Planet.

38 Zitat Fischer bei Sieferle, Fortschrittsfeinde, S. 235; zum WAA-Konflikt: Linse u. a., Bittschrift, S. 183–188, 196–204, 208, 212–216 (Beitrag W. Kretschmer); HLB online (Hasenöhrl, Anti-Atomkraftbewegung, sowie Duschinger/Zech-Kleber,

Wiederaufbereitungsanlage); Hasenöhrl, Zivilgesellschaft, S. 405–471; Schlemmer/Woller (Hg.), Bayern im Bund I, S. 104–107, 115 ff. (Beitrag S. Deutinger). – Zur Musealisierung, Anthropologisierung und tendenziellen Entpolitisierung der WAA-Geschichte, auch da wieder im Kontext bayerischen Rebellentums und anarchischer Originalität als Ausweis bajuwarischen «Eigensinns», vgl. etwa Haus der Bayerischen Geschichte (Hg.), Rebellen.

39 Eigner, Schutz, S. 379–383; Kraus, Zerstörung, S. 66–97; ferner Mauch/Patel, Umwelt, S. 106–111, 119–123; zur transnationalen Rezeption Lekan, Nature, S. 166 ff., 182 ff.; Heurich/Mauch (Hg.), Urwald, S. 14 f., 47–65, 189–197.

40 Zur Entwicklung vgl. etwa Ditt, Naturschutz, S. 257–266; Hasenöhrl, Zivilgesellschaft, S. 235–247, 251–254; Heurich/Mauch (Hg.), Urwald, S. 33–46, 59–65.

41 Vgl. Heurich/Mauch (Hg.), Urwald, S. 11–30, 165–182, 259–269, Zitat S. 168 f.; Mauch/Patel, Umwelt, S. 109 f.; Hasenöhrl, Zivilgesellschaft, S. 247–251, 354–374, Zitate S. 365, 369; https://www.lfu.bayern.de/natur/schutzgebiete/schutzgebietslisten/index.htm (10. 6. 2022); https://www.stmuv.bayern.de/themen/naturschutz/schutzgebiete/index.htm (10. 6. 2022), mit der Definition «Naturschutzgebiet».

42 Gesetz über den Schutz der Natur, die Pflege der Landschaft und die Erholung in der freien Natur vom 27. 7. 1973, dort Art. 1–3 (GVBl. Nr. 16/1973, S. 437–448); Landesentwicklungsprogramm Bayern 1976, als Anlage zur Verordnung über das Landesentwicklungsprogramm Bayern vom 10. 3. 1976 im Anlagenband zum GVBl. Nr. 8/1976 (371 S. und mehrere Karten, hier bes. S. 20, 39–46, 50 f., 85 f., 111–115, 367 f.); Fünftes Gesetz zur Änderung der Verfassung des Freistaats Bayern vom 20. 6. 1984 (GVBl. Nr. 11/1984, S. 223 f.); Verordnung über das Landesentwicklungsprogramm Bayern vom 12. 3. 2003 (GVBl. Nr. 7/2003, S. 173–259, bes. S. 176 f., 188–195); zum institutionellen Rahmen Volkert, Handbuch, S. 323–329; zum Kontext der Landesplanung eingehend Kap. I/4.

43 Vgl. insgesamt Hasenöhrl, Zivilgesellschaft, S. 57–66, 326–354, 377–400, u. ö.; Haus der Bayerischen Geschichte (Hg.), Ois anders (zu Infrastruktur-Großprojekten und ihren Folgen); für die 1950er bis 1970er Jahre Schlemmer/Woller (Hg.), Bayern im Bund I, S. 19–22, 98–107 (Beitrag S. Deutinger).

44 Cube zitiert bei Köstlin/Bausinger (Hg.), Heimat, S. 18; Feuchtwanger, Erfolg, S. 62–70, 73 ff., 315 f., 512–516, Zitat S. 316; Götz, Stadt, Zitat S. 10 («Veroberbayerisierung»); vgl. ferner Egger, Heimat, S. 24–33, 44–53; zur speziellen Bedeutung der Bierstadt München Loibl, Bayern; zu den G7-Gipfeln 2015 und 2022 Löffler, Meisterbilder, S. 35–39, 43 ff., und als Beispiele für die Berichterstattung etwa SZ vom 8. 6. 2015, S. 3; 9. 6. 2015, S. 39; 27. 6. 2022, S. 1 f., 29; 28. 6. 2022, S. 1, 3, 25; Begriff «Metageographie» bei Osterhammel, Verwandlung, S. 131 ff.

45 Vgl. Bertuleit (Hg.), Künstler, S. 9–27, 147–153, Zitate Liebermann von 1884 und Wilberforce von 1863 auf S. 25; davor Riehl, Auge, hier S. 67–72; vgl. zu den Zusammenhängen auch Hamm u. a. (Hg.), Wald, S. 15 ff., 49–61, 199–217; Weigand (Hg.), Heimat, S. 131–145 (Beitrag M. Trentin-Meyer); Bauer (Hg.), Mythos Bayern, S. 32–44, u. ö.; Weithmann, Alpen, S. 299 ff., 307 ff.

46 Hohoff, Voralpenland, ermittelt über 2200 Titel von 1850 bis 1920 erschienenen Erzählungen oder Romanen, in denen die bayerischen Alpen/Voralpen eine Rolle spielen. Vgl. zum Thema etwa Gockerell, Bayern, S. 67–90; HLB online

(Magen, Heimatroman); Weitmann, Alpen, S. 277–299; Ganghofer (Hg.), Land; Haller, «Wald Heil!», S. 42–49, 132–141; Reichold, Warum, S. 49, 132 (zu Steub und Ganghofer); Tworek (Hg.), Sommerfrische, S. 10 ff., 27–33, 143–154; Krug-Richter, Bavarisierung (Spielzeug).

47 Zu den Bayern-Bildern des BR v. a. Trummer, Making Bavaria, bes. S. 95–98, Zitate S. 95 f.; Hamm u. a. (Hg.), Wald, S. 99–107 (Beitrag M. Trummer), 279 f. mit dem Zitat S. 100; des weiteren Decker/Krah (Hg.), Skandal; Krah (Hg.), Bayern; Egger, Heimat, S. 44–53, 117 ff., 130–137, 190–205; HLB online (Kainz, Bayernbild Film und Fernsehen).

48 Vgl. Kap. II/4 und das Folgende; für das Haus der Bayerischen Geschichte exemplarisch etwa Hamm u. a. (Hg.), Wald; ferner Weithmann, Alpen, S. 163–189, u. ö.

49 Vgl. Löffler, Meisterbilder, S. 35 ff., 44, 48; Riehl-Heyse, CSU, S. 76 ff.; Erker, Keine Sehnsucht; Aicher in SZ vom 1. 7. 2022, Sonderbeilage «München 1972», S. 3; ferner Trummer, Making Bavaria; Krug-Richter, Bavarisierung; HLB online (Hascher, Erdfunkstelle Raisting, und Höpfinger, Agentur Team 70).

50 Rosenbaum, Timeless, Zitat S. 38; Urry (Hg.), Consuming, S. 173–192; Ders./Larson, Tourist Gaze, S. 4 ff., 119 ff., 170 ff.; Groebner, Geschichtsgebrauch, S. 408 ff., 421–428, Zitat «Bildermaschine» S. 409.

51 Steub zitiert bei Weithmann, Alpen, S. 247.

52 Vgl. zur Verbindung von Landschaft und sozialer Identität Kap. III/1; zu den Vorstellungen auswärtiger Bayern-Besucher und den Weltausstellungen Kap. IV/1; davor etwa die Angaben des Statistischen Bundesamtes (https://www.destatis.de/DE/ZahlenFakten/Wirtschaftsbereiche/BinnenhandelGastgewerbeTourismus/Tourismus/Tourism us.html; 27. 10. 2017) und des Bayerischen Landesamtes für Statistik und Datenverarbeitung (https://www.statistik.bayern.de/statistik/tourismus/index.php; 27. 10. 2017).

53 Hier und im Folgenden zum Alpinismus Weithmann, Alpen, S. 247–275, 302–306, 317–330, 364 ff.; HLB online (Lobenhofer-Hirschbold, Fremdenverkehr); Hamm u. a. (Hg.), Wald, S. 69–76 (Beitrag F. Lobenhofer-Hirschbold); Rohrer (Hg.), Zimmer frei, S. 60–77, 92–121, 144–157, 180–204; Zech-Kleber, Sommerfrische, Zitat Schliersee S. 242; Stankiewitz, Welt; Tworek (Hg.), Sommerfrische, S. 9–21; Keller, Apostles, bes. S. 17–46, 55–69, 79–88, 153–182; Scharfe, «Berge heißen!»; Ders., Berg-Sucht, bes. S. 33–122, 183–275.

54 Vgl. zu den neueren Entwicklungen Weithmann, Alpen, S. 364–376; zur Politisierung von Gipfelstürmen Keller, Apostles; Hanisch, Landschaft, S. 152–188.

55 François/Schulze (Hg.), Deutsche Erinnerungsorte, Bd. 3, S. 422–435 (Beitrag C. Clemens), Zitate S. 422 ff. (F. Prinz), 428 (E. Hanslik); Lübbers/Spangenberg (Hg.), Traumschlösser, S. 89–131 (Beiträge M. Spangenberg und M. Göldl), Zitate S. 99, 109; Wolf u. a. (Hg.), Götterdämmerung [Aufsätze], hier S. 217–235 (Beiträge M. Spangenberg und K. Sykora); vgl. auch die Bemerkungen in der Einleitung.

56 François/Schulze (Hg.), Deutsche Erinnerungsorte, Bd. 3, S. 274–291 (Beitrag E. François), Zitate S. 274 (Der Tagesspiegel, 23. 5. 2000), 283 (Germania), 285 (NS, 1945); Feuchtwanger, Erfolg, S. 400–405; ferner Hamm u. a. (Hg.), Wald, S. 254–261.

57 Zitate aus dem Kulturführer Schacherl, Oberbayern, S. 9, 89, 164, 262, 340; ähnlich Schindler, Reisen, S. 9 ff.; ferner François/Schulze (Hg.), Deutsche Erinnerungsorte, Bd. 3, S. 278 f. (Beitrag E. François); Weithmann, Alpen, S. 148 ff.; Paulus u. a. (Hg.), Franken, S. 148–161.

58 Vgl. Spindler, Grundlagen, S. 4, 7, 9, 13–18, 22, u. ö.; Ders., Ruf, bes. S. 56, 59, 62, 64; Hubensteiner, Geist, Zitate S. 19, 28; zur wissenschaftsgeschichtlichen Einordnung Kap. II/4.

59 HdbG II, S. 1–4, 19 f., 97 f., 126 ff., Zitate S. 2, 19.

60 Hamm u. a. (Hg.), Wald, S. 62–68, 72 ff., 77–98, 218–240 (Beiträge S. Wartena/T. Schindler, F. Lobenhofer-Hirschbold, M. Krauss, M. Petzet), dort S. 90 die letzten Zitate aus Schreiben Ludwigs II. an Wagner, 23. 2. 1869 und 10. 7. 1871; Reichold/Endl, Welt, S. 175–185, 228, Zitat S. 175; Weithmann, Alpen, S. 207–211, 222–247; Stankiewitz, Welt, S. 35 f., 68 f., 103 ff., 124 ff., 137 f., dort S. 104 das Zitat «Königswinkel».

61 Vgl. mit Blick auf die Schweiz und Tirol/Österreich z. B. Marchal, Gebrauchsgeschichte, S. 429–479; Ders./Mattioli (Hg.), Schweiz, S. 37–70, 147–244; Kreis, Erinnerungsorte; Hanisch, Landschaft, S. 109–134; Ertl (Hg.), Ötzi; Zurfluh, Homo Alpinus; zur kulturgeographischen Analyse Bätzing, Alpen; zu den transnationalen Zusammenhängen Kap. IV/2.

62 Vgl. etwa François/Schulze (Hg.), Deutsche Erinnerungsorte, Bd. 3, S. 187–200 (Beitrag A. Lehmann); Lekan/Zeller (Eds.), Nature, S. 55–80 (Beitrag M. Imort).

63 Z. B. Regensburg und Bayerischer Wald; Löffler, Monument, S. 360 ff.

64 Vgl. http://www.landesausstellung-ettal.de/landesausstellung-2018-ettal/; http://www.merkur.de/lokales/garmisch-partenkirchen/landkreis/landesausstellung-2018-ettal-neuem-motto-6241638.html (16. 6. 2016); Hamm u. a. (Hg.), Wald; davor zu Ganghofer Tworek (Hg.), Sommerfrische, S. 143–147, Zitat S. 145.

65 Vgl. Brückner, Region, S. 29 ff., Zitat S. 31; Haller, «Wald Heil!», dort S. 102–129, 226–258, die Zitate S. 197, 364, 370; zum Kontext der Ostmarken-Ideologie vgl. Kap. II/2; zum Spessart hier und in der Folge exemplarisch Magath, Spessart, dort bes. S. 49–60, 134–218 zum Einfluss u. a. von Landschaftsmalerei, Heimat-/Naturschutz und Tourismus auf das Bild vom Spessart.

66 François/Schulze (Hg.), Deutsche Erinnerungsorte, Bd. 3, S. 189 f. (Beitrag A. Lehmann); davor Zitate aus Riehl, Land und Leute, S. 43–62, Zitate S. 51 f., 56 ff.; ferner Schmoll, Erinnerung, S. 111 f.

67 Vgl. Heurich/Mauch (Hg.), Urwald, S. 99–121 (Beiträge C. Binder und M. Müller/N. Imhof), mit den Zitaten S. 99–102, 104, 107; ferner Berlinger (Hg.), Grenzgänge, S. 15–35, Zitate S. 16 ff. (Beitrag S. Pauckner); Haller, «Wald Heil!», S. 21–49, 132–141 (u. a. zum Waldschmidt-Kult mit Zitat S. 135); Applegate, Heimat, S. 90–95 (zum «Wäldler» in der Pfalz); gut differenzierend zum Böhmerwald als «Wahrnehmungs- und Identitätsregion» Stallhofer, Böhmerwald, S. 67–83, 88 ff., 102–136; zu Fuchsmühl Löffler, Kammer, S. 354–359.

68 Zahlen 2020: https://www.destatis.de/DE/Themen/Branchen-Unternehmen/Landwirtschaft-Forstwirtschaft-Fischerei/Wald-Holz/Tabellen/waldflaeche-bundeslaender.html (7. 7. 2022); zu Österreich Hanisch, Landschaft, S. 253; zu den Verfassungsartikeln Kap. III/2.

69 Febvre, Rhein, hier S. 163 f.; Schwanitz, Natur; Blackbourn, Eroberung, S. 97–146; allgemein Egger, Heimat, S. 24 ff., 54 f.; Derix, Politik, S. 178–219; davor das Zitat bei François/Schulze (Hg.), Deutsche Erinnerungsorte, Bd. 3, S. 198 (Beitrag A. Lehmann).

70 Diess, Tiburius, hier S. 101 («Zwischen Donau und Inn»); Riehl, Land und Leute, S. 136 ff., 213, 221–225 (zum Lech als «Kulturgrenze»); Bosl, Franken, S. 6; Krauss u. a., Lech, hier S. 59–66, 91–147; Fassl, Flüsse; für die Grundlagen Leidel/Franz (Hg.), Flußlandschaften, bes. S. 25–66, 259–315, Zitate S. 259, 268 («Abflußregime», «Tiefendimensionen»); zur Donau Hanisch, Landschaft, S. 195–236; Weithmann, Donau, S. 15–67, 370–381, u. ö.; Magris, Donau, S. 113–123, u. ö.; zum UNESCO-Vorschlag den Kurzbericht in ZBLG 74 (2011), S. 861 ff.; eingangs Warnke, Landschaft, S. 109–150, hier S. 138.

71 Vgl. Riepertinger u. a. (Hg.), Main, S. 34–52, 76 ff., 160–167; HLB online (Schott, Mainfranken); Knapp, Mainfranken, S. 1 ff.; François/Schulze (Hg.), Deutsche Erinnerungsorte, Bd. 1, S. 471–483 (Beitrag F. Prinz zum «Weißwurstäquator»).

72 Vgl. hierzu mit den entsprechenden Belegen Kap. IV/2; zu den Österreich-Bezügen v. a. Hanisch, Landschaft, Zitate S. 195 f., 203.

73 Vgl. HLB online (Lobenhofer-Hirschbold, Fremdenverkehr); HdbG IV/2, S. 66; Rosenbaum, Timeless, S. 37–41; Ders., Tourism, S. 3–12, 241 ff.; ferner Derix, Politik, S. 178–219, die die Verbindung von Regionalklischees, Landschaftsbildern und ihren politisch-sozialen Zuordnungen vergleichend im gesamtdeutschen Rahmen analysiert.

74 Rosenbaum, Timeless, S. 39–48, Zitate S. 39, 44 (Kunstführer 1890); Ders., Tourism, S. 1 ff., 53–90; außerdem Blessing u. a. (Hg.), 200 Jahre Franken (Aufsatzband), S. 133–138 (Beitrag C. Daxelmüller), S. 134 Zitat KdF von 1935, S. 136 das Zitat aus dem Wanderbuch von 1829.

75 Hagen, Preservation, S. 1–18, 35–97 (zu Riehl und «Meistertrunk»), 188–216 (NS), 226–289 (Wiederaufbau), u. ö., Zitate S. 1, 16, 18, 42, 188; ferner Kamp, Entdeckung; Götz, Stadt, S. 11–16, 36 ff., 83, 116 f.; Blessing, Schein, S. 102 f.; Ders. u. a. (Hg.), 200 Jahre Franken (Aufsatzband), S. 171 ff. (Beitrag O. Seifert); Walker, Towns, S. 217–247.

76 Vgl. dazu Wirsching, Nürnberg; François/Schulze (Hg.), Deutsche Erinnerungsorte, Bd. I, S. 68–85 (Beitrag A. Kosfeld); Rosenbaum, Timeless, S. 48–53; Ders., Tourism, S. 176–188, 207–227; sowie Kap. II/6.

IV
Bayern und die Welt, Bayern in der Welt

1 Judt, Land, S. 60.

2 Scharnagl, Bayern.

3 Vgl. zu den Begriffen Paulmann, Regionen, S. 660, 672, 678; davor Osterhammel, Verwandlung, S. 154–157, 166; sowie Kunz, Geschichte, S. 328; Langewiesche/Schmidt (Hg.), Föderative Nation, S. 215–242.

4 Malerische Ansichten (1839/40); Wanderung (1839); nunmehr Grimm-Stadelmann/Grimm, Zitherpartie; vgl. auch SZ vom 10./11. 10. 2020, S. 74 (W. Görl,

«Menschen als Mitbringsel»); außerdem durchgehend mit ausführlichen Belegen die frühere Fassung Löffler, Zitherspiel.

5 Tagebucheinträge in Grimm-Stadelmann/Grimm, Zitherpartie, S. 121 f., 131 f., 137, 139, 144, 150, 155, 158, 160, 163, 167 f., 187, 221, 231, 234. – Fast wortgleich die Passagen bei Spix/Martius, Reise in Brasilien, Bd. I, S. 366 ff., 372–375; Bd. II, S. 818 ff.; Bd. III, S. 1265–1268; dazu auch Wesche, Zwei Bayern, S. 171–177.

6 Grimm-Stadelmann/Grimm, Zitherpartie, S. 172 f., 208; abermals ähnlich Spix/Martius, Reise in Brasilien, Bd. I, S. 184 f., 370 f., 376 ff.; Bd. III, S. 1182–1189, 1310–1314, u. ö.; Wesche, Zwei Bayern, S. 184–191.

7 Grimm-Stadelmann/Grimm, Zitherpartie, S. 239, 241 f., 245, 248, 270, 272, 279.

8 Holland zitiert nach ebd., S. 21, zu den herzoglichen Graffitis S. 36 ff.; Holland, Maximilian, Herzog in Baiern, in: ADB 52 (1906), S. 258–270.

9 Grimm-Stadelmann/Grimm, Zitherpartie, S. 124, 162; ferner SZ vom 10./11. 10. 2020, S. 74 (Artikel W. Görl).

10 Vgl. Urry/Larsen, Tourist Gaze; zu den Orientbildern Said, Orientalismus.

11 Vgl. etwa Spix/Martius, Reise in Brasilien, Bd. I, S. 118, 260, 289; Bd. III, S. 1242 f., 1247, 1265, 1268; zur Einordnung Wesche, Zwei Bayern, S. 171–223; davor mit den Bemerkungen Gerambs und Pücklers Grimm-Stadelmann/Grimm, Zitherpartie, S. 147 ff.

12 Bernecker, Suche, Zitate S. 441, 447 ff. (aus den Reisebeschreibungen der Prinzessin).

13 Grimm-Stadelmann/Grimm, Zitherpartie, S. 46–58; Holland, Maximilian, in: ADB 52 (1906), S. 258–270.

14 Grimm-Stadelmann/Grimm, Zitherpartie, Zitat Geramb S. 15, ferner S. 59–98, 301–352 (mit Bildern der Exponate, die bes. umstrittenen auf S. 347 ff.); SZ vom 23./24. 6. 2018, S. 75, und 2./3. 11. 2019, S. 72 (L. Mükke, «Bayerns peinlichste Schau» und «Zum Gruseln»).

15 Vgl. Müller (Red.), Wittelsbach, S. 11–33, Zitate Siebold S. 19; Müller/Stein (Hg.), Welten, S. 17 f.; Smolka, Völkerkunde, S. 35–45, 92 ff.; François/Schulze (Hg.), Deutsche Erinnerungsorte, Bd. 1, S. 305–321 (H. Voges, Das Völkerkundemuseum).

16 Spix/Martius, Reise in Brasilien, 3 Bde., hier z. B. Bd. III, S. 1305 ff., 1381; ferner Wesche, Zwei Bayern, bes. S. 148–151, 197 f., 302, 314, 365; Müller/Stein (Hg.), Welten, S. 81–85, Zitat zur Akademie S. 82.

17 Paulmann, Regionen, Zitate S. 672, 674, 682; Savoy, Kampf, Zitat S. 197; ferner Müller/Stein (Hg.), Welten, S. 53–66; Smolka, Völkerkunde, S. 18–25, 45 ff., 296–305.

18 Seemann, Kolonialismus, S. 13, 306–334, 383–402, 418–426, dort die Zitate S. 389, 391, 394, 419, das Frobenius-Zitat ebd. S. 324; ferner Heyden/Zeller (Hg.), Kolonialismus, S. 68–74, 293–299, 353–356; Smolka, Völkerkunde, S. 111–117, 141–146.

19 Vgl. Löffler, 1910 (mit Zitaten); ferner Dreesbach/Zedelmaier (Hg.), Hofbräuhaus, S. 9–33, 78–98; Wolter, Vermarktung, hier S. 139 ff. zur Karikatur in den «Fliegenden Blättern»; Heyden/Zeller (Hg.), Kolonialismus, S. 71 ff.

20 Habermas, Mission, Zitat S. 641; Dies./Hölzl (Hg.), Mission, Zitat S. 9; im Überblick Paulmann, Regionen, S. 682–692 (mit dem Begriff «Welt-Läufer»).

21 Egger, Biographien, S. 271–329, Zitate zu St. Ottilien S. 321, 328; Seemann, Kolonialismus, S. 345–380, dort 346 das Zitat des Missionsinspektors Plath 1887 zur evangelischen Mission; Zirngibl, Schwarzafrika-Museum.

22 SZ vom 7./8. 5. 2011, V2/2 (H. Unterstöger, «Wie ich mir mal ein Heidenkind kaufte»); die weiteren Zitate in Habermas/Hölzl (Hg.), Mission global, S. 265–294 (Beitrag R. Hölzl), hier S. 269, 276 f. (aus einer Broschüre von 1919/23), 293 f.; Weber zitiert bei Seemann, Kolonialismus, S. 369; ferner Egger, Biographien, S. 285 f., 291–302.

23 Hamm u. a. (Hg.), Wald, S. 17 ff., 58 ff.; Riepertinger u. a. (Hg.), Bier, S. 119 f., 278–292, 338–347; Hassler u. a., Bergerlebnisse, S. 15–25; Keller, Apostles, S. 31–37; Loibl, Bayern, S. 551 ff. (zu Brüssel); Reichold, Warum, S. 47–55, Zitat Völkerschau S. 54; Paulus u. a. (Hg.), Franken, S. 117 (zum Rathaus); Löffler, 1910; Wolf u. a. (Hg.), Götterdämmerung, S. 143–152 (Beitrag K. B. Murr); Paulmann (Hg.), Repräsentationen, S. 279–288 (Beitrag U. Stoll zum Trachtenballett); zum Moskauer Auftritt Jehle, Kulturpolitik, S. 403–410.

24 Vgl. Paulus, Bayerns Zeiten, S. 148 ff.; Zahlen bei Götschmann, Wirtschaftsgeschichte, S. 151 f., S. 158 ff., 311 f., 485 ff.; Hamm u. a. (Hg.), Good Bye Bayern, S. 24–29 (Beitrag T. Raithel); Maidl (Bearb.), Kardofln, S. 5 f.; Fegert, Amerigha, S. 47–64; zur Situation in der Pfalz Applegate, Heimat, S. 42, 202 ff.

25 Zu Meier: Fegert, Amerigha, S. 379–405, hier S. 403 (Zitate aus einem Brief Meiers vom 16. 12. 1920); v. a. aber Meier, Werke, Bd. 1 u. a. mit der Erzählung «Die Seele der Heimat» von 1901 (S. 372 ff. mit dem Zitat); sowie ebd., Bd. 2 mit dem Briefwechsel (hier Zitate S. 228, 233, 253, 281); ferner Berlinger (Hg.), Grenzgänge, S. 27, 37 ff. – Zu Graf: Literaturhaus München (Hg.), Graf, S. 107 ff., 129–133, dort die Zitate S. 107, 129. Die Exilerfahrung hat Graf nicht zuletzt in dem Werk «Die Flucht ins Mittelmäßige. Ein New Yorker Roman» (zuerst 1959) verarbeitet, eine Geschichte um Heimatverlust und emigrantisches Schicksal, mit dem Blick tief in «die Seele» der «Diasporisten», des «übriggebliebenen Rests gewaltsam Entwurzelter». – Vgl. insgesamt auch Lanzinner/Henker (Hg.), Landesgeschichte, S. 29–40, dort S. 30 das Zitat «Hitlerfrischler» (Beitrag M. Krauss).

26 Maidl (Bearb.), Kardofln, S. 8–15 und mit zahlreichen Selbstzeugnissen 1835–1910 auf S. 28, 34 f., 150 ff., 158 f., 162, 164, 179 f., 193, 220–223, 232 f., 251 f., 274 f. (dort auch die Zitate); ferner Fegert, Amerigha, bes. S. 319 f., 359, 366–369; Hamm u. a. (Hg.), Good Bye Bayern, S. 53–60, 67–84, 281 ff. (Beiträge H. Rößler, S. Nadel und D. Yoder), dort S. 73 das Zitat zur «Subkultur» und der Text der umgedichteten Bayernhymne des New Yorker Volksfestvereins.

27 Hamm u. a. (Hg.), Good Bye Bayern, S. 23, 28 f. (Beitrag T. Raithel); Haus der Bayerischen Geschichte (Hg.), Selbstbewusst, S. 55–65, mit den Zahlen auf S. 58 (Beitrag F. Kramer); HdbG IV/2, S. 385–391 (Beitrag F. Kramer). Vgl. dazu aber v. a. Kap. IV/2.

28 Vgl. Aviso 3/2017, S. 17 f. (Beitrag S. Eisenhöfer).

29 Spangenberg, Linderhof, S. 27–39, 83–89, 120 ff., Zitate S. 88, 120; Reichold/Endl, Welt, S. 226–233; Reichold, Warum, S. 127 ff.; Hamm u. a. (Hg.), Wald, S. 84–98 (Beitrag M. Petzet).

30 Sarasin, 1977, S. 181, 200, 210 f., u. a. mit dem Hinweis auf das einschlägige Buch von Bernhard Müller-Elmau, «Kräfte aus der Stille» (1977); zum «Türkenzelt» Lorenz u. a., Zelt.

31 Vgl. Klein (Hg.), Twain, Zitate S. 11, 157; für Elgar Reichold, Warum, S. 94, und Weithmann, Alpen, S. 305 f.; Wolfe, Deutschlandreise, hier S. 29 f., 42 ff., 94 f., 119–154, 358 f.; Ders., Oktoberfest, S. 25, 29; Ōgai, Deutschlandtagebuch, S. 120, 130 ff., 139, 160 ff., 273 f., 278–284; Radlmaier, Beckett, S. 20 f., 30, 34, 42 f., 51, 73; Kennedy, Unter Deutschen, S. 19 f., 23 ff., 106–110; Ben-Chorin, Jugend, S. 189.

32 Achternbusch, Olympiasiegerin, S. 11; für die einzelnen Felder etwa Schemmer, Internationalisierung (dort auch zu Bergader); Friemberger u. a. (Hg.), Internationalisierung; Himpsl, Integration; Riepertinger u. a. (Hg.), Bayern – Italien, S. 331–419; Haus der Bayerischen Geschichte (Hg.), Selbstbewusst, S. 55–65 (Beitrag F. Kramer); Kluxen u. a. (Hg.), Fremde; zur Europäisierung Kap. IV/3.

33 Vgl. Rau, Räume, bes. S. 75–78, 83–88, 141 ff. – v. a. unter Bezugnahme auf die Ansätze von E. Soja («Thirdspace»), H. K. Bhabha («hybride» «Dritte Räume») und E. Said («imaginative geography»); Ender u. a. (Hg.), Landschaftslektüren, S. 18 ff. – Zu den Konfliktzonen, u. a. mit dem Zitat Schäffers, Haus der Bayerischen Geschichte (Hg.), Selbstbewusst, hier S. 60 f. (Beitrag F. Kramer); zu den Ungleichzeitigkeiten und «schroffen Gegensätzen» Riehl, Land und Leute, S. 82 f., 243 f.; Deutinger, Eisenbahn, S. 259; Graf, Leben, S. 12, 146, 288–298, 302–309.

34 Schmale/Stauber (Hg.), Menschen, hier S. 76–115, Zitat S. 114 (Beitrag R. Stauber); Stauber, Zentralstaat, bes. S. 49–129, Zitat S. 128; Ender u. a. (Hg.), Landschaftslektüren, hier bes. der Beitrag von H. Heiss S. 72–99, Zitate S. 72, 77. – Insgesamt zum Alpenraum etwa Bätzing, Alpen, S. 13–45, 112–118, 244 ff., 348–362; Mathieu, Geschichte, S. 11 ff., 19–24, 102–109; Zurfluh, Homo Alpinus, hier II, S. 18, und III, S. 332. – Zur «bayerischen» Vereinnahmung der Alpen Kap. III/3.

35 Vgl. zu den Kooperationsformen z. B. Kovanetz, Regionalismus, S. 165–193; Regionalismus in Europa, S. 273–278 (Beitrag R. Keßler); Hübler, Europapolitik, S. 52 ff.; Wegmaier, Europäer, S. 371–382; Rieder, Wandlungen, bes. S. 147–153; Aschwanden, Politisierung (zu CIPRA).

36 Vgl. zur Verflechtungszone Bayerwald/Böhmerwald etwa Riepertinger (Hg.), Bayern – Böhmen, hier. S. 19–25 (Beitrag W. Koschmal, S. 19 mit dem Begriff «Kreuzungsraum»); Hlavačka u. a. (Hg.), Tschechien; Luft/Eiber (Hg.), Bayern, S. 333–360 (Beitrag M. Weigl zur «identitätsstiftenden Wirkung der bayerisch-böhmischen Grenze in der Gegenwart»); Stallhofer, Böhmerwald, hier S. 44–70, 92–96,143–146, 189 f. (zur subregionalen Differenzierung); Heurich/Mauch (Hg.), Urwald, S. 84–96, 262 ff., mit dem Zitat Bibelriethers S. 87; Eisch, Grenze, S. 97–137, 199 ff., 364 ff.; Birk, Identitätsraummanagement; Maier (Hg.), Euregio Egrensis.

37 Magris, Donau, S. 16–19, 29–35, 45 ff., 65–71, 138–143, u. ö.; Weithmann, Donau, S. 31 ff., 49–52, 372–377, 402–429, 469–473; Hanisch, Landschaft, S. 195–236; ferner das Heft «Donau Blaues Band» in Aviso 3/2018; daneben wieder die Ausführungen in Kap. III/3.

38 Lübbe, Welt, S. 6 f.; Ders., Recht, S. 38.

39 Vgl. Akademie Aktuell Heft 2/2023, S. 12–25; Rowley, Boarisch, S. 138–155; für

den schwäbisch-alemannischen Raum z. B. Fried (Hg.), Forschungen, S. 235–315; Schmale/Stauber (Hg.), Menschen, S. 210–227 (Beitrag F. Kramer); für den bayerisch-böhmischen Sprachraum Wildfeuer/Zehetner (Hg.), Bairisch, S. 107–152, 191–200; Jaklová/Harnisch (Hg.), Tradition, S. 13–73, 167–192; ferner die Schlaglichter in SZ vom 22. 1. 2013, S. 33, und 10./11. 4. 2021, S. 66 (H. Kratzer, «Comme ci, comme ça» und «Ein Massl»); Kluxen u. a. (Hg.), Fremde, S. 465–474; sowie freundliche Hinweise von Wolfgang Janka.

40 Vgl. dazu Ott, Identität, S. 191–290, Zitat S. 194; Möhring, Essen, hier S. 11–21, 35–42, 88–100, 153–158, 235–270, 313–383, Zitate S. 11, 91, 155, 248, 250 f., 262, Zahlen S. 73 f., 88, 247; Heller, Gastronomie; Kluxen u. a. (Hg.), Fremde, S. 510–544 (Beitrag J. Krieger).

41 Frisch, Biografie (zum «Bayerischen Kochbuch»), hier S. 49 f., 89 ff., 99–106, 154 ff., 187 ff., 229–237; Egger, Heimat, S. 138–150 (dort auch zum «Kochbuch der Donauschwaben»); Möhring, Essen, S. 249 ff., 270–280, Zitat Odo Marquard S. 315.

42 Vgl. neben den Ausführungen in Kap. II/4 und III/3 zum barocken Bauwesen v. a. Kägler, Kirchenfürst; ferner etwa Schmid/Weigand (Hg.), Bayern mitten in Europa, S. 168–189 (Beitrag F. Büttner); Riepertinger u. a. (Hg.), Bayern – Italien, S. 211–327; Ders. (Hg.), Bayern – Böhmen, S. 45–50 (V. Vlnas zum «böhmischen Barock», dort Zitate S. 45, 50); Luft/Eiber (Hg.), Bayern, S. 107–176 (Beiträge J. Royt und R. Stalla); zum größeren Kontext Hersche, Muße.

43 Schottenloher, Bayern, S. V.

44 Vgl. etwa Bosl, Bayern, S. 91 f.; Ders., Franken, S. 14 ff.; Luft/Eiber (Hg.), Bayern, S. 337 ff., 348 f., u. ö.; Rieder, Wandlungen; grundsätzlicher Flachenecker/Kießling (Hg.), Wirtschaftslandschaften; Götschmann, Wirtschaftsgeschichte, S. 175–231, 331–352, 503–556.

45 Vgl. Bartov/Weitz (Eds.), Shatterzone, S. 1–20, Zitate S. 1, 7 (Einleitung des Bandes); Judson, Guardians, bes. S. 6, 17 (zu Habsburger «Borderlands»); Osterhammel, Verwandlung, S. 465–477; ferner Schwanitz, Natur, u. a. mit dem Hinweis auf die bayerische Konstitution vom 1. 5. 1808; davor Grimm in einem Vortrag vom 27. 7. 1843, zitiert bei Paulus, Bayerns Zeiten, S. 124.

46 Vgl. Sheffer, On Edge; Eckert, Zonenrandgebiet, S. 12 ff., 18 ff., 65–120, 223 ff.; Meinke, Bayern, bes. S. 13–17, 41–45, 165–218; sowie Heigl, Vorhang; überdies die instruktive ethnologische Erkundung von Eisch, Grenze.

47 Vgl. Eckert, Zonenrandgebiet, S. 14–22, 223 ff., Zitate S. 14, 18, 20 f., 224; Körner, Furth, Zitat S. 463 (zum Further Drachenstich); Vollhardt, Heimatpolitik, S. 436–459; Groschwitz (Hg.), Ostbayern, S. 47–63 (Beitrag D. Drascek); Eisch, Grenze, S. 276–300; und Kap. II/1.

48 Eckert, Zonenrandgebiet, S. 20 ff., 175 ff., 223–279, 348 ff., Zitate S. 224 ff., 264, 268 ff., 278; Eisch, Grenze, S. 364–376; https://www.bund-naturschutz.de/fileadmin/Bilder_und_Dokumente/Presse_und_Aktuelles/2021/Natur_und_Landschaft/PM_LF GM_90_21_Gruenes_Band.pdf (9. 12. 2022); https://www.drachenstich.de/index.php/geschichte-gegenwart/festspiel (15. 12. 2022).

49 Zu den Entwicklungen im «langen» 19. Jahrhundert vgl. Treml (Hg.), Geschichte, S. 31 ff., 50 f., 59, 63–68, 88, 97–104, 116–122, 131–141, Zitate S. 102, 118 («Beruhi-

gungspillen», «stählerne Sehnen»); HdbG IV/1, S. 25–44, 102–106, 183–197, 272–283, 292–329, mit Zitat D. Albrecht S. 320 («unentziehbares Recht»); Hartmann, Weg, S. 364–369, 380–384, 417–429, mit den Schuldenzahlen S. 369; Löffler, Wie funktioniert, bes. S. 24 f., 27–30; speziell zur integrativen wirtschaftlichen Entwicklung Fox, Integration; zur Triaspolitik Hanisch, Fürst, S. 87 ff., 99–106, 137 ff., 149–162. – Zu den Verfassungstexten Huber (Hg.), Dokumente I, S. 26–32 (Rheinbund-Akte), 75–90 (Deutsche Bundesakte, Wiener Schlussakte, mit den Zitaten S. 76, 88); Ders. (Hg.), Dokumente II, S. 289–308 (Reichsverfassung 1871).

50 Löffler, Kammer, S. 432 ff. (mit Jörg); Scharnagl, Bayern, S. 17–45.

51 Dazu speziell HLB online (Ott, Bayerische Gesandtschaften); HdbG IV/2, S. 79 ff.

52 Vgl. zur Wirkung des Prinzregenten-Mythos Löffler, Dünner Boden; davor Freytag, Sedantage; Körner/Weigand (Hg.), Denkmäler, S. 20–24; Körner, Staat, S. 276–322; HLB online (Hort, Bismarckdenkmäler).

53 Für Weimar und NS im Überblick Treml (Hg.), Geschichte, S. 200–203, 237–252, 292–298, 325–333, 390 ff., 398 ff., 411–416, Zitate Heim bzw. Reichsstatthalter S. 239, 399 und Begriff «dezentralisierter Einheitsstaat» S. 549; ebenso Roth, Zentralgewalt, S. 144; Hartmann, Weg, S. 467–480, 493 ff., 502–514, Zitat «Reichsmittelbehörde» S. 514; HdbG IV/1, S. 447 f., 465–470, 475 ff., 490–497, 510–521, 531–538. – Text der Weimarer Verfassung 1919 bei Huber (Hg.), Dokumente III, S. 129–156.

54 Vgl. zu den Entwicklungen 1945–49 überblicksmäßig Treml (Hg.), Geschichte, S. 536–539, 566, 575–590, mit den Zitaten S. 536, 538, 586 (Pfeiffer, Hoegner, Proklamation Nr. 2, Bayernpartei, Ehard); HdbG IV/1, bes. S. 642–666, 691–725; eingehende Analyse v. a. auch bei Gelberg, Ehard, dort S. 22 mit dem Ehard-Zitat «Baumeister» aus einer Rede von 1947.

55 Vgl. Regionalismus in Europa, S. 31–42 (Beitrag H. Laufer), hier Zitate S. 32 ff.; definiert wurde das Bund-Länderverhältnis im GG v. a. in Art. 20, 24, 31, 50–53, 70–79, 91, 104–109; insgesamt siehe Roth, Zentralgewalt, S. 141, 144 f. (dort Zitat Ehard 2. 7. 1949 angesichts der GG-Abstimmung im Landtag); ferner Hartmann, Weg, S. 554 ff., Zitat zur «aufgeteilten Finanzhoheit» S. 556.

56 Vgl. zur Entwicklung in der Bundesrepublik im Überblick wieder Treml (Hg.), Geschichte, S. 587 ff., 627 ff., 659 f., 664, 680 ff., Zitate S. 627 f., 659; HdbG IV/1, S. 843 ff., 851 ff., 864 ff., 878 ff., 1007 f.; Roth, Zentralgewalt, S. 145–158; Haus der Bayerischen Geschichte (Hg.), Selbstbewusst, S. 107 ff. (Beitrag F. Wellnitz zu den bayerischen Vertretungen in Bonn/Berlin); daneben Schlemmer/Woller (Hg.), Bayern im Bund III, S. 1–14, dort zu den Föderalismus-Begriffen S. 2, 4, 7, sowie zur Rolle der CSU-Landesgruppe S. 23–116, Zitat S. 13 (Beitrag P. Weber).

57 Zum letzten Punkt vgl. HLB online (Munz, Staatsbesuche nach 1945); Schmid/Weigand (Hg.), Bayern – mitten in Europa, S. 385–401 (F. Kramer zum Besuch de Gaulles in München); Mergel, Staatlichkeit, S. 300 f., 305 ff., 315–319, 323–331, 346 f.; Derix, Politik, S. 202–218; zur Außenkulturpolitik Jehle, Kulturpolitik.

58 Zur innerbayerischen Landesplanung vgl. Kap. I/4; zu den Zusammenhängen Grüner, Wirtschaftswunder, S. 3 f., 159–191, 216–223, 284–296, 335–364, 396–431, Zahlen S. 172, 291 f., 362, 399; Zitat Ehards zum Grundgesetz bei Schlemmer/Wol-

ler (Hg.), Bayern im Bund III, S. 5; vgl. ferner Regionalismus in Europa, S. 39 ff., 18 f., 306–317 (H. Laufer, F. Esterbauer, H.-U. Evers).

59 Hier und in der Folge zu den europapolitischen Aktivitäten Bayerns im Überblick Treml (Hg.), Geschichte, S. 644–647, 658, 680 ff.; HdbG IV/1, S. 978 f., 988 ff.; Hübler, Europapolitik, bes. S. 35–105, 122–158, 200–249, Zitat «weiß-blaue Flagge» S. 91; Grüner, Wirtschaftswunder, S. 323–345, 427–431; Kramer (Hg.), Wege; Ders. (Hg.), Landesgeschichte und Mehrebenensystem, bes. S. 25–75 (Beitrag A. Wegmaier); Himpsl, Integration; Wegmaier, Europäer; ferner HLB online (Wegmaier, Europapolitik der bayerischen Staatsregierungen, Ders., Vertretung des Freistaats Bayern bei der EU, Ders., Europäische Arbeitsgemeinschaften); zur bayerischen Vertretung in Brüssel siehe Haus der Bayerischen Geschichte (Hg.), Selbstbewusst, S. 110 (Beitrag F. Wellnitz).

60 Allein von 2007 bis 2013 flossen Fördergelder in Höhe von über 575 Mio. Euro für strukturpolitische Programme aus dem EFRE nach Bayern; diejenigen aus nationalen Programmen beliefen sich in derselben Zeitspanne auf knapp 425 Mio. Euro (Kovanetz, Regionalismus, S. 224). – Davor vgl. Conzelmann/Knodt (Hg.), Regionales Europa, hier bes. S. 142 f., 145, 149 (Beitrag M. Knodt); Thiemeyer, Stiefkinder; ferner Kovanetz, Regionalismus, S. 165–245; Aschwanden, Politisierung. – Für die euroskeptischen Interventionen z. B. Scharnagl, Bayern, S. 150–172, u. ö.; für Gauweiler beispielhaft dessen Rede «Überlebt Bayern in Europa?»: https://archiv.peter-gauweiler.de/pdf/reden/rede_2009-10-24.pdf (27. 3. 2023).

61 Stoiber in HLB online (Gelberg, Föderalismus); ferner Assmann/Goppel (Hg.), Föderalismus, hier S. 18 f.; Hübler, Europapolitik, S. 106–115, 122–163, Zitat aus Punkt 3 des Entschließungstexts S. 114; Bayerische Landeszentrale (Hg.), Verfassung, S. 67 ff. (M. Rossi zu Art. 3a).

62 Vgl. zum Folgenden Mergel, Staatlichkeit, S. 281 ff., 296–300, 315–319, u. ö.; Treml (Hg.), Geschichte, S. 620, 682; Roth, Zentralgewalt, S. 141 f., 145, 152–155; Haus der Bayerischen Geschichte (Hg.), Selbstbewusst, S. 96–105 (Beitrag H. Oberreuter zur «widerspenstigen» Rolle Bayerns im Bund); Hübler, Europapolitik, S. 26–38, 81 ff.; Kovanetz, Regionalismus, S. 115–129; Heil, Föderalismus; HLB online (Gelberg, Föderalismus, und Merz, Freistaat Bayern); daneben Ruge, Erfindung, S. 156–172; zur Historisierung auch Langewiesche, Reich.

63 Vgl. etwa Hoegner sowie Ehard (auf der Landesversammlung der CSU am 30. 8. 1947), zit. bei Treml (Hg.), Geschichte, S. 549, 579; Ehard, Bayerische Politik, S. 43–47, 60 f., 167–171; Goppel in einem Vortrag vor dem «Arbeitskreis Wirtschaft, Politik, Wissenschaft e.V.» Ende 1977, bei Assmann/Goppel (Hg.), Föderalismus, hier S. 9–19, dort die Zitate S. 11, 13; oder die Regierungserklärung Goppels vom 10. 12. 1974 in Roth, Zentralgewalt, S. 150; daneben z. B. Glück, Der deutsche Föderalismus, in: Schmid (Hg.), Konstitution, S. 7–15. – Erörterung bei Gelberg, Ehard, S. 21–27, 50–80, 361–369, 489–504.

64 Vgl. zu den Zusammenhängen immer Kap. II/4; zu den Zitaten Spindler, Grundlagen, S. 12; Ders., Erbe, S. 170; Kraus, Bedeutung, S. 16, dort S. 10 auch das Zitat aus einem Brief Spindlers an Ehard von 1947; ferner Spindler an Ehard, 9. 11. 1947, bei Vollhardt, Staatstradition, S. 124 mit Anm. 23. – Darüber hinaus etwa Huber

(Hg.), Bayern, S. 1–15 (Beitrag K. Bosl); oder F. Prinz in Regionalismus in Europa, S. 287–291, hier das Zitat S. 287.

65 Vgl. etwa Böck, Auftrag; Deuerlein, Föderalismus; Ehard, Bayerische Politik (von Schwend ausgewählte und eingeleitete Ansprachen); Wegmaier, Schwend.

66 H. Lübbe in: Regionalismus in Europa, S. 291–296; ferner Ders., Welt; Ders., Recht; zu «Heimat» und «Heimatpflege» auch Kap. II/1 und III/2, zum Historismus Kap. II/3.

67 Zitat Regionalismus in Europa, S. 290 f. (Beitrag F. Prinz); hier und in der Folge Ruge, Regionen; Dies., Erfindung; Heil, Föderalismus, S. 167–171; Kovanetz, Regionalismus, S. 22–32, 165–193; Gehler, Begriffe, S. 106–120.

68 Konkret etwa Spindler, Grundlagen, S. 6; Huber (Hg.), Bayern, S. 4 (Beitrag K. Bosl); zu Deuerlein Ruge, Regionen, S. 88 ff.; Kramer (Hg.), Wege, S. 4 ff.

69 Zu Ehard vgl. Gelberg, Ehard, S. 369–383, 418–448; aus erster Hand etwa Ehard, Bayerische Politik, S. 84–89, mit einem Beitrag zum Thema «Bundesrat und europäische Integration» und dem Postulat, ein europäischer Zusammenschluss dürfe sich nur auf einer «föderativen Basis» vollziehen. – Goppel in dem Vortrag vor dem «Arbeitskreis Wirtschaft, Politik, Wissenschaft e.V.» Ende 1977, in Assmann/Goppel (Hg.), Föderalismus, hier S. 11–14, 16–19; Ders., Europa. – Heubl zitiert in Kramer (Hg.), Landesgeschichte und Mehrebenensystem, hier S. 45 f. (Beitrag A. Wegmaier). – Zum Kontext Hübler, Europapolitik, S. 35–44, 81–85; Ruge, Erfindung, S. 15, 166–172, 179 f., 300–309; sowie v. a. Wegmaier, Europäer, S. 166–177, 434–458.

70 Heineken, United States; https://regionen-europas.work/eurotopia.html (27. 3. 2023); für Nürnberg/Franken Blessing u. a. (Hg.), 200 Jahre Franken, S. 177–180.

71 So Ruge, Regionen, S. 90 ff.; Dies., Erfindung, S. 21 ff., 118 ff., 166 f., 320 f.; ferner Paulmann, Regionen, S. 664; Speitkamp, Erinnerungsorte, S. 28 f.

72 Vgl. v. a. Kramer (Hg.), Landesgeschichte und Mehrebenensystem, bes. S. 1–9 (Beitrag F. Kramer) und S. 11–24 (Beitrag M. Ruck), Zitate S. 2, 5 f., 12; ferner Thiemeyer, Stiefkinder.

73 Zum Vorhergehenden wieder Kramer (Hg.), Landesgeschichte und Mehrebenensystem, dort S. 2, 6, 8 f., 14, 19 ff., 24; oder Ders., Landesgeschichte in europäischer Perspektive, S. 215 ff.; ferner Gehler, Begriffe, S. 120–124, u. ö.; zuletzt Milward, Rescue.

Schlussbetrachtung: Geschichte und Geschichten vom Land der Bayern

1 Feuchtwanger, Erfolg, S. 316 (1930); Ganghofer (Hg.), Land (1919).

2 Schultz, Räume.

3 Vgl. Langewiesche, Reich.

4 Brubaker, Ethnizität.

5 Vgl. dazu grundsätzlich Hockerts, Problemlöser; zum Bild der «Vermessenheit» Kap. I/2 mit Anm. 25.

6 Vgl. Lübbe, Recht; Ders. Welt.

7 So eine Stellungnahme der Bayerischen Akademie der Wissenschaften von 1836, zitiert bei Stetter, Topographie, S. 241.

Abkürzungsverzeichnis

ADB	= Allgemeine Deutsche Biographie
AfS	= Archiv für Sozialgeschichte
AHR	= The American Historical Review
AZ	= Archivalische Zeitschrift
BJbfV	= Bayerisches Jahrbuch für Volkskunde
BVP	= Bayerische Volkspartei
BVVV	= Bayerischer Verein für Volkskunst und Volkskunde
CEH	= Central European History
FAZ	= Frankfurter Allgemeine Zeitung
GG	= Grundgesetz der Bundesrepublik Deutschland
GiW	= Geschichte im Westen
GuR	= Geschichte und Region / Storia e Regione
GWU	= Geschichte in Wissenschaft und Unterricht
HAB	= Historischer Atlas von Bayern
HdbG	= Handbuch der bayerischen Geschichte
HJb	= Historisches Jahrbuch
HJbfL	= Hessisches Jahrbuch für Landesgeschichte
HLB online	= Historisches Lexikon Bayerns online
HZ	= Historische Zeitschrift
KdF	= «Kraft durch Freude»
NDB	= Neue Deutsche Biographie
NPL	= Neue Politische Literatur
OA	= Oberbayerisches Archiv
SFG	= Schwäbische Forschungsgemeinschaft
SZ	= Süddeutsche Zeitung
VfZ	= Vierteljahrshefte für Zeitgeschichte
ZBLG	= Zeitschrift für bayerische Landesgeschichte

Quellen- und Literaturverzeichnis

Achternbusch, Herbert, Die Olympiasiegerin, Frankfurt am Main 1982.

Ackermann, Konrad/Schmid, Alois/Volkert, Wilhelm (Hg.), Bayern vom Stamm zum Staat. Festschrift für Andreas Kraus zum 80. Geburtstag, München 2002.

Altenbockum, Japser von, Wilhelm Heinrich Riehl. Sozialwissenschaft zwischen Kulturgeschichte und Ethnologie, Köln 1994.

Amtliches Kursbuch der Deutschen Bundesbahn. Winter 1956/57, 4 Teile, hg. v. der Deutschen Bundesbahn, [Essen] o. J.

Andersen, Arne, Heimatschutz: Die bürgerliche Naturschutzbewegung, in: Franz-Josef Brüggemeier/Thomas Rommelspacher (Hg.), Besiegte Natur. Geschichte der Umwelt im 19. und 20. Jahrhundert, München 1987, S. 143–157.

Angerer, Birgit u. a. (Hg.), Volk, Heimat, Dorf. Ideologie und Wirklichkeit im ländlichen Bayern der 1930er und 1940er Jahre, Petersberg 2016.

Appl, Tobias/Knedlik, Manfred (Hg.), Oberpfälzer Klosterlandschaften. Die Klöster, Stifte und Kollegien der Oberen Pfalz, Regensburg 2016.

Appl, Tobias/Wax, Johann (Hg.), Tracht im Blick. Die Oberpfalz packt aus, Regensburg 2016.

Applegate, Celia, Localism and the German bourgeoisie: the «Heimat» movement in the Rhenish Palatinate before 1914, in: David Blackbourn/Richard J. Evans (Hg.), The German bourgeoisie. Essays on the social history of the German middle class from the late eighteenth to the early twentieth century, London/New York 1991, S. 224–254.

Applegate, Celia, Zwischen Heimat und Nation. Die pfälzische Identität im 19. und 20. Jahrhundert, Kaiserslautern 2007 [engl. Orig. 1990].

Aretin, Johann Christoph von, Literärisches Handbuch für die baierische Geschichte und alle ihre Zweige, Theil 1, München 1810.

Aschwanden, Romed, Politisierung der Alpen. Umweltbewegungen in der Ära der Europäischen Integration (1970–2000), Köln 2021.

Asmuss, Burkhard/Hinz, Hans-Martin (Hg.), Zum Umgang mit historischen Stätten aus der Zeit des Nationalsozialismus, 2. Aufl. Berlin 2000.

Assmann, Aleida, Der lange Schatten der Vergangenheit. Erinnerungskultur und Geschichtspolitik, München 2006.

Assmann, Aleida, Erinnerungsräume. Formen und Wandlungen des kulturellen Gedächtnisses, 3. Aufl. München 2006.

Assmann, Karl/Goppel, Thomas (Hg.), Föderalismus. Bauprinzip einer freiheitlichen Grundordnung in Europa, München u. a. 1978.

Baedeker, Karl, München und Südbayern. Handbuch für Reisende, 39. Aufl. Leipzig 1935.

Baedeker, Karl, Südbayern. München und die Bayerischen Alpen. Reisehandbuch, 40. Aufl. Leipzig 1942.

Bald, Albrecht, «Braun schimmert die Grenze und treu steht die Mark!» Der NS-Gau Bayerische Ostmark/Bayreuth 1933–1945: Grenzgau, Grenzlandideologie und wirtschaftliche Problemregion, Bayreuth 2014.

Bartov, Omer/Weitz, Eric D. (Eds.), Shatterzone of Empires. Coexistence and Violence in the German, Habsburg, Russian, and Ottoman Borderlands, Bloomington 2013.

Bätzing, Werner, Die Alpen. Geschichte und Zukunft einer europäischen Kulturlandschaft, 4. Aufl. München 2015.

Bauer, Franz, Flüchtlinge und Flüchtlingspolitik in Bayern 1945–1950, Stuttgart 1982.

Bauer, Helmut (Hg.), Mythos Bayern, [München 2004].

Bauer, Robert, Bayerische Wallfahrt Altötting. Geschichte, Kunst, Volksbrauch, 4. Aufl. Regensburg 1998.

Bavaj, Riccardo, Was bringt der «spatial turn» der Regionalgeschichte? Ein Beitrag zur Methodendiskussion, in: Westfälische Forschungen 56 (2006), S. 457–484.

Bayerische Landeszentrale für Heimatdienst (Hg.), Bayern. Ein Land verändert sein Gesicht. Redaktion Thomas Ellwein/Hans-Peter Müssle, München u. a. 1956.

Bayerische Landeszentrale für politische Bildungsarbeit (Hg.), Meine Verfassung, München 2021.

Bayerisches Staatsministerium für Wirtschaft und Verkehr, Grundlagen und Ziele der Raumordnung in Bayern, München 1962.

Behringer, Wolfgang, Im Zeichen des Merkur. Reichspost und Kommunikationsrevolution in der Frühen Neuzeit, Göttingen 2003.

Behrisch, Lars (Hg.), Vermessen, Zählen, Berechnen. Die politische Ordnung des Raums im 18. Jahrhundert, Frankfurt am Main 2006.

Ben-Chorin, Shalom, Jugend an der Isar, München 1988.

Benz, Wolfgang u. a. (Hg.), Planen und Bauen im Nationalsozialismus. Voraussetzungen, Institutionen, Wirkungen, 4 Bände, München 2023.

Berg Heil! Alpenverein und Bergsteigen 1918–1945, hg. v. Deutschen Alpenverein, Oesterreichischen Alpenverein und Alpenverein Südtirol, Köln u. a. 2011.

Bergmeier, Monika, Wirtschaftsleben und Mentalität. Modernisierung im Spiegel der bayerischen Physikatsberichte, München 1990.

Berlinger, Joseph, Grenzgänge. Streifzüge durch den Bayerischen Wald, Passau 1985.

Bernecker, Walther L., Auf der Suche nach selbstbestimmter Freiheit. Therese Prinzessin von Bayern als Wissenschaftlerin und Forschungsreisende durch Lateinamerika, in: ZBLG 84 (2021), S. 427–456.

Bertuleit, Sigrid Sylfide (Hg.), Künstler sehen Bayern. Bayern lässt staunen, Schweinfurt 2013.

Besucht Bayern, die Heimat Adolf Hitlers. Ein Werbeheft, München 1933.

Birk, Florian, Identitätsraummanagement als Ansatz der sozialräumlichen Integration in grenzüberschreitenden Regionen. Das Beispiel der Euregio Egrensis, Bayreuth 2000.

Blackbourn, David, Die Eroberung der Natur. Eine Geschichte der deutschen Landschaft, München 2007 [engl. Orig. 2006].

Blackbourn, David, Landschaften der deutschen Geschichte. Aufsätze zum 19. und 20. Jahrhundert, Göttingen 2016.

Blessing, Werner K., Der Schein der Provinzialität. Nürnberg im 19. Jahrhundert, in: Helmut Neuhaus (Hg.), Nürnberg. Eine europäische Stadt in Mittelalter und Neuzeit, Nürnberg 2000, S. 69–103.

Blessing, Werner K., Franken in Staatsbayern: Integration und Identität, in: Erich Schneider (Hg.), Nachdenken über fränkische Geschichte, Neustadt/Aisch 2005, S. 279–312.

Blessing, Werner K., Pompe funèbre für F. J. S. Zur Politischen Repräsentation in der Demokratie, in: Helmut Altrichter (Hg.), Bilder erzählen Geschichte, Freiburg 1995, S. 299–338.

Blessing, Werner K., Staatsintegration als soziale Integration. Zur Entstehung einer bayerischen Gesellschaft im frühen 19. Jahrhundert, in: ZBLG 41 (1978), S. 633–700.

Blessing, Werner K. u. a. (Hg.), 200 Jahre Franken in Bayern. 1806 bis 2006. Aufsätze zur Landesausstellung 2006 im Museum Industriekultur, Augsburg 2006.

Blessing, Werner K., Franken im Bayern des 19. Jahrhunderts. Bemerkungen zu einem labilen Horizont, in: Ders./Dieter J. Weiß (Hg.), Franken. Vorstellung und Wirklichkeit in der Geschichte, Neustadt/Aisch 2003, S. 339–363.

Blickle, Peter, Kommunalismus. Skizze einer gesellschaftlichen Organisationsform, 2 Bände, München 2000.

Böck, Karl, Der politische Auftrag des Historikers. Das historiographische Grundanliegen Max Spindlers, in: ZBLG 58 (1995), S. 3–10.

Borries, Hans-Wilkin, Ökonomische Grundlagen der westdeutschen Siedlungsstruktur, Hannover 1969.

Bosl, Karl, Bayerische Geschichte, 7. Aufl. München 1990.

Bosl, Karl, Bayern im europäischen Kräftefeld, in: Ders., Vorträge zur Geschichte Europas, Deutschlands und Bayerns, hg. von Erika Bosl, Bd. 2, Stuttgart 2000.

Bosl, Karl, Die «geminderte» Industrialisierung in Bayern, in: Claus Grimm (Hg.), Aufbruch ins Industrie-Zeitalter, Bd. 1, München 1985, S. 22–39.

Bosl, Karl, Franken und Altbayern – Nürnberg und München. Eine historische Bilanz, in: ZBLG 33 (1970), S. 3–16.

Bosl, Karl, König Ludwig I. und die Stämme. Bayern ein Stämmestaat?, in: Johannes Erichsen/Uwe Puschner (Hg.), «Vorwärts, vorwärts sollst du schauen …»: Geschichte, Politik und Kunst unter Ludwig I., Bd. 9, Aufsätze, München 1986, S. 219–234.

Bosl, Karl, Was sind Stämme und welche Rolle spielen sie im modernen bayerischen Staat?, in: Rainer A. Roth (Hg.), Freistaat Bayern. Die politische Wirklichkeit eines Landes der Bundesrepublik Deutschland, 4. Aufl. München 1986, S. 127–137.

Botzenhart, Christof, «Ein Schattenkönig ohne Macht will ich nicht sein». Die Regierungstätigkeit König Ludwigs II. von Bayern, München 2004.

Böventer, Edwin von, Die Struktur der Landschaft. Versuch einer Synthese und Weiterentwicklung der Modelle J. H. von Thünens, W. Christallers und A. Löschs, in: Rudolf Henn u. a. (Hg.), Optimales Wachstum und optimale Standortverteilung, Berlin 1962, S. 77–133.

Braudel, Fernand, Das Mittelmeer und die mediterrane Welt in der Epoche Philipps II. Deutsche Ausgabe der 4. Aufl. in 3 Bänden, Frankfurt am Main 1990 [frz. Orig. 1949].

Brockmann, Nuremberg. The Imaginary Capital, Rochester 2006.

Brubaker, Rogers, Ethnizität ohne Gruppen, Hamburg 2007.

Brückner, Wolfgang, Region und Bevölkerung auf Identitätssuche, in: Peter Kolb/Ernst-Günter Krenig (Hg.), Unterfränkische Geschichte, Bd. V/1, Würzburg 2002, S. 21–53.

Burgstaller, Rosemarie, Inszenierung des Hasses. Feindbildausstellungen im Nationalsozialismus, Frankfurt am Main/New York 2022.

Certeau, Michel de, Kunst des Handelns, Berlin 1988.

Christ, Lena, Erinnerungen einer Überflüssigen, München 1970 [zuerst 1912].

Christaller, Walter, Die zentralen Orte in Süddeutschland. Eine ökonomisch-geographische Untersuchung über die Gesetzmäßigkeit der Verbreitung und Entwicklung der Siedlungen mit städtischen Funktionen, 3. Aufl. Darmstadt 1980 [zuerst 1933].

Conzelmann, Thomas/Knodt, Michèle (Hg.), Regionales Europa – europäisierte Regionen, Frankfurt am Main/New York 2002.

Czerny, Helga, Die Wittelsbacher und der Wallfahrtsort Altötting. Tradition und Traditionsbildung im bayerischen Herrscherhaus, Regensburg 2018.

Das Buch der deutschen Gaue. Fünf Jahre nationalsozialistische Aufbauleistung, Bayreuth [1938].

Daschner, Manuela, Mobilität und Lebenswelt der ländlichen Bevölkerung. Die Herrschaft Falkenstein im ausgehenden 18. Jahrhundert, Regensburg 2017.

Decker, Jan-Oliver/Krah, Hans (Hg.), Skandal und Tabubruch. Heile Welt und Heimat. Bilder von Bayern in Literatur, Film und anderen Künsten, Passau 2014.

Denzel, Markus A., Professionen und Professionisten. Die Dachsbergsche Volksbeschreibung im Kurfürstentum Baiern (1771–1781), Stuttgart 1998.

Derix, Simone, Bebilderte Politik. Staatsbesuche in der Bundesrepublik Deutschland 1949–1990, Göttingen 2009.

Deuerlein, Ernst, Föderalismus. Die historischen und philosophischen Grundlagen des föderativen Prinzips, München 1972.

Deutinger, Stephan, Eisenbahn und Landesentwicklung im Königreich Bayern, in: Generaldirektion der Staatlichen Archive Bayerns (Hg.), Weichenstellungen. Eisenbahnen in Bayern 1835–1920, München 2001, S. 249–273.

Deutsche Hauptstädte. München, Nürnberg, Berlin, Hamburg, hg. v. der Reichsbahnzentrale für den deutschen Reiseverkehr Berlin, Berlin [1937].

Deutschland, die Bayerische Ostmark ruft. Das schöne Reiseland an der Grenze, Bayreuth [1935].

Diess, Wilhelm, Ein eigener Mensch. Ausgewählte Geschichte, hg. v. Hans Göttler, Tiefenbach 2000.

Diess, Wilhelm, Madeleine Winkelholzerin. Ausgewählte Geschichten, hg. v. Hans Göttler, Tiefenbach 2003.

Diess, Wilhelm, Tiburius scherzt. Ausgewählte Geschichten, hg. v. Hans Göttler, Tiefenbach 2007.

Dietzfelbinger, Eckart/Liedtke, Gerhard, Nürnberg – Ort der Massen. Das Reichsparteitagsgelände. Vorgeschichte und schwieriges Erbe, Berlin 2004.

Diez, Franz Maximilian, Allgemeines Postbuch und Postkarte von Teutschland und einigen angränzenden Ländern, Frankfurt am Main [1795].

Dipper, Christoph/Schneider, Ute (Hg.), Kartenwelten. Der Raum und seine Repräsentation in der Neuzeit, Darmstadt 2006.

Ditt, Karl, Die Anfänge der Umweltpolitik in der Bundesrepublik Deutschland während der 1960er und frühen 1970er Jahre, in: Frese u. a. (Hg.), Demokratisierung und gesellschaftlicher Aufbruch, 2003, S. 305–347.

Ditt, Karl, Naturschutz und Tourismus in England und in der Bundesrepublik Deutschland 1949–1980, in: AfS 43 (2003), S. 241–274.

Ditt, Karl, Strategien regionaler Raumkonstruktion in der ersten Hälfte des 20. Jahrhunderts, in: Gertrude Cepl-Kaufmann/Georg Mölich (Hg.), Konstruktionsprozesse der Region in europäischer Perspektive. Kulturelle Raumprägungen der Moderne, Essen 2010, S. 11–22.

Döllinger, Georg Ferdinand, Sammlung der im Gebiete der inneren Staats-Verwaltung des Königreichs Bayern bestehenden Verordnungen aus amtlichen Quellen, München 1838.

Drecoll, Axel, Obersalzberg. Geschichtsort und Erinnerungspolitik, in: Katharina Weigand (Hg.), Eine Reise durch Bayern, München 2020, S. 445–462.

Drecoll, Axel/Feiber, Albert/Keller, Sven, Idyll und Verbrechen. Die neue Dauerausstellung der Dokumentation Obersalzberg, in: VfZ 69 (2021), S. 155–165.

Dreesbach, Anne/Zedelmaier, Helmut (Hg.), «Gleich hinterm Hofbräuhaus waschechte Amazonen». Exotik in München um 1900, München/Hamburg 2003.

Eckert, Astrid M., Zonenrandgebiet. Westdeutschland und der Eiserne Vorhang, Berlin 2022.

Egger, Christine, Transnationale Biographien. Die Missionsbenediktiner von St. Ottilien in Tanganjika 1922–1965, Köln/Weimar/Wien 2016.

Egger, Simone, Heimat. Wie wir unseren Sehnsuchtsort immer wieder neu erfinden, München 2014.

Ehard, Hans, Bayerische Politik. Ansprachen und Reden des bayerischen Ministerpräsidenten Dr. Hans Ehard. Ausgewählt und eingeleitet von Karl Schwend, München 1952.

Eigner, G[ottfried], Der Schutz der Naturdenkmäler insbesondere in Bayern, in: Naturwissenschaftliche Zeitschrift für Land- und Forstwirtschaft 3 (1905), S. 369–384, 415–429, 441–450.

Eigner, G[ottfried], Naturpflege in Bayern, München 1908.

Eisch, Katharina, Grenze. Eine Ethnographie des bayerisch-böhmischen Grenzraums, München 1996.

Eisenbahn-Kursbuch für Bayern und die angrenzenden Nachbarstaaten. Sommerdienst 1889 Winterdienst 1889/90, giltig vom 1. Juni, hg. v. d. Generaldirektion der K. B. Staatseisenbahnen, München o. J.; desgleichen Sommerdienst 1893, giltig vom 1. Mai, München o. J.; desgleichen Winterfahrplan 1920/21, gültig ab 1. Januar 1921, München o. J.

Ender, Markus u. a. (Hg.), Landschaftslektüren. Lesarten des Raumes von Tirol bis in die Po-Ebene, Bielefeld 2017.

Endres, Rudolf (Hg.), Bayerns vierter Stamm. Die Integration der Flüchtlinge und Heimatvertriebenen nach 1945, Köln u. a. 1998.

Endres, Rudolf, Franken und Bayern im 19. und 20. Jahrhundert, Erlangen 1985.

Erker, Paul, Industriewirtschaft und regionaler Wandel. Überlegungen zu einer Wirtschaftsgeschichte Bayerns 1945–1995, in: Max Lanzinner/Michael Henker (Hg.), Landesgeschichte und Zeitgeschichte, Augsburg 1997, S. 41–51.

Erker, Paul, Keine Sehnsucht nach der Ruhr. Grundzüge der Industrialisierung in Bayern 1900–1970, in: Geschichte und Gesellschaft 17 (1991), S. 480–511.

Ertl, Thomas (Hg.), Der Ötzi pflückt das Edelweiss. Bausteine Tiroler Identität, Innsbruck/Wien 2011.

Faber, Karl-Georg, Was ist eine Geschichtslandschaft?, in: Pankraz Fried (Hg.), Probleme und Methoden der Landesgeschichte, Darmstadt 1978, S. 390–424.

Fahlbusch, Michael/Harr, Ingo/Pinwinkler, Alexander (Hg.), Handbuch der völkischen Wissenschaften. Akteure, Netzwerke, Forschungsprogramme, 2. Aufl. Berlin 2017.

Fassl, Peter u. a. (Hg.), Bayern, Schwaben und das Reich. Festschrift für Pankraz Fried zum 75. Geburtstag, Augsburg 2007.

Fassl, Peter, Flüsse und Gewässer als prägendes Raumelement der schwäbischen Geschichte. Eine Skizze, in: Sabine Wüst (Hg.), Schätze der Welt aus landeshistorischer Perspektive, St. Ottilien 2018.

Fassl, Peter/Liebhart, Wilhelm/Wüst, Wolfgang (Hg.), Aus Schwaben und Altbayern. Festschrift für Pankraz Fried zum 60. Geburtstag, Sigmaringen 1991.

Fassl, Peter/Liebhart, Wilhelm/Wüst, Wolfgang (Hg.), Forschungen zur bayerischen und schwäbischen Geschichte. Gesammelte Beiträge von Pankraz Fried zu seinem 65. Geburtstag, Sigmaringen 1997.

Febvre, Lucien, Der Rhein und seine Geschichte, Frankfurt am Main/New York 1994 [frz. Orig. 1935].

Feger, Otto, Schwäbisch-alemannische Demokratie, Konstanz 1946.

Fegert, Friedemann, «Ihr ghönt es Eich gar nicht vorstelen wie es in Amerigha zu ged.» Auswanderung aus den jungen Rodungsdörfern des Passauer Abteilandes nach Nordamerika seit der Mitte des 19. Jahrhunderts, 2. Aufl. Freyung 2014.

Feuchtwanger, Lion, Erfolg. Roman. Drei Jahre Geschichte einer Provinz, 7. Aufl. Berlin 2000 [zuerst 1930].

Fiedler, Teja, Mia san Mia. Die andere Geschichte Bayerns, München/Zürich 2014.

Fischer, Johann Evangelist, Bayern und seine Bewohner mit den Volkstrachten des Königreiches. Ein Handbuch der Vaterlandskunde für Schulen und Familien, München 1855.

Flachenecker, Helmut/Kießling, Rolf (Hg.), Wirtschaftslandschaften in Bayern. Studien zur Entstehung und Entwicklung ökonomischer Raumstrukturen vom Mittelalter bis ins 19. Jahrhundert, München 2010.

Fox, Angelika, Die wirtschaftliche Integration Bayerns in das Zweite Deutsche Kaiserreich. Studien zu den wirtschaftspolitischen Spielräumen eines deutschen Mittelstaates zwischen 1862 und 1875, München 2001.

François, Etienne/Schulze, Hagen (Hg.), Deutsche Erinnerungsorte, 3 Bände, München 2003.

Franzen, K. Erik, Der vierte Stamm Bayerns. Die Schirmherrschaft über die Sudetendeutschen 1954–1974, München 2010.

Franzen, K. Erik, Von ungeliebten Fremden zum «vierten bayerischen Stamm»: die Sudetendeutschen in Bayern nach dem Zweiten Weltkrieg, in: Robert Luft/Ludwig Eiber (Hg.), Bayern und Böhmen. Kontakt, Konflikt, Kultur, München 2007, S. 285–299.

Freeden, Max H. von, Erbe und Auftrag. Von fränkischer Kunst und Kultur, Würzburg 1988.

Frese, Matthias/Paulus, Julia/Teppe, Karl (Hg.), Demokratisierung und gesellschaftlicher Aufbruch. Die sechziger Jahre als Wendezeit der Bundesrepublik, Paderborn u. a. 2003.

Frey, Alfons, Die industrielle Entwicklung Bayerns von 1925 bis 1975. Eine vergleichende Untersuchung über die Rolle städtischer Agglomerationen im Industrialisierungsprozess, Berlin 2003.

Freytag, Nils, Sedantage in München. Gemeindefeiern, Komiteefeste und Vereinsgedenken, in: ZBLG 61 (1998), S. 383–406.

Fried, Pankraz (Hg.), 50 Jahre Schwäbische Forschungsgemeinschaft, Augsburg 1999.

Fried, Pankraz (Hg.), Forschungen zur schwäbischen Geschichte, Sigmaringen 1991.

Fried, Pankraz (Hg.), Probleme der Integration Ostschwabens in den bayerischen Staat. Bayern und Wittelsbach in Ostschwaben, Sigmaringen 1982.

Fried, Pankraz (Hg.), Probleme und Methoden der Landesgeschichte, Darmstadt 1978.

Friemberger, Claudia u. a. (Hg.), Internationalisierung vor Ort nach 1945. Menschen und Schauplätze in Bayern, München 2014.

Frisch, Regina, Biografie eines Kochbuchs. Das Bayerische Kochbuch erzählt Kulturgeschichte, Regensburg 2016.

Frohn, Hans-Werner/Schmoll, Friedemann (Bearb.), Natur und Staat. Staatlicher Naturschutz in Deutschland 1906–2006, Bonn/Bad Godesberg 2006.

Füßl, Wilhelm, Walchenseekraftwerk. Zwischen Technikeuphorie und Naturzerstörung, in: Katharina Weigand (Hg.), Eine Reise durch Bayern, München 2020, S. 383–400.

Gall, Alexander, «Gute Straßen bis ins kleinste Dorf!» Verkehrspolitik in Bayern zwischen Wiederaufbau und Ölkrise, New York 2005.

Gall, Alexander, «Gute Straßen bis ins kleinste Dorf!» Verkehrspolitik und Landesplanung 1945 bis 1976, in: Schlemmer/Woller (Hg.), Bayern im Bund, Bd. I, 2001, S. 119–204.

Ganghofer, Ludwig (Hg.), Das Land der Bayern in Farbphotographien, 2 Bände, Berlin/München 1919.

Gehler, Michael, Begriffe und Entwicklungen zur Hintergrunderfassung von Landes- und Regionalgeschichte in Europa, in: GuR 31 (2022), S. 99–132.

Gelberg, Karl-Ulrich, Hans Ehard. Die föderalistische Politik des bayerischen Ministerpräsidenten, Düsseldorf 1992.

Generationenstudie 2009. Heimatgefühle und Leben in Bayern. Generationenspezifische und regionale Unterschiede von Einstellungen zu Politik und Heimat, hg. von der Hanns-Seidel-Stiftung, München 2009.

Gockerell, Nina, Die Bayern. Land und Leute in Reisebeschreibungen aus vier Jahrhunderten, Zürich 1980.

Gollwitzer, Heinz, Die politische Landschaft in der deutschen Geschichte des 19./20. Jahrhunderts. Eine Skizze zum deutschen Regionalismus, in: ZBLG 27 (1969), S. 523–552.

Gollwitzer, Heinz, Graf Carl Giech 1795–1863. Eine Studie zur politischen Geschichte des fränkischen Protestantismus in Bayern, in: ZBLG 24 (1961), S. 102–162.

Goppel, Alfons, Das Europa der Regionen, in: Politische Studien 248 (1979), S. 5–10.

Götschmann, Dirk, Wirtschaftsgeschichte Bayerns. 19. und 20. Jahrhundert, Regensburg 2010.

Götz, Thomas, Die bayerische Stadt. Vom 19. ins 21. Jahrhundert, Regensburg 2019.

Graf, Oskar Maria, Das Leben meiner Mutter, 2. Aufl. München 1981 [zuerst 1940/46].

Graf, Oskar Maria, Wir sind Gefangene. Ein Bekenntnis, München 1982 [zuerst 1927].

Graf, Oskar Maria, Gelächter von außen. Aus meinem Leben 1918–1933, 4. Aufl. München 1994 [zuerst 1966].

Gregory, Derek, Geographical Imaginations, Cambridge/Oxford 1994.

Greif, Thomas, Frankens braune Wallfahrt. Der Hesselberg im Dritten Reich, Ansbach 2007.

Grimm-Stadelmann, Isabel/Grimm, Alfred (Red.), Eine Zitherpartie auf dem Nil. Die Orientreise von Herzog Maximilian in Bayern und seine Orientalische Sammlung, München 2009.

Groebner, Valentin, Touristischer Geschichtsgebrauch. Über einige Merkmale im 20. und 21. Jahrhundert, in: HZ 296 (2013), S. 408–428.

Groschwitz, Helmut (Hg.), Ostbayern. Ein Begriff in der Diskussion, Regensburg 2008.

Gruhl, Herbert, Ein Planet wird geplündert. Die Schreckensbilanz unserer Politik, Frankfurt am Main 1975.

Grüner, Stefan, Geplantes «Wirtschaftswunder»? Industrie- und Strukturpolitik in Bayern 1945 bis 1973, München 2009.

Grüner, Stefan/Mecking, Sabine (Hg.), Wirtschaftsräume und Lebenschancen. Wahrnehmung und Steuerung von sozialökonomischem Wandel in Deutschland 1945–2000, Berlin/Boston 2017.

Gugerli, David, Wie die Welt in den Computer kam. Zur Entstehung digitaler Wirklichkeit, Frankfurt am Main 2018.

Gugerli, David/Speich, Daniel, Topografien der Nation. Politik, kartografische Ordnung und Landschaft im 19. Jahrhundert, Zürich 2002.

Haan, Heiner (Bearb.), Hauptstaat – Nebenstaat. Briefe und Akten zum Anschluß der Pfalz an Bayern 1815/17, Koblenz 1977.

Habermas, Rebekka, Mission im 19. Jahrhundert – Globale Netzwerke des Religiösen, in: HZ 287 (2008), S. 629–679.

Habermas, Rebekka/Hölzl, Richard (Hg.), Mission global. Eine Verflechtungsgeschichte seit dem 19. Jahrhundert, Köln/Weimar/Wien 2014.

Habermeyer, Alfons, Die topographische Landesaufnahme von Bayern im Wandel der Zeit, Stuttgart 1993.

Hagen, Joshua, Preservation, Tourism and Nationalism. The Jewel of the German Past, Aldershot 2006.

Haller, Jörg, «Die heilige Ostmark». Ostbayern als völkische Kultregion «Bayerische Ostmark», in: BJbfV 2000, S. 63–75.

Haller, Jörg, «Wald Heil!». Der Bayerische Wald-Verein und die kulturelle Entwicklung der ostbayerischen Grenzregion 1883 bis 1945, Grafenau 1995.

Hambrecht, Rainer, Die braune Bastion. Der Aufstieg der NSDAP in Mittel- und Oberfranken (1922–1933), Petersberg 2017.

Hamm, Margot u. a. (Hg.), Wald, Gebirg und Königstraum. Mythos Bayern, Augsburg 2018.

Hamm, Margot/Henker, Michael/Brockhoff, Evamaria (Hg.), Good Bye Bayern, Grüß Gott America. Auswanderung aus Bayern nach Amerika seit 1683, Augsburg 2004.

Handbuch der bayerischen Geschichte, Bd. I: Das Alte Bayern. Das Stammesherzogtum bis zum Ausgang des 12. Jahrhunderts, hg. v. Max Spindler, 2. Aufl. München 1981 [= HdbG I].

Handbuch der bayerischen Geschichte, Bd. II: Das Alte Bayern. Der Territorialstaat vom Ausgang des 12. Jahrhunderts bis zum Ausgang des 18. Jahrhundert, begr. v. Max Spindler/hg. v. Andreas Kraus, 2. Aufl. München 1988 [= HdbG II].

Handbuch der bayerischen Geschichte, Bd. IV: Das Neue Bayern. Von 1800 bis zur Gegenwart, begr. v. Max Spindler/hg. v. Alois Schmid, Teilband 1: Staat und Politik, 2. Aufl. München 2003; Teilband 2: Innere Entwicklung und kulturelles Leben, 2. Aufl. München 2007 [= HdbG IV/1 und IV/2].

Hanisch, Ernst, Landschaft und Identität. Versuch einer österreichischen Erfahrungsgeschichte, Wien/Köln/Weimar 2019.

Hanisch, Manfred, «Für Fürst und Vaterland». Legitimitätsstiftung in Bayern zwischen Revolution 1848 und deutscher Einheit, München 1991.

Hartinger, Walter, König Max II. und die bayerische Volkskultur, in: ZBLG 52 (1989), S. 353–372.

Hartmann, Peter Claus, Bayerns Weg in die Gegenwart. Vom Stammesherzogtum zum Freistaat heute, 3. Aufl. Regensburg 2012.

Hasenöhrl, Ute, Zivilgesellschaft und Protest. Eine Geschichte von Naturschutz und Umweltbewegung in Bayern 1945–1980, Göttingen 2011.

Hassler, Uta/Berger, Julia/Jost, Kilian, Konstruierte Bergerlebnisse. Wasserfälle, Alpenszenerien, illuminierte Natur, München 2016.

Haßlinger, Kurt, Vier Jahre Dr. Hellmuth-Plan, Würzburg [ca. 1936].

Haus der Bayerischen Geschichte (Hg.), Ois anders. Großprojekte in Bayern 1945–2020 (HdbG-Magazin 7), Regensburg 2021.

Haus der Bayerischen Geschichte (Hg.), Phänomen Trachten (Edition Bayern, Sonderheft 3), Augsburg 2010.

Haus der Bayerischen Geschichte (Hg.), Rebellen, Visionäre, Demokraten. Über Widerständigkeit in Bayern (Edition Bayern, Sonderheft 6), Augsburg 2013.

Haus der Bayerischen Geschichte (Hg.), Selbstbewusst! Eigen! Widerspenstig! (Edition Bayern, Sonderheft 9), Augsburg 2017.

Hausenstein, Wilhelm, Liebe zu München, München 1958.

Hazzi, Joseph von, Statistische Aufschlüsse über das Herzogthum Baiern. Aus ächten Quellen geschöpft. Ein allgemeiner Beitrag zur Länder- und Menschenkunde, 4 Bände, Nürnberg 1801–08.

Heigl, Rupert, Der Eiserne Vorhang. Eine Reise an das Ende der Welt, Burglengenfeld 1985.

Heil, Peter, Föderalismus als Weltanschauung. Zur Geschichte eines gesellschaftlichen Ordnungsmodells zwischen Weimar und Bonn, in: GiW 1994, S. 165–182.

Heil, Peter, Zum Selbstbild von Raumplanern zwischen Nationalsozialismus und Bundesrepublik Deutschland, in: Burkhard Dietz/Helmut Gabel/Ulrich Tieden (Hg.), Griff nach dem Westen. Die «Westforschung» der völkisch-nationalen Wissenschaften zum nordwesteuropäischen Raum (1919–1960), Teil I, Münster u. a. 2003, S. 91–105.

Heimpel, Hermann, Die halbe Violine. Eine Jugend in der Haupt- und Residenzstadt München, Frankfurt am Main 1985 [zuerst 1949].

Heineken, Alfred H. (mit Henk Wesseling und Wim van den Doel), The United States of Europe (a Eurotopia?), Amsterdam 1992.

Heintze, Stefan (Hg.), Die Region Bayern-Schwaben. Studien zum schwäbischen Regionalismus im 19. und 20. Jahrhundert, Augsburg 1995.

Heller, Hartmut, Gastronomie und heimische Küche: Langzeitbeobachtungen zu Interferenzen zwischen Globalisierung und Regionalisierung, in: Şefik Alp Bahadır (Hg.), Kultur und Region im Zeichen der Globalisierung. Wohin treiben die Regionalkulturen?, Neustadt/Aisch 2000, S. 455–464.

Heller, Hartmut, Organisierte Regionalidentität: Der Frankenbund e.V., in: Werner K. Blessing/Dieter J. Weiss (Hg.), Franken. Vorstellung und Wirklichkeit in der Geschichte, Neustadt/Aisch 2003, S. 381–390.

Hellpach, Willy, Deutsche Physiognomik. Grundlegung einer Naturgeschichte der Nationalgesichter, 1. Aufl. Berlin 1942, 2. Aufl. Berlin 1949.

Hendschels Telegraph. Eisenbahn-Kursbuch Deutschland, Oesterreich, Schweiz. Kleine Ausgabe Nr. 3, Mai 1914. Nach offiziellen Quellen bearbeitet, Frankfurt am Main [1914].

Hersche, Peter, Muße und Verschwendung. Europäische Gesellschaft und Kultur im Barockzeitalter, 2 Teilbände, Freiburg/Basel/Wien 2006.

Heurich, Marco/Mauch, Christof (Hg.), Urwald der Bayern. Geschichte, Politik und Natur im Nationalpark Bayerischer Wald, Göttingen 2020.

Heusler, Andreas, Das Braune Haus. Wie München zur «Hauptstadt der Bewegung» wurde, München 2008.

Heyden, Ulrich van der/Zeller, Joachim (Hg.), Kolonialismus hierzulande. Eine Spurensuche in Deutschland, Erfurt 2007.

Hiereth, Sebastian, Die bayerische Gerichts- und Verwaltungsorganisation vom 13. bis 19. Jahrhundert. Einführung zum Verständnis der Karten und Texte (HAB, Teil Altbayern), München 1950.

Himpsl, Rudolph, Europäische Integration und internationalisierte Märkte. Die Außenwirtschaftspolitik des Freistaats Bayern 1957–1982, München 2020.

Historisches Lexikon Bayerns online, URL: https://www.historisches-lexikon-bayerns.de/Lexikon/Artikel_A-Z, jeweils zitiert mit: «HLB online (Autorenname, Artikel)» [alle überprüft 21. 4. 2023].

Hlavačka, Milan/Luft, Robert/Lunow, Ulrike (Hg.), Tschechien und Bayern. Gegenüberstellungen und Vergleiche vom Mittelalter bis zur Gegenwart, München 2016.

Hockerts, Hans Günter, Vom Problemlöser zum Problemerzeuger? Sozialstaat im 20. Jahrhundert, in: AfS 47 (2007), S. 3–29.

Hoenig, Bianca, Geteilte Berge. Eine Konfliktgeschichte der Naturnutzung in der Tatra, Göttingen 2018.

Hoffmann, Heinrich, Hitler in seinen Bergen, München 1935.

Hofmann, Andreas Stefan, Oberfranken zur Zeit des Nationalsozialismus 1933 bis 1939. Eine Studie über Aufstieg, Machteroberung und Herrschaftsorganisation der Nationalsozialisten im Norden Bayerns, Bamberg 2020.

Hofmann, Stephan, Industriepolitik und Landesplanung in Bayern 1958–1970, München 2004 = URL: https://athene-forschung.unibw.de/doc/85369/85369.pdf (24. 5. 2022).

Hohoff, Ulrich, Voralpenland und bayerische Alpen in Erzählungen und Romanen. Bibliographie der Jahre 1850–1920, Regensburg 2018.

Holtmann, Everhard/Killisch, Winfried, Lokale Identität und Gemeindegebietsreform. Der Streitfall Ermershausen, Erlangen 1991.

Holzfurtner, Ludwig, Altötting. Von der Pfalz zum Wallfahrtsort, in: Alois Schmid/Katharina Weigand (Hg.), Schauplätze der Geschichte in Bayern, München 2003, S. 41–54.

Hölzl, Richard, Naturschutz in Bayern von 1905–1945: der Landesausschuß für Naturpflege und der Bund Naturschutz zwischen privater und staatlicher Initiative (Regensburger Digitale Texte zur Geschichte von Kultur und Umwelt Nr. 1, 2005) = URL: https://epub.uni-regensburg.de/10320/1/RDTGKU1.pdf (24. 5. 2022).

Hoplitschek, Ernst, Der Bund Naturschutz in Bayern. Traditioneller Naturschutz-Verband oder Teil der neuen sozialen Bewegungen, Diss. masch. Berlin 1984.

Hort, Jakob, Zwischen monarchischer Repräsentation und parlamentarischer Selbstdarstellung. Parlamentsarchitektur im 19. Jahrhundert, in: Nils Freytag/Dominik Petzold (Hg.), Das ‹lange› 19. Jahrhundert. Alte Fragen und neue Perspektiven, München 2007, S. 75–101.

Hubensteiner, Benno, Bayerische Geschichte. Staat und Volk, Kunst und Kultur, 5. Aufl. München 1967.

Hubensteiner, Benno, Vom Geist des Barock. Kultur und Frömmigkeit im alten Bayern, München 1967.

Huber, Ernst Rudolf (Hg.), Dokumente zur deutschen Verfassungsgeschichte, 3 Bände, Stuttgart 1961–66.

Huber, Ludwig (Hg.), Bayern, Deutschland, Europa. Festschrift für Alfons Goppel, Passau [1975].

Hübler, Martin, Die Europapolitik des Freistaates Bayern. Von der Einheitlichen Europäischen Akte bis zum Amsterdamer Vertrag, München 2002.

Hundert Jahre Flurbereinigung in Bayern. 1886–1986, hg. v. Bayerischen Staatsministerium für Ernährung, Landwirtschaft und Forsten, München 1986.

Jaklová, Alena/Harnisch, Rüdiger (Hg.), Aus der Tradition in die Zukunft. Das sprachlich-literarische Erbe Ostbayerns und Südböhmens als Fokus universitärer Zusammenarbeit, Prag 2019.

Jaworski, Rudolf, Grenzlage, Rückständigkeit und nationale Agitation: die «bayerische Ostmark» in der Weimarer Republik, in: ZBLG 41 (1978), S. 241–272.

Jehle, Manfred, Gleiches Recht für alle Stände. Voraussetzung der Landesvermessung und Katasterherstellung in Bayern, in: Sabine Wüst (Hg.), Schätze der Welt aus landeshistorischer Perspektive. Festschrift zum 65. Geburtstag von Wolfgang Wüst, St. Ottilien 2018, S. 719–733.

Jehle, Thomas, Die auswärtige Kulturpolitik des Freistaats Bayern 1945–1978, München 2018.

John, Jürgen/Möller, Horst/Schaarschmidt, Thomas (Hg.), Die NS-Gaue. Regionale Mittelinstanzen im zentralistischen «Führerstaat», München 2007.

Judson, Pieter M., Guardians of the Nation. Activists on the Language Frontiers of Imperial Austria, Cambridge Mass./London 2006.

Judt, Tony, Dem Land geht es schlecht. Ein Traktat über unsere Unzufriedenheit, München 2011.

Jureit, Ulrike, Das Ordnen von Räumen. Territorium und Lebensraum im 19. und 20. Jahrhundert, Hamburg 2012.

Kaelble, Hartmut/Hohls, Rüdiger, Der Wandel der regionalen Disparitäten in der Erwerbsstruktur Deutschlands, 1895–1970, in: Jürgen Bergmann u. a. (Hg.), Regionen im historischen Vergleich. Studien in Deutschland im 19. und 20. Jahrhundert, Opladen 1989, S. 288–413.

Kägler, Britta, Kirchenfürst und Baugewerbe. Finanzielle und soziale Aspekte der barocken Baukonjunktur, in: HJb 138 (2018), S. 119–138.

Kamp, Michael, Die touristische Entdeckung Rothenburgs ob der Tauber im 19. Jahrhundert. Wunschbild und Wirklichkeit, Schillingsfürst 1996.

Karl, J. B., Handbuch für Reisende durch das Königreich Baiern, 4 Bände, München 1820.

Kaschuba, Wolfgang, Die Überwindung der Distanz. Zeit und Raum in der europäischen Moderne, Frankfurt am Main 2004.

Kedar, Benjamin Z./Herde, Peter, Karl Bosl im Dritten Reich, Berlin/Boston 2016.

Kegler, Karl R., Deutsche Raumplanung. Das Modell der «Zentralen Orte» zwischen NS-Staat und Bundesrepublik, Paderborn 2015.

Kehlmann, Daniel, Die Vermessung der Welt. Roman, Hamburg 2005.

Keller, Sven/Feiber, Albert/Peters, Sebastian (Hg.), Hitler und der Obersalzberg. Idyll und Verbrechen. Katalog zur Dauerausstellung der Dokumentation Obersalzberg, 2. Aufl. München/Berlin 2024.

Keller, Tait, Apostles of the Alps. Mountaineering and Nation Building in Germany and Austria, 1860–1939, Chapel Hill 2016.

Kelm, Rüdiger/Ermischer, Gerhard/Meier, D./Rosmanitz, Harald, Wege in europäische Kulturlandschaften. Abschlussbericht des EU-Projekts «Pathways to Cultural Landscapes 2000–2003», o. O. 2004.

Kennedy, John F., Unter Deutschen. Reisetagebücher und Briefe 1937–1945, hg. v. Oliver Lubrich, Berlin 2013.

Keß, Bettina, «Mainfranken». Zu Geschichte und Gebrauch eines Integrativbegriffs, in: Gertrude Cepl-Kaufmann/Georg Mölich (Hg.), Konstruktionsprozesse der Region in europäischer Perspektive. Kulturelle Raumprägungen der Moderne, Essen 2010, S. 189–195.

Kirmeier, Josef/Schumann, Jutta/Lengle, Peter (Hg.), 200 Jahre Franken in Bayern 1806

bis 2006. Katalog zur Landesausstellung 2006 im Museum Industriekultur, Augsburg 2006.
Klein, Michael (Hg.), Mark Twain in Bayern. Erzählungen, Reiseberichte, Briefe, München 2016.
Kluxen, Andrea M./Krieger, Julia/May, Andrea (Hg.), Fremde in Franken. Migration und Kulturtransfer, Würzburg 2016.
Knapp, Fritz, Mainfranken. Eine kunstgeschichtliche Heimatkunde, 1. Aufl. Würzburg 1928, 2. Aufl. Würzburg 1937.
Knaut, Andreas, Zurück zur Natur! Die Wurzeln der Ökologiebewegung, Greven 1993.
Knoch, Habbo (Hg.), Das Erbe der Provinz. Heimatkultur und Geschichtspolitik nach 1945, Göttingen 2001.
Kobell, Franz von, Wildanger. Skizzen aus dem Gebiete der Jagd und ihrer Geschichte mit besonderer Rücksicht auf Bayern, Stuttgart 1859.
Kock, Peter Jakob, Das Maximilianeum. Biografie eines Gebäudes, 2. Aufl. München 2009.
Körner, Hans-Michael, Furth im Wald. Die Stadt an der Grenze, in: Katharina Weigand (Hg.), Eine Reise durch Bayern, München 2020, S. 463–418.
Körner, Hans-Michael, Staat und Geschichte im Königreich Bayern 1806–1918, München 1992.
Körner, Hans-Michael/Katharina Weigand (Hg.), Denkmäler in Bayern, Augsburg 1997.
Koselleck, Reinhart, Zeitschichten. Studien zur Historik, Frankfurt am Main 2000.
Köstlin, Konrad/Bausinger, Hermann (Hg.), Heimat und Identität. Probleme regionaler Kultur, Neumünster 1980.
Kovanetz, Alexandra, Regionalismus in Europa zwischen transnationalem und subnationalem Regionalismus, Aachen 2015.
Krah, Hans (Hg.), Bayern und Film, Passau 2007.
Kramer, Ferdinand (Hg.), Landesgeschichte und Mehrebenensystem = ZBLG 84 (2021), S. 1–75.
Kramer, Ferdinand (Hg.), Wege nach Europa = ZBLG 78 (2015), S. 1–125.
Kramer, Ferdinand, «Eingedenk seiner mehr als tausendjährigen Geschichte». Zum Kontinuitätsanspruch in der Bayerischen Verfassung von 1946, in: ZBLG 79 (2016), S. 21–37.
Kramer, Ferdinand, Landesgeschichte in europäischer Perspektive, in: Sigrid Hirbodian/Christian Jörg/Sabine Klapp (Hg.), Methoden und Wege der Landesgeschichte, Ostfildern 2015, S. 208–217.
Kraus, Andreas, Die staatspolitische Bedeutung der bayerischen Geschichte, in: Volkert/Ziegler (Hg.), Im Dienst der bayerischen Geschichte, 1999, S. 1–17.
Kraus, Andreas, Geschichte Bayerns. Von den Anfängen bis zur Gegenwart. München 3. Aufl. 2004.
Kraus, Otto, Zerstörung der Natur – unser Schicksal von morgen? Der Naturschutz in dem Streit der Interessen. Ausgewählte Abhandlungen und Vorträge, Nürnberg 1966.
Krauss, Marita/Lindl, Stefan/Soentgen, Jens, Der gezähmte Lech. Ein Fluss der Extreme, München 2014.
Kreis, Georg, Schweizer Erinnerungsorte. Aus dem Speicher des Wissens, Zürich 2010.

Krug-Richter, Barbara, Die Bavarisierung der Welt? Zur Popularisierung der alpinen Kultur im 21. Jahrhundert, in: Christina Niem u. a. (Hg.), Erfahren – Benennen – Verstehen. Den Alltag unter die Lupe nehmen, Münster/New York 2016, S. 195–204.

Ksoll-Marcon, Margit, Grenzüberschreitende Eisenbahnverbindungen, in: Generaldirektion der Staatlichen Archive Bayerns (Hg.), Weichenstellungen. Eisenbahnen in Bayern 1835–1920, München 2001, S. 274–282.

Kunz, Georg, Verortete Geschichte – regionales Geschichtsbewußtsein in den deutschen Historischen Vereinen des 19. Jahrhunderts, Göttingen 2000.

Kupper, Patrick, Wildnis schaffen. Eine transnationale Geschichte des schweizerischen Nationalparks, Bern/Stuttgart/Wien 2012.

Langewiesche, Dieter, Vom vielstaatlichen Reich zum föderativen Bundesstaat. Eine andere deutsche Geschichte, Stuttgart 2020.

Langewiesche, Dieter/Georg Schmidt (Hg.), Föderative Nation. Deutschlandkonzepte von der Reformation bis zum Ersten Weltkrieg, München 2000.

Lanzinner, Maximilian/Henker, Michael (Hg.), Landesgeschichte und Zeitgeschichte. Forschungsperspektiven zur Geschichte Bayerns nach 1945, Augsburg 1997.

Large, David Clay, Hitlers München. Aufstieg und Fall der Hauptstadt der Bewegung, aktualisierte und erweiterte Aufl. München 2018.

Leendertz, Ariane, Ordnung schaffen. Deutsche Raumplanungen im 20. Jahrhundert, Göttingen 2008.

Lekan, Thomas M., Imagining the Nation in Nature. Landscape Preservation and German Identity, 1885–1945, Cambridge Mass./London 2004.

Lekan, Thomas M., The Nature of Home: Landscape Preservation and Local Identities, in: David Blackbourn/James Retallack (Eds.), Localism, Landscape, and the Ambiguities of Place. German-Speaking Central Europe, 1860–1930, Toronto u. a. 2007, S. 165–192.

Lekan, Thomas/Zeller, Thomas (Eds.), Germany's Nature. Cultural Landscapes and Environmental History, New Brunswick u. a. 2005.

Lendvai-Dircksen, Erna, Das deutsche Volksgesicht, Berlin 1932.

Lense, Fritz, Naturschutz in Bayern, in: Hans Roth/Heinz W. Schlaich (Hg.), Bayerische Heimatkunde. Ein Wegweiser, München 1974, S. 248–253.

Linse, Ulrich u. a., Von der Bittschrift zur Platzbesetzung. Konflikte um technische Großprojekte. Laufenburg, Walchensee, Wyhl, Wackersdorf, Berlin 1988.

Literaturhaus München (Hg.), Oskar Maria Graf. Rebell, Weltbürger, Erzähler, München 2017.

Löffler, Bernhard, 1910: 100. Geburtstag des Oktoberfests – die Welt zu Gast in Deutschland, in: Andreas Fahrmeir (Hg.), Deutschland. Globalgeschichte einer Nation, München 2020, S. 479–483.

Löffler, Bernhard, Der politische und wirtschaftliche Wandel in Bayern seit den 1890er Jahren bis zur Ausrufung des Freistaats, in: Margot Hamm u. a. (Hg.), Götterdämmerung II. Die letzten Monarchen, Augsburg 2021, S. 14–18.

Löffler, Bernhard, Die bayerische Kammer der Reichsräte. Grundlagen, Zusammensetzung, Politik, München 1996.

Löffler, Bernhard, Dünner Boden, süßer Guss. Überlegungen zum Mythos Prinzregentenzeit, in: Katharina Weigand/Jörg Zedler/Florian Schuller (Hg.), Die Prinzregentenzeit. Abenddämmerung der bayerischen Monarchie?, Regensburg 2013, S. 177–198.

Löffler, Bernhard, Ein Monument von vielerlei Gestalt. Die Befreiungshalle in ihrer Wirkungs- und Wahrnehmungsgeschichte im 19. und 20. Jahrhundert, in: Christoph Wagner (Hg.), Die Befreiungshalle Kelheim. Geschichte, Mythos, Gegenwart, Regensburg 2012, S. 351–364.

Löffler, Bernhard, Kartographie, Statistik und die Erfindung des modernen Staatsbayern, in: AZ 99 (2022), S. 603–621.

Löffler, Bernhard, Landesgeschichtsschreibung und Geschichtspolitik nach 1945. Das bayerische Beispiel, in: GWU 69 (2018), S. 199–217.

Löffler, Bernhard, Meisterbilder. Historische Bildforschung und Landesgeschichte, in: Werner Freitag u. a. (Hg.), Handbuch Landesgeschichte, Berlin/Boston 2018, S. 24–55.

Löffler, Bernhard, Verkehrsräume. Überlegungen zum Wandel von Infrastruktur, Distanzempfinden und Raumroutinen in Bayern vom 18. bis zum 20. Jahrhundert, in: Werner Drobesch u. a. (Hg.), Politik- und kulturgeschichtliche Betrachtungen. Festschrift für Reinhard Stauber zum 60. Geburtstag, Klagenfurt 2020, S. 561–578.

Löffler, Bernhard, Wie funktioniert das Königreich Bayern? Zur politisch-sozialen Verfassung Bayerns in der zweiten Hälfte des 19. Jahrhunderts, in: Wolf u. a. (Hg.), Götterdämmerung, 2011, S. 22–33.

Löffler, Bernhard, Zitherspiel am Nil, Völkerschau daheim. Fernreisen, Kulturkontakt und Fremdwahrnehmung im 19. Jahrhundert an bayerischen Beispielen, in: Martin Hille/Marc von Knorring/Desiderius Meier (Hg.), Vom Nutzen der Historie. Festschrift Hans-Christof Kraus zum 65. Geburtstag, Berlin 2023, S. 87–100.

Loibl, Richard, Wie Bayern auf den Weltausstellungen weltberühmt wurde, in: Werner Drobesch u. a. (Hg.), Politik- und kulturgeschichtliche Betrachtungen. Festschrift für Reinhard Stauber zum 60. Geburtstag, Klagenfurt 2020, S. 545–560.

Lommel, Georg/Bauer, Gottlieb J., Das Königreich Bayern in seinen acht Kreisen, Nürnberg 1836.

Löw, Martina, Raumsoziologie, Frankfurt am Main 2001.

Lorenz, Sarah Maria/Hohrath, Daniel/Pfannmüller, Priscilla/Reiß, Ansgar, Das Zelt des Großwesirs. Ein osmanisches Schlafzelt aus der «Türkenbeute» Max Emanuels im Bayerischen Armeemuseum. Studien zur Geschichte eines musealen Objekts von 1687 bis 2023, Lindenberg 2023.

Lübbe, Hermann, Das Recht, anders zu bleiben. Zur Philosophie des Regionalismus, in: Gerd-Klaus Kaltenbrunner (Hg.), Lob des Kleinstaates. Vom Sinn überschaubarer Lebensräume, Freiburg u. a. 1979, S. 38–50.

Lübbe, Hermann, Die grosse und die kleine Welt – Regionalismus als europäische Bewegung, St. Gallen 1990.

Lübbers, Bernhard/Spangenberg, Marcus (Hg.), Traumschlösser? Die Bauten Ludwigs II. als Tourismus- und Werbeobjekte, Regensburg 2015.

Luft, Robert/Eiber, Ludwig (Hg.), Bayern und Böhmen. Kontakt, Konflikt, Kultur, München 2007.

Lutze, Eberhard, Nürnberg. Des Deutschen Reiches Schatzkästlein, Bremen [1938/39].

Magath, Anika, Der Spessart als Kulturlandschaft. Blickwinkel auf eine Kulturlandschaft und das Projekt der Europäischen Kulturwege, Aschaffenburg 2020.

Magris, Claudio, Donau. Biographie eines Flusses, 4. Aufl. München 2009.

Maidl, Peter (Bearb.)/Fried, Pankraz (Hg.), «Hier ißt man anstadt Kardofln und Schwarzbrodt Pasteten …». Die deutsche Überseewanderung des 19. Jahrhunderts in Zeitzeugnissen, Augsburg 2000.

Maier, Charles S., Consigning the Twentieth Century to History: Alternative Narratives for the Modern Era, in: AHR 105 (2000), S. 807–831.

Maier, Jörg (Hg.), Euregio Egrensis. Binationaler Verflechtungsraum der Zukunft, Bayreuth 1992.

Malerische Ansichten aus dem Orient, gesammelt auf der Reise Sr. Hoheit des Herrn Herzog Maximilian in Bayern im Jahre MDCCCXXXVIII, hg. […] v. Heinrich von Mayr, München/Leipzig 1839/40.

Marchal, Guy P., Schweizer Gebrauchsgeschichte. Geschichtsbilder, Mythenbildung und nationale Identität, 2. Aufl. Basel 2007.

Marchal, Guy P./Mattioli, Aram (Hg.), Erfundene Schweiz. Konstruktionen nationaler Identität, Zürich 1992.

Mathieu, Jon, Geschichte der Alpen 1500–1900. Umwelt, Entwicklung, Gesellschaft, 2. Aufl. Wien/Köln/Weimar 2001.

Mattern, Julia, Dörfer nach der Gebietsreform. Die Auswirkungen der kommunalen Neuordnung auf kleine Gemeinden in Bayern (1978–2008), Regensburg 2020.

Mauch, Christof/Patel, Kiran Klaus, Umwelt. Naturschutz und Raubbau, in: Dies. (Hg.), Wettlauf um die Moderne. Die USA und Deutschland 1890 bis heute, München 2008, S. 97–123.

Mecking, Sabine/Oebbecke, Janberd (Hg.), Zwischen Effizienz und Legitimität. Kommunale Gebiets- und Funktionalreformen in der Bundesrepublik Deutschland in historischer und aktueller Perspektive, Paderborn u. a. 2009.

Meier, Emerenz, Gesammelte Werke, hg. v. Hans Göttler, 2 Bände, Grafenau 1991.

Meinhart, Hanns, Franken in Bayern – ein Problem! Nürnberg 1949.

Meinke, Markus Alexander, Bayern und der Eiserne Vorhang 1945–1990. Die Grenzregime der DDR und der Tschechoslowakei im Vergleich, Regensburg 2023.

Mergel, Thomas, Staatlichkeit und Landesbewußtsein. Politische Symbole und Staatsrepräsentation in Bayern und Nordrhein-Westfalen 1945 bis 1975, in: Schlemmer/Woller (Hg.), Bayern im Bund, Bd. III, 2004, S. 281–347.

Merz, Johannes, «Freistaat Bayern». Metamorphosen eines Staatsnamens, in: VfZ 45 (1997), S. 121–142.

Milward, Alan S., The European Rescue of the Nation State, 2. Aufl. Florenz 2000.

Möhring, Maren, Fremdes Essen. Die Geschichte der ausländischen Gastronomie in der Bundesrepublik Deutschland, München 2012.

Moser, Dietz-Rüdiger, Demokratisierung des Reisens. Die Eisenbahn in der zeitgenössischen Literatur und Publizistik, vornehmlich aus Bayern (1835–1920), in: Generaldirektion der Staatlichen Archive Bayerns (Hg.), Weichenstellungen. Eisenbahnen in Bayern 1835–1920, München 2001, S. 440–455.

Müller, Claudius (Red.), Wittelsbach und Bayern. 400 Jahre Sammeln und Reisen. Außereuropäische Kulturen, München 1980.

Müller, Claudius/Wolfgang Stein (Hg.), Exotische Welten. Aus den völkerkundlichen Sammlungen der Wittelsbacher 1806–1848, Dettelbach 2007.

Murr, Karl Borromäus, Das Mittelalter in der Moderne. Die öffentliche Erinnerung an Kaiser Ludwig den Bayern im Königreich Bayern, München 2008.

Murr, Karl Borromäus, Die Konstruktion von historischen Identitäten. König Ludwigs I. fränkische Denkmäler, in: Werner K. Blessing/Dieter J. Weiss (Hg.), Franken. Vorstellung und Wirklichkeit in der Geschichte, Neustadt/Aisch 2003, S. 289–377.

Murr, Karl Borromäus, Monarchie in der Defensive. Die Geschichtspolitik Maximilians II. zur Förderung eines bayerischen Nationalgefühls, in: ZBLG 77 (2014), S. 781–818.

Murr, Karl Borromäus, Wittelsbachische Geschichtspolitik in Unterfranken im 19. Jahrhundert, in: Ernst-Günter Krenig (Hg.), Wittelsbach und Unterfranken, Würzburg 1999, S. 198–227.

Nerdinger, Winfried (Hg.), München und der Nationalsozialismus. Katalog des NS-Dokumentationszentrums München, München 2015.

Nora, Pierre (Hg.), Erinnerungsorte Frankreichs, München 2005.

Ōgai, Mori, Deutschlandtagebuch 1884–1888, hg. und aus dem Japanischen übersetzt von Heike Schöche, Tübingen 1992.

Osterhammel, Jürgen, Die Verwandlung der Welt. Eine Geschichte des 19. Jahrhunderts, München 2009.

Osterhammel, Jürgen, Die Wiederkehr des Raumes: Geopolitik, Geohistorie und Historische Geographie, in: NPL 43 (1998), S. 374–397.

Osterhammel, Jürgen, Raumerfassung und Universalgeschichte im 20. Jahrhundert, in: Gangolf Hübinger/Jürgen Osterhammel/Erich Pelzer (Hg.) Universalgeschichte und Nationalgeschichten, Freiburg i. Br. 1994, S. 52–70.

Ott, Christine, Identität geht durch den Magen. Mythen der Esskultur, Frankfurt am Main 2017.

Ott, Martin, Raumkonzepte in der Landesgeschichte nach dem Spatial Turn, in: Sigrid Hirbodian/Christian Jörg/Sabine Klapp (Hg.), Methoden und Wege der Landesgeschichte, Ostfildern 2015, S. 111–125.

Paulmann, Johannes (Hg.), Auswärtige Repräsentationen. Deutsche Kulturdiplomatie nach 1945, Köln u. a. 2005.

Paulmann, Johannes, Regionen und Welten. Arenen und Akteure regionaler Weltbeziehungen seit dem 19. Jahrhundert, in: HZ 196 (2013), S. 660–699.

Paulus, Christof u. a. (Hg.), Typisch Franken? Katalog zur Bayerischen Landesausstellung 2022, Augsburg 2022.

Paulus, Christof, Bayerns Zeiten. Eine kulturgeschichtliche Ausleuchtung, Regensburg 2021.

Paulus, Stefan, «Das bauliche Herz der Demokratie». Parlamentsarchitektur im öffentlichen Raum, in: Andreas Schulz/Andreas Wirsching (Hg.), Parlamentarische Kulturen in Europa. Das Parlament als Kommunikationsraum, Düsseldorf 2012, S. 389–422.

Pollack, Martin, Kontaminierte Landschaften, St. Pölten u. a. 2014.

Pollard, Sidney (Hg.), Region und Industrialisierung. Studien zur Rolle der Region in der Wirtschaftsgeschichte der letzten zwei Jahrhunderte, Göttingen 1980.

Radkau, Joachim/Uekötter, Frank (Hg.), Naturschutz und Nationalsozialismus, Frankfurt am Main/New York 2003.

Radlmaier, Steffen, Beckett in Bayern. Ich bin froh, wenn ich hier weg bin, Bamberg 2011.

Ratzel, Friedrich, Anthropogeographie, 2 Teile, Stuttgart 1882/91, 2. Aufl. Stuttgart 1899.

Ratzel, Friedrich, Glücksinseln und Träume. Gesammelte Aufsätze aus den Grenzboten, Leipzig 1905.

Rau, Susanne, Räume. Konzepte, Wahrnehmungen, Nutzungen, 2. Aufl. Frankfurt am Main/New York 2017.

Regensburg und Bayerischer Wald. Taschenbuch und Führer für Freunde Regensburgs, des Bayerischen Waldes und angrenzender Gebiete, Regensburg 1927.

Regionalismus in Europa. Bericht über eine wissenschaftliche Tagung, Brixen 30. Oktober bis 3. November 1978, hg. v. der Bayerischen Landeszentrale für politische Bildungsarbeit, München 1981.

Reichold, Klaus, Warum Bayern ein orientalisches Land ist und andere weiß-blaue Wahrheiten, 2. Aufl. München 2021.

Reichold, Klaus/Endl, Thomas, Die phantastische Welt des Märchenkönigs. Ludwig II. Biographie, München 2017.

Reithmeier, Michael, «Landesvater» oder «Alleinherrscher». Zwei Modelle bayerischer Ministerpräsidenten, in: Manuela Glaab/Michael Weigl (Hg.), Politik und Regieren in Bayern, Wiesbaden 2013, S. 99–116.

Rieder, Maximiliane, Wandlungen von Territorialität: Transnationalisierung im Alpenwirtschaftsraum seit der EWG, in: GuR 16 (2007), S. 147–179.

Rieder, Stefan, Vom Armenhaus zur Aufsteigerregion. Der wirtschaftliche und gesellschaftliche Strukturwandel in Niederbayern und dessen kulturelle Deutung (1949–2008), Regensburg 2015.

Riehl, Wilhelm Heinrich (Hg.), Bavaria. Landes- und Volkskunde des Königreichs Bayern, 4 Bände (in 10 Teilbänden), München 1860–68.

Riehl, Wilhelm Heinrich, Das landschaftliche Auge [1850], in: Ders., Culturstudien aus drei Jahrhunderten, 2. Aufl. Stuttgart 1859, S. 57–79.

Riehl, Wilhelm Heinrich, Die Pfälzer: Ein rheinisches Volksbild [zuerst 1857], 3. Aufl., Stuttgart/Berlin 1907, überarb. Neuaufl. Neustadt 1973.

Riehl, Wilhelm Heinrich, Land und Leute (Naturgeschichte des Volkes als Grundlage einer deutschen Social-Politik, Bd. I) [zuerst 1853], 11. Aufl. Stuttgart/Berlin 1908.

Riehl, Wilhelm Heinrich, Wanderbuch (= Land und Leute, 2. Teil: Naturgeschichte des Volkes als Grundlage einer deutschen Social-Politik, Bd. IV), 1. Aufl. Stuttgart 1869.

Riehl-Heyse, Herbert, CSU. Die Partei, die das schöne Bayern erfunden hat, München 1979.

Riepertinger, Reinhard u. a. (Hg.), Bayern – Böhmen. 1500 Jahre Nachbarschaft, Augsburg 2007.

Riepertinger, Reinhard u. a. (Hg.), Bayern – Italien. Bayerische Landesausstellung 2010, Augsburg 2010.

Riepertinger, Reinhard u. a. (Hg.), Bier in Bayern. Katalog zur Bayerischen Landesausstellung 2016, Augsburg 2016.

Riepertinger, Reinhard u. a. (Hg.), Main und Meer. Katalog zur Landesausstellung 2013, Augsburg 2013.

Ritter, Carl, Einleitung zur allgemeinen vergleichenden Geographie und Abhandlung zur Begründung einer mehr wissenschaftlichen Behandlung der Erdkunde, Berlin 1852.

Rogasch, Wilfried, Bayern in 24 Kapiteln, München 2015.

Rohrer, Josef (Hg.), Zimmer frei. Das Buch zum Touriseum, 2. Aufl. Bozen 2010.

Rosenbaum, Adam T., Bavarian Tourism and the Modern World, 1800–1950, New York 2016.

Rosenbaum, Adam T., Timeless, Modern, and German? The Re-mapping of Bavaria through the Marketing of Tourism, 1800–1939, in: Bulletin of the GHI Washington 52 (Spring 2013), S. 37–54.

Rössler, Mechtild, Die Institutionalisierung einer neuen «Wissenschaft» im Nationalsozialismus: Raumforschung und Raumordnung 1935–1945, in: Geographische Zeitschrift 75 (1987), S. 177–194.

Roth, Rainer A., Zentralgewalt und Eigenstaatlichkeit. Das Ringen um die Mitgestaltung der Bundespolitik, in: Ders. (Hg.), Freistaat Bayern. Die politische Wirklichkeit eines Landes der Bundesrepublik Deutschland, 4. Aufl. München 1986, S. 141–158.

Rowley, Anthony R., Boarisch, Boirisch, Bairisch. Eine Sprachgeschichte, Regensburg 2023.

Rudhart, Ignaz von, Über den Zustand des Königreichs Baiern nach amtlichen Quellen, 3 Bände, Stuttgart/Tübingen 1825, Erlangen 1827.

Ruge, Undine, Die Erfindung des «Europa der Regionen». Kritische Ideengeschichte eines konservativen Konzepts, Frankfurt am Main 2003.

Ruge, Undine, Regionen als organische Gemeinschaften. Der integralföderalistische Diskurs in Deutschland nach 1945, in: Knoch (Hg.), Das Erbe der Provinz, 2001, S. 73–96.

Rumschöttel, Hermann/Ziegler, Walter (Hg.) Staat und Gaue in der NS-Zeit, Bayern 1933–1945, München 2004.

Ruppert, Karsten, Die Pfalz im Königreich Bayern. Geschichte, Kultur, Identität, Stuttgart 2017.

Rutz, Andreas, Doing territory. Politische Räume als Herausforderung für die Landesgeschichte nach dem «spatial turn», in: Sigrid Hirbodian/Christian Jörg/Sabine Klapp (Hg.), Methoden und Wege der Landesgeschichte, Ostfildern 2015, S. 95–110.

Said, Edward D., Orientalismus, 2. Aufl. Frankfurt am Main 2010 [engl. Orig. 1978].

Sarasin, Philipp, 1977. Eine kurze Geschichte der Gegenwart, 3. Aufl. Frankfurt am Main 2021.

Savoy, Bénédicte, Afrikas Kampf um seine Kunst. Geschichte einer postkolonialen Niederlage, München 2021.

Schacherl, Lilian, Oberbayern. Voralpen und Alpen, München u. a. 2000.

Schaller, Helmut Wilhelm, Geschichte des nationalsozialistischen Gaues Bayerische Ostmark/Gau Bayreuth. Anspruch, Wirklichkeit, Aufarbeitung, Hamburg 2019.

Scharf, Rainer, Staatsdiener auf Außenposten. Die höheren Beamten der inneren Verwaltung in der bayerischen Pfalz 1870–1918, München 2001.

Scharfe, Martin, «Berge heißen!» Zur Geschichte der Bergnamen-Etablierung, in: BJbfV 2018, S. 15–34.

Scharfe, Martin, Berg-Sucht. Eine Kulturgeschichte des frühen Alpinismus 1750–1850, Wien 2007.

Schärl, Walter, Die Zusammensetzung der bayerischen Beamtenschaft von 1806 bis 1918, Kallmünz 1955.

Scharnagl, Wilfried, Bayern kann es auch allein. Plädoyer für einen eigenen Staat, Köln 2012.

Schemmer, Claudia Maria, Internationalisierung im ländlichen Raum Bayerns. Traunstein 1945–1989, Kallmünz 2016.

Schildt, Axel/Siegfried, Detlef/Lammers, Karl Christian (Hg.), Dynamische Zeiten. Die 60er Jahre in den beiden deutschen Gesellschaften, 2. Aufl. Hamburg 2003.

Schindler, Herbert, Reisen in Oberbayern, München 1985, Neuausgabe Rosenheim 2005.

Schivelbusch, Wolfgang, Geschichte der Eisenbahnreise. Zur Industrialisierung von Raum und Zeit im 19. Jahrhundert, Frankfurt am Main 1989 [zuerst 1977].

Schlemmer, Thomas, Industriemoderne in der Provinz. Die Region Ingolstadt zwischen Neubeginn, Boom und Krise 1945 bis 1975, München 2009.

Schlemmer, Thomas/Woller, Hans (Hg.), Bayern im Bund, Bd. I: Die Erschließung des Landes 1949 bis 1973, München 2001; Bd. II: Gesellschaft im Wandel 1949 bis 1973, München 2002; Bd. III: Politik und Kultur im föderativen Staat 1949–1973, München 2004.

Schlögel, Karl, Im Raume lesen wir die Zeit. Über Zivilisationsgeschichte und Geopolitik, München/Wien 2003.

Schlögl, Daniel, Der planvolle Staat. Raumerfassung und Reformen in Bayern 1750–1800, München 2002.

Schmale, Wolfgang/Stauber, Reinhard (Hg.), Menschen und Grenzen in der frühen Neuzeit, Berlin 1998.

Schmid, Alois (Hg.), 1806. Bayern wird Königreich. Vorgeschichte, Inszenierung, europäischer Rahmen, Regensburg 2006.

Schmid, Alois (Hg.), Die bayerische Konstitution von 1808. Entstehung, Zielsetzung, europäisches Umfeld, München 2008.

Schmid, Alois, Landesgeschichte in Bayern. Versuch einer Bilanz, München 2005.

Schmid, Alois, Neue Wege der bayerischen Landesgeschichte, Wiesbaden 2008.

Schmid, Alois/Weigand, Katharina (Hg.), Bayern mitten in Europa. Vom Frühmittelalter bis ins 20. Jahrhundert, München 2005.

Schmidt, Alexander, Das Reichsparteitagsgelände in Nürnberg, 5. Aufl. Nürnberg 2017.

Schmoll, Friedemann, Erinnerung an die Natur. Die Geschichte des Naturschutzes im deutschen Kaiserreich, Frankfurt am Main/New York 2004.

Schneider, Ute, Die Macht der Karten. Eine Geschichte der Kartographie vom Mittelalter bis heute, Darmstadt 2004.

Schottenloher, Karl, Die Bayern in der Fremde, München 1950.

Schultz, Hans-Dietrich, Räume sind nicht, Räume werden gemacht. Zur Genese «Mitteleuropas» in der deutschen Geographie, in: Europa regional 5 (1997), S. 2–14.

Schulze Wessel, Martin, «Loyalität» als geschichtlicher Grundbegriff und Forschungskonzept: Zur Einleitung, in: Ders. (Hg.), Loyalitäten in der Tschechoslowakischen Republik 1918–1938. Politische, nationale und kulturelle Zugehörigkeiten, München 2004, S. 1–22.

Schwanitz, Henrik, Von der Natur gerahmt. Die Idee der «natürlichen Grenzen» als Identitätsressource um 1800, Leipzig 2021.

Seeberger, Max, Wie Bayern vermessen wurde, Augsburg 2001.

Seemann, Markus, Kolonialismus in der Heimat. Kolonialbewegung, Kolonialpolitik und Kolonialkultur in Bayern 1882–1943, Berlin 2011.

Seifert, Alwin, Im Zeitalter des Lebendigen. Natur, Heimat, Technik, Planegg vor München 1942.

Sheffer, Edith, On Edge: Building the Border in East and West Germany, in: CEH 40 (2007), S. 307–339.

Sieferle, Rolf Peter, Fortschrittsfeinde? Opposition gegen Technik und Industrie von der Romantik bis zur Gegenwart, München 1984.

Simmel, Georg, Soziologie des Raumes (1903), in: Ders., Schriften zur Soziologie. Eine Auswahl, hg. v. Heinz-Jürgen Dahme/Otthein Rammstedt, Frankfurt am Main 1983, S. 221–242.

Skriebeleit, Jörg, Erinnerungsort Flossenbürg. Akteure, Zäsuren, Geschichtsbilder, 2. Aufl. Göttingen 2010.

Skriebeleit, Jörg, Flossenbürg. Ein europäischer Erinnerungsort – Konflikte und Konzeptionen, in: Katharina Weigand (Hg.), Eine Reise durch Bayern, München 2020, S. 423–443.

Smolka, Wolfgang J., Völkerkunde in München. Voraussetzungen, Möglichkeiten und Entwicklungslinien ihrer Institutionalisierung (ca. 1850–1933), Berlin 1994.

Spangenberg, Marcus, Linderhof. Erbautes und Erträumtes im Gebirge, Regensburg 2018.

Speitkamp, Winfried, Erfindungen: Raum – Land – Landesgeschichte, in: Holger Th. Gräf u. a. (Hg.), Land – Geschichte – Identität. Geschichtswahrnehmung und Geschichtskonstruktion im 19. und 20. Jahrhundert – eine historiographiekritische Aufnahme, Darmstadt/Marburg 2016, S. 11–35.

Speitkamp, Winfried, Erinnerungsorte und Landesgeschichte, in: Konrad Marwinski (Hg.), 150 Jahre Verein für Thüringische Geschichte (und Altertumskunde), Jena 2004, S. 15–38.

Speitkamp, Winfried, Stadt – Land – Fluss? Konfigurationen der Region – Perspektiven der Landesgeschichte, in: HJbfL 60 (2010), S. 127–148.

Spindler, Max (Hg.), Bayerischer Geschichtsatlas. Red. Gertrud Diepolder, München 1969.

Spindler, Max, Der Ruf des barocken Bayern, in: HJb 74 (1955), S. 319–341, wieder in: Ders., Erbe und Verpflichtung, 1966, S. 55–77.

Spindler, Max, Die Grundlagen der Kulturentwicklung in Bayern, in: Ders., Erbe und Verpflichtung, 1966, S. 3–23.

Spindler, Max, Erbe und Verpflichtung. Aufsätze und Vorträge zur bayerischen Geschichte, hg. v. Andreas Kraus, München 1966.

Spix, Johann Baptist von/Martius, Carl Friedrich Philipp von, Reise in Brasilien in den Jahren 1817 bis 1820, 3 Bände, München 1823–31, Neudruck in 3 Bänden, Stuttgart 1966.

Stallhofer, Bernd, Grenzenloser Böhmerwald? Landschaftsnamen, Regionen und regionale Identitäten. Bayerischer Wald, Oberpfälzer Wald, Šumava, Český les und Mühlviertel im geographisch-empirischen Vergleich, Kallmünz 2000.

Stankiewitz, Karl, Mir ging eine neue Welt auf. Die Anfänge des Fremdenverkehrs in Oberbayern, Bad Langensalza 2011.

Stauber, Reinhard, Der Zentralstaat an seinen Grenzen. Administrative Integration, Herrschaftswechsel und politische Kultur im südlichen Alpenraum 750–1820, Göttingen 2001.

Steber, Martina, Ethnische Gewissheiten. Die Ordnung des Regionalen im bayerischen Schwaben vom Kaiserreich bis zum NS-Regime, Göttingen 2010.

Stetter, Gertrud, Die gescheiterte Topographie. Der Versuch einer Zusammenarbeit der Historischen Vereine mit der Historischen Klasse der Akademie, in: OA 87 (1965), S. 231–242.

Stolberg, Michael, Ein Recht auf saubere Luft? Umweltkonflikte am Beginn des Industriezeitalters, Erlangen 1994.

Stoll, Ulrike, Bayern – ein Land ohne Identitätsprobleme?, in: GiW 16 (2001), S. 20–37.

Strauß, Franz Josef, Die Erinnerungen, Berlin 1989.

Sünderhauf, Esther Sophia, Hilter's Dress Code – Attire and Meaning 1889–1945, in: Endymatologika 5 (2015), S. 181–188.

Thiemeyer, Guido, Stiefkinder der Integration. Die Bundesländer und die Entstehung des europäischen Mehrebenensystems 1950 bis 1985, in: VfZ 65 (2017), S. 339–363.

Thoma, Ludwig, Andreas Vöst, 4. Aufl. München/Zürich 1988 [zuerst 1906].

Thoma, Ludwig, Der Münchner im Himmel. Satiren und Humoresken, München/Zürich 1986 [zuerst 1911].

Thoma, Ludwig, Gesammelte Werke, Bände 6 und 7, München 1922.

Thoma, Ludwig, Lausbubengeschichten. Aus meiner Jugendzeit, 2. Aufl. München 1991 [zuerst 1905].

Thoma, Ludwig, Münchnerinnen. Roman, 2. Aufl. München/Zürich 1985 [zuerst 1922].

Trampler, Kurt, Bayerische Ostmark. Aufbau eines deutschen Grenzlandes, München 1934.

Trampler, Kurt, Die bayerische Ostmark bedroht!, Berlin 1933.

Trautwein, [Theodor], Führer durch München, der Hauptstadt der Bewegung, und Umgebung nebst Königsschlössern, 43. Aufl. München 1938.

Treml, Manfred (Hg.), Geschichte des modernen Bayern. Königreich und Freistaat, Neuausgabe Regensburg 2021.

Trummer, Manuel, Making Bavaria. Zur medialen Governance des Ländlichen am Beispiel des BR Fernsehens, in: Jahrbuch für Geschichte des ländlichen Raumes 15 (2018), S. 86–107.

Tworek, Elisabeth (Hg.), Literarische Sommerfrische. Künstler und Schriftsteller im Alpenvorland, München 2011.

Ullrich, Volker, Deutschland 1923. Das Jahr am Abgrund, München 2022.

Urry, John (Hg.), Consuming Places, London/New York 1995.

Urry, John/Larsen, Jonas, The Tourist Gaze 3.0, 3. Aufl. Los Angeles u. a. 2011.

Utz, Hans J./Tyroller, Karl, Wallfahrten im Bistum Regensburg, 2. Aufl. München u. a. 1989.

Volkert, Wilhelm, Die bayerischen Kreise: Namen und Einteilungen zwischen 1808 und 1838, in: Ferdinand Seibt (Hg.), Gesellschaftsgeschichte. Festschrift für Karl Bosl zum 80. Geburtstag, Bd. 2, München 1988, S. 308–323.

Volkert, Wilhelm, Handbuch der bayerischen Ämter, Gemeinden und Gerichte 1799–1980, München 1983.

Volkert, Wilhelm/Ziegler, Walter (Hg.), Im Dienst der bayerischen Geschichte. 70 Jahre Kommission für bayerische Landesgeschichte. 50 Jahre Institut für Bayerische Geschichte, 2. Aufl. München 1999.

Vollhardt, Ulla-Britta, Geschichtspolitik im Freistaat Bayern. Das Haus der Bayerischen Geschichte: Idee, Debatte, Institutionalisierung, München 2003.

Vollhardt, Ulla-Britta, Staatliche Heimatpolitik und Heimatdiskurse in Bayern 1945–1970. Identitätsstiftung zwischen Tradition und Modernisierung, München 2008.

Vollhardt, Ulla-Britta, Zwischen Staatstradition und Regionalbewußtsein. Staatliche Heimatpolitik in Bayern nach 1945, in: Knoch (Hg.), Das Erbe der Provinz, 2001, S. 117–142.

Wachter, Clemens, Nürnberg nach dem Zweiten Weltkrieg – Metropole Frankens?, in: Werner K. Blessing/Dieter J. Weiss (Hg.), Franken. Vorstellung und Wirklichkeit in der Geschichte, Neustadt/Aisch 2003, S. 365–380.

Wächtler, Fritz (Hg.), Bayerische Ostmark. Vier Jahre nationalsozialistische Aufbauarbeit in einem deutschen Grenzgau, Bayreuth [1937].

Walker, Mack, German Home Towns. Community, State, and General Estate 1648–1871, Ithaca/London 1971.

Wanderung nach dem Orient im Jahre 1838. Unternommen und skizzirt von dem Herzoge Maximilian in Bayern, München 1839.

Warnke, Martin, Politische Landschaft. Zur Kunstgeschichte der Natur, München 1992.

Weber, Max, Wirtschaft und Gesellschaft. Grundriß der verstehenden Soziologie, 5. Aufl. Tübingen 1980.

Wegmaier, Alexander, «Europäer sein und Bayern bleiben». Die Idee Europa und die bayerische Europapolitik 1945–1979, München 2018.

Wegmaier, Alexander, Karl Schwend und Ernst Deuerlein. Steuermänner im Schatten Hans Ehards, in: ZBLG 76 (2013), S. 563–602.

Weichhart, Peter, Raumbezogene Identität. Bausteine zu einer Theorie räumlich-sozialer Kognition und Identifikation, Stuttgart 1990.

Weid, Inge, Zur Popularisierung des Trachtenbewusstseins in der Oberpfalz. Trachtengrafik und die «Bavaria. Landes- und Volkskunde des Königreichs Bayern», in: Jahrbuch für Europäische Ethnologie N. F., Bd. 3, 2008, S. 25–44.

Weigand, Katharina (Hg.), Heimat. Konstanten und Wandel im 19./20. Jahrhundert. Vorstellungen und Wirklichkeiten, München 1997.

Weigand, Katharina (Hg.), Münchner Historiker zwischen Politik und Wissenschaft. 150 Jahre Historisches Seminar der Ludwig-Maximilians-Universität, München 2010.

Weis, Eberhard, Montgelas. Eine Biographie 1759–1838, 2 Bände, durchgesehene und ergänzte Sonderausgabe München 2008.

Weithmann, Michael W., Die bayerischen Alpen. Landschaft, Geschichte und Kultur zwischen Salzach und Lech, Regensburg 2022.

Weithmann, Michael W., Die Donau. Ein europäischer Fluss und seine 3000-jährige Geschichte, Regensburg 2000.

Wendehorst, Alfred, Hundert Jahre Gesellschaft für fränkische Geschichte, in: Erich Schneider (Hg.), Nachdenken über fränkische Geschichte, Neustadt/Aisch 2005, S. 11–37.

Wesche, Markus, Zwei Bayern in Brasilien. Johann Baptist Spix und Carl Friedrich Martius auf Forschungsreise 1817 bis 1820, München 2020.

Wiebel-Fanderl, Olivia, Die Wallfahrt Altötting. Kultformen und Wallfahrtsleben im 19. Jahrhundert, Passau 1982.

Wildfeuer, Alfred/Zehetner, Ludwig (Hg.), Bairisch in Bayern, Österreich, Tschechien, Regensburg 2002.

Wirsching, Andreas, Nürnberg. Zwischen Reichsparteitagen und Nürnberger Prozessen, in: Alois Schmid/Katharina Weigand (Hg.), Schauplätze der Geschichte in Bayern, München 2003, S. 388–404.

Wittmann, Reinhard G. (Hg.), «Erfolg» – Lion Feuchtwangers Bayern (Literaturhaus München, Hefte Nr. 6/2014), München 2014.

Wolf, Peter u. a. (Hg.), Götterdämmerung. König Ludwig II. und seine Zeit, 2 Bände, Augsburg 2011.

Wolfe, Thomas, Eine Deutschlandreise in sechs Etappen. Literarische Zeitbilder 1926–1936, hg. v. Oliver Lubrich, München 2020.

Wolfe, Thomas, Oktoberfest, ed. by Kurt Reckmann, Paderborn 1938.

Wolff, Hans, Bayern im Bild der Karte. Cartographia Bavariae, 2. Aufl. Weißenhorn 1991.

Wolfrum, Edgar, Geschichtspolitik in Bayern. Traditionsvermittlung, Vergangenheitsaufarbeitung und populäres Geschichtsbewusstsein nach 1945, in: Schlemmer/Woller (Hg.), Bayern im Bund, Bd. III, 2004, S. 349–409.

Wolter, Stefanie, Die Vermarktung des Fremden. Exotismus und die Anfänge des Massenkonsums, Frankfurt am Main/New York 2004.

Wüst, Wolfgang, Geistliche Landschaften. Klöster und Stifte in Bayern, Franken und Schwaben als Raum- und Kulturbildner, in: Zur Debatte 52 (2022) H. 2, S. 50–55.

Wüst, Wolfgang/Gunkel, Christoph (Hg.), Der Historische Atlas von Bayern als Ideengeber und Rezipient (= ZBLG 83, 2020, Heft 2), München 2020.

Wysocki, Josef (Hg.), Wirtschaftliche Integration und Wandel von Raumstrukturen im 19. und 20. Jahrhundert, Berlin 1994.

Zech-Kleber, Bernhard von, Eine Sommerfrische ersten Ranges. Geschichte des Tourismus in Berchtesgaden, Oberstaufen und Schliersee (1890–1970), München 2020.

Zehetner, Ludwig, Basst scho! Wörter und Wendungen aus den Dialekten und der regionalen Hochsprache in Altbayern, Regensburg 2009.

Zeller, Thomas, Straße, Bahn, Panorama. Verkehrswege und Landschaftsveränderung in Deutschland von 1930 bis 1990, Frankfurt am Main/New York 2002.

Ziegler, Walter, Bayerische Landesgeschichte, in: Waltraud Schreiber (Hg.), Erste Begegnungen mit Geschichte. Grundlagen historischen Lernens, 2. Teilband, 2. Aufl. Neuried 2004, S. 851–858.

Ziegler, Walter, Die nationalsozialistischen Gauleiter in Bayern. Ein Beitrag zur Geschichte Bayerns im Dritten Reich, in: ZBLG 58 (1995), S. 427–460.

Ziegler, Walter, Hitler und Bayern. Beobachtungen zu ihrem Verhältnis (Bayerische Akademie der Wissenschaften, Philosophisch-Historische Klasse, Sitzungsberichte, Jg. 2004, Heft 4), München 2004.

Ziegler, Walter, Die historische Exkursion, in: Rudolf Harsch (Hg.), Landesgeschichte und Exkursion im Geschichtsunterricht, Donauwörth 1977, S. 109–126.

Zimmermann, Martin, Die seltsamsten Orte der Antike. Gespensterhäuser, hängende Gärten und die Enden der Welt, 2. Aufl. München 2018.

Zirngibl, Manfred, Das Schwarzafrika-Museum, in: Christian Schütz/Martin Freundorfer (Hg.), O Lux Beata Trinitas. Hundert Jahre Kloster Schweiklberg 1904–2004, Passau 2005, S. 417–424.

Zurfluh, Anselm, Gibt es den Homo Alpinus? (II) Eine kulturell-ideologische Fallstudie am Beispiel von Uri (Schweiz) im 17./18. Jahrhundert, in: GuR 1 (1992), S. 17–38; (III) Einige anthropo-historische Bemerkungen, in: GuR 6 (1997), S. 309–342.

Bildnachweis

Vorsatz:	Aus: Max Spindler (Hg.), Bayerischer Geschichtsatlas, München: Bayerischer Schulbuchverlag 1969, S. 36 (Bearbeiter H. H. Hofmann)
S. 13:	Archiv für Christlich-Soziale Politik der Hanns-Seidel-Stiftung München (ACSP), Pl 876
S. 48 f.:	© Haus der Bayerischen Geschichte, Regensburg
S. 64:	akg-images/IMAGNO/Sammlung Hubmann
S. 65:	akg-images/De Agostini/Biblioteca Ambrosiana
S. 94:	akg-images/INTERFOTO/TV-Yesterday
S. 97:	akg-images/picture alliance/Kurt Rohwedde
S. 106:	Walter Ziegler/Zeichnung: F. Weinrich (aus: Hermann Rumschöttel/Walter Ziegler [Hg.], Staat und Gaue in der NS-Zeit. Bayern 1933–1945, München: C.H.Beck 2004, S. 82)
S. 109:	Aus: Helmut W. Schaller, Bayerische Ostmark, 1933–1945 – Historisches Lexikon Bayerns (historisches-lexikon-bayerns.de)
S. 123:	Bayerisches Hauptstaatsarchiv München (BayHStA, Gesandtschaft Stuttgart 45)
S. 175:	akg-images/© VG Bild-Kunst, Bonn 2024
S. 177:	akg-images/arkivi
S. 188 f.:	Aus: Zeno Diemer, Relief-Karte vom Bayerischen Hochland, hg. v. Verein zur Förderung des Fremdenverkehrs in München und im Bayerischen Hochland, München: Gerber 1908
S. 238:	Sammlung Marcus Spangenberg, Regensburg
S. 249:	akg-images/archivi
S. 265:	UB Heidelberg: https://doi.org/10.11588/diglit.3351#0065

Personenregister

Ortsregister

DAS WERDEN DE
1810
Königreich Bayern nach den Pariser Verträgen.
8 Östl. L. v. Greenw.
Weser
Rhein
Fulda
Werra
Saale
Elbe
Main
Mainkreis
Bayreuth
Nürnberg
Rezatkreis
Ansbach
Regenkreis
Naab
Regen
Regensburg
Eichstätt
Altmühl
Donau
Oberdonau-kreis
Unterdonau-kreis
Passau
Neckar
Augsburg
Isar
Amper
Lech
Isarkreis
München
Inn
Salzburg
Salzachkreis
Salzach
Iller
Kempten
Bodensee
Aare
Innsbruck
Innkreis
Etsch
Eisack
Drau
Piave
Gardasee
Adriat. M.
Kurpfalzbayern um 1800
Königreich Bayern seit Oktober 1810
Kreisgrenze (9 Kreise)
Sitz eines Generalkreiskommissariats
Sitz eines Lokalkommissariats
Maßstab 1 : 5 000 000
0 20 40 60 80 100 120 km